AF151696

Kontaktadresse nach EU-Produktsicherheitsverordnung:
produktsicherheit@fischerverlage.de

Theater Theater

Anthologie

Aktuelle Stücke 3

Herausgegeben von
Susanne Wolfram und
Uwe B. Carstensen

 Fischer
Taschenbuch
Verlag

Theater Funk Fernsehen
Eine Reihe des Fischer Taschenbuch Verlags

2. Auflage

Originalausgabe
© 2024 S. Fischer Verlag GmbH,
Hedderichstr. 114, 60596 Frankfurt am Main

Alle Rechte an dieser Ausgabe liegen beim
Fischer Taschenbuch Verlag GmbH, Frankfurt am Main
© Fischer Taschenbuch Verlag GmbH, Frankfurt am Main, 1993
Quellenhinweise am Schluß des Bandes
Aufführungsrechte: S. Fischer Verlag GmbH, Frankfurt am Main
Lektorat: Susanne Wolfram
Umschlaggestaltung: Manfred Walch, Frankfurt am Main
Umschlagfoto: P. Jansen
›Sie war und sie ist, sogar‹ von Jan Fabre
mit Els Deceukelier, Frankfurt am Main, 1992
Printed in Germany
ISBN 978-3-596-11741-3

Inhalt

Herbert Achternbusch

Der Stiefel und sein Socken
Theaterstück

Personen

FANNY = RÖMER
HERBERT = FRAU

Keine Pappeln

Ein Regenvorhang. Eine Holzwand mit vierteiligem Fenster. Dahinter vergrößert ein Paar, zeitlos und doch alt. Sie ist dick und klein, er groß und hager, sie sitzen einander gegenüber, sie rechts.

FANNY Hat man gedenkt, daß der Winter heuer nimmer aufhört.

HERBERT Mhm...

FANNY Der Winter hat aufgehört, irgendwie.

HERBERT Mhm...

FANNY Und jetzt der Regen...

Herbert atmet tief durch.

FANNY Mir ist, als hörte der Regen nicht auf. Aber der Regen hört schon auf. Dann ist uns wieder leichter ums Herz.

Er sieht auf und lächelt.

FANNY Ich bürstle jetzt deinen Hut aus.

Sie kommt mit einem braunen Hut und einer Bürste wieder und bürstet.

FANNY Der Regen läßt und läßt nicht nach. Ein Gewitter müßte den Regen beenden. Ein Gewitter im Mai. Ein Gewitter am Muttertag.

Er wehrt ab.

FANNY Möchtest du schon deine Zigarre?

Er verneint.

FANNY Socken habe ich noch zu stopfen, denn morgen ist so ein kalter Tag zu erwarten, daß es dir in den Stiefeln ohne Socken zu kalt sein wird – falls der Regen aufhört. Und da ich das Aufhören des Regens ganz nahe vermute, freue ich mich so.

Sie geht zu ihm, legt den Arm um ihn, zieht ihn innig an sich und setzt ihm schließlich den Hut auf.

FANNY Mir ist heute, als hätte ich einen dritten Fuß. Einen, der an mir hängt. Keine Stütze, kein Stützfuß. Ein Fleischfuß, der an mir hängt. Als hätte ich nicht genug Fleisch. Ich bin doch langsam in dem Alter, da mich das Fleisch verlassen müßte, wenn ich älter werden sollte. Wie soll mein Kreuz all das Fleisch noch tragen? Wie soll mein Schmerz all das Fleisch ertragen? Obwohl das Nahen des Endes beständig ist, fällt es mir oft schwer, an ein Ende zu glauben. Oft kann ich das Nahen eines Endes nicht mehr wahrnehmen, und mir ist, als verschwände irgendeine Lust, ein Lustgedanke, ja ein Aufatmen in der Unendlichkeit, wo ich doch so gerne lustig bin. Es wird schon wieder werden.

Er lehnt sich an sie. Sie kost ihn, indem sie seine Schulter drückt, Härchen von seiner Schulter nimmt und die Schulter wieder drückt. Die Kerze vor ihnen flackert.

FANNY Dein wievielter Hut das wohl ist? Mein Poet. Du mit deinen Hüten. Du mit deiner Teekanne. Immer sitzt du unter deiner Teekanne. Immer hängt deine Teekanne über dir. Wäre sie nicht zerbrochen, deine Teekanne, und hättest du sie nicht repariert, und wäre sie nicht leck, hinge sie nicht über dir, deine Teekanne. Nur weil sie unbrauchbar ist, hängt deine Teekanne über dir.

Sie sieht hoch.

FANNY Schwer ist diese Teekanne nicht, aber wenn sie die zwei Meter herunterfiele, wäre es nicht ratsam, keinen Hut zu tragen. Früher hing die Lampe dort oben, aber der Tisch war schon genauso da, wo er jetzt ist. Dann kam die Zeit des Kerzenlichtes, und du hingst deine Teekanne hinauf. Ich kann mich noch so gut erinnern, wie du die Kanne repariert hast. Wir hatten die schönste Teekanne. Ihr Smaragdgrün, das man leider von unten nicht so richtig sieht. Und nun sind wir so alt, daß sie keiner von uns mehr herunterholen kann. Haha. Du hingst den Teebeutel hinein, nachdem du unsere Kanne mit heißem Wasser aufgefüllt hattest. Als du die Kanne vom Ofen hergetragen hast, rann sie schon. Ich dachte mir: Hat er es zu gut gemeint und zuviel Wasser aufgegossen. Aber als dann die Kanne auf dem Tisch stand und der Tee bereits über die Tischplatte rann, während wir mit leeren Tassen warteten, dachte ich mir: Hoffentlich sieht er es nicht. Nun, für unsere Tassen blieb Tee genug, aber die Überschwemmung auf dem Tisch machte sich Luft. Wie wird er reagieren, dachte ich mir, wenn der gute Tee auf den Fußboden rinnt? Er wird die Kanne an die Wand werfen, dachte ich mir, die teure Kanne. Aber du sagtest nur: Die Kanne kann nicht mehr. Und du hingst sie an den Haken, der die schwere Lampe getragen hatte. Der Haken wird halten, aber ob der Bügel der Kanne hält, der dünne Bügel aus Ton, ob der die Teekanne aus Keramik hält, das ist immer noch die Frage.

Sie streicht über seinen Hut, der bei dem erwarteten Unfall das Schlimmste verhindern soll, und geht. Es blitzt ohne nachfolgenden Donner.

HERBERT Meine Fanny macht sich Sorgen, damit sie der Mut nicht verläßt. Meine Gute, meine Ewige. Nie hätte ich gedacht, daß sie mit ihren roten Haaren so alt wird. Nie hätte ich gedacht, daß sie so dick wird. Nie hätte ich gedacht, daß ich mich bei ihr so wohl fühlen könnte. Ich war getrieben wie ein jeder begabte Mensch. Ich war zerrissen. Ich fühlte mich so begabt, daß ich dachte, mir die Zerrissenheit leisten zu können. Die Künste, dachte ich mir, seien nur vorhanden, sie lächerlich zu machen. Was soll ich die Künste mit einem Handwerk weiter zur Vollendung treiben? War nicht das Leben viel kostbarer? Schien mir die Kunst nicht nur dazu zu dienen, auf die Kostbarkeit des Lebens zu verweisen?! Und ist mir etwa etwas anderes als diese Kostbarkeit des Lebens geblieben, Fanny?

Sie kommt mit einem Socken, den sie stopfen wird, zurück.

HERBERT Fanny, es hat geblitzt. Dein Gewitter wird kommen, dem du die Beendigung des Regens zutraust. Da strahlst du. Immer wieder dein strahlender Gesichtsausdruck. Du bist nicht nur meine Frau, du bist mein Frauenwerk. In dem Sinne, wie ein Licht, sprich eine Frau, wie ein Licht viel weniger ist als ein Elektrizitätswerk, das ja die Erzeugerin aller Lichter ist, in dem Sinne eines E-Werks bist du mein Frauenwerk. Laß es mich mit einem meiner Lieblingsbeispiele erörtern, wieder erörtern.

Sie blickt auf.

HERBERT Neinnein, nicht das Beispiel mit dem Elefanten. Wenn du das Elefantenbeispiel erwartest, so muß ich dich enttäuschen, denn mir geht nämlich das Boxerbeispiel durch den Kopf, der Boxeraufstand sozusagen. Die Beispiele liegen ja alle sehr eng beieinander. Und diese Beispiele der Jugend wachsen ja immer enger zusammen, je älter wir werden. Noch kann ich sie auseinanderhalten. Hmh − Ich ging − damals − nach dem Kriegsende − sozusagen − von heute gesehen, von Beispiel zu Beispiel, vom Elefantenbeispiel in München zum Boxerbeispiel in Freising. Ich hatte mich querfeldein bis nach Freising durchgeschlagen. Von Weidenbusch zu Weidenbusch, könnte man sagen. Ich war ein wandelnder Strauch. Könnte man sagen. Man wußte nicht mehr, wer einen erschießen könnte. Da fällt mir ein Gedicht ein aus dieser Zeit. Ha! Dreißig Jahre habe ich nicht mehr dran gedacht:

Fremder

Geht vor mir her
mit dem Gewehr
dreht sich um
und erschießt mich
bum bum

Haha. Kannst du dich daran erinnern?
Fanny wiederholt langsam und tonlos das Gedichtchen.
HERBERT Da schlich ich mich durch Freising. Ich war von meiner Wehrmachtsuniform derart verängstigt, daß ich sie immer noch zu tragen vermeinte, obwohl ich sie durch andere Fetzen ersetzt hatte. Vielleicht war mein Stahlhelm längst ein Klosett, mein Kopf jedoch, er war immer noch ein Stahlhelmträger. Tja, ich wußte aus eigener Erfahrung, daß der Zweite Weltkrieg ein Krieg besonders schwerer und besonders häufiger Kopfverletzungen der Soldaten auf beiden Seiten der Front war, so fiel es mir besonders schwer, am Leben geblieben, mich von meinem Stahlhelm zu trennen. Und wenn ich mich heute frage, was ich damals suchte, als ich durch das Freisinger Moos streunte, kann es nichts anderes

als mein Stahlhelm gewesen sein. Dann sag mir, was das für ein Lebenselexier ist, daß einen suchen läßt, was einem den Tod bringt.

Fanny blickt nur von ihrem Stopfwerk hoch und schaut vor sich hin.

HERBERT Du pflegtest ansonsten an dieser Stelle zu sagen: Das Problem ist die Existenz. Hätten wir nicht diese Kriege gehabt, keinen Krieg, meine ich, wäre das Alter mit seiner Eitelkeit kein Trauma. Oh, wüßten wir doch von diesem Ausdruck nicht! Tja, aber heute ist mir ja wieder mein Gedichtchen eingefallen, und das läßt dich wohl schweigen. Ich schlich durch Freising und bewegte mich zum Dom hoch. Ich kann mich noch gut erinnern, daß ich das Gedicht nicht vor mich hinsagte, denn ein Gedicht hilft einem ein zweites Mal nicht. Lebendig ist so ein Gedicht nur, wenn es in einem aufsteigt. Und wenn du daran denkst, kann nichts aufsteigen. Fremd war mir dieser Domberg, fremd, fremder als Rußland, weil ich allein war. Dieses Geschwafel von Heimat. Dieses Geschwafel von Starenkästen und Birnbäumen. Dieses Geschwafel von Bachläufen und Forellen. Dieses Geschwafel von Straßenzügen und Obstständen! Diese Kirchturmheimat! Und dann das Geschwafel von eigenen Kindern, eigener Verwandtschaft, eigener Frau. Alles Lüge war das für mich. Ich suchte nur, wie ich heute weiß, nur meinen Stahlhelm, mit dem man mich erschossen hätte, wollte ich das? Nein. Ich suchte, was ein Soldat immer sucht. Ich suchte Deckung. Ich suchte Rattenlöcher. Ich suchte Hundescheiße, weil Hunde in Deckung scheißen, wenn es irgendwie geht. Ich ging dem Gestank nach und taumelte. Hätte ich einen Stahlhelm gefunden, hätte ich ihn aufgesetzt, und dieser Stahlhelm hätte mich verraten, wie mich ein heulender Hund verraten hätte, den ich aufgesetzt hätte, wäre er mir nur über den Weg gelaufen. Da hielt ich inne und sah mit einem Blick auf Freising hinab, als mich die 2. Strophe meines Gedichts überraschte, die du aber schon kennst.

FANNY
Unterm Totentuch
Wasserspiele
der Liebe im Mund
noch blüht meine Zehe
es grünt der Fund
meine weichen Hirnteile
vom Rind in der Pfanne
schaufeln

HERBERT Ich kann mich nicht erinnern, in welchem Teil des Domes es war, wo die Amerikaner einen Boxkampf austrugen, war es in der Krypta? Es schien mir jedenfalls in einer Apsis gewesen zu sein, wo vormals die Altäre zu stehen pflegten. Biergartenbänke hatte man aufgestellt, und alles Licht war auf den Boxring gerichtet. Das Publikum war nicht sonderlich interessiert, obwohl so viele schrien, und die Kämpfer boxten eher vor sich hin, so wie man vor sich hin trinkt, damit irgendwas geschieht. Ich saß zwischendrin und war erstaunt über so viel Zigarettenrauch. Da erblickte ich dich zum erstenmal in meinem Leben. Und immer wieder kann ich mich in den Zustand zurückversetzen, als hätte ich dich später nicht gesehen. Du warst so weit von einer Frau entfernt, die meint, ein drittes Bein mit sich herumzutragen. Du kamst aus der Zukunft und lächeltest mich an, wie du das Leben anzulächeln pflegtest. Es standen dicke römische Säulen herum, und immer wieder verschwandst du hinter einer, bis ich dich nicht mehr sah. Sie ist auf der Toilette, dachte ich mir und konnte mir nicht eingestehen, daß ich in einer Kirche noch nie eine Toilette ausfindig gemacht hatte. Wie soll ich das Leben hier ertragen, wenn sie nicht kommt. Und da du nicht kamst, verließ ich Freising. Und als die Sonne aufstand, ich war schon hinter Moosburg und näherte mich bereits Landshut, überraschte mich die dritte Strophe meines Gedichts Fremder.

FANNY
Wohin du
gebierst Sonne
zu nah bin ich
deinem Plissee
aus deinen
Schalen des Blutes erhebe dich
neu von Wasser
zu Wasser

HERBERT Schön hast du es wieder gesagt. Stell dir vor, es wäre ein Dritter bei uns, der fragte. Wir müßten schwafeln, ich müßte von Heimat schwafeln, wie der von Heimat schwafelt, der an seine Brieftauben denkt. Aber Brieftauben kann man nicht in sich haben, wie man ein Gedicht in sich hat. Ist doch ein Unding! Diesen Heimatschwaflern liefen Tränen über die Wangen, wenn sie nur erzählten, wie die Februarsonne den Schnee von ihrem südlichen Hausdach schmolz, und dann meldeten sie sich zu einem Exekutionskommando, damit sie ihren Heimaturlaub bekamen. Diejenigen, die der Schneeschmelze ferne waren, erschossen solche, die die Schneeschmelze ganz nahe hatten. So ist das, wenn man keine Gedichte in sich hat. Kein Gedicht in sich hat, ich habe ja nur das eine geschrieben, denn dann kamst du, Fanny, und das Leben mit dir. Der Krieg ließ mich ein Gedicht schreiben, das Leben mit dir nicht, wozu auch?
Es blitzt.
FANNY Hast du die Pappeln am Bach gesehen?
Sie ist erregt. Holt ihre Brille und schaut damit zum Fenster hinaus.
FANNY Hast du die Pappeln nicht gesehen?!
HERBERT Wie sollte ich? Ich habe nicht damit gerechnet, daß es blitzt.
FANNY Aber du hattest deine Brille nicht auf, du hättest sie sehen können, nicht?

HERBERT Ja, ich hätte die Pappeln am Bach sehen können. Du hast ja das Gewitter angekündigt.

FANNY Waren es noch alle sechs Pappeln, oder hat der Blitz in eine geschlagen?

HERBERT Wie hätte ich das sehen sollen?

FANNY Schon gut. Ich wollte ja nur wissen, ob die Pappeln noch Orangen tragen.

HERBERT Da müssen wir auf den nächsten Blitz warten.

FANNY Ja, warten wir auf den nächsten Blitz.

HERBERT Auch der nächste Blitz wird blau sein, wie sollten wir da die Orangen an den Pappeln sehen?

FANNY Wieso Orangen an den Pappeln?

HERBERT Du sprachst davon, fragtest mich, ob ich die Orangen an den Pappeln gesehen hätte. Mhm.

FANNY So. Dann habe ich mich schlecht ausgedrückt. Aber das Gehirn macht einem halt immer öfter einen Strich durchs Hirn. Das Hirn wird partikelweise ausgestrichen. Dafür verbinden sich Partikel wiederum, die sich bislang fremd gewesen sind, und es entsteht ein neuer Unsinn, im Gegensatz zum alten. Denn die Äpfel an den Pappeln waren schließlich auch nicht das Erfreulichste.

Es blitzt.

FANNY Und?

HERBERT Der Blitz war blau. Wie sollte ich da deine Orangen erkennen. Zwetschgen kann ich dir zugestehen, daß ich sie gesehen habe – aber nur, wenn du willst.

Sie schüttelt den Kopf.

HERBERT Wenigstens stehen die Pappeln noch. Und wahrscheinlich alle sechs. Wie sollte ich in einer Zehntelsekunde, in einer hundertstel Sekunde sechs Pappeln zählen.

FANNY Beim nächsten Blitz zähle ich von links die Pappeln und du von rechts. Wir addieren unsere Zahlen und –

Es blitzt.

FANNY Einszweidreivier-

HERBERT -fünfsechssieben! Es sind noch alle sieben.

FANNY Sieben? Bis vor kurzem waren es sechs!

HERBERT Ja, sechs waren es zuletzt, aber sieben waren es

früher immer. Immer sieben Pappeln. Und sie wußten sich wohl voneinander zu unterscheiden. Als mir kein Gedicht mehr eingefallen ist, habe ich nur noch den Pappeln zugeschaut.

FANNY Ich liebe dich.

Sie geht zu ihm, umarmt ihn, bläst die Kerze aus. Beim nächsten Blitz sind sie nicht mehr da.

Keine Melone

Im Hintergrund das Holzhaus, dessen Fenster bekannt ist, davor ein leerer Hof, den links ein Hackstock, rechts eine Schuppenwand abschließt. Vor dem Haus fließendes Wasser. Seine Stimme aus dem Haus, ihre Stimme aus dem Schuppen.

FANNY/STIMME Das Huhn legt nicht mehr. Mein Huhn legt nicht mehr. Unser Huhn legt kein einziges Ei mehr. Es sitzt in seinem quadratischen Nest und brütet vor sich hin. Es brütet vor sich hin, ohne ein Ei unter sich zu haben. Und da unser Huhn kein Ei unter sich hat, brütet es über dem Gedanken, daß es kein Ei unter sich hat. Das Huhn findet den Gedanken, kein Ei unter sich zu haben, zum Federnausreißen. Und so hat sich unser Huhn, Herbert hörst du mich? Herbert, unser Huhn hat sich die Federn ausgerissen, und nun ist unser Huhn derart mit seiner Kahlheit besorgt, daß es vergißt, uns ein Ei zu legen. Soll ich es schlachten?

Sie kommt ans Wasser, wäscht sich die Hände, die sie an ihrer Schürze abtrocknet.

FANNY Wenn wir das Huhn nicht bald schlachten, rentiert es sich nicht mehr, denn es wird magerer und magerer. Seit unser Huhn kahl ist, frißt es nicht mehr. Es hat alle Selbstverständlichkeit verloren. Es sieht mich mit schrägen Augen an, als verlangte ich von ihm, gebraten in seinem Nest zu liegen. Man könnte das Huhn erwürgen, um ihm das Schlachten zu ersparen. Herbert, was sagst du dazu? Ich erwarte ja nicht, daß unser Huhn eine Gans sei. Aber das Auge des Huhns verrät mir seine Befürchtungen. Und unser Huhn befürchtet, daß ich von ihm verlange, Gans zu sein. Wie soll ich dem Huhn klarmachen, daß ich nichts von ihm erwarte, nicht einmal ein Ei? Ich erwarte nur, daß es mir keine Vorwürfe macht mit seinem schiefen Blick! Herbert erwürgst du es?

Langsam geht sie zum Hackstock und hackt Reisig für ein Reisigbündel. Bald hält sie inne.

FANNY Auch heute wird ein Gewitter kommen. Wie ich schwitze. Das schiefe Licht drückt auf mich. O Herbert, könntest du doch wenigstens Reisig hacken, dann könnte ich auch wieder von dir verlangen, daß du das Huhn schlachtest... Nun wirst du es erwürgen. Die Sonne blickt mich an, als wäre ich eine Blume. Ich habe nichts zu öffnen, alle Blüten sind in meinem Leib verschlossen. Und sähe mich die Sonne nur als Gras, ich könnte ihr auch nicht helfen. Bin zur Fotosynthese nicht befähigt. Möchte auch nicht grün sein. Obwohl es einfach wäre. Hier zu liegen. Und sich liegend von der Sonne ernähren zu lassen. Zu leben, in diesem Leben, als wäre man bereits in einem vorherigen Leben gestorben, wäre das so, wie es ist? Herbert, siehst du mich denn nicht?! Herbert!
Klein taucht er am Fenster auf. Fuchtelt mit der Faust.

FANNY Hier bin ich.

HERBERT Ich seh dich nicht. Ich bring das Fenster nicht auf. Wo bist du denn?

FANNY Hier bin ich, beim Hackstock. Ich gönne mir eine Pause. Die Sonne blickt mich heute so willkürlich an. Da dachte ich, du solltest nach mir sehen.

HERBERT Beim Hackstock bist du, sagst du. Ich kann dich nicht sehen. Du mußt hinter dem Hackstock liegen. Es wird dir doch nichts passiert sein? Gib mir ein Zeichen!

FANNY Hier bin ich. Ich schwinge das Beil.

HERBERT Ich kann dich nicht sehen.

FANNY Du willst mich nicht sehen – Nimm doch deine Brille ab.

HERBERT Ach ja. Da bist du ja. Du stehst auf einem Bein.

FANNY Unser Huhn hat wieder kein Ei gelegt. Es liegt in seinem Nest und macht mir Vorwürfe. Wie genau es mich zu kennen scheint. Unser Huhn verlangt von mir, daß ich ein Ei lege. Meine Eier wären schließlich größer als die ihren. Ja, unser Huhn beschimpft mich sogar, wie ich von so einem kleinen Huhn nur verlangen könne, ein Ei zu legen, statt es selber zu legen und zufrieden zu sein.

HERBERT Was hast du gesagt? Ich höre dich nicht.

FANNY Gut. Ich bin dort, wo gehackt wird. Reisig gehackt wird.

Da bin ich und stehe auf einem Bein. Ich kann heute nur ein Bein gebrauchen. Hacke mit den Händen, die Hände sind noch stark, stark genug. Da bin ich.

HERBERT Hör doch: Das Huhn gackert. Es muß ein Ei gelegt haben. Fanny, hol dir das Ei. Ein Ei im Glas, das ißt du doch so gerne. Das Huhn gackert dort im Gras. Ich vermute in der Nähe des Hackstocks, Fanny. Wo bist du? Das Huhn gackert und bewegt sich gackernd. Es steht auf einem Bein. Fanny, sieh doch nach!

Fanny hört zu hacken auf.

HERBERT Das Huhn gackert nicht mehr. Aber es steht noch beim Hackstock. Es scheint sich in der Sonne zu baden.

FANNY Herbert mach das Fenster auf.

HERBERT Welches?

FANNY Das vor deiner Nase.

HERBERT Ach, das hier. Geht nicht. Was soll ich denn von dir halten, da du dich nicht blicken läßt, wenn ich schon einmal von Nutzen sein kann, indem ich das Huhn erblicke und dir einen Hinweis geben könnte, wo sein Ei liegt. Gib mir ein Zeichen, Fanny, bitte.

Sie hackt wieder.

HERBERT Fanny, Fanny, das Huhn gackert wieder, siehst du es nicht am Hackstock? Wo immer du auch sein magst, bemüh dich doch, unser Huhn zu erblicken. Unser Einundalles, unser Lebendiges! So muß es sein, ein Ei zu legen, so wie mit dir zu reden: Das Ei kommt und kommt nicht. Es kommt kein Ei. Und kommt doch einmal ein Ei, dann ist es ein Schokoladenei. Ich bin als Huhn völlig ungeeignet. Vielleicht als Hausschwein, ich kann nämlich ein wenig Latein. Neinnein, ich will als Hausschwein nicht übertreiben wie als Mensch, denn als Mensch schrieb ich ein Gedicht, da muß ich als Schwein nicht auch noch Lateinisch sprechen, wirklich nicht, nein.

Er verschwindet hinter dem Fenster. Fanny hebt Steine hoch und ißt Würmer. Eine Frau kommt.

FRAU Guten Tag, ein schöner Tag. Sie essen Würmer, Frau Fanny? Ich kenne Sie. Kennen Sie mich nicht mehr? Ich bin Ihre Nachbarin aus Hamburg, vom Hamburger Schauspielhaus. Ich bin die Schauspielerin. Sehen Sie, was ich immer noch kann: Ich kann den Ostwind herbeirufen mit seinem Trauermarsch. Hören Sie! Und ich kann den Westwind rufen mit seinem Hochzeitsmarsch, den haben Sie doch immer so gerne gehört, wenn Sie mit Herbert auf der Bank gesessen sind. Er hörte lieber den Trauermarsch. Er war nicht so für das Heiraten wie Sie. Er war mehr für das Alleinsein. Da hat er sich dann nicht mehr ausgekannt und gemeint, er sei ein Römer, der im Wald haust und an einem Stein klopft. Frau Fanny, für den Fall, daß Sie ein Ei legen wollten, sollten Sie nicht nur Würmer essen, auch Kleie und Eierschalen für die Eierschale. Ich lebe von Bewegungen, das rinnende Wasser nährt mich zum Beispiel. Oder die Brennesseln.

Unter den angekündigten Märschen, der Stille und einem Steinklopfen aus dem Wald findet das statt: Die Frau hält ihre Hände über Brennessel und bewegt die Hände langsam, und langsam bewegen sich die Brennesseln mit.

FRAU Das nährt mich. Ich kann zwar mit dieser Ernährung keine Eier legen, aber für mich reicht sie. Ist Ihnen nicht gut, Frau Fanny? Wenn Sie so viele Würmer essen, müssen Sie wahrscheinlich zwei Eier legen. Das macht nichts. Das ist nicht der Alptraum des Landes. Was glauben Sie, was wir in Hamburg Eier gelegt haben! Am Hamburger Schauspielhaus haben wir Eier gelegt wie am Fließband. Das war die Hamburger Krankheit. Wissen Sie noch, als ich zu Ihnen sagte: Wenn hier Hamburg wäre, wäre es viel schöner als dort. Wo ist gleich wieder der Sinn? Das kann man übrigens überall sagen. Wissen Sie, ich würde so gerne einmal die Teekanne von Ihrem Mann sehen. Ach, verheiratet seid ihr ja nicht. Das ist der Unterschied in der Liebe: Die Ehe findet im Bett statt und die Liebe in den Brennesseln. Oh, ein Ei gelegt, das bring ich ihm. In der Zwischenzeit können Sie ein zweites legen.

Sie nimmt das Ei, groß wie eine Wassermelone, aber weiß, und rennt damit hurtig zum Haus hoch und verschwindet darin. Nach kurzer Zeit, unter den Klängen eines Marsches, ist dem Haus anzumerken, daß darin ein heftiger Beischlaf gepflegt wird, als ganzes wackelt es nämlich hin und her.

Während sich die Stimmung verfinstert, hackt Fanny noch ein wenig Reisig.

FANNY Das erste Ei ging nicht leicht. Es war aber auch nicht zum Schreien. Doch endlich hatte ich etwas zwischen den Beinen, was nicht als mehr erscheinen will, als was es ist. Es war nicht einmal lästig, und wenn es sich weiter machen läßt, warum nicht. Aber jetzt doch nicht –ah – ah –

Unter Lustschreien bricht sie zusammen. Trockene Blitze zerfetzen die Finsternis. Tag. Aus dem Haus tritt die Frau und putzt sich Eiweiß und Eigelb von der gesamten Bekleidung.

FRAU Gut war Ihr Ei, Frau Fanny, hoffentlich habe ich mich überessen, damit auch ich ein Ei legen kann. Dann darf auch ich Sie zu meinem Ei einladen.

Fanny schüttelt den Kopf.

FANNY Fräulein, das Ei, das Sie gegessen haben, kann nicht von mir sein, ich lege nämlich keine Eier. Ich lege Melonen.

Sie zeigt die Wassermelone, die sie gelegt hat.

FRAU Ach, ach, ach – ich gehe wieder nach Hamburg! Wenn ich nur wüßte, wo das ist... Wir bräuchten hier Palmen, wippende Palmen, damit man weiß, woran man ist. Oder ein Flugzeug müßte mal wieder vorbeikommen und Bomben werfen, damit man weiß, woran man ist. Ihr habt eure Teekanne, nach der ihr euch richten könnt –

FANNY Er richtet sich nach der Teekanne, aber wie Sie sehen, zu sehr, er verläßt seinen Platz unter der Teekanne nicht. Setzt den Hut auf und fühlt sich sicher. Bei mir ist das schon schwieriger, ich orientiere mich nach dem Huhn. Das Huhn verläßt sein Nest nicht, und ich weiß nicht mehr, was ich machen soll. Ich bin so verwirrt und so verworren, daß ich anfange, Eier zu legen. Seien Sie froh, daß es Ihr Hamburg nicht mehr gibt, sonst müßten Sie hier mit einem anderen Hamburg anfangen. Man nennt ja schon ein jedes Stück Fleisch einen Hamburger. Ich möchte kein Hamburger sein, lieber noch ein Huhn, das belästigt niemanden mit seinem Gequatsche, wissen Sie, was ich meine?

FRAU Ja schon. Doch wüßte ich gerne, wie ich von Hamburg hierhergekommen bin. Vom Hamburger Schauspielhaus. Ich stehe hier so unwissend wie die Faltung meiner Hände.

FANNY Das meinen Sie. Ich will nun nicht mehr an all dem herumschnuppern, als wären es Blumen. Erstens kamen Sie hierher mit einer Springflut, die legte Sie am Bach unten nieder. Sie waren aufgedunsen wie ein Frosch. Wir dachten, Sie seien tot. Aber Sie erhoben sich und behaupteten, eine Hamburgerin zu sein. Immer wieder sprachen Sie vom Hamburger Schauspielhaus. Nun gut, auch die Bretter vor dem Kopf können die Welt bedeuten. Ich möchte jetzt auf einen Misthaufen gehen, um wieder einen klaren Kopf zu bekommen.

FRAU Ja, ich erinnere mich. Darf ich Sie etwas fragen? Ich habe mit ihm gerade Ihr Ei zwischen uns zerdrückt und fand das gar nicht schön. Könnten Sie mir sagen, warum Sie bei ihm bleiben?

FANNY Mein liebes Fräulein aus Hamburg. Wie Sie sehen, lege ich keine Eier, sondern Melonen. Ich bin nämlich kein Huhn. Das Huhn sind Sie. Und wenn Sie zwischen sich und ihm Ihr Ei erdrücken und dabei nichts empfinden können, können Sie doch von mir zu diesem Sachverhalt keinen Kommentar erwarten, oder?

FRAU Oh, Sie sehen ein Huhn in mir. Ja, ich stehe gerne auf einem Bein. Sagen Sie, wenn Sie Melonen legen, müßte es Ihnen doch ähnlich wie mir beim Eierlegen ergehen: Zuerst meint man, das zu Legende nicht loszukriegen und dann zu krepieren, und auf einmal ist das Ei entwichen, und man wird depressiv, weil man getrennt ist. Ist das mit der Melone ebenso?

FANNY Ja. Gut, daß wir darüber reden, denn andere Hühner reden nicht darüber, die sind nur mit dem Fressen beschäftigt, und das Eierlegen lassen sie über sich ergehen. Aber nun muß ich wieder gackern, um den Appetit meines Mannes zu wecken für den Mittag.

Sie hackt wieder Reisig.

FANNY Wissen Sie, Sie Schauspielerin, früher legte ich meine Eier aneinander, sie lagen weiß im Nest, bis wir sie aßen. Manchmal mußten wir welche wegwerfen, weil wir sie angebrütet hatten. Aber, darf ich es sagen, was ich als Zusammenhang vermute? Ich trau mir nämlich nicht recht, denn Ihr aus

Hamburg seid kluge Leute, und vielleicht lachen Sie mich aus, denn der Zusammenhang von der Melone und der Teekanne, meine ich, zwingt mir die Ansicht auf, daß ein Mann, daß sein Einfluß, sein Samen, nicht ohne Bedeutung sein kann auf die Eier der Frau, wenn ich mir meine Melone einmal genauer ansehe, dasselbe grün, wie ein Smaragd, hm... Jedes Ei ist ein gutes Ei, wenn ein Huhn daraus schlüpft. Möchten Sie brüten, dann gackere ich.

Fanny hackt Reisig, und die Frau hält sich mit einer Hand die Melone an den Bauch, mit der anderen sammelt sie das Reisig zu einem Bündel.

FRAU Ich bin froh, daß ich hier die einzige aus Hamburg bin, denn wäre noch jemand von Hamburg da, meinte der eventuell, ich sei in einem Irrenhaus. Mein grünes Kind, oh! Ich brenne in Liebe zu dir. Ich brenne, ich brenne!

Wie brennend rennt sie herum.

FANNY Das Gewitter kommt zurück. Diese Vormittagshitze macht mich kaputt. Daß mein Mann nicht ans Fenster kommt. Daß er mich nicht braucht. Daß er nicht schreit. Fanny! Fanny! Es ist so still. Sie brennen ja. Nicht einmal der Römer klopft auf seinen Stein. Und die Musik bleibt aus. Es ist so still. Nicht einmal die Brennesseln sprechen heute mit mir, mit uns. Daß Sie die Flammen nicht verzehren! Legen Sie doch die Melone ab! Die Finsternis naht, und Sie brennen wie das Abendrot. Sie brennen wie Hamburg, wie das Hamburger Schauspielhaus. Gehen wir doch zu ihm ins Haus. Sie sollten auch brennen wie unser Haus. Sie haben so rote Haare, wie ich sie einmal hatte. Dann färbte ich sie mir blond. Denn als ich meinen Mann vor Landshut fand, sagte er zu mir, auch ein blindes Huhn findet auch einmal ein Korn. Ein blindes Huhn, meinte ich, kann es wohl nicht heißen. Ein blondes Huhn muß es wohl heißen. Wir waren so glücklich. Auch Sie sollten Ihre Flammen färben, um ein blondes Huhn zu sein. Denn mein Mann ist auch zu Ihnen in Liebe entbrannt. Ich möchte nicht, daß er sich als blindes Huhn fühlt, wenn er Ihnen begegnet. Lassen Sie uns Ihre Haare färben.

Fanny netzt die Frau mit dem Wasser und löscht dabei die

Flammen. Nachdem die Flammen gelöscht sind, ist es Nacht.

FANNY Herbert, rufe mich! Ich heiße Fanny. Du sollst mich rufen! Es ist Nacht. Ich möchte auf deiner Stange sitzen. Frage mich endlich, woher ich komme, und ich sage, aus Hamburg. Ich bin nämlich ein Hamburger Huhn. Ich bin ganz grün und kann grüne Eier legen. Das stimmt aber gar nicht, denn ich bin ein schwarzes Huhn und werde schwarze Eier legen, denn ich trinke schwarzes Wasser und esse von meinem Bauch schwarzes Eigelb und schwarzes Eiweiß. Wenn ich die Hand hebe, hebe ich die schwarze Nacht. Und wenn ich die Hand hin und her bewege, bewegen sich die schwarzen Brennesseln hin und her. Mein schwarzer Mund spricht schwarze Wörter zu dir. Dein schwarzes Huhn steht auf einem schwarzen Bein und sagt sein letztes schwarzes Wort.

Es wird hell.

FANNY Herbert, laß deinen Hut auf. Ich gehe zum Hühnerstall, vielleicht bekommen wir ein Frühstücksei. Oh, was hatte ich für einen Traum! Ich hatte so einen Hunger, daß ich Eier legte. Hast du je etwas von einem Hamburger Schauspielhaus gehört?

Sie geht zum Schuppen.

FANNY/STIMME Kein Ei. Das Huhn legt nicht mehr. Wir sollten es schlachten.

Kein Wald

Das Haus ist weiter zurück, darüber ein Berg mit einer gekerbten Wolke. Fanny trägt einen Stuhl in den Schatten des Schuppens. Dann trägt sie Herbert auf ihrem Rücken zum Stuhl, beide haben vier Beine.

HERBERT Früher ist der Hausfrieden schiefgehangen. Dann ist der Pfarrer gekommen und hat sich vollgefressen und hat was von Tomaten gefaselt, denn Tomaten hat er von uns nicht gekriegt. Am Jüngsten Gericht, hat der Pfarrer gefaselt, wird Gott die Tomaten trennen: die holländischen Tomaten zur Linken und die italienischen zur Rechten. Und der Pfarrer hat uns angesehen, als müßten wir unter den holländischen Tomaten sein, die in die Hölle geworfen werden. Und der Pfarrer tröstete uns, daß wir nur deutsche Tomaten seien und deshalb ins Fegefeuer dürften. Dann hat er mit einem Finger wieder unseren Haussegen zurechtgerückt, und wir haben ihm einen Christbaum geschenkt. Aber heute hängt der Lebensbaum nach unten. Und die Vögel fliegen nach unten, die Paradiesvögel meinetwegen. Und die Affen klettern nach unten, die Menschenaffen meinetwegen. Und der Büffel und der Tiger fallen nach unten. Jetzt sind die Drachen oben und reißen ihr Maul auf, weil sie hungern müssen. Und ganz oben warten die Menschenfresser mit ihren Messern. Zu ihnen fällt gar nichts mehr vom Lebensbaum herunter, denn der Lebensbaum ist nach unten gerichtet. Auch uns wird der Weltuntergang trennen, weil ich im Gegensatz zu dir keine Tomaten mag.

FANNY Wir werden gelbe Schmetterlinge, denn die Leute mit Volksschule werden Schmetterlinge. Welches von den Gleichnissen Jesu gefällt dir am besten?

HERBERT Welches Gleichnis von Jesus mir am besten gefällt? Das kann ich dir sagen. Das mit dem Römer, der Lazarus hieß. Der reiche Prasser hatte viele Hunde, aber diese Hunde unterm Tisch bekamen nur die Brosamen, wenn der Reiche Zahnweh hatte. Und der arme Römer bekam nur einige Brosamen, wenn alle Hunde auf einmal Zahnweh hatten. Der Arme wohnte neben dem Tisch des Reichen, dort starb er auch. Wie alle Toten lief er im Himmel Jesus Christus nach. Jesus Christus bekam von den vielen Toten, die ihm im Himmel nachliefen, Kopfweh. Da kam der tote Römer, der nur eine Rüstung aus leeren Konservenbüchsen hatte und nicht einmal reden konnte, weil er noch einen Verband vorm Mund hatte, ein Heftpflaster gegen den Hunger aus Lebenszeiten. Aber der Römer lächelte beim Anblick von Jesus Christus. Und Christus, der den grausamen Anblick der ungezählten Toten satt hatte, vergaß beim Anblick unseres Römers sein Kopfweh und umarmte ihn und sagte folgende Worte: Römer, diesmal verzeih ich dir noch, aber das nächste Mal darfst du nicht mehr sterben. Und so starb er nicht mehr. Und der Römer lief so weit von Rom weg, bis er in unserer Gegend war. Hier klopft er die Steine seit damaliger Zeit. Mir fällt jetzt der Name nicht ein von dem bayerischen Schriftsteller, der das geschrieben hat. Bergmoser – nein! Gauweiler – nein. Irgendwie Oswald. Thomas oder so. Baumgartner möchte ich sagen, aber nein. Hitze und Saufen möchte ich vorkommen lassen in diesem seinem Namen – verkehrt! Etwa Nenning, die Maulquappe, nein, der ist Wiener. Und Jenswalter, die christliche Kuh – Du mußt ihn kennen, Fanny! Er hat mit mir überhaupt nichts zu tun. So ein Realitätendepp. Ganghofer, endlich, oder so. Ganghofer ist es, das Gegenteil von mir. Aber wenn man die Realität nur ein wenig ritzt, zerplatzt sie. Ganghofer hat ja herumgeschnitten an der Realität und sie zerschossen. Ganghofer meine ich nicht. Aber ein anderer fällt mir nicht ein. Es ist nicht leicht, nicht nur über das Essen zu reden. Das Gegenteil von mir: Ich, ein Aufschrei. Ganghofer! Fanny, Ganghofer heißt der bayerische Schriftsteller, der mir nicht eingefallen ist. Aber den meine ich nicht, Fanny! Ich meine einen anderen bayerischen Schriftsteller, kruzifix!

Fanny hat aus dem Haus ein Biertragel geholt und es unter Herberts Stuhl geschoben.

FANNY Bist schon auf den bayerischen Schriftsteller gekommen, der das Gleichnis geschrieben hat?

HERBERT Mir fällt sein Name nicht ein. Kruzifix! Bring mir ein Bier.

FANNY Du sitzt drauf.

Schwerfällig kramt er unter sich ein Bier hervor. Fassungslos sieht die Frau dem entwaffneten Mann zu.

FANNY Soll ich dir helfen? Nie kann ich dir behilflich sein. Eine plötzliche Maus könnte mich mehr aufregen als du, immerhin wäre sie auf Nahrungssuche. Dann laß es doch, das Bier –

HERBERT Plautus! Plautus heißt der, der das Gleichnis geschrieben hat.

FANNY Plautus? Plautus konnte schreiben, Lateinisch zwar. Aber der mit dem Gleichnis war ein Analphabet, und zwar in allen Sprachen. Kommst nicht drauf? Laß dir Zeit, ich sehe währenddessen nach, ob das Huhn ein Ei gelegt hat.

HERBERT Selbst die Ratten haben uns verlassen. Und nun die Namen der Schriftsteller. War das nicht der, den sie nach dem Schreiben noch mehr geschlagen haben als vorher? Er war Gepäckträger. An einem Tag sollte ich mich an ihn erinnern, wenigstens den gestrigen. Schreiben konnte er nicht, sagt Fanny. Ein Schriftsteller, der nicht schreiben kann, sollte sich vom Dach herunterstürzen. Oder ins Wohnzimmer zurückgehen. Man sollte ihm einen Tritt geben, wenn er sich nicht entscheiden kann. Auch wenn er eine Frau ist. Ist unser Schriftsteller eine Frau?

FANNY/STIMME Nein.

HERBERT Nein. Weit über die Hälfte der schlechten Schriftsteller fällt schon einmal flach. Kein Name fällt mir ein – alle Namen fallen mir nicht ein. Ich zerfalle in weiße Punkte. Ich werde Sand. Ich sollte Förmchen dabeihaben, damit ich was aus mir machen kann, Sternchen oder einen toten Mann und Soldaten und Muscheln. Dann könnte ich Fanny erzählen, wie ich den Sommer verbracht habe. Vielleicht vergißt sie dann den bayerischen Schriftsteller, der nicht schreiben konnte und den ich nicht herausgebracht habe. Und wenn der Sommer vorbei ist, bin ich wie immer in München. Fanny, war der bayerische Schriftsteller aus München?

Fanny kommt.

FANNY Nein. Wieder kein Ei. Wir sollten tatsächlich die Eier selber legen, wie heute nacht in meinem Traum.

HERBERT Kein Ei? Du verlangst also nicht, daß ich mir vor dem Essen die Hände wasche? Jetzt muß ich aber schon sagen, daß wir das ganze Jahr kein Ei essen, geschweige an einem Tag. Ein bayerischer Schriftsteller ohne Buchstaben. – Schrieb er in Latein? Welches war sein Lieblingstier?

FANNY Das Schwein.

HERBERT Das Schwein. Dem gefällt der Mist. Und seine Eltern sind das Wildschwein und das Nilpferd. Und wenn es über einen Quadratmeter Fleisch hat, hört es die göttliche Stimme: Sie wollen dich schlachten! Sie wollen dich schlachten! Dann bockt es mit steifen Beinen wie ein Esel, weil es sich nicht schlachten lassen will wie ein Lamm. Aber weil einem Metzger ein Lamm nicht leid tut, weil sich ein Metzger nicht sagen lassen will, daß er das größte Arschloch auf der Welt ist, wenn er das Lamm nicht abmurkst, so murkst er auch das Schwein ab, mein Lieblingstier murkst er ab. Mein Lieblingstier, weil es alles in sich hineinfrißt. Dann liegt es da und schläft sich aus, wie du. Fanny. Sag mir den bayerischen Schriftsteller, dann nehme ich die Beleidigung zurück.

FANNY Auch mir fällt sein Name nicht ein. Und wenn ich beleidigt wäre, könnte ich kontern, daß ich tatsächlich ein Schwein bin, indem ich dir zuhöre und deinen Mist in mich aufnehme. Aber so verhält es sich ja nicht. Ich höre dir gerne zu. Du bist mein Labsal mit deinem Gerede. Hätten wir Enten, wäre ich viel unaufmerksamer. Das Huhn gibt keinen Ton mehr von sich. Wir sollten es schlachten. Ich hacke Reisig, damit auch ich mich äußere. Bitte rede weiter von deinem Lieblingstier.
Sie geht zum Hackstock und hackt Reisig.

HERBERT Welcher Metzger ließe sich abmurksen, weil er zu feige ist, mein Lieblingstier abzumurksen? Ist das Schwein erst tot, dann schläft es für immer. Da hilft das schlechte Gewissen des Metzgers nicht: Er kann das Schwein an den Borsten zupfen, es rührt sich nicht. Und wenn der Metzger das Schwein in eintausend Stücke zerlegt, zersägt, zerschneidet, mein Lieblingstier wird nimmer wach. So wird der Metzger ein Künstler, aus seiner Missetat die schönsten Träume zu gestalten, indem er aus dem Eber die Leberwürste macht und aus der Sau die Blutwürste. Ja, aus dem Töten des Schweines wird eine Religion: Inwendig reiben sich die Menschen mit Schweineschmalz ein und lassen sich von der Stärkung meines Lieblingstieres die Seelen aufrichten. Ja, die Menschen gleichen sich in ihrem Drang nach Wiedergutmachung meinem Lieblingstier, dem Schweine, an. Wer Mitleid mit dem Schweinenacken hat, in den das Beil fiel, ißt nur den Halsgrat, und in seiner Liebe zum Schwein wächst ihm der gleiche Nakken, stattlich wölbt sich diesem Menschen ein neuer Nacken aus, und der Mensch nimmt dabei gerne eine gewisse Verkürzung seines eigenen Halses in Kauf. Die Damenwelt erschauert beim Gedanken, wie das Schwein, vom Beile getroffen, auf die Hinterkeulen fällt, und erwählt diesen Teil vom Schwein zum letzten Gericht. Geschürzte Lippen führen sich würzige Schinkenröllchen ein. Und siehe, der Damen Hinterbein wird wie das vom Schwein. Gibt es eine praktiziertere Religion? Welcher Menschenkörper zeigt nur im leisesten Flecken, eine Achtung vor Gott, dessen Hostie er doch ißt? Und glaube mir nicht, Fanny, daß die Pfarrer nur von den Hostien so fett und so dick sind. Als wir darbten und hungerten, hatten diese Pfarrer für sich längst nicht mehr nur Hostien, für sich wie für uns. Ich bringe es nicht einmal über mein Herz, daß die Menschen von diesem Landstrich Bayern es mit ihrer Religion des Schweines, meines Lieblingstieres, zu weit trieben, als sie Schuhe von ihm trugen, ja sogar Hosen. Deshalb ist das Schwein mein Lieblingstier, weil man von ihm alles gewinnt. Bist du zufrieden, Fanny, mein Liebling? Ich meine, auf den stattlichen Eindruck meines Lieblingstieres brauche ich nicht einzugehen, den es als Borsten in Zahnbürstenbärten auf Hüten hinterläßt. Oder?

FANNY Bitte rede weiter. Rede über Gott und die Welt. Meinetwegen auch über die Bayern. Ich habe ja kaum einem ins Gesicht geguckt, denn die haben gleich zugeschlagen. Zuerst haben sie dir ans Geschlecht gegriffen und dann haben sie dir ins Gesicht geschlagen. Und wenn du wieder zur Besinnung gekommen bist, warst du schwanger. Sie schrien wie Löwen herum und waren doch so ängstlich, als bräche gleich ein Vulkan aus. Ein Bayer ist, gerade wenn er geboren ist, schon ein Urmensch. Wenn er nachts nicht schlafen kann, schlägt er mit einer Keule nach den riesigen prähistorischen Mücken. Wer bei dieser Mückenjagd nicht draufgeht, kann dennoch nicht schlafen wegen der Flüche im Schlafzimmer. So fluchen bald alle im Schlafzimmer, bis der Morgen tagt. Die Bayern behaupten zwar, daß sie das Rad erfunden haben, aber nicht die Speichen. Nach ihrer Ansicht funktioniert das Rad auch ohne Speichen. Wer ihnen widerspricht, wird mit der Keule bedroht. Da der Bayer nicht anfangen will, intelligent zu werden, ähnelt er noch sehr dem Affen. Den Affen nördlich des Alpenkammes, den Deutschen. Wenn es auf der Welt nur die Bayern und die Deutschen gäbe, hätte es nie die Ägypter gegeben und die anderen Kulturnationen. Ich habe so einen Durst. Ich nehme mir ein Bier von deinem Bier, Herbert. Willst auch schon eins?

Sie nimmt zwei Flaschen aus dem Tragel, füllt sie mit Wasser ab und gibt eine Flasche Herbert. Beide trinken. Sie unmäßig, er mäßig. Die leeren Flaschen legen sie beiseite.

FANNY Zwei Menschen – und ein Zustand.

HERBERT Solange wir ein Bier haben, haben wir einen Garanten, daß es weitergeht.

FANNY Aber die Brezn fehlen mir schon arg.

HERBERT Jaja. In was für einer Epoche möchtest du gerne leben, Fanny?

FANNY Ohne Brezn ist diese Antwort schwer zu beantworten, gleich nirgends. Am ehesten noch im alten Ägypten, weil die die alten Brezn auf die Welt brachten, die verschränkten Arme, weißt du, vom Nichtstun, ach! Mein Kopf ist ganz kaputt, die Decke ist kaputt, die Möbel darin, der Tisch, die Stühle kaputt, der Boden ist kaputt, die Mauern sind kaputt, kaputt das Klo, und mein Kopf ist noch viel kaputter. Alles ist zu dritt, die Betten sind zu dritt, die Stühle sind zu dritt, aber mein Kopf ist noch viel dritter. Ich mag meinen kaputten Kopf, aber am Schluß spiele ich dann immer mit meinem Huhn, das ist aber noch kaputter. Ich habe den Kopf des Johannes des Täufers, der auch in der Wüste herumgeschrien hat, wo ihn keiner hören konnte. Als sie ihm den Kopf abgeschnitten hatten, legten sie ihn auf einen flachen Teller. Bestimmte Gedanken sind dunkel. Bestimmte Gedanken sind schwarz. Unterwegs auf den Gedanken ist es besser. Und die Leute gehen nicht mehr auf den Gedanken. Wenn ich in die Gedanken hinaus muß, habe ich Angst. Ist es nicht besser, unterwegs auf den Gedanken zu sein, wenn ich nicht bin? Hier in Arizona gibt es kein Meer, und ich muß schwitzen. Wenn ich nicht mehr schwitze, gehe ich auf den Gedanken hinaus ans Meer und sage: Da war das Meer. Da war eine Sonne und viel, viel Licht. Kein einziges Huhn da. Ich habe das ganze Meer gesehen, das kein Ende hatte, es war das ganze Meer der Welt, die Boote, die Schiffe, das Meer und jetzt sind es nur Pappeln.

Pappeln
Pappeln
Pappeln
Pappeln
Pappeln

HERBERT Nein, so hat der bayerische Schriftsteller auch nicht geheißen. Und die Zeugen Arizonas glauben nur an die Bibel, die sie selber geschrieben haben. Hundhammer hat er geheißen, aber der war aus Hamburg. Und Hamburg: eine Idylle, durch Gift zerstört. Der Treibhauseffekt war nur über Hamburg. Die Hamburger starben alle im Februar. Leg dich richtig hin, ich kann nicht aufstehen und mich dazulegen. Fanny! Die Sonne ist hier zu schwach, uns zu töten. Schau, und die Bibel haben die alten Ägypter geschrieben. Die hatten eine Pharaonin, die hat die Bibel geschrieben. Aber nur, was darin schön ist, die durchsichtigen Frauenkleider und was darunter ist, die Frauen selber. Die Pharaonin hat auch den Tempel der Griechin erfunden, aber nur was daran schön ist, die runden Säulen, um die sich die Sonne einen jeden Tag drehen muß, aber es nicht schafft. Reicht das? Ja, es ist nicht leicht, nicht nur über das Essen zu reden. Trinken wir noch ein Bier.

Aus dem Tragl nimmt Fanny wieder zwei Flaschen und füllt sie mit Wasser.

FANNY Prost! Ich mag heute nicht mehr Pappelreisig hacken.

Sie gibt ihm einen Kuß. Sie umarmen sich. Beide fallen sie zu Boden. Sie ziehen sich aus. Nun sind aber nicht nur die Gesichter von so einer gelben, blassen schrumpligen Art, auch ihre Körper haben dieses Aussehen und eine schwerfällige Art, wie in Pergament genäht. Herberts vier Beine sind dünn und kläglich. Vom linken Bein bindet sich Fanny ein drittes Bein los. Dergestalt wollen sie Liebe machen.

HERBERT Müssen wir es hier machen?

FANNY Ja, weil wir es nicht mehr schaffen, in die Badewanne reinzugehen. Warte, ich hole den Schubkarren.

HERBERT Nein, laß mich nicht liegen, sonst holen mich die Toten.

Echsen nicht unähnlich, schleppen sich die beiden über den Hof. Fanny lehnt Herbert an den Schuppen, er fällt um. Sie kommt mit einem Schubkarren und zerrt Herbert in denselben und karrt ihn über den Hof.

HERBERT Wo bringst du mich denn hin?

FANNY In den Wald, dort war es doch immer am schönsten, wenn du über mir warst und sonst nichts. Wie allein dein Stuhl dasteht...

HERBERT Mir fällt das deutsche Wort für Stuhl nicht ein.

Kein Farn

Das Haus ohne Berg. Der Schuppen im Anschnitt. Herbert sitzt im Schatten. Grelle Sonne.

HERBERT Machen wir uns doch nichts vor: Du bist eine Krankenschwester aus Hamburg und hast nachts mit den Patienten gebumst. Du rennst einen jeden Morgen in den Hühnerstall und findest nie ein Ei. Warum? Weil du kein Huhn hast, sondern mit dem Römer bumst. Wir sprechen auch vom Wald und von Bäumen, obwohl es nur Farne sind. Und die Pappeln am Bach unten, wo dich alle Soldaten vergewaltigt haben, denen du dich hingegeben hast, wie viele Pappeln sind es denn? Fünf. Aber wir plappern von sechs. Auch die fünf Pappeln bezweifle ich, obwohl ich das schon 30 Jahre weiß. Und mein Beweis? Warum hackst du nicht Pappelreisig, das sich angeblich so leicht hacken läßt? Warum hackst du dieses zähe Farnzeug? Weil es sonst nichts gibt! Und ich bin aus München, bin ein Poet, der nur ein Gedicht geschrieben hat. Und warum das? Weil ich mit einem Gedicht unter der unüberwindlichen Mittelmäßigkeit Münchens bleiben wollte.

FANNY/STIMME
In Frieden leben
den Schmetterlingen nachsehen
das Heu riechen
aus den Schuhen schlüpfen
weil es so heiß ist
weil die Zehen jucken
weil sie den Pilz haben
wund sind und stinken
Fanny kommt.

FANNY Ach schau, dieses Gedicht ist ja auch von dir. Aber wieder kein Ei. Laß uns das Huhn schlachten. Ich kann es nicht. Wenn du heute brav bist, nehme ich dich morgen mit zu den Pappeln. Was bellst du mich so an? Bist du unser Hund? Sie wollen dich schlachten! Sie wollen dich schlachten! Meinst du, daß das Huhn ebenfalls diese Stimme hört? Wenn du meinst, für dich sei das Schwein ein Lieblingstier, so darf ich doch auch sagen, was mir das Herz diktiert. Mein Lieblingstier ist nun einmal das Huhn. Und schon eine lange Zeit. Das Schwein war nur gestern dein Lieblingstier, weil ich dich gefragt habe. Ansonsten ist doch der Römer dein Lieblingstier. Hm? Ich hacke den Scheißfarn. Dieses Scheißleben. Warum sagt man nicht Scheißtod? Das wäre doch für jemand angebracht, der nicht mehr leben will.

HERBERT Jawohl, Frau Lehrerin. Aber bevor du stirbst, muß erst ich sterben. Manchmal fühle ich mich schon kühler und manchmal schon kalt. Man läuft zwischen den Toten rum. Die Straßen haben alle Namen von Toten. Wir haben unsere Toten nicht gefunden. Ich habe immer Durst, aber du sagst, wenn ich die Toten nicht auftreibe, kriege ich nichts zu trinken. Ich also glaube, das dauert noch 1000 Jahre. Oder gibst du mir schon ein Bier?

Sie hackt weiter.

HERBERT Für einen Arizoner ist es nicht wohltuend, wenn er nicht trinkt: Es ist schädlich. Fanny! Wenn ich mir selber ein Bier hole, könnte ich herunterfallen. Nichts. In Arizona ist meine Oma, und ich wohne bei ihr.

FANNY Was sagt er denn, dein Römer?

HERBERT Das Meer ist eine Latrine. Sie haben ihn wegen der Arbeit nach Arizona geschickt. Wie er nach Arizona kam? Er trägt hellblaue Augen wie du und ist von Rom. Rom ist die Hauptstadt vom Latein. Sie waren zwanzig Kinder in einer einzigen Wohnung. Er ist gerade noch weggekommen und nicht gestorben. Wenn die Tage kürzer werden, ziehen bestimmte Leute die Häute von Tieren an. Der Römer machte sich einen Mantel aus leeren Blechdosen, das hilft auch gegen den Regen. Die Sonne wird kürzer. Die Fernsehnachrichten wurden kürzer. Man kürzte die Elendsnachrichten. Das ist für die Reichen nicht schlimm, die gehen drinnen spazieren. Ihre Wohnung ist kein Schwamm. Das Wasser rinnt den Reichen nicht auf den Kopf. Die Armen wachen feucht auf. Mütter verziehen das Gesicht. Die Mutter hatte keine Milch mehr, da mußte der Römer abhauen, er ist ein Säugetier: Ich sehe ihn nicht oft, weil er Angst hat, daß ich Geld von ihm verlange. Die Oma wollte ihn wegjagen, das war zum Kotzen. Ich sagte immer zu ihm: Du hast es gut, weil du in Arizona bist. Bei ihm daheim haben sie nie gegessen, die waren alle hungrig, weil man nichts auf den Tisch bringen konnte. Der Vater hatte einen Tisch gekauft, aber die Mutter konnte nichts draufstellen. Das war kein Honiglecken. Ich weiß nicht, wie alt der Römer ist, aber ein wenig ist er auch jung. Sein Kopf ist ein Kürbis. Als Henker wäre er sicher gut. Der Römer wollte Wirt werden, Bahnhofswirt. Als er bei einem Bahnhofswirt in der Lehre war, stieß er am Mittwoch dem Bahnhofswirt den Grill um. Der Römer mußte gehen, und der Bahnhofswirt stellte seinen Grill wieder auf. Und der Bahnhofswirt ist glücklich, ich sehe das, daß er glücklich ist, und er pfeift immer.

FANNY Was sagt der Römer?

HERBERT Das geht dich einen Dreck an, Lümmel. Das sagt er zu mir. Und mir ist klar, daß er sich am liebsten ins Gesicht spucken möchte, und dann tut er mir leid... Heiß ist es in Arizona. Die Ehefrau kommt, aber ohne Beil. Ich kann nicht weg. Weil sie wahnsinnig genervt ist, wird sie mich wegen nichts schlagen. Arizona ist nicht wohltuend. Arizona ist schädlich. Sogar die Hühner haben einen Stall.

FANNY Du einen Stuhl!

HERBERT Dann ist alles aus, und du siehst nur Arizona. Wo du in Arizona hinknallst, hebt dich keiner auf, sie lassen dich liegen. Ich habe kein Geld, wenn du das von mir verlangst, Fanny. Wenn sich ein Kind in Arizona verläuft, rauben sie es aus. Dann muß das Kind Bomben putzen. Und dann erst, wie der Römer nach Arizona kam! Und dann haben sie ihn wieder wegen der Arbeit nach Arizona geschickt. Aber jetzt ist nichts mehr zu machen, er muß in Arizona bleiben. Busse, die nicht kommen. Er trägt hellblaue Augen wie du, Fanny. Im Sommer kommt er braun, im Winter nicht. Er kann nicht sehr gut unterhalten. Ich weine in meinem Bett, weil ich an allem schuld bin. Der Römer sagt kein Wort aus Angst, einen Mist zu sagen. Und wenn ich dann sehe, daß er nichts sagt, denke ich, der ist ein Arschloch, entschuldige den Ausdruck. Trag mich zum Nordpol. Ich habe schwarze Augen, beide gleich.

Er reißt Fanny die Brille herunter und zerbricht sie.

FANNY Hab heute deine Brille auf. Wenn das nicht Weihnachten ist – Ich möchte noch mehr über Weihnachten sagen, aber mehr als das weiß ich nicht.

HERBERT Ich hab gedacht, daß es auf der Welt nur ein Arizona gibt, das unser ist. Fanny, brauchst gar nicht zu heulen, weil ich das gesagt habe, wenn es doch die Wahrheit ist. Da ist ja der Römer, der Pickelheini, und lacht wie ein Pferd.

Er deutet auf sie.

HERBERT Wer hat denn dich aus dem Käfig gelassen? Gut, daß du frei bist, bevor du stirbst, du bist ja schon halb tot. Wenn du nicht sterben wirst, dann hat dir ein Zufall die Freiheit geschenkt. 2000 Jahre hast du auf diesen Zufall gewartet, und wärst du vor diesem Zufall gestorben, was wärst du für ein unglücklicher Mann. Hart ist der Tod vor Weihnachten, mein halbtoter glücklicher Römer. Fanny, sieh her, wer da ist. Das Leben hebt wieder den Kopf in Arizona. Viele sind wir schon wieder: erstens du, Fanny, zweitens ich, drittens der Römer, viertens das Huhn, fünftens mein Hunger, sechstens, sechstens –

FANNY Sechstens die Melone.

HERBERT Sechstens die Melone. Dann haben wir also doch recht mit den sechs Pappeln. Gib aber dem Römer nichts von der Melone! Der ist nämlich ein Säugetier und braucht Milch. Die Mama ist eine ernste Sache. Sie produziert die Milch für die Säugetiere. Die Mama opfert sich für uns bis zum Tode. Und wenn kein Geld im Haus ist, tut sie, als wenn nichts wäre. Die Mama ist schöner als die Französische Revolution. Und sie töteten sie.

FANNY Ich gehe zum Huhn nach Spanien.

Sie verschwindet im Schuppen. Kommt nach geraumer Zeit mit dem Schubkarren zurück.

FANNY Du mußt mir jetzt das Huhn schlachten helfen!

Sie packt Herbert auf den Karren und fährt ihn in den Schuppen.

FANNY/STIMME Ich halte den Kopf, und du schlägst zu. Mit einem Hieb mußt du den Kopf vom Rumpfe trennen.

HERBERT/STIMME Es ist besser, wenn du den Rumpf hältst. Dann halte ich den Kopf und trenne ihn mit einem Hieb vom Rumpf. Gleich bist du in Tibet. So. Tschack!

Vom Hals abwärts blutüberströmt rennt Fanny wild rudernd und schreiend auf den Hof, rennt auf den Farnhaufen zu, in dem sie sich vergräbt und winselt.

HERBERT/STIMME Fanny, das Huhn ist fortgerannt, wo bist du? Fanny, sag ein Wort! Ich sehe dich nicht. Fanny, du kannst dich doch nicht in Luft aufgelöst haben! Fanny, fahr mich aus dem Schuppen hinaus, bitte. Wenn ich kriechen muß, hast du die Scherereien mit den Kleidern. Seit die Waschmaschine nicht mehr geht, ist es eine Heidenarbeit. Seit du die Gicht in den Händen hast, solltest du dir eine jede Arbeit mit dem kalten Wasser sparen, Fanny! Fanny, versteck dich doch nicht! Ich kann dich doch nicht suchen! Wie soll ich dich finden, Fanny? Du bist mir immer voraus. Wenn du in den Farn hinaufgegangen bist, muß ich dich lange suchen. Wenn du aber nicht in den Farn hinaufgegangen bist, und ich bin im Farn oben, wird es Nacht, bis ich wieder zurück bin. Dann bist du allein zu Hause und fürchtest dich, Fanny! Sag doch was! Mir geht es schlecht im Schuppen. Ich glaube, ich kriege einen Erstickungsanfall –

Er hustet heftig. Kommt aus dem Schuppen gekrochen.

HERBERT Ich gehe auf meinen Stuhl zurück, dann bin ich wenigstens auf meinem Platz, und du weißt, wo ich bin. Fanny, ich bin immer auf dem Stuhl und hüte das Bier. Ich meine die Bierflaschen. Ich kann auch alle Flaschen in der Zwischenzeit mit Bier füllen. Aber in welcher Zwischenzeit – Mir gehen die Wörter aus, Fanny. Ich habe das Beil im Schuppen zurückgelassen, denn bei Regen hackst du im Schuppen Reisig, das gute Pappelreisig, das unsere Stube wärmt. Wenn wir die Pappeln nicht mehr haben sollten, werden wir nur noch mit dem Farn heizen, bei diesem Gedanken kommt mir schon wieder der Husten. Fanny, ich krieche auf allen sechsen und huste.

Die wichtigsten Dinge lernt man nicht, etwa auf den Händen zu laufen.

Er zieht und stemmt sich auf seinen Stuhl.

HERBERT Fanny, siehst du mich jetzt? Ich sitze wieder auf dem Stuhl. Selber geschafft! Du mußt doch merken, daß ich dich nicht suche. Das blöde Huhn ist auch nicht da. Fanny, gib mir ein Zeichen, mach einen Piep! Wie soll ich denn merken, daß du mich liebst, etwa in dem, daß du nichts sagst? Es reicht, daß du nicht da bist, aber sag etwas, Fanny, bitte! Ich schau schon den Himmel ab nach dir, aber nicht einmal eine Wolke sehe ich. Wie sollte da dies schwache Firmament dich tragen? Ich hüte unsere Flaschen, und was machst du? Die Sonne rückt mir näher, und bald sitze ich in ihr. Und die Sonne ist heute nicht gut auf mich zu sprechen, sie ist so grell wie blöde. Dann bringe mir wenigstens meinen Hut, Fanny. Egal, wo du bist, wirf meinen Hut in meine Nähe, nicht? Hmh, soll ich dir den bayerischen Schriftsteller sagen, der die blöde Bibel zwar nicht geschrieben hat, sie aber verantworten muß? Es ist Jesus Christus, und jetzt kommst du. Denn mit was könnte ich dich noch locken. Du weißt, ich schätze den Sex zur passenden Gelegenheit, aber nicht die ganze Zeit. Hmh. Ja? Habe ich was gehört? Hast du dich gemeldet? Bitte noch einmal. Ich höre nichts. Nicht einmal den Römer höre ich seine Steine klopfen, und der klopft doch die ganze Zeit. Überall will man wieder Kopfsteinpflaster haben, bis nach Speyer und nach Trier. Die läßt er auch jetzt, da er in Arizona den roten Stein bearbeitet, nicht im Stich. Denn Speyer und Trier waren auch schon im Mittelalter seine Kunden, die damals sehr entfernt waren. Grafenau war nah und Hengersberg. Vom Straßenbau zog sich unser Römer nach dem Untergang seines Reiches zurück, aber nicht vom Straßenstein, der blieb durch alle Zeiten seine Domäne. Fanny, vielleicht hänselst du mich schon die ganze Zeit, und ich höre dich nur nicht, denn eines Tages läßt auch mich das Gehör im Stich. Oder bilde ich mir nur ein zu reden und sage gar nichts?

Er berührt mit der Hand seine Lippen.

HERBERT Sie sagen gar nichts, doch jetzt, tatsächlich.

Er schweigt. Der verwehte Trauermarsch setzt ein. Herbert wischt sich Tränen von den Wangen. Als der Hochzeitsmarsch einsetzt, richtet er seine verrutschte Kleidung zurecht. Wartet, korrigiert seine Haltung.

HERBERT Ach, Fanny wird eine Verabredung mit dem Römer haben. Der mit seinen drei Eiern. Das dritte Ei besetzt sein Hirn ganz. Dem kannst du alles an seinen Schwanz hintragen, und er fickt es, den Nabel, die Achselhöhle und das Arschloch sowieso. Du mußt dich nur zufriedengeben und darfst keine Leidenschaft zeigen, vielmehr mußt du seine Leidenschaft bewundern. Die Römer sind alle Angeber und blind. Bei den Römern hat sich in 2000 Jahren nichts geändert. Immer drei Eier. Jetzt verstehe ich auch, was es mit dem Kühlschrank auf sich hatte, Fanny. Als du sagtest, es ist an der Zeit unseren alten Kühlschrank zu verkaufen, meinte ich, das zahlt sich nicht aus ohne Strom, und das Geld ist nur noch ein Sammelobjekt. Nicht für Geld, meintest du, für Naturalien, ich kenne jemanden, der gibt mir drei Eier für unseren unbrauchbaren Kühlschrank. Der Römer, klar! Aber was macht der mit unserem Kühlschrank? Ein Andenken? Fanny, sprich!

Das Klopfen des Römers ist zu hören.

HERBERT Ah, jetzt sind sie fertig. Jetzt zieht sie den Slip hoch, und jetzt holt sie noch einen Farnwedel heraus. Sie preßt ihre Füße in die Halbschuhe. Ich habe ihr immer gesagt: In Arizona läuft man nicht mit Halbschuhen rum, sondern mit ganzen. Jetzt läuft sie im Farn herunter. Nein? Sie hat ihre Strickjacke vergessen. Nein? Schließlich mußte sie nach so einem Gewaltakt immer pinkeln. Jetzt kommt sie in Fahrt und taucht gleich am Schuppen auf. Ist sie hingefallen? Wenn sie hinkt, heißt es noch zu warten. Wahrscheinlich klopft sie dem Römer die Steine und der sonnt sich in seiner Eitelkeit. Immer dauert es so lange, bis ich das Richtige annehme…! Hmh… oder du erzählst ihm von mir, sagst, daß mein Sack bis zu den Knien herunterhängt und ich in Badehosen unmöglich bin. Mein Sack ist aber nicht lang, nur die Vorhaut, und auch die ist nicht länger als normal, Schlampe! Statt der vier Beine hätte ich zwei Schwänze gebraucht für deine zwei Löcher, auf daß ich dich von unten herauf zerschneide mit meiner Schere in verblutende Stücke. Schließlich hast du mir, du Aas, die Beine in vier Stück zerschnitten, ich dir die deinen, du Luder, immerhin nur in drei. Wir hielten das für Pornographie! Scheißsonne!

Er ruckelt mit dem Stuhl in den Schatten zurück.

HERBERT Immer warst du da, Fanny. Immer wäre es mir lieber gewesen, du wärst nicht dagewesen. Immer wäre es mir lieber gewesen, du wärst erst morgen gekommen. Morgen. Morgen. Morgen. Morgen. Morgen. Morgen. Und so weiter. Ich hielt den Kopf des Huhns und hielt ihm gleichzeitig die Augen zu. Du wirst das ganze Huhn gehalten haben mit beiden Händen. Man hält die Beine des Huhns an seinen Leib und hält es an den Flügeln. Man fürchtet die Krallen des Huhns. Da schaut man nicht hin in seiner Angst. Da schaut man weg. Da wirst du jemand gesehen haben. Eine Frau. Ich schlage zu mit dem Beil, und du läufst weg, drängst die Frau hinter den Schuppen aus meinem Blickfeld. Was für eine Frau? Ich stand einmal vor einer Frau, wie ich noch keiner je begegnet bin, wie ich sie mir nicht einmal vorgestellt habe, daß es sie schon geben könne. Sie hieß Roswitta, anders geschrieben, glaube ich, als man sie spricht. Sie war aus Hamburg, vielmehr vom Hamburger Schauspielhaus, und sagte: So. So. So, sagtest auch du, aber ganz anders betont. Auch ich sagte so, in dem Sinne: Endlich bist du da. Da hast du die Frau einfach angezündet, und sie ist verbrannt, weil ich wie angewurzelt dastand. Da hat mir mein Schmerz die Beine gespalten. Und jetzt läßt du mich einfach sitzen, Fanny, nachdem du mich des liebsten Menschen beraubt hast.

Langsam hat sich die Blutlache aus dem Farnhaufen vergrößert.

Kein Leberkäs

Nacht. In der Stube sitzt Herbert auf seinem Platz. Den Hintergrund schließt ein Fenster ab. Er starrt in das Kerzenlicht. Sieht zur Teekanne hoch.

HERBERT Fall schon!

Er wartet.

HERBERT Dann nehme ich den Hut ab.

Tut es und wartet. Durchs Fenster blickt eine Gestalt. Klopfen.

HERBERT Fanny, was klopfst! Hast ein schlechtes Gewissen? Mich erschrickst du nicht.

RÖMER/STIMME

Fremder

Geht vor mir her
mit dem Gewehr
dreht sich um
und erschießt mich
bum bum

HERBERT Kommst mit meinem alten Gedicht, traust dich nicht allein herein.

Stille. Klopfen.

HERBERT Hast dem Römer Steine geklopft, klopfst also weiter. Hat der Römer einen Auftrag von Worms? Pflastersteine für Worms. Worms, im Osten von Frankreich. Müssen die Steine über den Großen Teich.

Stille. Klopfen.

HERBERT Herein!

Der Römer betritt in einer Rüstung aus glattgeschlagenen Konservenbüchsenblechen die Stube, bleibt hinter Herbert stehen.

HERBERT Beunruhige mich nicht länger, nimm deinen Platz ein.

Der Römer geht an die andere Seite des Tisches, bleibt stehen.

RÖMER Howdy!

HERBERT Bitte! Ach du! Daß du dich ins Haus traust, haha!

RÖMER Ich wollte nur sagen, daß meine Arbeit hier getan ist. Die ganze Gegend habe ich in Pflastersteine zerschlagen.

HERBERT Und der Berg?

RÖMER Auch den Berg habe ich in Pflastersteine zerlegt. Aller Farn ist entfernt. Dies ist der letzte Farngruß.

Er deutet auf seinen spitzen Hut aus Farn.

HERBERT Wenn der Farn weg ist, kommen dann nicht wieder die Ratten?

RÖMER Von was sollten sie leben?

HERBERT Hast recht. Setz dich doch. Magst nicht. Reut dich deine blecherne Uniform? International, sag ich. Das französische Blech, wie gescheit es schillert. Ist das die Anzahlung für die Steine nach Worms?

Der Römer nickt.

HERBERT Und dieses blasse Blech, das ausschaut, als würde es zwei Jahre nicht rosten, ist sicher britisch. Gell. Und das bunte Blech ist aus Italien.

RÖMER Nein, ich trage kein Blech aus meiner Heimat, es ist aus Spanien.

HERBERT Spanien? Spanien! Apropos Spanien, meine Fanny hast du nicht gesehen?

RÖMER Du weißt, ich habe seit meiner Kindheit keine Frau mehr gesehen, denn Frauen machen mich unsichtbar. Und deshalb bin ich heute zu dir gekommen, damit du mich einmal siehst.

HERBERT Ja, schön, daß Sie gekommen sind, Herr Römer. Bisher habe ich Sie nur gehört. Ich habe Sie mir anders vorgestellt, irgendwie römischer. Es hängt ja soviel deutsches Blech an Ihnen. Und zum deutschen Blech kann ich nur sagen, daß es blecht. Das amerikanische Blech tönt wenigstens etwas, aber das deutsche Blech ist sang- und farblos Blech.

RÖMER Ach bitte machen Sie sich über meine Zahlungsmittel nicht lustig. Bemerken Sie doch gefälligst, daß ich kein kirchliches Blech mehr trage, denn es verlor am schnellsten seinen Glanz. Vielen menschlichen Einrichtungen genügt der Glanz der Eitelkeit, aber ein wenig Blech muß schon dahinter sein. An der blanken Eitelkeit kann man sich zwar nicht schneiden, aber man ist auch nicht geschützt. Ich habe darüber lange nachgedacht, Fremder.

HERBERT Woher kennst du mein Gedicht?

RÖMER Wem gehören Gedichte? Mir gehört diese Rüstung, ich bin ein Römer und muß ein harter Mann sein, hier in Arizona mehr als anderswo. Ich trage mein Entgelt auf der Haut und verteidige es.

Er zieht einen Colt umständlich unter der Rüstung hervor.

RÖMER Du bist ein Mensch, der nicht arbeitet, und dein Entgelt ist in dir, dieses Gedicht. Das brauchst du nicht zu verteidigen. Aber daß du deine Frau nicht verteidigst?

HERBERT Tiefe Unkenntnis voneinander: Man reibt sich. Bitte!

Der Römer setzt sich ihm gegenüber. Legt den linken Fuß auf den Tisch mit einem weißen Cowboystiefel und darauf den rechten Fuß mit einem weißen Wollsocken. Herbert schaut darauf und nickt.

HERBERT Da sitze ich nun schon ich weiß nicht das wievielte Jahr, und auf einmal sehe ich was mit meinem einen Auge. Einen Stiefel und einen Socken und weiß nicht, wer ich bin. Fühle ich mich zum Socken hingezogen, fehlt mir der Stiefel. Möchte ich den Stiefel tragen, bräuchte ich auch den Socken. Und dann alles zweimal. Das habe ich nie geschafft. Römer, ich möchte dir was erzählen, ich war nämlich im Krieg. Die vielen Feuerschüsse haben in mir eine Sehnsucht erzeugt, die keine Musiktöne einlösen können. Ich bin so durstig geworden auf das eine. Ich weiß nicht, wo es war, war es in München? Jedenfalls war ich im Tierpark. Es kann aber nicht in München gewesen sein, denn nach dem Fliegerangriff auf den Tierpark liefen zu viele Löwen herum. So viele Löwen konnte München nicht haben. Nur Leipzig hatte so viele Löwen, eine Löwenzucht hatten die, weil sie den Löwen in ihrem Wappen hatten, im Leipziger Wappen. Aber in Leipzig war ich noch nicht. Also war es doch in München, und wir müssen die Löwenfrage offenlassen. Nachdem die Bomben gefallen waren und alles zerschmettert hatten, war es ganz ruhig in diesem Tierpark. Nur ein Tiger schrie, der schrie so kläglich, daß ich mich aus seiner Nähe wegschlich, der schrie so erbärmlich, obwohl es ihm nur seinen Schwanz weggerissen hatte. Ich suchte Schutz bei den Elefanten, da liefen die vielen Löwen ganz friedlich an mir vorbei. Aber von den Elefanten war keiner mehr da außer einem, der nur einen Stoßzahn hatte. Der Elefant zitterte am ganzen Leib und berührte mit dem Stoßzahn seinen zuckenden Rüssel. Der Rüssel lag nämlich zuckend auf dem Boden. Und der eine Zahn stieß wie ein Stiefel nach seinem Socken. Als der Elefant in Ohnmacht und umgefallen war, band ich mit meinem Lederriemen den Rüssel ab, was noch von ihm da war. Ich streichelte den schönen Zahn des Elefanten, und auch seinen toten Rüssel streichelte ich. Da kamen brennende Giraffen, auf denen das Heu brannte. Ich fand Heu und stopfte es dem bewußtlosen Elefanten ins Maul. Als er wieder zu sich kam, kaute er gleich das Heu. Bis zur eigenen Ohnmacht stopfte ich dem Elefanten Heu in den Rachen. Auch ein Wasserschlauch fand sich, aber kein Wasseranschluß. Da schrien auch schon wieder diese Schreiaffen. Um ihr Gehege war ein Wassergraben, und ich versorgte bis zur eigenen Bewußtlosigkeit den Elefanten mit Wasser. Als ich wieder zu mir kam, stank es nach fauligem Fleisch. Der Rüssel des Elefanten hatte zu faulen begonnen, so lange bin ich bewußtlos gewesen. Ich war auf dem Gesicht gelegen und drehte mich um. Da sah ich auf den kahlen Bäumen des Elefantengeheges Geier sitzen, und auch der Elefant, auf alle viere gelagert, wackelte mit dem Kopf. Mein erster dummer Gedanke war, daß der Elefant vielleicht froh sei, seinen lästigen Rüssel loszuhaben. Er wird verhindert haben, daß sich die Geier an mich ranmachten. In Afrika hatten die Geier den Kameraden als erstes die Augen ausgehackt, ein Leckerbissen, so warfen wir uns in brenzlichen Situationen immer auf das Gesicht, damit wir auch auf dem Gesicht lagen, wenn wir bewußtlos oder tot wurden. Ich grub den Rüssel ein. Der Elefant folgte mir auf Schritt und Tritt. Blieb ich stehen, rieb er seinen Schädel an meinen Rücken. Setzte ich mich, ließ er seine Un-

terlippe auf meinen Kopf hängen. Keinen Tritt trennte er sich
von mir, ich war schließlich sein Rüssel. Ohne Tuchfühlung
mit mir schlief er nicht ein. Nun war ich in diesem Krieg gewesen und sah mich auf einmal ans Leben gefesselt. Ich sagte
ihm, daß es nur die Lebewesen gut haben, die gestorben sind
oder nicht geboren sind. Das konnte mir der Elefant nicht
glauben und ließ nicht ab von mir. Ich fütterte ihn über die
Maßen, mit vielen Runkelrüben und gärendem Obst, das ich
in einem Wärterhäuschen gefunden hatte, bis er einen Rausch
hatte. Aber ich war von dem Geruch des Alkohols schon besof-
fener als der Elefant vom Alkohol selbst. So torkelte ich, und er
torkelte mir nach. Aber ich wollte und wollte mit ihm keine
Lebensgemeinschaft eingehen. Wollte nicht mit ihm auftreten. Wir hätten uns leicht durchs Leben schlagen können und
wären sicher einmal nach Amerika gekommen, nach Holly-
wood und auch hierher nach Arizona. Aber nach dem, was ich
im Krieg gesehen habe, sagte ich mir: Keine Lebensgemeinschaft! Keine Lebensgemeinschaft mehr! Was sollte ich mit
dem armen Elefantenweibchen machen, das mich so brauchte
und sicher auch liebte. Manchmal hat man ja im betrunkenen
Zustand eine Idee, auf die man nüchtern nicht kommt: Ich zog
meine Uniform aus und ließ sie liegen und torkelte weiter. Als
ich mich nach dem Elefanten umsah, wahrscheinlich fehlte er
mir sogar, sah ich, daß er bei meinen Uniformstücken stehengeblieben war und sie mit den Füßen zärtlich hin- und her-
schob. Hmh. Mit meinem Rausch zog ich weiter und muß bei
den Affen gelandet sein, denn als ich erwachte, sah ich Affen
um mich sitzen, alle mit dem Rücken zu mir. Da saßen sie auf
ihren geschwollenen Ärschen und zeigten mir ihre schwarzen
Rücken. Sie rührten sich nicht und taten, als meditierten sie.
Aber vorne fraßen sie sicher Käfer und Flöhe und Läuse und
sonstige Kleintiere und Kleinkinder. Diese Affenärsche haben
es mir angetan. Ich konnte mich an diesen Affenärschen nicht
sattsehen. Mein Freund, du lebst schon so lange in Geduld.
Und wenn du einen unruhigen Geist hättest, wärest du längst
gestorben wie deine Landsleute, die Römer und die Europäer
und die Amerikaner, die so unruhig waren, als würden ihre

Gehirne andauernd von Blähungen gequält und müßten sich andauernd bewegen, um sich in Fürzen zu befreien. Sah ich mir die Affenärsche an mit ihren grobschlächtigen Furchen und darüber das schwarze Fell. Die Köpfe sah ich gar nicht. Das Fell hörte einfach auf, wie ein bewaldeter Berg ohne Felsengipfel. Der Gedanke war nicht mehr fern, daß diese Affen auf ihren Köpfen sitzen, dieses haarlose Gewurschtel. Noch sah ich Sitzkissen. Kissen in Trauer. So wie ich das schwarze Fell auf mich wirken ließ. Kissen in Trauer. Warum auch nicht Kissen in Trauer, wenn sie auf ihren Köpfen, ihren Gesichtern, ihren Gehirnen saßen? Kissen in Trauer. Und da haben wir es: Ich sah in diesen Affenärschen das menschliche Hirn. So eine Beschwerung! Weiß ich, ob ich so dachte, um keine Abschiedschmerzen aufkommen zu lassen?! Jetzt war der Elefant schon weit weg, obwohl ich mich noch innerhalb der Mauern des Tierparks befand und weiter aufhielt, indem ich mir die riesengroßen, verkommenen Affenärsche durchs Gehirn gehen ließ. Wir tragen seit Jahrhunderten das Gehirn herum, und die sitzen einfach darauf. Uns treibt dieses Gehirn zur Rastlosigkeit, die lädt es zur Rast ein. Diese Affenärsche führen keinen Krieg. Unsere Affenärsche führen nur Krieg. Als wäre das eine Ergänzung der Natur! Diese Affenärsche sind, obwohl an der entlegensten Stelle des Körpers, ständig mit Blut versorgt. Und da diese Affenärsche andauernde Berührung mit ihrer Umgebung haben, sind sie ständig verletzt und ständig blutverschmiert. Und so blutverschmiert denken sie, diese Affenärsche, und so blutverschmiert setzen sie sich mit ihren Gedanken sogar auf ihren Kot, wenn sie ganz gedankenverloren sind. Und durch diese unzähligen Furchen und Falten von Blut und Kot verschmiert zieht sich auch noch das schleimige Interesse der Fortpflanzung. Nur weg, sagte ich, nur weg. Das muß schon in München gewesen sein, denn in einer Nacht kam ich von München nach Freising. Von Leipzig aus hätte ich eine Woche gebraucht, wenn nicht zwei. Aber wer möchte da noch von Zeit reden...

RÖMER
    Unterm Totentuch
    Wasserspiele
    der Liebe im Mund
    noch blüht meine Zehe
    es grünt der Fund
    meine weichen Hirnteile
    vom Rind in der Pfanne
    schaufeln

HERBERT Du Steineklopfer kannst mein Gedicht!?
RÖMER
    Wohin du
    gebierst Sonne
    zu nah bin ich
    deinem Plissee
    aus deinen
    Schalen des Blutes erhebe dich
    neu von Wasser
    zu Wasser

HERBERT Ja, mein Gedicht. Ich dachte immer, ein Gedicht sei
    zuwenig, um jetzt zu merken, daß ein Gedicht zuviel ist.
RÖMER Nein. Setz deinen Hut wieder auf, du hast es verdient.
    Er reißt sein spitzes Hütchen runter.
RÖMER Ich habe von der Erde alles genommen und nicht genug
    gekriegt. Und du bist so bescheiden, daß dir ein Gedicht
    schädlich erscheint.
HERBERT Ja. Vergiß es. Ich kann es mir nicht merken. Aber wo-
    her kennst du mein Gedicht? Es kann dir nur Fanny beige-
    bracht haben.
RÖMER Ja. Als Trost. Wenn sie mich ohnmächtig im Berg oben
    fand und mir Wasser reichte. Sie sprach es nur, damit ich wie-
    der zu mir käme. Da verstellte ich mich ein wenig, um mir dein
    Gedicht zu merken.
HERBERT Wenn du das selber glaubst – mir ist es Wurscht.
    Der Römer hebt sein Blechkleid, darunter eine pergamentene
    Frau.

RÖMER Schau!

HERBERT Fanny!

Die Kanne fällt herunter und auf seinen Kopf, und er fällt vom Stuhl.

FANNY Nein! Ich muß dir noch etwas zeigen! Nichts als weg! Nichts als weg!

Sie zerrt ihn hoch. Der Vorhang mit dem Fenster hebt sich: Nichts als Steine, dazwischen blüht weiß ein Strauch.

FANNY Schau: Es sind die Steine nicht allein: Orchideen. Schau!

Sie trägt ihn hinaus, bricht auf den Steinen zusammen.

FANNY Schau! Schau! Schau! Direkt vor dir. Zum Greifen nah. Kriech! Kriech alleine hin! Ich sterbe. Ich verblute. Aus. Schau...

HERBERT Wenn wir einen Leberkäs hätten, täte ich ihm dieses zeigen. Schau, Bub, würde ich sagen, schau, Bub, damit du einmal etwas anderes siehst. Das sagte ich, wenn wir einen Leberkäs hätten. Damit so ein Leberkäs einmal sieht, was ein Land wie Arizona ist. Früher, als Bayern von einem Leberkäs regiert wurde, von Franz Josef Strauß, wanderte ich nach Arizona aus, ging ich zu dir ins Exil –

Langsam bewegt sich der Orchideenstrauch, tastet sich an die beiden heran und setzt sich drauf. Langsam geht die Sonne auf.

Wolfgang Maria Bauer

In den Augen eines Fremden
12 Szenen

Meinem Vater

Personen

PINON (Mitte 50)
GRATIA (Mitte 40)
SEBASTIAN (Anfang 30)
DANIEL (Ende 20)
VERA (jung)
PORTIER (alt)

Ein vergessener Badeort am Meer
Von Sonnenuntergang bis Tagesanbruch

1. Auf den Klippen

Im letzten Licht des Tages

PINON Entschuldigen Sie.

SEBASTIAN Haben Sie mich jetzt erschreckt! Wer sind Sie denn? Ich habe Sie nicht kommen hören! Was wollen Sie? Was tun Sie hier, auf den Klippen? Um diese Zeit!

PINON Das fragen Sie mich.

SEBASTIAN Steht der plötzlich da! Aus dem Nichts. Schleicht sich zwischen den Felsen herum. Was wollen Sie von mir? Sie hätten sich ankündigen können. Sagen Sie mir sofort, wer Sie sind, ich schreie!

PINON Verzeihen Sie, ich wollte...

SEBASTIAN Haben Sie aber! Sie haben mich zu Tode erschreckt. Mein Gott, hier genügt bereits ein einziger unbedachter Schritt. Sie lachen, Sie finden das amüsant, ein Witzbold, wie? Ich könnte jetzt dort unten liegen! Ist Ihnen das bewußt?

PINON Nochmals, entschuldigen Sie, es tut mir leid.

SEBASTIAN Ich glaube Ihnen nicht, kein Wort. Da, Sie haben sogar Ihre Schuhe ausgezogen. Die Absicht ist deutlich. Sie wollten sich mir geräuschlos nähern. Sie sind, für mich sind Sie ein Mörder.

PINON Pinon.

SEBASTIAN Was?

PINON Pinon. Mein Name.

SEBASTIAN Ich habe einen Herzklappenfehler, wußten Sie das, nein, Sie wußten das nicht! Angeboren von Geburt an. *Er reißt sein Hemd auf.* Sehen Sie diese Narbe? Nicht fünf vor, nein, Punkt zwölf, verstehen Sie, im allerletzten Moment! Genaugenommen war es schon zu spät. Der Eingriff ist keine sechs Monate alt, einhunderteinundachtzig Tage, um genau zu sein. Ja, ich bin hier, um mich zu erholen, und dann kommen Sie!

PINON Ich besitze keine Schuhe.

SEBASTIAN Erzählen Sie das, wem Sie wollen! Mein Arzt hat mich zu größter Gelassenheit angehalten, größtmöglicher Gelassenheit. In den meisten Fällen liegt der Fehler nämlich nicht ursächlich in der Herzklappe, sondern in einer Art permanenter Überspannung: Hypertonie; ein weitverbreitetes Übel, geradezu flächendeckend, ja, wir sind ein Land von Hypertonikern, wußten Sie das? Das ganze Volk, ein einziges Nervenbündel.

Warum erzähle ich Ihnen das?

PINON Die Aufregung, vermutlich.

SEBASTIAN *irritiert* Keine Schuhe?

Pinon lacht.

Ich hätte Sie nicht so anfahren dürfen, entschuldigen Sie. Mir tut es dann immer sofort leid.

PINON Pinon.

SEBASTIAN Schröder. Sebastian Schröder. Nennen Sie mich einfach Sebastian, ich bin im Urlaub.

PINON Sie gehören dieser festlichen Gesellschaft an. Deshalb meine erste Frage...

SEBASTIAN Ich möchte nicht unhöflich sein, aber ich spreche nicht gern in die Dunkelheit hinein. Zeigen Sie mir Ihr Gesicht. Ich gebe viel auf Augen.

Pinon lacht.

Was heißt das, Ihre erste Frage? Welche Gesellschaft?

PINON Nun, die Musik.

SEBASTIAN Wie bitte?

PINON Sie hören sie nicht, nein? Sie kennen nicht den Klang? Ein Klang, den man oft kilometerweit hören muß. Der Wind trägt ihn ins Land. Die Leute behaupten, es sei eine Hochzeit, dort auf dem Meer, dort an der Naht von Wasser und Himmel. *Schreit* So sperren Sie doch die Ohren auf! Entschuldigung. Entschuldigen Sie, aber in letzter Zeit streunen hier mehr und mehr taube Ohren durch die Nacht.

SEBASTIAN Sie meinen mich? Wer bitte streunt denn hier, Sie oder ich?

PINON Sie wissen also nichts von einer Hochzeit?

SEBASTIAN Sagen Sie, was wollen Sie eigentlich?

PINON Fragen, ich möchte Sie etwas fragen, das ist alles.

SEBASTIAN Bitte, fragen Sie. Ich hatte mich auf eine einsame Stunde gefreut, aber bitte.

PINON Sie stehen auf meinem Grund und Boden.

Ich habe ein Recht.

SEBASTIAN Mein Gott, das ist privat! Das wußte ich nicht.

PINON Sie haben das Schild nicht gesehen. Es steht an der Uferpromenade, im Schein der letzten Laterne.

SEBASTIAN Ich lese nachts keine Schilder. Entschuldigen Sie, wird
nicht wieder vorkommen. *Er will sofort abgehen.*

PINON Bitte, gehen Sie nicht! Zwingen Sie mich nicht!!

Sebastian bleibt irritiert stehen.

Danke.

Nur diese eine Frage: Wo stehen Sie? Hier oder dort?

SEBASTIAN Wie, wo ich stehe? Hier, auf den Klippen. Bei Ihnen. Das
heißt, ich stehe auf Ihrer Seite. Wo denn sonst.

PINON *lacht spöttisch* Gehen Sie. Gehen Sie!

SEBASTIAN Was hätten Sie denn geantwortet?

PINON Gehen Sie schon!

SEBASTIAN Bitte, was meinen Sie?

PINON Manch einer behauptet, er habe das Meer bereits unter den
Füßen, als befände er sich längst dort...

SEBASTIAN Dort? An dieser ›Naht‹? Jetzt begreife ich Sie. Sie lassen
aber nicht locker. Nein, ich stehe hier. Mit beiden Beinen.

PINON Warum sind Sie dann gekommen?

SEBASTIAN Ich bin nicht ›gekommen‹, ich bin nur – geradeaus gelaufen. Vor mich hin, einfach so, für mich. Ich habe wohl etwas die
Orientierung verloren.

PINON Ich verstehe.

SEBASTIAN Nichts verstehen Sie! Nichts! Gar nichts!!

Herr Pinon, stellen Sie sich vor, Sie treffen die Frau Ihrer Träume,
Sie sprechen sie an. Sie verabreden sich für denselben Abend und
laden sie ins Kino ein. Nur eins ist jetzt schon klar: Die ist zu schön,
so jung, so edel. Aber Sie duschen trotzdem, und Sie rasieren sich
trotzdem, sehr gründlich... Das heißt, es blutet.

Es blutet und blutet. Das Waschbecken, der Boden, Hemd, Hose –
alles voll! Ein Blick zur Uhr: viel zu spät! Und Sie rennen zur Hal-
testelle. Aber der Bus, Sie sehen ihn noch um die Ecke biegen,
verstehen Sie, er ist nicht einfach nur weg, nein, er biegt hämisch
um die Ecke... Sie rennen also weiter. Die ganze Strecke zu Fuß.
Passanten, die Ihnen den Weg verstellen; Hunde, die sich zwischen

Ihren Beinen verfangen. Kurz: Verschwitzt und ermattet sinken Sie vor der Kasse zu Boden. Aber Sie richten Ihren Blick dennoch nach vorn. Und was sehen Sie? Ein Mann hat soeben zwei Karten gelöst. Er ist schön, jung, edel.

Da läuft man los.

PINON Also doch, Sie sind gekommen, um sich das Leben zu nehmen.

SEBASTIAN Nein. Nein. Weiß Gott nicht, nein. Wirklich nicht, nein. Wofür halten Sie mich! Sagen Sie, wofür halten Sie mich eigentlich? *Er lacht.* Also, Sie haben Ideen!

PINON In den Nächten kommen sie hierher: Männer, Frauen, Paare, verzweifelt, häßlich, alt. Sie stehen da, um sich fallen zu lassen. Ich betrachte es als meine Pflicht zu helfen.

SEBASTIAN Auf diese Art? Versuchen Sie so, die Leute abzuhalten? Das dürften nur wenige überleben.

PINON Nein, ich halte niemanden ab. Manch einer ist nicht abzuhalten. Ich führe nur ein abschließendes Gespräch. Der letzte Satz, das letzte Wort, ich bin es, der es hört. Vielen ist damit bereits geholfen.

SEBASTIAN Sie stehen daneben und schauen zu?

PINON Je nachdem. Wirklich entschlossen sind die wenigsten.

SEBASTIAN Sie meinen...

PINON Die Unentschlossenen, ich helfe ihnen.

SEBASTIAN Wobei?

PINON Sich zu entscheiden.

SEBASTIAN Und dann?

PINON Ich helfe.

SEBASTIAN Sie helfen?

PINON Manche bitten mich, sie hinabzustoßen.

SEBASTIAN Hinab?

PINON Manche bitten mich, sie hinabzustoßen.

SEBASTIAN Ja, und?

PINON Wie gesagt, ich helfe.

SEBASTIAN Das ist nicht wahr.

PINON Dafür ist fast jeder zu feige. Für so etwas. Aber hier geht es nicht um Feigheit oder Mut. Entscheidend ist nur dieses Nein. NEIN! Wer das in den Augen trägt, dem helfe ich.

Manch einen muß man zwingen.

SEBASTIAN *verunsichert* Ich glaube Ihnen kein Wort.

Pinon lacht.

Und wenn ich Sie jetzt bitten würde...

PINON Ich lehne ab.

SEBASTIAN Warum?

PINON Sie hören die Musik nicht, Sie müßten die Musik hören.
Anfangs ist da nur ein leises Geräusch, schmatzend wie Glut. Doch
mit einem Mal wird es laut und lauter, plärrend, schließlich fast ein
Schrei, ein seltsam spitzer Schrei. Angeblich mündet er in fest-
licher Musik.

SEBASTIAN Ich bin ehrlich, ich habe nicht mal so ein Geräusch.

Pinon lacht.

Warum lachen Sie jetzt? Ich fange an, Sie zu begreifen. Es ist Ihnen
ein Spaß, nicht wahr? Ein Spiel? Sie schleichen sich an, Sie stellen
sich in den Schatten der Nacht, plaudern ein wenig, um schließlich
mit diesem Lachen zwischen den Klippen zu verschwinden oder,
noch besser, auf einen zerschmetterten Körper hinabzuschauen.

PINON Nein, ich wende mich immer ab.

SEBASTIAN Was denken Sie, wer Sie sind? Sie sind doch pervers! Pervers! Verrückt! Einsperren! Ich melde Sie der Polizei!

PINON *lacht* Das ist zwecklos.

SEBASTIAN Es gibt gar keinen Pinon, nicht wahr? Es gibt niemanden,
der so heißt.

PINON Doch. Doch.

SEBASTIAN Ehrlich gesagt: Sie tun mir leid. Für mich sind Sie so...
klein.

So, und jetzt verliere ich die Lust.

PINON Halt! Nein! Nicht!

SEBASTIAN Sie meinen, ich... *Er lacht souverän.*

Die Freude gönne ich Ihnen nicht. *Sebastian ab*

2. Vor einer Plakatwand

Nacht.
Die wenigen Laternen erleuchten die Uferpromenade nur spärlich. In
ihrem Schein ist ein Anschlagbrett zu erkennen, es hat verschiedene
Spalten: ›Veranstaltungshinweise‹, ›Information‹, ›Werbung‹, ›In ei-
gener Sache‹. Die Aushänge sind vergilbt, die Daten verfallen, und
unter der Rubrik ›In eigener Sache‹ ist gar nur die nackte Wand zu
sehen.
Vera, eine schöne, junge Frau, steht dort, mit dem Rücken zum Publi-
kum. Sie trägt ein weißes Kleid.
Offensichtlich lernt sie die Anschläge auswendig.

VERA Bürgerforum: Abschlußdiskussion.
   Kleine Komödie: vorübergehend geschlossen.
   Konzerthalle: geschlossen.
   Wassersaal: Renovierung.
   Kino an der Promenade: *Der Titel ist unleserlich geworden ...*
   Teil II.
   Tanzpalast: Tanz ab 21 Uhr, ›Letzte Narren‹, Saisonabschluß.
   Vera lehnt sich an, nimmt eine Zigarette zwischen ihre Lippen und
   sucht aufreizend lange nach Feuer. Plötzlich hält sie inne.
   Was Sie da tun, gehört sich nicht! Sie setzen sich in die Dunkelheit
   und – starren! Aber Sie sehen doch, eine Frau zündet sich eine
   Zigarette an! Warum geben Sie mir kein Feuer? Sind Sie Nichtrau-
   cher? Das entschuldigt nichts. Der kluge Mann baut vor. Oder sind
   Sie eine Frau? Das ändert nichts. Die Geste ist entscheidend. – Wo
   sind Sie denn? – Ihnen fehlt der Mut, auf mich zuzugehen. Ich
   verstehe das. Denken Sie nicht, mir fiele es leicht. Aber ich übe
   mich darin. Ständig. Überall. Und sagen Sie nicht, ich sei Ihnen
   noch zu fremd, schließlich betrachten Sie mich schon eine ganze
   Weile. Sie sind jeder meiner Bewegungen gefolgt. Ich habe Ihre
   Blicke auf meinem Kleid gespürt. Tastend, wie Hände.

Na, Sie werden schon wissen, was Sie mit Ihren Augen machen.

Aber haben Sie bemerkt, auch ich habe Sie beobachtet; erinnern Sie sich, eben noch, als ich die Plakate auswendig lernte, da habe ich Sie beobachtet, aus den Augenwinkeln, und Sie haben es nicht bemerkt, gut gemacht, wie? – Halt, jetzt schätzen Sie mich falsch ein, ich habe das nicht für Sie getan. Nein, für mich. Für mich!

In jeder Stadt, in jedem Ort, oft stehe ich stundenlang vor den Plakaten, ich male sie sozusagen aus. Ich stelle es mir vor: die Feste, die Filme, Konzerte, alles, alles. Mir genügen allein der Titel, Ort und Zeit. Sie ahnen nicht, wo ich überall gewesen bin. Ich habe Feste auf der ganzen Welt erlebt, ich habe die besten Filme gesehen, die interessantesten Diskussionen gehört, Theater, Beerdigungen, Fackelzüge, bis zu hundert Veranstaltungen an einem Abend.

Und ich habe nichts vergessen, keinen Titel, keinen Ort, ich könnte sie jederzeit wieder aufsuchen, nach Belieben. Aber das werde ich nicht tun; ich habe eins gelernt: zu gehen. Im richtigen Moment – gehen. *Sie hebt die Hand wie zum Gruß; unbeholfen, leise.* Be walkin'!

Und manchmal laufe ich sogar nachts, nur um den Ort zu wechseln. Was ist denn jetzt? Gefalle ich Ihnen nicht? Mein Kleid? Es ist schmutzig, ich weiß. Ich habe kein anderes. Ich möchte kein anderes. Ich finde, es steht mir. Ich trage es Tag und Nacht.

Ja, ich werde mich verlieben.

Keine Reaktion? Dann gehe ich jetzt. Ich habe Ihnen lange genug Gelegenheit gegeben. Sie haben sie verpaßt. Das macht nichts. Sie hätten mich nur enttäuscht. Sie sind nicht der, für den ich dieses Kleid trage...

Jemand, für den ich mich sogar geschminkt hätte...

Schon vorbei. So schnell geht das. Schon wieder vorbei.

Kein Streit, keine Szene, kein Schmerz, nichts. Na, also.

Alles, worum ich Sie noch bitte, ist diese kleine Geste. Ich möchte wissen, ob ich mit jemandem gesprochen habe: das Feuer. Sie können es mir jetzt geben, die Gefahr ist vorüber. Bitte.

Sie hören doch, keine Gefahr. Eine kleine Reaktion. Wenigstens das. Bitte, irgend etwas.

Für mich sind Sie ein Feigling. *Ab*

3. Im Tanzpalast

Dort, wo die Uferpromenade endet und die Klippen beginnen, steht der Tanzpalast. Nur wenige Spuren noch von altem Glanz. Leise Tanzmusik. Alles hier wirkt unzeitgemäß. Vielleicht gibt es sogar einen Discjockey, der noch Ansagen macht. Auf der Tanzfläche befindet sich das ›alte Paar‹. Im Verlauf der Szene wird die Schwüle es langsam zum Stehen bringen.
Die Tische sind leer. Nur Daniel sitzt vorne rechts. Er ist schön, jung, edel. Gratia kommt und bringt zwei Drinks. Sie lächelt kurz, als sie sich wieder zu ihm setzt. Dann senkt sie erneut den Kopf und sieht schweigend zu Boden.
Ihr Gesicht ist voller Narben.
Stille

DANIEL . . . aber das verstehen Sie nicht.
Stille
Sagen Sie doch etwas!
GRATIA Ich denke noch.
DANIEL Warum schauen Sie immer zu Boden?
Sie haben mir nicht zugehört. Sie haben weggehört!
GRATIA Doch, ich verstehe Sie. *Sie schmunzelt.*
DANIEL Warum lachen Sie jetzt? Warum lachen Sie ständig?
GRATIA Ich amüsiere mich.
DANIEL So, meine Geschichte ist amüsant! Lustig finden Sie das! *Bitter* Ich bin überhaupt wahnsinnig komisch, unglaublich komisch bin ich.
GRATIA Es geht so.
DANIEL Sie sind dumm, dumm und unverschämt. Woher nehmen Sie die Frechheit, jetzt so zu reagieren? Ich habe mit Ihnen gesprochen wie mit einem besten Freund. Darüber können Sie lachen? Über mein Vertrauen? Wie recht Sie haben. Man muß die Menschen aussuchen.

GRATIA Ich lache, nichts weiter.

DANIEL *aggressiv* Gratia, ich habe Ihnen keinen guten Witz erzählt, sondern mich! Aber jetzt ahne ich zumindest, wie es wäre, wenn alle es wüßten...

GRATIA Sie sind so ernst.

DANIEL Nehmen Sie es ruhig als amüsante Geschichte, um so schneller werden Sie vergessen. Gratia, es ist noch früh. Wie viele werden sich heute nacht noch hierher verirren, in den Tanzpalast? Am Ende der Saison... zwanzig, dreißig? Nein, mehr nicht.
Aber einer wird dabei sein: für Sie!
Und auch er wird von sich erzählen, und Sie werden zu Boden schauen, und Sie werden kurz an meine Geschichte denken und Ähnlichkeiten entdecken und in sich hineinlachen und – weghören.

GRATIA Es gibt hier keine Saison.

DANIEL Wissen Sie meinen Namen noch? Sehen Sie, Sie haben ihn schon vergessen. Das ist nur konsequent. Und meine Geschichte? In wenigen Tagen werden Sie nicht mehr wissen, zu welchem Gesicht sie gehört. Vielleicht haben Sie sie nur gelesen, in einem Buch, in einem Magazin.

GRATIA Wofür halten Sie mich?

DANIEL Das ist kein Vorwurf, Gratia. Völlig korrekt. Wenn ich mir vorstelle, solche wie ich, Nacht für Nacht, da muß man weghören können.

GRATIA Daniel.

DANIEL Was?

GRATIA Ihr Name.

DANIEL Trotzdem. Sie werden mich vergessen. Wie alle davor und alle danach. Aber ich kann es verstehen. Sie kennen die Männer nur so, wie Sie mich kennen: erbärmlich.

GRATIA Woher wollen Sie das wissen?

DANIEL Natürlich, ja. Ich rede wieder zuviel.

GRATIA Es gibt Gefängnisse, da sind nur fünfhundert Worte erlaubt.

DANIEL Das war ein schönes Schlußwort. *Er steht auf.*

GRATIA Sie sind nicht erbärmlich.

DANIEL Ja, ich kann das nicht beurteilen, Sie haben recht.

GRATIA Ich meine Sie, Daniel.

DANIEL Danke... Nett...
Also, was bekommst du?

GRATIA Was war es Ihnen wert?

DANIEL *zeigt ihr seine gefüllte Brieftasche* Vor diesem Gespräch hatte ich Angst. Jahrelang. Ich habe diese Reise geplant. Es einmal aussprechen. Vor einer Frau! Weit weg! In einem fremden Land einer Fremden sagen! Und ich habe lange gesucht. Schade. Es wäre wichtig gewesen, wenn jemand zugehört hätte...
Aber jetzt sag, was bekommst du?

GRATIA Ich fand das ›Sie‹ schöner.

DANIEL Entschuldigung, was bekommen Sie?

GRATIA Wieviel ist es Ihnen wert?

DANIEL Sind Sie mit zweihundert einverstanden?

GRATIA Wir haben doch nur geredet, ich meine, Sie haben.

DANIEL Gratia, es ist Ihr Beruf. Ich zahle nicht Ihren Körper, ich zahle Ihre Zeit.

GRATIA Falsch! Ich bestimme hier, wofür Sie bezahlen!
Es steht Ihnen nur frei, wieviel.
Stille
Also, was ist Gratia Ihnen wert? Ich frage das immer. Ganz egal wer, was, wie lange. Ja, ich tue es gern. Es macht mir Spaß. Ich liebe die Männer, die Lust, die Haut, den Geruch, alles; ich genieße euch. Aber ich tue es nur, wenn ich wirklich will, denn dann bin ich gut, dann bin ich wirklich gut, und dann soll man mich belohnen.
Daniel, es kränkt mich, wenn einer mit mir nur reden will.
Ich bin Ihnen zu alt, zu häßlich, und die Narben, diese häßlichen Narben. Manche binden mir ein Tuch um den Kopf.
Sie fragen nicht, woher ich sie habe? Sie sind taktvoll.
Einer wie Sie kauft sich keine wie mich. Trotzdem, taxieren Sie mich. Bewerten Sie meinen Körper. Bezahlen Sie – Gratia.
Stille

DANIEL Zweihundert.
Stille
Hundertfünfzig.
Stille
Hundert.
Stille
Ja, hundert.

GRATIA Daniel...

DANIEL Aber ich gebe Ihnen hundert. Das ist nur konsequent.

GRATIA Sechshundert.

DANIEL Das ist zuviel.

GRATIA Für Sie.

DANIEL Für mich?

GRATIA Für Sie.

DANIEL Sie wollen mich bezahlen?

GRATIA Kaufen, ja. Deinen Körper.

DANIEL Nach allem, was ich Ihnen erzählt habe?

GRATIA Achthundert.

DANIEL Mich kann niemand kaufen.

GRATIA Tausend.

DANIEL Was wollen Sie beweisen?

GRATIA Zweitausend.

DANIEL Warum?

GRATIA Du bist jung, du bist schön, und du bist teuer. Ein Luxus, den ich mir leiste.

DANIEL Sie haben mir nicht zugehört; nichts begriffen!
Gratia, ich habe Ihnen gerade von diesem Mädchen im Kino erzählt, und sie war wirklich schön.

GRATIA Sie war zu jung.

DANIEL Vielleicht. Aber Sie, Gratia, Sie könnten meine Mutter sein!

GRATIA Keine Ausflüchte, Daniel. Sag einfach – nein.

DANIEL Ich flüchte nicht. Es ist die Wahrheit. *Er holt aus.* Ich war noch ein Kind. Meine Eltern sind weggefahren, damals, vor achtzehn Jahren; weg. Man hat ihre Körper nie gefunden, es gibt kein Grab. Wer weiß.

GRATIA *lacht* Du glaubst, ich bin deine Mutter? Dann nimm sie endlich, nimm sie dir, und du bist es los!

DANIEL Ich habe Ihnen gerade zu erklären versucht...

GRATIA Vielleicht redest du nur zuviel. *Sie packt ihn am Arm und führt ihn zu einem Vorhang.* Und, Daniel, bei mir sind nur acht Worte erlaubt.

Beide hinter den Vorhang

4. Eine Absteige

VERA Hallo? Ist da niemand?!

Die Rezeption ist nicht besetzt. Es sieht so aus, als sei sie fluchtartig verlassen worden: Das Radio spielt auf voller Lautstärke, überall liegen Zettel und Rechnungen herum, auch die Lampe brennt noch.

Vera klingelt, niemand kommt. Stöbert sie also ein wenig in den Papieren. Doch allmählich wird sie ungeduldig und klingelt immer heftiger. Schließlich legt sie das dicke Gästebuch auf den Klingelknopf...

Da wird eine Wandtür geöffnet: der Portier.

Der Lärm scheint ihn nicht zu stören. Er lächelt breit.

Na endlich. Ein Zimmer mit Dusche. Nur für eine Nacht.

PORTIER Guten Abend.

Vera nimmt das Gästebuch von der Klingel.

VERA Ein Zimmer mit Dusche, für eine Nacht nur.

PORTIER Es tut mir leid, wir sind besetzt. *Er holt einen Schraubenzieher aus der Schublade und entfernt gemächlich die Drähte aus der Klingel.*

VERA Nicht lügen! Nicht mir ins Gesicht lügen. Der Sommer ist vorbei. Man kann es riechen. Hier ist niemand mehr. Ich komme vom Strand, keine Menschenseele, so weit das Auge reicht. Die Saison ist zu Ende. Ich habe das Schild an der Kinokasse gesehen: ›Heute letzte Vorstellung‹. Die Straßen sind leer. Alles wie ausgebrannt. Hören Sie es, man vernagelt jetzt die Scheiben. Das Aufräumen beginnt. Und wenn erst die Nutten in die Stadt zurückkehren, wird aus diesem Nest ein gottverlassenes Stück Erde.

PORTIER *beiläufig* Es gibt hier keine Nutten, und es gibt hier keine Saison.

VERA Sie haben Ihre Abrechnung schon gemacht, ich weiß. Sie haben nicht mehr mit mir gerechnet. Trotzdem werden Sie mir das Zimmer geben. Ohne jede Gegenleistung. – Vera.

PORTIER Ich kann das nicht. Alles muß seine Richtigkeit haben, Vera.

Er lächelt in sich hinein. Sämtliche Zahlen wären neu zu erstellen wegen dieses einen Zimmers, das nicht bezahlt worden ist. Es tut mir leid. Aber ich sehe, Sie brauchen Hilfe. Es ist spät, Sie sind nicht aus der Gegend, Ihre Kleider sind naß. Sind Sie gelaufen? Wie lange schon? Eine Woche, zwei? Davongelaufen. Der ganzen Hochzeitsgesellschaft davongerannt. Nur loslaufen, einfach weg, ich kenne das... Nach allem, was Sie durchgemacht haben, sind neue Kleider das Wichtigste. Und Schuhe. Vor allem: Schuhe. Bitte warten Sie einen Moment.

VERA Ich brauche ein Zimmer, keine Schuhe.

Der Portier stellt eine Whiskyflasche auf den Tresen und lächelt einladend. Dann geht er ab, nimmt aber vorsichtshalber das Gästebuch mit. Es dauert eine ganze Weile, bis er zurückkommt. Er bringt die Uniform eines Liftboys.

PORTIER Hier, bitte sehr. Die Schuhe dürften Ihnen etwas zu groß sein.

VERA Stimmt.

PORTIER Aber es sind gute Schuhe. Schuhe, wie man sie hier nicht bekommt. Sie werden im Ausland gemacht. Die Sachen sind frisch gewaschen.

VERA *liest das Schild im Hemdkragen* ›Alter Martin‹, hört sich nach Whisky an.

PORTIER Gar nicht so falsch... der Liftjunge. Man wird die Stelle nicht wieder neu ausschreiben. Die Leute können die Knöpfe mittlerweile selbst drücken.

Sie sehen, ich helfe Ihnen gern, aber das Zimmer kann ich Ihnen nicht geben. Auch nicht gegen Bezahlung.

VERA Ich werde es nicht bezahlen. Ich werde das Bett nicht berühren. Seit Tagen schlafe ich auf dem Boden, irgendwo, das macht mir nichts. Alles, was ich möchte, ist duschen und schlafen mit einem Dach über dem Kopf. – So, mehr Charme geht nicht.

PORTIER Es tut mir leid. Verstehen Sie doch, wenn man ein Leben lang nichts anderes... wenigstens das möchte man richtig machen. *Und er kann sich ein Lächeln nicht verkneifen.*

VERA *für sich, leise* No bed for choppy head. *Sie nimmt die Uniform, will gehen, da faßt der Portier nach ihrer Hand.*

PORTIER Der Ring steht Ihnen nicht.

VERA Was ist das für ein Licht dort oben, auf den Klippen?

PORTIER Sie tragen ihn wie eine Narbe.

VERA Bekomme ich da vielleicht ein Zimmer?

PORTIER Nein. Er läßt es immer brennen.

VERA Wer?

PORTIER Pinon.

VERA Der Besitzer?

PORTIER Der Besitzer.

VERA Ich habe von ihm gehört. Die Leute im Ort sagen, er sei verrückt.

PORTIER Das ist er nicht. Jedenfalls damals war er es nicht. Er war nur schneller.

VERA *fasziniert* Ach, Sie beide haben gespielt?

PORTIER Es war mein Haus.

VERA *probiert den Namen* Pinon... Pinon... Pinon... Schmeckt.

PORTIER Er nennt sich so; wer weiß. Niemand kennt ihn. Er lebt allein, dort oben, seit achtzehn Jahren, auf den Klippen. Er gestattet nicht, daß man sein Grundstück betritt. Er hat Schilder aufgestellt.

VERA *lacht* Die Leute sagen, er habe seine Frau verschwinden lassen.

PORTIER Das sagen die Leute, die Leute wissen nichts!!
Er saß allein am Tisch, damals, den Kopf gesenkt. Er war mir sofort aufgefallen. Er saß nur und trank. Stundenlang saß er da und trank. In dieser Nacht habe ich mit ihm gespielt. Ein Spiel, ein einziges Spiel. Was sollte ich machen, der ganze Ort war Zeuge.

VERA Aber der Ort behauptet auch, Sie hätten das Spiel niemals...

PORTIER Ich ärgere mich, wenn man mich unterbricht...!
Er kam hierher, vor achtzehn Jahren, mit seiner Frau. Angeblich. –
Der erste Urlaub nach der Firma, – dem Haus, – den Kindern.
Also in die Sonne, – belohnen, – Flitterwoche.
Doch schon nach wenigen Stunden, – in einer einsamen Bucht... –

VERA *passiert eine Ungeschicklichkeit* Entschuldigung, aber Sie machen so große Pausen.

PORTIER *sich langsam hineinsteigernd* Eine Luftmatratze! Er versucht unablässig, eine Luftmatratze aufzublasen. Minutenlang. Mit hochrotem Kopf. Bemerkt dabei aber nicht, wie sich langsam sein Gesäß entblößt: »Schatz, deine Badehose – die Zeiten sind vorbei, oder?« ... Da hat er nur gedacht: Wie antworten? Wie antworten?!

Und er hat das Gummiband enger geschnürt, immer enger. Ein Junge, den man maßregelt. Abgewendet, als wolle er beim Gehorchen nicht gesehen werden. Noch enger, immer noch enger. Der Versuch, sich an der Taille zu erwürgen! Enger, enger, enger...

VERA Ich habe nach Pinon gefragt, nicht nach Ihnen.

Der Portier zieht eine abgegriffene Mappe hervor, knallt sie wütend auf den Tresen.

PORTIER Wenn Sie mir nicht glauben! Lesen Sie selbst!

VERA Was ist das?

PORTIER Am nächsten Morgen hat er eine Vermißtenanzeige aufgegeben. *Er lächelt wieder.* Das Protokoll. Ich habe es mir kommen lassen.

VERA Ihnen entgeht hier nichts, wie?

PORTIER Nein.

VERA Ich möchte es nicht lesen, ich stelle es mir immer lieber vor.

PORTIER Enger, noch enger. Antworten wie... Jugend! Ja, antworten wie Jugend!

Da ist plötzlich ein leises Geräusch, schmatzend wie Glut.

Die Haut! Sie scheint porös geworden, sie knistert bei jedem Atemzug! Die Lungen wie Stanniolpapier. Mit einem Mal verschwimmt es ihm vor Augen. Als dehnten sich seine Pupillen. Dazu dieses Geräusch, es wird laut und lauter, plärrend, fast ein Schrei, ein seltsam spitzer Schrei... Jetzt! –

Vor ihm steht eine riesige Gestalt, mit unermeßlichen Brüsten, ein gigantischer Leib: seine Frau! Aber sie, sie ist unverändert. Er selbst ist kleiner geworden und wird es noch. Mit jeder Sekunde wird er kleiner und kleiner. Da entdeckt er in ihren Augen, in ihren Pupillen, etwas Weißes: Punkte. Blendend weiße Punkte.

Das sind Zähne! Zähne und ein Gesicht, so jung, und Grübchen und Locken, die auf einen knabenhaften Körper fallen...

VERA Jetzt kann er antworten!

Stille

Ich glaube Ihnen kein Wort.

Stille

Was hat er denn geantwortet?

PORTIER *verstimmt* Nichts.

VERA Sagen Sie schon!

PORTIER Nehmen Sie jetzt die Kleider oder nicht?

Über Geschenke freut man sich.

VERA Ich freue mich doch.

PORTIER Dann ziehen Sie sie an.

VERA Was soll ich?

PORTIER Anziehen. *Er lächelt.* Ich werde Ihnen dabei zusehen.

Ich bin ein alter Mann, gönnen Sie mir die Freude.

Stille

Sie möchten doch wissen, was er geantwortet hat...

Stille

Na, los.

Vera lacht und beginnt, sich auszukleiden.

Eine Braut, die sich in einen Liftjungen verwandelt. Wie schön Sie sind. Sie könnten Soldat sein.

VERA *hält inne* Wenn Sie nicht weitersprechen...

PORTIER Antworten wie Jugend. – Er beugt sich wieder über die Luftmatratze. Er spürt das Spannen seiner Badehose über dem prallen Fleisch.

Na los! hört er sich sagen.

Na, los!

Da packt sie zu. Sie wirft ihn zu Boden und treibt ihn, an ihrem Badeanzug vorbei, tief in sich hinein. Aber er spürt keine Lust, nur das schwere Gewicht, das in immer kürzeren Abständen gegen sein Becken stößt. Er schreit vor Schmerz. Er versucht, sich herauszuwinden. Er stemmt seine Beine gegen ihren Unterleib; vergeblich. Tonnenschwer prallt ihr Fleisch auf seinen Körper, jetzt auch auf die Brust. Aber die Brust? Schmaler geworden, schlanker, immer noch jünger. Ihr Unterleib wächst an sein Gesicht heran. Jetzt seine letzte Chance: Mit aller Gewalt verbeißt er sich in dieses nasse, weiche Fleisch. Sie aber lacht nur und stöhnt lauter. Er gerät in Panik! Kaum noch größer als eine Kinderfaust! Da hört er einen fast männlich tiefen Schrei.

Sie bäumt sich auf, beginnt zu zucken, und ihre Muskeln schließen ihn ein. Er fürchtet, zerquetscht zu werden.

Aber da ist nur e i n Ausweg. – Und er flüchtet sich.

In diese Höhle.

Der Portier ist fertig und Vera angekleidet.

Stille

VERA Jetzt würden Sie mir wohl auch das Zimmer geben?

PORTIER Sie würden es nicht nehmen.

VERA Was war mit dem Brief? Angeblich fand man in seiner Manteltasche einen Zettel von ihr.

PORTIER Von ihr? Nein. Unleserlich. Ganz kleine, winzige Buchstaben.

Wie ein Kind, das mit der Lupe schreibt.

VERA Wen hat er als vermißt gemeldet? Sich selbst?

PORTIER *lacht* Das passiert oft. Männer, die irgendwelche Anzeigen
aufgeben; die Polizei soll ihnen die Frau wiederbringen.

Vermutlich wird auch nach Ihnen bereits gefahndet.

Vera lacht laut auf.

VERA Und Sie glauben die Geschichte?

PORTIER Seine? Ja.

VERA Ja?

PORTIER Ja.

VERA Die Schuhe sind wirklich ein bißchen zu groß.

PORTIER Schminken Sie sich. Er mag das.

*Die beiden sehen sich an und lächeln ein wenig zu lange… Sie
suchen nach der entsprechenden Verabschiedung.*

Stille

VERA Fällt Ihnen was Passendes ein?

PORTIER Stimmt so.

Vera nimmt ihr weißes Kleid, hebt die Hand zum Gruß und geht.

5. Auf den Klippen

DANIEL *plappert* ... Ich war im Heim, sind Sie Erzieher? Kalt. Ich war Leichtathlet, sind Sie Trainer? Kalt. Ich war bei der Armee, sind Sie Ausbilder? Universität, Professor? Arbeitsamt, Berater? Kalt. Alles kalt...
Leichenbestatter? Ein Scherz, Entschuldigung.

PINON Strafgefangener.

DANIEL Auch nicht schlecht, aber sagen Sie nichts. Ich will es selbst erraten. Alles an Ihnen kommt mir bekannt vor. Sie müssen das nicht mißverstehen, Sie haben kein Dutzendgesicht, Sie sind ein schöner Mann, ja, ein interessanter Mann.

PINON Danke.

DANIEL Sagen Sie das nicht so abfällig! Ich mache oft Komplimente, besonders Männern, das überrascht. Geben Sie zu, Sie haben es gern gehört, Sie haben gelächelt. Ihr Lächeln, – es ist mir so bekannt. Aber vielleicht entdecke ich an Ihnen nur einzelne Teile, Bruchstücke von Menschen, die ich kenne, und setze daraus jetzt Sie zusammen.

PINON Sie reden sehr viel.

DANIEL Sie halten mich für einen Schwätzer? Einen Spinner? Einen Schwulen? Das ist mir egal.
Er schweigt dennoch. – Kurze Pause – Pinon will abgehen.
Ich bleibe dabei, wir kennen uns. Wir könnten uns hier begegnet sein, ja, mehrmals aneinander vorbeigelaufen; ein Gesicht, das man sich merkt...
Pinon! Pinon! Aus Erzählungen! Pinon, ich kenne Sie aus Erzählungen. Ich war noch gar nicht angekommen, da kannte ich Sie schon.
Sie sind es. Es gibt ja die unheimlichsten Geschichten über Sie. Das Licht auf den Klippen, Ihr Haus. Sie halten dort ein Monster gefangen, stimmt das?

PINON Ja.

DANIEL Die Leute verbieten deshalb ihren Kindern, auf den Klippen zu spielen...

PINON *verärgert* Sie tun es trotzdem.

DANIEL Man sagt, Sie hätten die Wände eingerissen, die ganze Bude ausgenommen wie einen Fisch, Gitter vor die Fenster. Warum haben Sie das getan?

Pinon schweigt.

Pinon, ich verstehe Sie. Ja, ich verstehe Sie bestens. Sie ahnen nicht, wie gut ich...

PINON Doch, ich ahne es.

DANIEL Eine fixe Idee. Plötzlich diese – Idee. Mit einem Mal sieht man... anders. Fremde Augen! Und da passiert es: Da reißt man Wände heraus, Gitter vor die Fenster! Fertig. Aus. Ich bewundere das. So und nicht anders. Ein Gedanke, für den man zu sterben bereit ist. Niemand stirbt mehr für etwas, alle sterben sie an. Ich bin noch jung, aber ich kenne sie, ihre Ansichten, ihre Standpunkte, ihr Für und Wider, ihre Mitte, ihr Zentrum. *Er ballt die Fäuste.* Was ich meine, ist eine Idee, die fesselt. – Kamikaze! Kein Kompromiß. So und nicht anders. Kamikaze, das ist Konsequenz! Eine letzte große Hochzeit, und dann – ab!

PINON Sie haben längst nicht alles gesehen.

DANIEL Was reden Sie denn da? Ich bin nicht Ihr Kind!

PINON Ich könnte dein Vater sein.

DANIEL *verächtlich* Stimmt. Typen wie Sie. Weise bis zum Erbrechen. Pinon, einmal noch richtig was los, und dann: ab!

PINON So einfach! Sie enttäuschen mich.

DANIEL Genau, Daddy, alles so einfach. Es langweilt mich tödlich. Ich bin im Kino gewesen; an der Kasse, ein wunderschönes Mädchen, – wir haben den Film nicht zu Ende gesehen: »Gehen wir?« Also raus und zum Strand... Laß uns nicht reden, hat sie gesagt, ich will nichts wissen. – Gut; geht auch so.

Tja, ein bißchen Schultern, das reicht. Es langweilt mich zu Tode.

PINON Und du willst, daß ich dir dabei helfe?

DANIEL *erschrickt kurz* Ach, Sie meinen... Sie glauben, ich gebe auf? Das hätten Sie gern. Ich bin nicht der, für den Sie mich halten.

PINON Oh, doch.

DANIEL Woher nehmen Sie die Arroganz, das zu beurteilen? Und woher die Arroganz, dabei helfen zu wollen? Aber was ist mit Ihnen, Pinon? Ist es wahr, daß Sie sich manchmal eine Hure kommen lassen? Eine, der man das Gesicht zerschnitten hat? Ich bin bei ihr gewesen: Gratia.

Waren Sie das, Pinon? Haben Sie das gemacht?

Pinon schweigt.

Eine Ihrer fixen Ideen? Aber, wie gesagt, ich verstehe Sie. *Er reckt lachend seine rechte Hand in die Höhe. Ein Fingerglied fehlt.*

PINON Warum?

DANIEL Vielleicht wollte ich nur das Gesicht der Leute sehen, wenn sie mir die Hand drücken. Los, machen Sie! Verabschieden wir uns! Na, los!

Pinon reicht ihm die Hand. Sie stehen und schauen sich an.

Stille

PINON ... Du gibst mir dann Bescheid.

DANIEL Eiskalt, Ihre Hand. Ein Kaltblüter.

PINON Lassen Sie los.

DANIEL ›Pinon‹, das ist nicht Ihr Name.

PINON Es reicht jetzt.

DANIEL Leben Sie wohl.

PINON *lächelt* Eines Tages kommen Sie zurück.

DANIEL Niemals. Nichts wie weg aus diesem gottverlassenen Nest.

PINON Aber wenn man immer nur geradeaus läuft, – die Welt ist rund.

DANIEL So ein Schwachsinn. *Erstaunt; für sich, sehr leise* Da fällt selbst mir nichts mehr ein. *Daniel ab*

6. Auf dem Meer

Nacht.
Vera schminkt sich im Wasser.

7. Pinons Haus

Eine leere Halle, nackte Wände, Gitter vor den Fenstern.
Vera tritt ein. Sie hat ihr weißes Kleid über den Arm gelegt. Pinon er-
schrickt.

PINON Wer sind Sie? Wie sind Sie hereingekommen? Was wollen
  Sie? Ich habe Ihr Klopfen nicht gehört.
VERA *schmunzelt* Ich auch nicht.
PINON Was suchen Sie hier?
VERA Sie.
  Stille
PINON Endlich. *Er holt einen gepackten Koffer.* Seltsam, ich hatte mir
  diesen Moment immer wieder vorgestellt, jetzt bin ich doch ein
  wenig überrascht, – ein wenig enttäuscht. Ich hatte Sirenen erwar-
  tet, Scheinwerfer und Hunde; Männer, eine ganze Mannschaft,
  mit Maschinengewehren.
VERA Ich bin allein.
PINON Mein Haus ist umstellt, nicht wahr? Eine falsche Bewegung
  und die Scharfschützen tun, was sie tun müssen.
VERA Ich bin allein. Vera.
PINON Ich verstehe. Ein Tier, das man nicht unnötig reizen sollte;
  jede Aufregung vermeiden... also eine Frau.
VERA *enttäuscht* Schade ich habe Sie mir anders gedacht...
PINON Was meinen Sie?
VERA Anders eben. *Fast froh* Anders, ja.
  Ich dachte, Sie wären kleiner...
PINON Sie kennen nur das Protokoll?
VERA Ja.
PINON Dann wissen Sie nicht alles... *Pause* Was passiert ist, in dieser
  Höhle –
VERA Nein, sagen Sie es nicht! Ich habe es mir nämlich schon vorge-
  stellt.

PINON Aber Sie brauchen doch ein Geständnis.

VERA Nicht jetzt.

Sie sehen sich an. – Pinon faßt sich allmählich wieder.

PINON Die Uniform steht Ihnen.

VERA Finden Sie? Na, ich weiß nicht. *Sie zeigt ihm ihr weißes Kleid.*
Das trage ich immer.

PINON *fasziniert* Eine Polizistin mit einem Brautkleid... Vera...
Warten Sie, ich habe davon gehört! Wer hat mir das erzählt? Aus
der Zeitung, ja, aus einem Magazin: eine junge Frau, ungefähr Ihr
Alter, etwa Ihre Größe, sogar fast dasselbe Kleid und beinahe so
schön wie Sie.

VERA Wirklich, aus der Zeitung?

PINON Eine seltsame Person. Polizistin, aber sonst? Ein wenig verwirrt, ein wenig verrückt.

VERA Erfinden Sie das gerade?

PINON Ja.
Stört es Sie?

VERA *lacht* Nein.

PINON Doch, es stört Sie. Wir müßten längst gehen, nicht wahr?

VERA Nein, bitte. Ich mag das.

PINON ›Verrückt‹ ist das falsche Wort; sie schreibt. Briefe. Briefe an
sich selbst. Mit winzigen Buchstaben. Tag und Nacht. Aber sie
schreibt nicht nur auf Papier. – Überall! Die Wände, den Boden,
Schränke, Vorhänge, sogar die Bettlaken, mit diesen winzigen
Buchstaben. *Er unterbricht sich.*
Möchten Sie einen Mann?

VERA Ja.

PINON Gut. Ihr Mann... er versucht, sie zu verstehen. Was geht in
dieser Frau vor? So sehr er sich auch bemüht, er begreift sie nicht.
Am liebsten würde er – aufschneiden und hineinsehen. Aber alles
vergeblich. Sie bleibt ihm ein Rätsel, ein Geheimnis. Sehr bald
sucht er die Schuld bei sich selbst, offensichtlich genügt er nicht.
Für diese Frau ist er scheinbar zu gering, zu einfach, zu klein. Und
er wird tatsächlich kleiner. Ganz gleich, was sie sagt oder tut, er
wird immer kleiner.
Doch dann, eines Morgens, da entdeckt er sie auf dem Boden, vor
dem Kleiderschrank, über ihr Brautkleid gebeugt.
Wieder die ganze Nacht. Wieder diese winzigen Buchstaben.
Jetzt muß er hineinsehen!

Er nimmt ein Messer und...

...manchmal entgleiten mir meine Geschichten. *Er lächelt.* Ich hätte sie beinahe sterben lassen...

VERA Einen solchen Brief hat man in Ihrer Manteltasche gefunden.

PINON Wer sagt das?

VERA Der Portier.

PINON Ein miserabler Kartenspieler.

VERA Deshalb leben Sie so, seit achtzehn Jahren, mit Gittern vor den Fenstern?

PINON Ich? Nein. *Er lacht.* Das war nur so eine fixe Idee.

VERA Lebenslänglich?

PINON Nein, aber draußen, bei Tag, irgendwann findet man sich nicht mehr zurecht. Jenseits der Klippen habe ich keine Orientierung.

VERA Würden Sie mit mir kommen?

PINON Sie fragen das sehr höflich. Ich bin froh, wenn dies hier zu Ende ist. – Gehen wir?

VERA Sie müssen erst dem Portier das Haus zurückgeben.

PINON Warum?

VERA Ich mag ihn.

PINON Er wird es sich holen.

VERA Das kann er nicht. Der ganze Ort war Zeuge.
Ich werde bei den Klippen auf Sie warten.

PINON Sie lassen mich gehen? Einfach so?

VERA *atmet aus* Ja, einfach so.

PINON Und Sie versprechen mir zu kommen?

VERA Ich verspreche nie etwas. Halten Sie sich an die Verabredung, geben Sie dem Portier das Haus zurück!

PINON Auf den Klippen. In spätestens einer Stunde werde ich da sein. Sie kommen, ja?
Pinon läuft los.
Vera bleibt zurück und beginnt langsam, sich wieder umzuziehen.

8. An der Uferpromenade

Nacht.
Sebastian sitzt auf einer Bank, gibt seltsame Geräusche von sich.

SEBASTIAN Da komm her. Miez, miez, miez. Bist du aber eine
Schöne... Na, wenn einen schon die Katzen meiden. *Er schaut*
mehrmals verwundert zu einer Straßenlaterne hinüber.
Junge? Junge! Ich hab dich längst gesehen! Du kannst herauskom-
men. Ein schlechtes Versteck, hinter einer Straßenlaterne. Für
eine Laterne bist du nicht mehr schmal genug. Du mußt dir jetzt
andere Verstecke suchen. Was tust du denn hier, um diese Zeit?
...Deine Katze! Getigert, mit weißen Pfoten, wie Schuhe? Sie ist
da lang, die Uferpromenade hinunter. Na, renn los! Oder – bist du
davongelaufen?
Dann setz dich zu mir. Ich kenne viele spannende Geschichten. Ich
mache dir einen Vorschlag, ja, wir schließen einen Vertrag: Ich
erzähle dir alle Geschichten, die ich kenne, und dafür sagst du mir,
welche die meine ist. Vielleicht die erste, vielleicht die letzte, wenn
die Sonne aufgeht, mußt du es mir sagen.
Ist das ein Angebot?
Du könntest mir wirklich helfen. Ich glaube nämlich, daß die Geschichte, die ich habe, – sie kann nicht die meine sein. Eine kleine
Niederlage, vor langer Zeit, ein dummer Zufall, und diese Geschichte nistet sich ein, frißt sich fett, du kennst doch diese Blut-
egel, man wird sie nicht wieder los.
Aber welche ist die eigentliche? Du sollst es erraten.
Warum kommst du nicht? Du möchtest Geld. Bist du einer dieser
Jungen, die tags am Strand betteln gehen? Daran soll es nicht
scheitern. *Er öffnet seine Brieftasche, zieht einen Schein heraus.*
Zehn! Als Finderlohn, davon kannst du eine Woche gut leben.
Zwanzig; gut, sagen wir fünfzig. Wenn es dir nur um das Geld geht,
ist unser Vertrag sinnlos. Also hundert. Mein letztes Angebot:
hundert.

Schade, wir hätten beide davon profitiert.

Verärgert Verschwinde! Hau ab! Was willst du denn noch hier? Hau ab! ... Ach, jetzt verstehe ich, du willst das Geld! Ohne Gegenleistung. – Mein Junge, du kannst das Messer stecken lassen. Du mußt wissen, ich habe einen Herzklappenfehler, hunderteinundachtzig Tage, eine Situation wie diese kann meinen Tod bedeuten. Wir wollen uns also nicht aufregen. In unserem Interesse, bleib ganz ruhig, laß das Messer stecken, ein besseres Opfer hättest du nicht finden können.

Ich lege dir jetzt die Brieftasche dort, hinter mir, auf den Weg, der in die Büsche führt. Ist das richtig so? Nur die Papiere würde ich gern behalten, wegen der Schererein, du verstehst – nein, du verstehst nicht, die Papiere sind das Wichtigste, bringen das eigentliche Geld. Also lege ich dir jetzt alles auf den Weg, so wie es ist. Du siehst, ich nehme nichts heraus. Und bitte, bleiben Sie, wo Sie sind, bis ich wieder auf der Bank sitze ...

Also, ich gehe jetzt los! *Er steht auf, legt die Brieftasche hinter der Bank auf den Weg und kommt zurück.* Ich sitze wieder auf der Bank. Sie können es jetzt holen!

Pause. Stille.

Man hört Schritte. Von hinten kommt Daniel. Er entdeckt die Brieftasche und hebt sie auf.

Sebastian wagt nicht, sich umzudrehen.

Junge, mach keinen Fehler! Hörst du, keinen Fehler! ...

DANIEL Entschuldigung, haben Sie das vielleicht verloren?

Sebastian springt auf und rennt davon.

Sebastian kommt zurück.

SEBASTIAN Sind Sie verrückt geworden! Mich so zu erschrecken!

DANIEL Gehört das Ihnen? Lag dort auf dem Weg.

SEBASTIAN Ich dachte, jetzt tut er es, jetzt bringt er dich um!

DANIEL Sehe ich so aus?

SEBASTIAN *erleichtert* Ich kann Ihnen sagen, Gestalten laufen hier durch die Nacht. Hier traue ich jedem alles zu.

DANIEL *fishing* Soll das heißen, ich sehe gefährlich aus?

SEBASTIAN Was fragen Sie denn? Nein ... ganz ... normal.

DANIEL So? Normal sehe ich aus, normal. Danke.

Ist das nun Ihre Brieftasche oder nicht?

SEBASTIAN Gleich vorne im Sichtfenster befindet sich ein Ausweis. Ich bin Organspender. Sebastian Schröder.

Daniel lacht und gibt ihm die Brieftasche. Da umarmt ihn Sebastian überschwenglich. Daniel scheint das nicht zu mißfallen.

Sebastian. Nennen Sie mich einfach Sebastian, ich bin im Urlaub.

DANIEL Daniel.

Sie reichen sich die Hände. Daniel hält sie etwas länger.

Unangenehm?

SEBASTIAN *irritiert* Angenehm.

Sie waren nicht zufällig im Kino, heute abend? Ich habe Sie gesehen. Mit einer jungen Frau, sehr schön. Ihre Freundin?

DANIEL Was interessiert Sie das? Nein, wir haben uns an der Kasse kennengelernt. Sie war eigentlich mit ihrem Bruder verabredet.

SEBASTIAN Bruder?

DANIEL Sebastian, Sie sind wirklich sympathisch, sehr sogar, aber jetzt werden Sie penetrant. Bruder oder Nichtbruder – manchmal schämen sich die Frauen für ihre Begleitung, das ist dann der Bruder, kennt man doch.

SEBASTIAN Klar.

DANIEL Augen wie ein totgeprügelter Seehund, was denn los mit Ihnen?

Daniel streicht ihm durchs Haar, Sebastian begreift das offensichtlich nur als Aufmerksamkeit.

SEBASTIAN Ich bin... ein wenig verwirrt. Wissen Sie, seit Monaten laufe ich durch die Straßen, nachts, wenn alles schläft, – da erst beginne ich, euch zu lieben –; ich gehe, ich renne, ich jage, dahin, dorthin, vorwärts, rückwärts, im Kreis. Aber überall dasselbe. An jedem Ort, in jedem Land, dieselbe Scheiße. Also zurück!

Da merkt man: keine Orientierung. Nicht die geringste Ahnung, wo man sich befindet! Ja, die ganze Scheiße ist ein Labyrinth!!

DANIEL *mittlerweile etwas eindeutiger* Das kenne ich.

SEBASTIAN Vermutlich genügen schon ein paar Stunden, in denen man ausnahmslos geradeaus läuft. Nichts denken, nur geradeaus. Haben Sie das je probiert?

DANIEL Wem sagen Sie das.

SEBASTIAN Ich habe mir schwere Schuhe gekauft, ein Tuch um die Augen gebunden, Wetten mit mir abgeschlossen, gefastet. Es hilft nichts.

DANIEL Soso.

Endlich bemerkt Sebastian Daniels Absichten und springt sofort auf.

Was sind Sie schreckhaft. Ich tu Ihnen doch nichts.

Kommen Sie, ich lade Sie auf ein Bier ein.

SEBASTIAN Ich glaube nicht, daß wir uns was zu sagen haben.

DANIEL Das ist der Vorteil bei den Männern, sie können trotzdem zusammen trinken.

SEBASTIAN *sachlich* Danke für die Brieftasche.

Sebastian rennt ab und davon.

DANIEL *für sich* Wir könnten eine Religion gründen. Wir könnten ein Attentat planen. Wir könnten... Pyramiden bauen.

9. Die Absteige

Der Portier sitzt.
Pinon steht; er hält die Mappe mit dem Protokoll in Händen. Offen-
sichtlich hat er noch etwas hinzugeschrieben. Er liest es vor, und sein
Blick geht langsam ins Leere.

PINON ... Kaum noch eine Kinderfaust. Und er flüchtet sich – in diese
Höhle. Der Weg führt steil bergan. Der Boden ist glatt und glit-
schig. Jeder Schritt kostet Kraft. Er kämpft um jeden Zentimeter.
Er stützt sich mit den Händen ab, um nicht wieder herauszufallen.
Da trifft das Schlagen einer Ader ihn seitlich am Kopf. Er stürzt
und fällt, tief in eine Hautfalte. Benommen bleibt er liegen. Sinnlos, weiterzugehen zu wollen. So groß... *Er zeigt es.* ... ein Staub-
korn; bald ist er ganz verschwunden. Er schließt die Augen und
wartet.
Getrieben Aber da ist noch immer dieser Durst, ja, dieser quälende
Durst, den er anfangs nicht bemerken wollte, jetzt ist er unerträg-
lich geworden! Mit beiden Fäusten stößt er ein winziges Äderchen
auf und trinkt. Trinkt und trinkt. Mit jedem Schluck wird er kräfti-
ger! Schon kann er einen Fetzen Haut aus der Ader reißen. Gierig
schlingt er ihn hinunter. Er trinkt und frißt und wächst. Ja, er
wächst wieder! *Pinon beginnt zu lachen.* Er wächst wieder, der
Platz reicht nicht mehr! Sein Kopf stößt gegen etwas Hartes, – spielend bricht er den Knochen. Langsam gräbt er sich durch ihren
Körper, frißt Muskel um Muskel, jede Sehne, jedes Gelenk ... Er
zögert, in ihren Kopf einzudringen. Es bleibt keine Wahl, er zerschmettert die Kiefer, zermalmt die Schädelknochen und verbeißt
sich in ihr Hirn. Jetzt ist alles leer.
Da drückt er ihr von innen die Augen aus. Von Ferne, eine wundervolle Musik.
Pinon unterzeichnet das Papier und gibt es dem Portier.
PORTIER Was ist das? Ihr Entlassungsschein? Ist heute der Tag? Die

Strafe abgebüßt? Achtzehn Jahre, denken Sie, genug gesühnt, Zeit, sich zu entlassen. Pinon, Sie halten sich für unendlich wichtig, ich bewundere Sie. *Er schmunzelt.* Ja, schreiben Sie, auch der Portier bewundert mich.

PINON Sie fürchten, ich komme zurück? Das werde ich nicht. Man hält einen neuen Platz für mich bereit.

Hier, Sie haben es schriftlich!

PORTIER Pinon handelt, er bewertet, richtet und hängt. Aber Pinon begnadigt auch. Er nimmt ein Haus und gibt es zurück. Alles, wie er es denkt. Alles ein Spiel.

PINON Sie können nicht verlieren. Sie konnten es nicht, und Sie können es noch immer nicht; das ist kein Spiel! Ich gehe. – Ganz gleich, ob ich mich dort je wieder zurechtfinden werde. *Er lacht.* Schon der Weg hierher zu Ihnen, von den Klippen aus gesehen, war er mir all die Jahre so vertraut gewesen, und doch hätte ich mich jetzt fast verlaufen... Außerdem wird man mich begleiten.

Lächeln Sie endlich und sagen Sie: ja.

PORTIER Haben Sie in diesen Jahren jemals an mich gedacht, den Portier? Haben Sie je überlegt, was dieses Haus dem Portier vielleicht bedeutet hatte.

PINON Dann hätten Sie nicht spielen dürfen.

PORTIER Pinon, es war das Spiel seines Lebens, er hat es verloren.

PINON Hören Sie auf zu jammern. Ich hasse das.

PORTIER Ich jammere nicht! Im Gegenteil, ich habe gewonnen, damals, in dieser Nacht... ich bin zu den Felsen gegangen und über die Klippen gestiegen, bis ich endlich die geeignete Stelle gefunden hatte. Ein Überhang! Hoch, und weit ins Meer hinausragend. Der Grat zwischen hier und da; als habe man das Meer schon unter den Füßen. Ich wollte nur noch auf den Morgen warten, – von den Klippen direkt in die Sonne springen.

PINON Ich kenne die Stelle.

PORTIER Eine Stimme, ein leises Rufen! Es war die Stimme einer Frau. Sie stand hinter mir, an die Klippen gelehnt. Jemand hatte ihr das Gesicht zerschnitten.

PINON Wer?

PORTIER Man weiß es nicht. Ein Freier vermutlich. Das passiert oft. Viele verschwinden hier spurlos. Offensichtlich war sie die ganze Nacht über die Klippen gekrochen und dabei mehrmals abgestürzt.

Sie hat Glück gehabt, – wenn man das so nennen will; sie kann sich an nichts mehr erinnern.

PINON Wie heißt die Frau?

PORTIER Kein Ausweis, keine Papiere, – kein Name.

Ich habe sie Gratia getauft, sie ist damit einverstanden.

Ein Geschenk des Himmels. Ja, wir sind uns dankbar. Ich ihr, sie mir.

PINON Was heißt das?

PORTIER Ich lasse sie bei mir leben, und sie arbeitet ein wenig für mich. Sie tut nur, was ihr Spaß macht.

PINON Männer.

Der Portier lächelt nur.

PORTIER Sie fragen sich, warum ich Ihnen das alles erzähle?

Pinon, ich möchte, daß Sie begreifen, warum ich das Haus nicht zurücknehmen werde: Es gefällt mir, wie ich lebe!

Also, Sie schulden mir nichts. Ich entlasse Sie ebenfalls.

PINON Sie müssen es nehmen!

PORTIER Es kennt Sie besser als mich. Es ist verlebt. Und Sie haben es umgebaut. *Er lächelt.* Sie erwarten doch nicht, daß ich die Wände wieder einziehe, in meinem Alter.

PINON Dann holen Sie Arbeiter, ich werde Ihnen Geld schicken!

PORTIER Sie behandeln mich wie einen Feind, Pinon, das bin ich nicht. Ich hatte achtzehn Jahre Zeit, über Sie nachzudenken. Ich kenne Sie in- und auswendig, Sie haben mich ständig begleitet. Wir sind Freunde geworden.

PINON Und wenn ich Sie darum bitte?

PORTIER Da ist nichts rückgängig zu machen. Narben bleiben.

PINON Als Freund.

PORTIER Nein. *Er drückt Pinon das Protokoll in die Arme.*

PINON Bitte, Freund, bitte.

PORTIER Mein Gott, Pinon, stehen Sie auf! Gehen Sie jetzt. So gehen Sie doch! Pinon, wenn Sie jetzt nicht gehen...

Der Portier zerrt Pinon vor die Tür, sperrt ab.

10. Im Tanzpalast

Die wenigen Gäste sind längst gegangen, die Tische wieder leer. Nur das ›alte Paar‹ steht noch immer auf der Tanzfläche, eng umschlungen oder fest aneinandergelehnt, und vor einer Lautsprecherbox, rücklings auf einem Stuhl, sitzt Vera.
Sie trägt jetzt wieder ihr weißes Kleid. Sie winkt der Bedienung.

VERA Ich möchte zahlen, bitte.
GRATIA Noch mal dasselbe?
VERA Aber Sie schließen doch gleich.
GRATIA Noch mal dasselbe?
VERA Wenn Sie mich so fragen.
  Gratia geht und kommt mit zwei Drinks zurück. Sie setzt sich einfach zu Vera. Die beiden sehen sich an und lachen ohne Grund.
GRATIA Kennen Sie das Geräusch, wenn Wände wachsen?
  Jovial Ich meine, der Pfarrer, die Kinder mit den Blumen, Kerzen, Orgeln, Glocken, die Luft, alles so eng, so eng... wie eingemauert! *Mit leiser Stimme* Und dann, ganz plötzlich – diese Gesichter auf den Bänken – verzerren zu Fratzen; und die Glocken – werden ein Schrei, ein langer spitzer Schrei. Da schießen auf einmal Wände aus dem Boden, überall Wände, ganze Häuser, riesige Häuser... Man steht an einem fremden Ort, in einer fremden Stadt, zwischen unbekannten Menschen, ohne jede Orientierung. *Wieder lauter* Läuft man eben los.
  Stille
VERA Vera.
GRATIA Gratia. Hallo.
VERA Hallo.
GRATIA Was tun Sie da?
VERA Ich schminke mich ab.
GRATIA Das müssen Sie nicht. Ich sitze immer Menschen gegenüber, die schöner sind als ich.

VERA Woher haben Sie sie?

GRATIA Die Narben? Alles weg.

VERA Möchten Sie es wissen? Möchten Sie wissen, wer Ihnen das getan hat?

GRATIA Nein! Nicht! Bitte sagen Sie nichts. Es ändert nichts. Es gab eine Zeit, da wollte ich es wissen. Aber dann – es ist eine Chance: von vorne. Bei Null. Das möchten fast alle. Fast alle, die sich hier nachts zu mir schleichen, möchten nur das. Tauschen. Ich nicht.
Aber da ist ein Bild, ein einziges Bild. Sie sind die erste, der ich das erzähle: eine Schaukel, zwei Kinder, ein Mädchen, ein Junge. Sie schwingen um die Wette, so hoch es nur geht. Aber der Junge, als er ganz oben ist, läßt er plötzlich los und stürzt sich kopfüber in den Sand. Ein richtiger kleiner Kamikaze. – Das ist der Preis; gar nicht so hoch, wenn ich vergleiche. Ja, es gefällt mir, wie ich lebe. Und es gefällt mir j e t z t !
Ich möchte mich nicht erinnern; sehen Sie mich an, aus dem Paradies komme ich sicher nicht...

VERA ...läuft man eben los. Man läuft und läuft. Mit dieser unbändigen Lust, sich wieder zu verlieben. Ist wie langsam vertrocknen. Da genügt oft schon ein Haarschnitt, ein Blick, Schuhe, Hände und manchmal sogar nur eine Beschreibung. Nur das, was von ihm erzählt wird. Dann schminkt man sich, und... *Sie macht eine wegwerfende Handbewegung, lacht dann.* ...be rollin'!

GRATIA Ich könnte Ihnen ein Zimmer besorgen. Ich habe meine Verbindungen...

VERA *verneint* Danke.

GRATIA Die Drinks gehen auf mich.
Die beiden lachen wieder, ohne Grund.
Vera hebt die Hand zum Gruß und geht.
Stille.
Gratia stellt die Stühle hoch, die Musik wird ausgeblendet, die Saalbeleuchtung eingeschaltet. Das ›alte Paar‹ bezahlt. Gratia bringt die beiden zur Tür.
Auf Wiedersehen.

ER Mein Gott, es dämmert ja schon.

SIE Wir kommen wieder, Fräulein Gratia.

GRATIA Passen Sie auf die Stufe auf!

ER Ja. Danke. Auf Wiedersehen.

SIE Einen schönen Winter.

GRATIA Ihnen auch.

Gratia schließt die Tür. Da klopft es. Offenbar ein verabredetes Klopfzeichen: der Portier. Er nimmt Gratia an der Hand. Sie gehen durch den Saal. Er legt ihr ein Tuch um den Kopf. Er nimmt sie in seine Arme. Er führt sie hinter einen Vorhang.

11. Auf den Klippen

Morgendämmerung.
Die Felsen glänzen silbern. Pinon sitzt an der verabredeten Stelle, er
hält das Protokoll in seinen Händen. Neben ihm steht Daniel.
Sie sprechen nicht, sie sehen sich nicht an, es ist ein unversöhntes
Schweigen.

DANIEL *kleinlaut* Sagen Sie mir nur diesen Satz, bitte. *Schreit plötz-*
lich Sagen Sie ihn! Sagen Sie diesen Satz!!
PINON *sehr ruhig* Seien Sie einmal konsequent, – und gehen Sie.
Daniel ab. Ins Off
Sie erinnern mich an jemanden, Daniel. Jemand, der nur kurze
Zeit noch zu leben hatte, zumindest war das seine feste Überzeu-
gung. Jeden Morgen wußte er: Es ist der letzte! Sie können sich
vorstellen, keine Minute, die er ungenutzt verstreichen ließ, keine
Sekunde. Jeden Tag verbrachte er mit derselben rasenden Ge-
schwindigkeit. Er gönnte sich keinen Schlaf. Er versäumte nichts.
Er versuchte, Zeit zu gewinnen... Ich habe ihn nie sitzen sehen –
so konsequent.
Doch eines Tages wachte er auf... und hatte nichts mehr zu tun.
Verstehen Sie, er war zu früh fertig geworden. Seit Jahren hat er
sich nicht mehr bewegt. Wie verdorrt.
DANIEL *aus dem Off* Ist doch Ihre eigene Schuld, Pinon! Man muß
wissen, wann es vorbei ist.
PINON Eben.
DANIEL Na also! *Er kommt freudig zurückgerannt.*
Pinon, Sie und ich, wir könnten... wir könnten... endlich... an-
fangen!!
Kommen Sie mit! Gehen Sie mit mir! Wir könnten...
PINON Zum letzten Mal: Ich habe hier nicht auf S i e gewartet.
DANIEL *souverän* Nehmen wir an, es wäre so, das ändert nichts.
Ich sehe nur, Sie haben auf m i c h gewartet; auf mich.

Und weil ich es so sehe, ist es so. Ganz einfach.

Begreifen Sie endlich, Pinon, Ihre Welt gibt es nicht!

PINON Gut. Ich habe auf Sie gewartet, – würden Sie mir einen Gefallen tun?

DANIEL War das jetzt so schwer?

PINON Hier, nehmen Sie! *Er drückt Daniel das Protokoll in die Arme.*

DANIEL Was ist das?

PINON Mein Haus. Ich schenke es Ihnen.

DANIEL Nein.

PINON Sie müssen es nehmen. Ich habe versprochen, es wegzugeben.

DANIEL Was wollen Sie? Mich an diesen Ort fesseln? Das wird Ihnen nicht gelingen. Ich gehe, und Sie können mich begleiten, aber abhalten lasse ich mich nicht.

PINON Ich halte Sie nicht ab, nehmen Sie nur dieses Papier mit.

DANIEL Ballast.

PINON Schenken Sie es weiter. Schenken Sie es dem Nächstbesten, den Sie treffen. Oder tragen Sie es nur ein paar Schritte weit, und dann, werfen Sie es ins Meer.

DANIEL Tun Sie es selber.

PINON Ich kann nicht, es ist gegen die Abmachung.

Flehend Bitte.

DANIEL Jetzt enttäuschen Sie mich. Besser, wir bleiben uns fremd.

Daniel will abgehen.

PINON Bitte, helfen Sie mir.

DANIEL Sie enttäuschen mich ja wirklich . . .

Gehen Sie mir aus dem Weg. Ich habe gesagt, Sie sollen – weg da. Pinon, fassen Sie mich nicht an! Was soll das? Pinon, sind Sie verrückt geworden? Was soll das, Alter, laß los! Alter, hör auf! Alter, du sollst aufhören!! Zum letzten Mal, ich habe gesagt . . .

Ein Handgemenge entsteht. Pinon stürzt die Klippen hinab. Dabei sollte nicht ersichtlich werden, wer es getan hat.

12. An der Uferpromenade

Früher Morgen.
Im Hintergrund die Wand mit den Veranstaltungshinweisen. Unter
der Rubrik ›In eigener Sache‹ ist ein neues Plakat angebracht worden.
Eine junge Frau mit weißem Kleid ist darauf zu sehen und ein Schrift-
zug: * *Be walkin'* *
Sebastian kommt mit Koffer und Rucksack. Sein Gang ist seltsam un-
gelenk. Offensichtlich beobachtet er bei jedem Schritt höchst konzen-
triert seine Schuhe...
Plötzlich bleibt er verärgert stehen und kontrolliert seine Fußstellung.

SEBASTIAN Schade, berührt! Oder...? Sei ehrlich. *Jetzt entdeckt er*
das Plakat. Er nähert sich ihm sehr vorsichtig, prüft es auf seine
Echtheit. Dann lehnt er sich behutsam an und spricht mit dem Pla-
kat. Ist nämlich wirklich seltsam –: Wenn man diese Fugen zwischen den Pflastersteinen rein zufällig so trifft, daß sie genau unter
diesem Zwischenraum von Sohle und Absatz liegen – gar nicht so
leicht zu erklären. Ich meine, das muß einem nur ein paar Schritte
lang unabsichtlich gelingen, schon meldet das Hirn: Da gelingt dir
etwas! Und jetzt merkt man es selber. Ja, das geht, denkt man,
diese Fugen kann man über-gehen; der Fuß ist dabei exakt so zu
setzen, daß dieser Hohlraum zwischen Sohle und Absatz sich genau über der Fuge befindet. Ja, da kann man Brücken bauen, von
Pflasterstein zu Pflasterstein. Faszinierend, wenn einem das tatsächlich für einige Schritte glückt, sagen wir, fünf Schritte lang, –
dann ist plötzlich ein gewisser Ehrgeiz unvermeidlich.
Nach einem Fehler würde man am liebsten sofort zurückgehen.
Letztlich alles nur eine Frage der Konzentration... Bei Regen
etwa fällt es wesentlich leichter.
Man muß nämlich nicht nur die exakte Schrittlänge berechnen,
sondern gleichzeitig auch das Gelingen kontrollieren: War das jetzt
berührt oder nicht? Und schließlich kommt noch das Zählen

hinzu. Es ist wie verhext, ich lande fast immer bei vierundzwanzig. Einmal achtundzwanzig.

Ich habe in den letzten Tagen hier allerhand ausprobiert; interessanterweise erleichtert Rhythmus, ich meine, wenn man sich zum Beispiel nach diesen Grillen richtet, dann ist die Schrittfrequenz so zu erhöhen oder so zu drosseln, daß auf ein akustisches Signal jeweils eine dieser Gehwegfugen trifft. Das hört sich nur schwieriger an. – Aber es macht die Sache reizvoller, oft bricht dieses Gezirpe plötzlich ab, da muß man auf Draht sein. Also, wenn ich mir so zuhöre... *Pause* ...ich könnte mir den Takt doch selber geben!

Mit den Fingern schnipsen, mit der Zunge schnalzen.

Er schmunzelt. Wenn das einer sieht, der hält mich für... der denkt...

Aber hier, um diese Zeit, sieht ja keiner.

Weiß ja keiner.

Zum Plakat Noch mal von vorn? Soll ich?

Er schnallt seinen Rucksack ab, wirft ihn neben den Koffer und läuft bereits fingerschnipsend zum Ausgangspunkt hinter die Kulissen.

Man wartet eine ganze Weile vergeblich auf seinen neuerlichen Auftritt – Sebastian ist abgeblieben.

Oliver Czeslik

Cravan
Stück in 3 Akten

Personen

ARTHUR CRAVAN, Boxer und Poet
LEO TROTZKI, Revolutionär
MARIE VON VALDORF, Gräfin
ELVIRA HOPE, Freundin von Cravan
KAPITÄN
ALEXEI, Heizer
MALER
1. MATROSE
2. MATROSE

Zeit: 26. Dezember 1916 bis 13. Januar 1917
Ort: Dampfer ›Monserat‹, Überfahrt von Barcelona nach New York

1. Akt

1. Szene

26. Dezember 1916. Abends. Oberdeck: dreckige Planken, ungewikkelte Taue, abblätternde Farbe etc. Einige behelfsmäßig aufgehängte bunte Lampions. Es ist leicht stürmisch.

Die Szene beginnt mit einem Tableau, einem lebenden Bild: ein provisorisch aufgebauter Boxring, in dessen Mitte sich Cravan und der Heizer Alexei in kämpferischen Posen gegenüberstehen. Der Kapitän steht mit zwei Matrosen auf der Kapitänsbrücke und beobachtet den Kampf. Trotzki sitzt ruhig in einer Ecke und raucht Pfeife. Der Maler sitzt neben Elvira, schaut sie an, während sie dem Kampf folgt. Marie von Valdorf steht in herrischer Pose und raucht eine Zigarette.

Ein Matrose bedient die Schiffsglocke. Das ist das Signal zum Spiel, zur Bewegung. Die beiden Kontrahenten boxen, und es gibt Anfeuerungsrufe. Cravan boxt spielerisch, führt seinen Gegner an der Nase herum, ist belustigt über zu offensichtliche Finten und bleibt die meiste Zeit in der Defensive.

CRAVAN *kommt aus der Defensive heraus* Frohe Weihnachten! *Haut den Heizer mit einem spielerischen Schlag k. o.* Wer will es noch versuchen? Ich biete meine übriggebliebenen Peseten, eine Rezitation oder aber... *Dreht sich um, zieht die Boxershorts herunter* ...meinen Arsch! *Schüchterner Beifall, aber niemand meldet sich.* Also niemand? Pech gehabt, Herrschaften – Ihnen entgeht etwas! *Er hilft dem Heizer wieder auf die Beine.* Komm hoch. So schlimm kann es nicht gewesen sein. Wie ist dein Name?

ALEXEI Alexei.

CRAVAN Habt ihr gehört? Alexei. Ein Russe! Ich liebe die Russen. Mein letzter Manager war auch Russe. Ein böses Schlitzohr! Er bezahlte alle Reisekosten für eine sechsmonatige Tournee, allerdings ohne Garantie! Das war mir aber scheißegal. Ich sollte unter dem Pseudonym von ›Mysterious Sir Arthur Cravan‹ boxen, dem Dichter mit den kürzesten Haaren der Welt, dem Enkel des Kanzlers der Königin und vor allem dem Neffen Oscar Wildes! *Streichelt mit plötzlicher Zärtlichkeit Alexeis Hals* Tut's weh?

ALEXEI Es geht schon wieder.

CRAVAN *zu Elvira, die sich aber mit dem Maler unterhält* Elvira, bring etwas von dem Portwein für meinen Freund.

ELVIRA Hol dir deinen Portwein selbst!

CRAVAN *herausfordernd* Alte Schlampe!

Inzwischen ist es stürmischer geworden. Manchmal schlägt eine Welle über Bord. Das Schiff fängt an, bedrohlich zu schwanken. Ein Matrose schlägt die Schiffsglocke.

KAPITÄN Meine Herrschaften! Ich muß Sie aus zwingenden Gründen bitten, Ihre Kajüten aufzusuchen. *Zu einem Matrosen* Geh in die dritte Klasse!

Matrose geht ab.

ALEXEI *zu Cravan* Der meint die verwanzten Hängematten.

KAPITÄN *zu Trotzki* Herr Bronstein? Bitte kommen Sie mit mir.

Sie gehen ab, auch die anderen verschwinden unter Deck.

CRAVAN *zu Alexei* Ich bitte Sie, mein verehrter Herr, leisten Sie mir in dieser herrlichen Nacht Gesellschaft.

ALEXEI Hier?

CRAVAN In der freien Natur...

ALEXEI Ich habe Dienst. Ich muß die Vorschriften befolgen.

CRAVAN Die Vorschriften müssen mißachtet werden, sonst ist der Mensch verloren, mein Freund.

ALEXEI Bei diesem Seegang muß ich nach Vorschrift handeln... Ein Handgriff zuwenig, und wir ersaufen.

CRAVAN Ich bin noch nie ersoffen.

Alexei geht ab.

Cravan sucht nach einer Flasche Portwein, findet auch eine.

Angstwürmer... *Er trinkt hastig, strauchelt und fällt, leise murmelnd.*

New York... New York... New York... New York... *Er brüllt immer lauter, bemerkt Marie von Valdorf nicht, die in der Nähe steht.* New York...

VALDORF Ist Ihnen nicht gut? Kann ich Ihnen helfen?

CRAVAN Oh, Madame – mir ist in der Tat nicht ganz wohl. Mir ist, als hätte ich eine Wespe verschluckt. Ich merke es ganz deutlich: Sie kriecht gerade meine Magenwände hinunter, um sich am süßen Portwein zu berauschen. *Wälzt sich mit schmerzverzerrtem Gesicht* Hilfe!!

VALDORF Wir sind auf hoher See. Hier gibt es keine Insekten.

CRAVAN Und wenn ich morgen Honig scheiße? Verzeihung – ich vergaß – Sie sind eine Dame. Wie mir scheint, die einzige auf diesem Luxusdampfer.

VALDORF *nach einer kleinen Pause* Bekomme ich einen Schluck?

CRAVAN Natürlich. Aber Sie müssen mit diesem anstößigen Ungeheuer von Flaschenhals vorliebnehmen.

VALDORF *trinkt* Frohe Weihnacht!

CRAVAN Frohe Weihnacht, Madame. Verzeihung – Fabian Lloyd.

VALDORF Angenehm. Marie von Valdorf. Beim Boxkampf haben Sie einen anderen Namen verwendet.

CRAVAN Cravan, Arthur. Ich habe zwei Ichs. Sehen Sie, bei so vornehmen Herrschaften wie Ihnen oder Oscar Wilde bin ich der zarte Fabian.

VALDORF Und bei Heizern, Boxern und Matrosen der harte Cravan. Ich verstehe. – Sie lesen Oscar Wilde?

CRAVAN O nein, Madame – wir sind verwandt.

VALDORF Sie sehen sich nicht ähnlich.

CRAVAN Wir sind uns körperlich nicht ähnlich, aber dennoch sind wir verwandt. – Ich nehme an, Sie sind Kriegsemigrantin?

VALDORF Weshalb wollen Sie das wissen?

CRAVAN Ich überlege, ob ich Ihnen ein Geheimnis anvertrauen kann. Im allgemeinen sind Kriegsemigranten – noch dazu so schöne wie Sie – verschwiegen und nicht so geschwätzig wie...

VALDORF Sie?

CRAVAN Wie ich. Das stimmt.

VALDORF Demnach darf ich folgern, daß Sie nicht gezwungen wurden zu emigrieren.

CRAVAN Nicht direkt. Ich reise meinem Freund, dem bekannten Künstler Francis Picabia, hinterher. Außerdem habe ich in Barcelona einen Boxkampf verloren. Gegen Jack Johnson!

VALDORF Den Weltmeister? Im Schwergewicht?

CRAVAN Einhundertsechzehn Kilo! Ich sehe, Sie kennen sich aus. Dieser schwarze glatzköpfige Hund. In der ersten Runde hat er mich ausgeknockt. Zugegeben – ich hatte vor dem Kampf ein biß-chen zuviel getrunken. So habe ich dreifach verloren: den Kampf, meinen Ruf und die Frauen aus Barcelona. Sie sehen: Ich bin ge-zwungen zu emigrieren.

VALDORF Eine amüsante Geschichte. Sie fliehen also nicht vor den Deutschen.

CRAVAN Sagen wir es so: Ich ziehe es eher vor, den Herren Yankees ihre Kiefer im edlen Sport zu zertrümmern, als mir meine Rippen von irgendeinem unbekannten Deutschen durchstechen zu lassen. Aber Sie – Sie fliehen vor den Deutschen?

VALDORF Die Tür Europas fiel in Barcelona hinter mir zu... Sie woll-ten mir ein Geheimnis anvertrauen?

CRAVAN Ja, es war vor viereinhalb Jahren. In der Nacht des 23. März 1913. Es regnete, und ich dachte an meinen zu erlangenden Ruhm in Sachen Kunst. Dabei pfeife ich auf die Kunst!

VALDORF Sie pfeifen auf die Kunst? Das glaube ich Ihnen nicht.

CRAVAN Ich suchte nach einer Ablenkung und wollte reimen, aber die Inspiration, die ihren Gefallen darin findet, den Willen auf tausend Umwegen zu sticheln, blieb aus. Nur Abgeschmacktes fiel mir ein. Unfähig zu Originalität bedauerte ich mein Los. Das Los des Mit-telmäßigen. Ich war ein Mittelmäßiger in Paris unter lauter Genies.

VALDORF Wir sind uns nie begegnet.

CRAVAN Sie kommen aus Paris?

VALDORF Lassen Sie mich raten: Sie lagen auf dem Bett wie ein Mü-ßiggänger und ärgerten sich über diesen Zustand. Wo diese Zeit doch die günstigste für Schieber und Gauner ist.

CRAVAN Und für Boxer. – Ich – dem eine bloße Geigenmusik Lebens-mut geben kann, ich – der ich mich aus Wonne töten, aus Liebe für alle Frauen sterben könnte, lag auf dem Bett – weil das Leben keine Lösung hat. Weil tausend Seelen in meinem Körper wohnen. *Der Sturm hat sich inzwischen gelegt, und der Mond scheint. Val-dorf rückt näher an Cravan.*

VALDORF Was geschah in der Nacht des 23. März 1913?

CRAVAN Es klingelte. Vor meiner Tür stand ein Mann. Er fragte: »Herr Lloyd?« Ich ließ ihn eintreten und wollte Licht machen, da nur eine Kerze brannte. »Empfangen Sie mich im Dunkeln«, sagte er. Ich war amüsiert und bot ihm einen Sessel an. Er setzte sich. »Können Ihre Ohren unerhörte Dinge aufnehmen?« Ich war erstaunt über diese seltsame Frage. Er wiederholte: »Können Ihre Ohren unerhörte Dinge aufnehmen?« Ich bejahte. Er nahm sich ein wenig Zeit, dann sagte er: »Ich heiße Oscar Wilde.«

In einem einzigen und totalen Anfall von Selbstvergessenheit wollte ich ihm um den Hals fallen, ihn wie eine Geliebte küssen, ihm Essen und Trinken anbieten, ein Bett, Kleidung, ihm Frauen verschaffen, mein ganzes Geld von der Bank holen und ihm damit die Taschen füllen. Das einzige, was ich stammeln konnte, war: »Oscar Wilde! Oscar Wilde!«

Er murmelte: »Dear Fabian.« Ich war zu Tränen gerührt. Ich fragte ihn, ob ich ihn betrachten dürfte, und er antwortete sanft: »Please do.« Ich holte einen Leuchter aus dem Nebenraum und betrachtete meinen Onkel.

VALDORF Wie sah er aus?

CRAVAN Er war ein Greis. Mit weißem Bart und Haar! Ich war zu Tode erschrocken, wie Sie sich denken können. Mein Oscar Wilde. Das durfte kein Greis sein! Ich schluckte meine Tränen hinunter und küßte innig seine Wange. Er drückte mich an sich...

VALDORF Was geschah dann?

CRAVAN Ist noch etwas Portwein zu haben, meine Dame?

Sie gibt ihm die Flasche, er trinkt hastig.

Ich begann, ihn genauer zu betrachten. Die Kopfhaut war dunkel und der Schädel fast kahl. Er hatte tiefe Falten. Er war immer noch schön. In dem Sessel sah er wie ein Elefant aus: Sein Arsch drückte die Polster des Sessels platt, in dem er beengt saß. Die Größe seiner Schuhe war minimal. Der Fuß war sehr klein und etwas flach, was seinem Besitzer sicher den träumerisch-wiegenden Gang eines Dickhäuters gab und, so gebaut, aus ihm auf geheimnisvolle Weise einen Dichter machen sollte. Ich liebte ihn, weil er einem Elefanten ähnelte. Ich stellte mir vor, wie er einfach auf ein Nilpferd schiß. Und dieses Bild entzückte mich wegen seiner Unschuld.

VALDORF Sein Gesicht. Wie sah es aus?

CRAVAN Aufgedunsen und ungesund. Hinter den dicken, blutleeren Lippen sah man manchmal tuberkulöse Zahnstummel aufblitzen. Die hellblauen Iris schwammen in dreckiggelben Augenkörpern.

VALDORF Was ist Ihnen noch aufgefallen?

CRAVAN Ein funkelnder Solitär am linken Ringfinger. Ich holte eine

Flasche Whiskey aus der Küche und schenkte uns zwei Gläser ein. Er trank hastig, und wir rauchten übermäßig. Dann mußte ich ihn fragen, ob ihn noch niemand erkannt hätte. Er antwortete:»Mehrmals.« – Besonders in Italien. Eines Tages blickte ihn sogar ein Mann, der ihm im Zug gegenübersaß, so intensiv an, daß er glaubte, seine Zeitung entfalten zu müssen, um sich vor ihm zu verbergen und dessen Neugier zu entgehen. Es schien ihm, daß dieser Mann wußte, daß er Oscar Wilde war.

Ich freute mich so sehr, daß er lebte, obwohl alle Welt ihn für tot hielt. Daraufhin lachte er unmäßig.

Ich weiß nicht, was plötzlich in mich fuhr, denn ich fing an, ihn zu beschimpfen. Mein erster euphorischer Eindruck schien sich zu verflüchtigen.

Je länger Oscar meine Sesselpolster mit seinem alten Arsch, dessen Lederfalten wie Berggrotten sein mußten, platt drückte, sich wie ein stinkender Elefant in der staubigen Steppe zu Hause fühlte und meinen gesamten Vorrat an Alkohol wie ein gieriges Rüsseltier in sich hineinsaugte, desto unsympathischer wurde er mir.

Langweile ich Sie sehr?

VALDORF Sie sind sehr amüsant. Was geschah dann? Ich bin sicher, daß etwas geschehen ist. Haben Sie Ihrem Onkel Verse vorgetragen?

CRAVAN *wirkt abwesend* Ja.

VALDORF Wie haben sie ihm gefallen?

CRAVAN Ich... ich war schon ziemlich betrunken, und er wieherte über meine Poesie und klapperte mit seinem falschen Elefantengebiß. Ich... ich legte meine beiden Daumen an seine Schläfen. Er flüsterte:»You are a terrible boy.« – Seine Augen blieben ganz klar. Bis zum Krachen. *Er wirft sich in ihre Arme.* Oh, Gott – ich habe ihn umgebracht.

VALDORF *nach einer Weile* Vielleicht bin ich's.

CRAVAN *zögernd* Oscar?

VALDORF I am dry!

CRAVAN Oscar – trink einen Portwein mit mir.

VALDORF Wo sind wir?

CRAVAN Wir fahren von Barcelona nach New York. Es ist Weihnachten 1916, und wir haben uns Jahre schon nicht mehr gesehen. In New York werde ich dich mit in die Bars nehmen. Dort werde ich so tun, als ob ich dich verloren habe, und laut rufen: »Oscar Wilde! Wo bist du? Trink einen Whiskey mit mir!« Du wirst erleben, was für ein Aufsehen wir erregen werden! Und du wirst beweisen, daß die ganze Gesellschaft deinem schönen Organismus nichts anhaben konnte. Bist du nicht der König des Lebens?

VALDORF Und der Freude! Komm her, du Bastard! *Sie fängt an, ihn zu küssen und auszuziehen.* You are a terrible boy! Laß uns nach New York fahren und Whiskey trinken. Wir werden uns wie in alten Zeiten fühlen...

Das Licht wird langsam dunkler, bis nur noch die Sterne und der Mond aufblitzen und das Rauschen des Bugs zu hören ist.

2. Szene

Oberdeck. Der nächste Morgen. Cravan schläft unsichtbar unter einer Plane. Trotzki schlendert mit Marie von Valdorf auf dem Deck hin und her.

TROTZKI Ich bin nicht ganz Ihrer Ansicht, verehrte Gräfin. Zwischen uns und dieses Alte, wie Sie es nennen – stellte sich vor dem Kriege – ohne das Alte vollständig verdrängen zu können – die neue Kunst. Die intimere, individuellere, nuanciertere, subjektivere, ja auch die bewegtere. Der Krieg wird diese Stimmungen und diese Art für lange Zeit wegspülen und durch Massenleiden ersetzen. Aber auch dann wird nicht die Rückkehr zu der alten Form erfolgen, der schönen, anatomisch und botanisch vollendeten. Zu den Rubensschen Hüften.

VALDORF Die Hüften werden in der neuen, gierigen Nachkriegskunst eine große Rolle spielen!

TROTZKI Zweifelsfrei. Trotzdem wird eine völlig neue Kunst entstehen. Wenn der Krieg doch erst vorbei ist. Wir dürfen gespannt sein, meine Teuerste.

VALDORF Kunst ist Krieg.

TROTZKI Sie erinnern mich an einen spanischen Sozialisten, den ich in Madrid kennenlernte. Ein äußerst höflicher, aber wie mir schien ebenso unerbittlicher Kämpfer an der politischen Front.

VALDORF Wie Sie wissen, bin auch ich über Madrid gekommen. Vielleicht kenne ich Ihren Sozialisten. Sein Name?

TROTZKI Valdez. Ramiro Valdez. Es versteht sich von selbst, daß Sie dies vertraulich behandeln!

VALDORF Ein Polizeispitzel!!

TROTZKI *zuckt zusammen* Oh, Gott!

VALDORF Wie bitte?

TROTZKI Ich wurde ins Gefängnis gesteckt. »Zur sicheren Verwahrung und zum Schutz«! Mir erschien das seltsam im neutralen Spanien... Ihm hatte ich mich anvertraut...

VALDORF Die spanische Polizei ist eine Spitzelorganisation, wie man sie nicht ein zweites Mal findet. Glauben Sie mir, ich habe Erfahrung damit. Mein Mann war ein spanischer Freiheitskämpfer...

TROTZKI Gräfin? Ich habe nicht gewußt...

VALDORF Ein Freiheitskämpfer, der im französischen Exil für ein sozialrevolutionäres Spanien warb. Ausgestattet mit den Privilegien eines Grafen. Vielleicht haben Sie von seinem grausamen Tod in Paris gehört? Er ist von einem Wirrkopf mit einer Axt erschlagen worden. Ich war im Zimmer nebenan. Ein Attentat.

TROTZKI Das tut mir leid.

VALDORF Das ist bereits Geschichte. Jetzt fahren wir nach New York. Wertester Bronstein, lassen Sie uns die Überfahrt, so gut es geht, genießen.

TROTZKI Soweit uns dieser Dampfer dieses Vergnügen nicht abspenstig macht. Das Schiff tut alles, um uns an die Vergänglichkeit des Daseins zu erinnern.

Der Heizer Alexei kommt angelaufen. Anscheinend sucht er jemanden.

ALEXEI Einen wunderschönen guten Morgen wünsche ich! Gräfin, haben Sie angenehm geschlafen?

TROTZKI Aljoscha, ich sehe, Sie sind noch einmal mit einem blauen Auge davongekommen?

ALEXEI Ach, werter Lew Dawidowitsch. Dieser Cravan hat einen hammerharten Schlag. Ich sage Ihnen: Mit Ihrer Zunge und seiner Faust – da würden Sie jede Revolution für sich entscheiden. Haben Sie ihn gesehen? Er muß irgendwo hier oben... Hoffentlich ist er bei dem stürmischen Seegang letzte Nacht nicht über Bord gegangen.

VALDORF *will gehen* Herr Bronstein, wollten Sie mir nicht die
3. Klasse zeigen? Das Elend? Die Ungerechtigkeit? Vielleicht
können wir danach in der Offiziersmesse ein kleines Frühstück ein-
nehmen und direkte Vergleiche ziehen?

TROTZKI Wenn Ihnen nach der 3. Klasse noch zum Frühstücken ist,
nehme ich das Angebot an. Aljoscha, schlafen Sie etwas, Sie sehen
müde aus.

ALEXEI Lew Dawidowitsch, ich grüße Sie.
Trotzki und Valdorf ab
Wo kann er nur sein? *Ruft* Cravan! Cravan!
*Elvira kommt mit dem Maler, der einen Schlapphut trägt. Sie scher-
zen miteinander.*

ELVIRA Und Sie haben alles mitgenommen? Ihre Bilder, Ihr Geld,
Ihre Kleidung, Ihre Bücher...

MALER Selbst meinen Vater! Er ist unten. Immer seekrank. Es muß
alles aus der Feuerlinie verschwinden.

ELVIRA Wollen Sie mich malen? Ich stehe Ihnen Modell. Mich hat
noch keiner gemalt. Sie sind doch ein Expressiver?

MALER Ein ganz Wilder! *Er kneift sie in die Hüften.*

ALEXEI Cravan! Cravan!

ELVIRA Was ist mit ihm?

ALEXEI Verschwunden. Haben Sie ihn gesehen?

ELVIRA Letzte Nacht nicht...

ALEXEI Boŝe moi! Vielleicht ist er über Bord... Und es ist meine
Schuld.

MALER Ein solcher Kerl geht nicht sang- und klanglos über Bord!

ELVIRA Arthur?

ALEXEI Er wollte an Deck bleiben.

ELVIRA Es stürmte...

MALER Ich schlage vor, wir suchen ihn. Sie dort, Sie da, und ich sehe
vorsichtshalber in den Kabinen nach. In allen!
*Sie gehen los, um ihn zu suchen. Der Kapitän kommt mit zwei Ma-
trosen auf die Kapitänsbrücke.*

ELVIRA Kapitän! Kapitän! Mann über Bord!

KAPITÄN Wann?

ELVIRA In der Nacht. Kapitän, es ist Arthur! Helfen Sie! Tun Sie
etwas!

KAPITÄN *stopft sich eine Pfeife* Ich habe alle Gäste unter Deck gebe-
ten. Wir können nicht umkehren und das Meer absuchen.

ELVIRA Sie verletzen Ihre Kapitänspflicht.

KAPITÄN Das Meer ist weit.

ELVIRA Sie schulden Ihren Passagieren...

KAPITÄN Ich schulde niemandem etwas. Ich habe niemanden im Stich gelassen.

Cravan schaut unter der Plane hervor.

CRAVAN Verlassen Sie sich auf niemanden.

ELVIRA Arthur!

KAPITÄN Ich verlasse mich auf niemanden.

ELVIRA Idiot! Ich habe mir Sorgen gemacht!

KAPITÄN Zwar bin ich mir selbst nicht genug. Auch ich habe meine Ängste. Aber ich habe mein Schiff...

CRAVAN Ein Wrack!

KAPITÄN ...meine Mannschaft, meine Arbeit und die Einsamkeit meiner Kajüte.

CRAVAN Wir sterben alle!

ELVIRA Scheusal!

KAPITÄN Freilich: Eines Tages wird man mich in einen Holzkasten legen und zur letzten Fahrt auf die See schicken. Dann ist das alles gewesen, und ich weiß nicht einmal mehr, wozu.

CRAVAN Wer weiß das schon.

KAPITÄN *aufbrausend* Ich bin auch Kapitän, damit ich esse und ernährt werde. Jeder Mensch hat seinen Beruf. Ich habe meinen.

Der Kapitän gibt den Matrosen ein Zeichen, und sie verschwinden. Cravan erhebt sich mühsam und reibt sich den Schädel. Elvira stürzt auf ihn zu und umarmt ihn.

ELVIRA Arthur. Arthur. Wir fahren nach Amerika.

3. Szene

31. Dezember 1916. Trotzki hält eine Silvesteransprache. Er befindet sich auf der Kapitänsbrücke. Auf dem Oberdeck sind die beiden Matrosen, Cravan, Elvira, der Maler und Marie von Valdorf. Alle, bis auf Cravan, stehen. Cravan liegt und betrinkt sich.

TROTZKI Wir erleben jetzt die letzten Minuten des alten Jahres. Mit dem morgigen Datum, der neuen Jahreszahl, wird eine neue Zeitrechnung anbrechen. Glaubt mir, meine lieben Freunde und verehrten Mitreisenden: Wir alle sind Deserteure, Abenteurer, Spekulanten oder sonstige aus Europa hinausgeworfene »lästige« Elemente. Wem außer uns würde es sonst in den Sinn kommen, diese Silvesternacht auf einem armseligen spanischen Dampfer, mitten im Atlantischen Ozean, zu verbringen?
Beifall. Nur Cravan dreht dem sprechenden Trotzki den Rücken zu.
Wir segeln Richtung Amerika. Ich möchte meinen, kaum einer von uns war jemals dort: A m e r i k a!

CRAVAN *lallt* New York... New York...!

TROTZKI Amerika arbeitet gegen das kriegstreibende Europa und braucht frische Arbeitskräfte. Es will keine Krankheiten wie den Anarchismus. Braucht keine Künstler, sondern Arbeiterhände!

MALER Wir fahren nach New York! Amerika – das ist doch bloß Steppe, Indianer und Büffel. New York ist nicht Amerika!
Allgemeine Zustimmung

TROTZKI Wir werden in New York ankommen! In der märchenhaft prosaischen Stadt des kapitalistischen Automatismus. Dort herrscht in den Straßen die ästhetische Theorie des Kubismus, aber in den Herzen die sittliche Philosophie des Dollars! Der vollkommenste Ausdruck der Moderne.
Ich habe mit einem tiefen Glauben an die nahende Revolution das blutgetränkte Europa mit meiner Familie verlassen. Die bedeutendste ökonomische Tatsache besteht darin, daß Europa die Grundlagen seiner Wirtschaft ruiniert, während Amerika sich bereichert.
Wird Europa es aushalten, daß das ökonomische und kulturelle Zentrum der Welt, dorthin, nach Amerika verlegt wird? Ganz ohne sogenannte demokratische Illusionen werde ich das Ufer die-

ser reichlich gealterten neuen Welt betreten. Darauf will ich anstoßen!

CRAVAN Trotzki – wie oft übst du deine Reden? *Zu Alexei* Er ist naiv. Er nennt sich Revolutionär.

ELVIRA Jetzt laßt uns feiern!

VALDORF *geht auf Trotzki zu, hoch auf die Brücke* Sehen Sie, werter Herr Bronstein, diese Menschen sind nicht sehr an Politik interessiert. Und schon gar nicht an politischen Reden. Sie selbst wissen allzugut, daß es derer in den letzten Jahren zu viele gab.

ELVIRA Wir sind an der Kunst interessiert. An Poesie und Malerei...

TROTZKI Das ist Politik!

MALER Politik ist so gewöhnlich.

VALDORF Und Herr Cravan ist ein Lebenskünstler. Ein Abbild unserer wirren Zeit.

CRAVAN Künstler – überall dreckige Künstlerfressen. Jede Menge, jede Menge Künstler mit langen und kurzen Haaren – jede Menge geschniegelter Literaten- und Bohemefressen. Es gibt alles... aber Künstler gibt es nicht, Gott verdammt!

TROTZKI *zu Valdorf* Mir scheint, er lehnt auch den Berufsstand des Künstlers ab!

Alexei kommt mit einigen Flaschen Portwein und Gläsern, die er verteilt.

KAPITÄN Liebe Gäste! Eigentlich ist es nicht meine Art, Passagiere großzügig zu behandeln. Liebenswürdige Dienstleistungen sind in meinem Beruf nicht ausdrücklich vorgeschrieben – zumindest nicht unter spanischer Flagge –, und trotzdem hat sich der Mensch in mir dazu durchgerungen, den in nun weniger als fünfzehn Minuten vollzogenen Jahreswechsel mit ein wenig Portwein und einigen ausgesuchten Gästen zu begrüßen.

MALER Portwein?? Gibt's denn hier nichts anderes?

Aus dem Unterdeck, der 3. Klasse, kommen dumpfe Geräusche.

KAPITÄN Ich bitte um Verständnis für die Gäste der 3. Klasse, denen diese Art zu feiern etwas fremd ist.

CRAVAN Bald wird man auf den Straßen der Welt nur noch Künstler sehen und sehr viel Mühe aufbringen müssen, einen einzigen Menschen zu finden.

TROTZKI *leise zu Valdorf* Marie... ich bitte um Verzeihung, aber ich muß gehen. Meine Frau zieht es vor, mit den beiden Kindern in der Kabine zu bleiben, Sie verstehen.

VALDORF Mein lieber Bronstein – so früh? Wollen wir nicht anstoßen...

TROTZKI Um vier Uhr vor dem Kesselraum... Lehnen Sie nicht ab. Bitte! *Laut* Meine Herrschaften, bitte entschuldigen Sie mich. Ein frohes neues Jahr wünsche ich Ihnen! *Ab*

CRAVAN Überall Maler, Maler! Scheintote von fünfzig Jahren und Maler! Jawoll – über fünfzig! Aber sie finden im Winter wenigstens ein warmes Atelier und ein Modell!

MALER Es ist gleich soweit – Kapitän – lassen Sie die Flaschen entkorken! Schenkt ein! Schenkt ein! Portwein!!

CRAVAN Eine ganze Flasche auf New York...

ELVIRA *zu einem Matrosen, der Wein ausschenkt* Gib uns eine Flasche, wir sind zu zweit. – Arthur – ich habe ein Gedicht für dich – ein Sonett:

Die Straßen haben kein Licht verschwendet
Seit verflogen ist dein Kuß.
Gewahr Verfall ich, Schmutz und Pennergruß.
Die Sonne liegt im Rinnstein, kaum verendet.

Von weitem aber seh ich – dein Antlitz mir zugewendet.
Lachend blitzt eine Zahnreihe aus dem letzten Regenguß.
Ich torkle, benommen spür ich dich und bin geblendet.
Dort sitzt du ja, deutlich zu erkennen – dein großer Fuß.

Ein Bild des heißen Alltags nur? Wer las es?
Und welcher Sinn ist hell eingestiftet
In dieses Vorgangs seltsames Spiel?

Ich weiß es. Doch vom Sehnen schwer vergiftet,
Ergreift mein Geist aus dieser Welt des Aases
Ein großer Schmerz, und ich saufe viel.

CRAVAN *verächtlich*

Erwachet Vogelsang am grauen Morgen
Und fragt nach meinem Bett,
So dreh ich der Welt den Rücken zu
Und liebkose mein Sonett.

Die Schiffsglocke läutet zwölfmal. Alexei hat sich ein Akkordeon umgehängt und spielt Tanzmelodien. Die beiden Matrosen schießen aus altmodischen Leuchtpistolen Raketen ab. Die Gäste prosten sich zu und küssen sich. Aus der 3. Klasse ertönen graue Geräusche, ein unsichtbares Murmeln. Der Kapitän ist wie eine stumme Puppe in seiner schönen Uniform. Cravan zieht aus Alexeis Gürtel eine Leuchtpistole und feuert in den Himmel.

ELVIRA Seht, wie schön!

CRAVAN Nur gewöhnliche Menschen sehen das Schöne in gewöhnlichen Dingen! *Zu Valdorf* Wollen Sie auch einen Schuß wagen?

VALDORF Später.

CRAVAN *zu ihr, vertraulich* Oscar, wir sind Kosmopoliten! Nicht wie der Revoluzzer, dieser schnöde Europäer.

VALDORF Komm her, du Bastard. *Zieht ihn weg von der Gesellschaft, zur Reling und küßt ihn* Ich bin dein Oscar. Laß mich dein Oscar sein. *Küsse* Du hast mir nicht die Schläfen am 23. März 1913 zusammengedrückt. Ich lebe – ich bin hier. Kannst du mich spüren? Wir werden Whiskey in Manhattan trinken!

CRAVAN Du bist eine Reinkarnation! Ich habe dir den vorderen Teil des Schädels eingedrückt. Die Menschen mit großen Fähigkeiten haben aber ihre Ideen im Hinterkopf.

VALDORF Oscar Wilde ist am Leben. *Lacht*

CRAVAN Das ist Wildes Lachen! Ich höre es ganz deutlich. Dein Lachen ist voll und sprudelt aus einer tiefen reichen Quelle...

VALDORF *trinkt hastig* Oscar... ich bin ein toter Heiliger, der Whiskey säuft und Elefantenpisse strullt...

CRAVAN Dein Lachen ist so gut auf deine eigenen primitiven Witze abgestimmt.

VALDORF Höre: Ich habe gerade meine Memoiren beendet, arbeite an einem Gedichtband und schreibe vier Theaterstücke für Sarah Bernhardt. Ich bin wie ein Gespenst im Theater, das sich nur dann wirklich wohl fühlt, wenn seine Schauspieler herumsitzen, nichts tun und sich unterhalten. *Lacht*

CRAVAN Dein Lachen! Du genießt deine Späße und deinen Geist.

Er hakt sie unter, sie schreiten auf die anderen Gäste zu, die Musik verstummt. Es wird Theater auf dem Theater.

Wenn Oscar einen Salon betritt, sind alle Anwesenden von seinen großartigen und gewandten Manieren so stark beeindruckt, daß sie tuscheln, er stamme aus dem Jahrhundert Ludwigs des Großen – Ludwigs des Vielgeliebten. Zusammen mit ihm treten die Beherrschung und das Prestige ein.

VALDORF Außerhalb Frankreichs war ich bereits für meinen ›Esprit‹ berühmt. So zeigte ich, als ich nach Paris kam, die glänzende Vielseitigkeit meines Geistes.

CRAVAN Seine Pointen scheinen widerzuhallen, weiterzurollen und wie Leuchtkugeln zu strahlen. *Schießt eine Leuchtkugel ab*

VALDORF Meine ironische, paradoxe Art wirkte wie eine Überraschung, ähnlich einem Osterei, das beim Platzen tausend Amoren und tausend Teufel herausläßt...

CRAVAN Oscar wirft ein reichgeschmücktes Ei hin, das dann mit seinem Geiste schwanger platzt!
Schießt Leuchtkugeln ab, es gibt Beifall.

VALDORF Mein Geist war die köstlichste Erfindung, die eine kluge Phantasie gebären konnte. Meine Pointen waren spitz, treffend und raffiniert. Ich betrieb meisterhaft Konversation. Ich war ins Spiel verliebt und nie pedantisch in der Unterhaltung.

CRAVAN Er ist eine Spielernatur!

VALDORF *erschöpft* I am dry!

CRAVAN Whiskey für Oscar Wilde!
Alexei bringt Portwein, Valdorf trinkt hastig.
Seht, wie er lebt, wie es ihm schmeckt!

VALDORF Mir ist übel...

CRAVAN Laß uns in den Wind gehen. Eine scharfe Brise wird unser Hirn ganz weich machen.
Sie gehen zur Reling, Valdorf beugt sich darüber.
Was hast du?

VALDORF Arthur. Ich bin hier, um einen göttlichen Auftrag zu erfüllen. Willst du mir helfen?

CRAVAN Ich helfe... natürlich... ich helfe.

VALDORF Um halb vier vor dem Kesselraum. Wirst du da sein?

CRAVAN Ja...

VALDORF *im Abgehen* So long, Arthur. Ich bin es. Oscar. Oscar Wilde!
Cravan bleibt allein zurück, alle sind verschwunden.

CRAVAN Oscar Wilde... Oscar Wilde... Oscar Wilde...

2. Akt

1. Szene

1. Januar 1917. Mitten in der Nacht. Vor dem Kesselraum, dessen Eisentüren geschlossen sind. Etwas erhöht steht ein altes Faß, das als Behälter für Tauwerk dient. Die Eisentüren öffnen sich, und Alexei kommt mit verrußtem Oberkörper heraus.

ALEXEI *ruft in den Kesselraum hinein* Die linke Turbine muß geschmiert werden! Ja, die linke! *Beugt sich nochmals zur Tür hinein, dabei fällt eine Leuchtpistole aus seinem Gürtel. Aber er bemerkt es nicht.* Bin bald wieder da. *Geht ab*
Der Maler kommt mit Elvira, die er auf den Armen trägt. Leise lachend sinken sie vor dem Kesselraum nieder.

ELVIRA Versprochen? Morgen ist alles vergessen!

MALER Noch ist nichts passiert, was wert wäre, vergessen zu werden... *Küßt Elviras Hand und rutscht an ihrem Arm hoch*

ELVIRA Versprochen?

MALER *hält mit dem Küssen inne* Hast du Angst um meine Knochen?

ELVIRA Er ist stärker als du...
Sie küssen sich.

MALER *sieht die Pistole, nimmt sie an sich* Ich habe das hier! *Schießt eine Kugel ab*

ELVIRA *horcht. Schritte* Idiot! Jetzt kommt jemand. Schnell – hinter die Tonne...
Sie verstecken sich, Alexei kommt.

ALEXEI Eine Leuchtkugel... Wo habe ich nur meine Pistole...
Sucht überall, Cravan schleicht sich von hinten an und hält seine Hände vor Alexeis Augen.
Wer zum Teufel... Nicht so fest! Kapitän? Cravan? Cravan!

CRAVAN *preßt sich an ihn* Willst du mit mir kommen?

ALEXEI Ich weiß nicht.

CRAVAN Das ist gut. Das ist gut so. *Küßt Alexeis Wange*

ALEXEI Wir können dort hinein.

CRAVAN Wie spät ist es?

ALEXEI Drei Uhr. Mitten in der Nacht.

CRAVAN Gut.

Sie verschwinden im Kesselraum.

MALER *hinter der Tonne hervorschauend* Du brauchst kein schlechtes Gewissen zu haben. Der treibt's mit jedem! Er kommt gut ohne dich aus, er kann deine schönen Dinge nicht würdigen. Aber dafür kann ich es um so besser!

ELVIRA Halt's Maul.

MALER Was ist? Willst du nicht Gleiches mit Gleichem vergelten?

ELVIRA Halt's Maul!

MALER Du wiederholst dich.

ELVIRA Hau ab, du Schwein!

MALER Ganz ruhig...

ELVIRA Verpiß dich!!

MALER Ich geh schon. Das Jahr fängt ja gut an... *Geht ab Elvira bleibt allein zurück. Sie weint, dabei streichelt sie die Leuchtpistole. Nach einer Weile sind Schritte zu hören. Sie versteckt sich wieder hinter der Tonne. Marie von Valdorf taucht auf. Sie schaut ungeduldig auf die Uhr und wirkt nervös. Die Tür des Kesselraums öffnet sich, und Cravan kommt heraus. Es ist stark nebelig.*

VALDORF Cravan... bist du es?

CRAVAN Ja. Oscar? Bin ich zu spät?

VALDORF Nein. *Sie umarmt ihn.* Willst du mir helfen?

CRAVAN Ich weiß nicht.

VALDORF *sehr ernst* Du wirst mir helfen, sonst...

CRAVAN Sonst?

VALDORF ... Sonst... muß ich dich den Behörden in New York ausliefern. Ich arbeite im Auftrag des russischen Geheimdienstes.

CRAVAN Ich muß lachen.

VALDORF Ich habe zwei Befehle. Zum einen: 1913 ist in Paris ein russischer Revolutionär ermordet worden. Man beschuldigt die russische Geheimpolizei, dieses politische Verbrechen begangen zu haben. Wir brauchen einen Täter. Der Mord geschah in der Nacht des 23. März 1913. Ich soll dich als Mörder überführen!

CRAVAN Ein schlechter Witz!

VALDORF Wo warst du in dieser Nacht? Du weißt es nicht? Du kannst dich nicht erinnern?

CRAVAN Ich verstehe nicht...

VALDORF Du verstehst sehr gut. Mein zweiter Auftrag lautet: Beseitigung des russischen Revolutionärs Trotzki. Dies ist der wichtigere Befehl. Du wirst mir dabei helfen, sonst...

CRAVAN Ja?

VALDORF Sonst bin ich gezwungen, beide Befehle auszuführen, und du wirst in einem öffentlichen Prozeß zum Tode verurteilt. Wenn du mir aber hilfreich zur Seite stehst, vergesse ich den ersten Befehl.

CRAVAN Das ist ein böser Traum. Ich habe zuviel getrunken.

VALDORF Um so besser. Dann wirst du morgen alles vergessen haben. Das neue Jahr kann ungetrübt für dich beginnen. Hör zu: Ich habe mich hier mit dem Spitzbart verabredet. Sobald ich dir ein Zeichen gebe, wirst du ihn über Bord werfen! Verstanden? Ihn einfach mit deinen Boxerfäusten packen, ihn hochstemmen, über die Reling hieven und schwupp. Nur ein kleiner Arbeitsgang. Leicht auszuführen. Wie im Traum. *Sie streichelt ihn, ihre Hand verschwindet in seinem Hosenlatz.* Ja, es ist ein Traum.

Cravan windet sich lustvoll.

ELVIRA *kommt aus ihrem Versteck hoch* Cravan!!

Cravan und Valdorf zucken zusammen – für einen Augenblick verharren sie so. Cravan sackt auf den Boden, er wirkt teilnahmslos. Elvira zückt die Pistole, als Valdorf auf sie zugeht.

Halt. Oder ich drücke ab!

CRAVAN Unsinn. Nie wird die abdrücken. Feiges Stück!

ELVIRA Schwein! Deinetwegen habe ich meine Arbeit aufgegeben, deinetwegen sitze ich auf diesem gottverdammten Dampfer und heule mich nachts wund!

CRAVAN Was du redest. Welche Arbeit? Du bist doch frei... Niemand hat dich gezwungen...

ELVIRA Die Liebe hat mich verpflichtet!

CRAVAN *lacht auf* Liebe? Bei diesem Wort bekomme ich Durst! *Er will sich aufrichten.*

ELVIRA Ich schieße!

VALDORF Da ist nur Leuchtmunition drin.

ELVIRA Das wird schon reichen.

CRAVAN Nie wird die schießen.

ELVIRA Halt! Ich werde euch dem Kapitän übergeben. Ich habe alles gehört! *Schießt in die Luft*

CRAVAN Blau.

ELVIRA Was?

CRAVAN Die Leuchtkugel. Blau.

ELVIRA Ruhig, schön ruhig. Wir warten jetzt auf den Spitzbart!

VALDORF Da kannst du lange warten!

ELVIRA Wir werden warten!

Cravan richtet sich auf.

Bleib, wo du bist. Ich drück ab.

CRAVAN *läßt sich nicht aufhalten, kommt auf sie zu* Drück doch ab. Was ist?

ELVIRA Bleib stehen. Ich schieße, ich schieße.

CRAVAN Meinst du, es ist noch Munition drin? Alles ist schon verschossen. Drück ab. *Er geht vor ihr auf die Knie.* Drück doch ab. *Er umklammert ihre Beine. Elvira fängt an zu weinen und zittert. Die Eisentüren des Kesselraums öffnen sich. Cravan bringt Elvira unbeabsichtigt zu Fall. In diesem Moment löst sich ein Schuß. Ein grauenhafter Schrei ertönt. Die Leuchtrakete hat Alexei mitten ins Gesicht getroffen. Blutend bricht er zusammen.*

2. Szene

1. Januar 1917. Mittags. Oberdeck. Alexei liegt aufgebahrt. Die spanische Flagge ist über ihm ausgebreitet. Der Kapitän mit den beiden Matrosen auf der Kapitänsbrücke. Trotzki geht unruhig hin und her. Elvira steht an der Reling und starrt aufs Wasser. Marie von Valdorf nähert sich ihr.

VALDORF Halten Sie sich an unsere Abmachung. Andernfalls...

ELVIRA Sparen Sie sich Ihr »Andernfalls«. Dazu hänge ich zu sehr am Leben.

VALDORF Außerdem hat er sie ausgenutzt.

ELVIRA Abgenutzt ist das richtige Wort. Abgenutzt.

MALER *kommt und stellt sich ans Kopfende von Alexei* Die russische Flagge müßte es sein!

TROTZKI Die Zarenflagge? Die Fahne der bolschewistischen Revolution sollte ihn bedecken. Er war Emigrant.

MALER Der Schiffsarzt ist ein Versager. Er hat ihn verbluten lassen.

KAPITÄN Der Arzt hat sich alle Mühe gegeben. Er konnte nicht mehr helfen. Die Schädeldecke hat einen Riß, und die Schläfen sind geplatzt. Den Arzt trifft keine Schuld. Er hat seine Aufgabe erfüllt. Meine Damen, meine Herren: Meine Aufgabe ist es, Tatbestände festzuhalten und den mutmaßlichen Täter zu fassen, um ihn den zuständigen Behörden in New York zu übergeben. Ich möchte noch darauf hinweisen, daß dies kein regulärer Prozeß ist, sondern daß ich bei dieser erdrückenden Beweislage lediglich meine Pflicht tue. Von zwei Seiten wurde mir schlüssig berichtet, daß mein Heizer Opfer einer politischen Intrige geworden ist. So habe ich Herrn Bronstein dazugebeten, damit er sich ein Urteil bildet. Offensichtlich ist er die Nahtstelle für diesen schrecklichen Gewaltakt politischer Natur. Wir haben zwei Augenzeugen der Tat und einen Angeklagten. Dieser Hauptverdächtige ist der reisende Künstler und Boxer: Arthur Cravan.

Er gibt ein Zeichen. Die beiden Matrosen tragen einen großen Holzkäfig mit Eisengittern – wie er für Tiertransporte verwendet wird – hinein. In diesem Käfig sitzt Cravan.

CRAVAN Holla!

MALER Ich werde meine Staffelei holen. Diesen Augenblick will ich festhalten. *Er geht ab.*

KAPITÄN Ich bitte zunächst die Augenzeugen um eine kurze Beschreibung dessen, was passiert ist. *Zu Valdorf* Fangen wir mit Ihnen an. Ihr Name?

VALDORF Verehrter Kapitän, Sie allein kennen meinen wahren Namen. Ich bitte Sie darum, weiterhin unter meinem Pseudonym auftreten zu dürfen.

KAPITÄN Warum verleugnen Sie Ihren tatsächlichen Namen?

VALDORF Wie wir alle wissen, leben wir in ungewissen Zeiten. Für den einen ist es angenehm, in solchen zu existieren, *Blick zu Cravan* für den anderen ist es eine Qual!

CRAVAN Ganz recht!

KAPITÄN Ich bitte den Angeklagten, ruhig zu bleiben. Sonst muß diese Anhörung ohne ihn stattfinden. Sie werden noch Gelegenheit bekommen, Ihre Aussage zu machen. Fahren Sie fort!

VALDORF Ich war immer auf der Seite der unterdrückten Massen. So kam ich schon in jungen Jahren als Sympathisantin der sozialrevolutionären Kräfte in Frankreich dazu, fortschrittliche Gruppen zu unterstützen. Es gab überall soviel Ungerechtigkeit – ich wollte etwas dagegen tun!

KAPITÄN Warum erzählen Sie das?

VALDORF Um meine persönliche Verflechtung mit diesem Fall zu verdeutlichen. Mein Mann, der aus der Aristokratie stammte, war eine Schlüsselfigur für die revolutionären Kräfte. Durch ihn kamen wir an Informationen über geplante Aktionen der Reaktionäre... Dann – eines Tages... *Sie stockt, ihre Augen füllen sich mit Tränen*... ist er erschlagen aufgefunden worden. Es war am 23. März 1913.

CRAVAN *spöttisch* Mein Beileid!

VALDORF ...Genossen berichteten, ein Mann, der sich als Künstler ausgegeben hatte, sei gekommen, um von ihm Almosen zu erbetteln. Jener Mann hat ihn erschlagen. Mit einer Axt... Sein Kopf war nicht mehr wiederzuerkennen... er war gespalten... *Sie ist in Tränen aufgelöst.* Er war ein so guter Mensch, mein Mann... *Sie fängt sich wieder.* Entschuldigen Sie, es ist sonst nicht meine Art.

KAPITÄN Schon gut. Fahren Sie fort.

VALDORF Seit damals bin ich auf der Suche nach dem Mörder meines Mannes. Gleichzeitig muß ich mich selbst vor einem Attentat schützen. Mit Hilfe meiner Gesinnungsgenossen kam ich auf die Spur dieses Mannes. *Sie deutet auf Cravan.* Er ist der Täter. Er hat ihn umgebracht! Dieser dadaistische Mörder!

KAPITÄN Beweise haben Sie aber keine?

VALDORF Cravan selbst hat vor mir mit diesem Mord geprahlt. Er hat das genaue Datum genannt, er konnte meinen Mann bis ins kleinste Detail beschreiben... Selbst vom Familienring hat er mir erzählt! Mein Mann war ein Freund der Kunst, müssen Sie wissen, ein gebildeter, feiner Mensch. Er hatte ein Herz für arme Künstler. Wie sollte er ahnen, daß dieser Dadaist auf ihn angesetzt war, so wie auch auf den verehrten Herrn Bronstein, dem der nächtliche Anschlag gelten sollte. Er ist von einem schwarzen Geheimbund geschickt. Er ist ein Teufel! Er will die totale Anarchie! *Sie bricht zusammen.*

KAPITÄN *zum Matrosen* Schnell – ein Glas Wasser!

Der Matrose läuft und bringt Valdorf ein Glas Wasser, das sie in einem Zug leert.

VALDORF Dieser Mann wollte mich anstiften, Komplizin am Mord an Herrn Bronstein zu werden.

KAPITÄN Ich verstehe nicht...

VALDORF Ich wollte mich vollständig davon überzeugen, daß er der Mörder meines Mannes ist, deshalb schmeichelte ich ihm. Unter Schmerzen hörte ich mir sein in schlechte Traumprosa gefaßtes Geständnis an und heuchelte Bewunderung. Als er die Gewißheit verspürte, in mir eine Komplizin für sein schamloses, anrüchiges Vorhaben gefunden zu haben, weihte er mich in seinen schrecklichen Plan ein. Er wollte Herrn Bronstein töten. Er sprach von höherer Weisung, von Eingebung und so weiter... Alles sehr mystisch. Es gab kein logisches Motiv!

KAPITÄN Kommen wir zurück zur Sache.

VALDORF Natürlich. Ich sollte Herrn Bronstein um ein verschwiegenes Treffen bitten. Vor dem Kesselraum. Mitten in der Nacht. Ich sollte der Lockvogel sein, um Herrn Bronstein in die tödliche Falle zu locken. Er sollte über Bord... Für den Fall der Gegenwehr hatte sich Cravan schon am Silvesterabend mit einer Leuchtpistole bewaffnet.

KAPITÄN Es ist aber die Pistole des Heizers!

VALDORF Vielleicht ein Komplott. Dazu kann ich nichts sagen. Ich beschreibe nur. Also. Zum Schein bin ich auf das Angebot eingegangen. Ich hatte Herrn Bronstein natürlich über die Gefahr unterrichtet, nicht wahr?

TROTZKI Ganz recht. Mit Rücksicht auf meine Familie habe ich es vorgezogen, nicht zum Treffen zu erscheinen. Meine Frau, der ich nichts verheimliche, hätte sich zu sehr aufgeregt.

VALDORF Ich habe mich also mit Cravan verabredet. Das Schicksal wollte es, daß diese Dame *Zeigt auf Elvira* kurz vor dem Mörder auftauchte, um ein wenig Luft zu schnappen, da sie anscheinend zuviel getrunken hatte und...

KAPITÄN Lassen Sie die Dame später selbst berichten.

VALDORF Gut. Der Zufall brachte eine zuverlässige Zeugin. Miss Elvira sollte sich verstecken und uns belauschen. Als Cravan kam, ziemlich angetrunken, fragte ich ihn mehrere Male, ob er Herrn

Bronstein wirklich töten wolle, und als ich die Gewißheit hatte, daß meine Freundin alles mitangehört hatte... *Sie stockt.*

KAPITÄN Was geschah dann?

VALDORF Es war dichter Nebel, müssen Sie wissen. Es ging alles sehr schnell. Plötzlich war da Ihr Heizer. Cravan hob in einem Anfall von Wahnsinn die Pistole und drückte ab. Eine Verwechslung... *Sie wirkt erschöpft und setzt sich.*

KAPITÄN *zu Elvira* Kommen wir nun zu Ihnen. Ihr Name?

ELVIRA Elvira Hope.

KAPITÄN Warum waren Sie letzte Nacht vor dem Kesselraum?

Valdorf nickt Elvira aufmunternd zu.

ELVIRA Der Silvesterabend war sehr lang. Mir war übel... wegen des schlechten Portweins. *Verunsichertes Kichern* Ich... ich wollte etwas Luft schnappen. *Pause*

KAPITÄN Was geschah dann?

ELVIRA Madame Valdorf hat doch schon alles erzählt. Es war genau so.

KAPITÄN Wir wollen Ihre Version hören.

ELVIRA Sie sagte, Cravan wolle Herrn Spitzbart, ich meine Herrn Trotzki, töten. Ich... ich konnte das nicht glauben. Deshalb versteckte ich mich hinter der Tonne. Ich dachte, es sei ein Spiel, ein Scherz...

KAPITÄN Weiter. Sprechen Sie weiter.

ELVIRA Nun, es war genau so. Er... er kam. Sie... sie haben geredet.

KAPITÄN Haben Sie verstanden, was gesprochen wurde?

ELVIRA Ja.

KAPITÄN Nun?

ELVIRA Er... er küßte sie. Sie... sie haben sich geküßt.

KAPITÄN Was haben sie geredet?

ELVIRA Er sagte, er wolle ihn töten...

KAPITÄN Und dann?

ELVIRA Plötzlich war da dieser Mann. Alexei. Ein so freundlicher Mensch. Wieso war er plötzlich da? Wie aus dem Nichts tauchte er auf. Es ging alles so schnell. Der Schuß... das Echo... der Schrei... *Sie zittert.*

KAPITÄN Ich denke, das reicht fürs erste. Herr Bronstein? Wollen Sie eine Stellungnahme wagen?

Der Maler hetzt auf Deck. Er hat Farben und Staffelei dabei.

MALER Einen Moment noch. Bevor Trotzki anfängt zu sprechen, will ich kurz einige wenige Skizzen anfertigen. Ein denkwürdiger Augenblick, der es wert ist, festgehalten zu werden. Aber auf meine Art. Erwarten Sie keine naturalistischen Schlachtenbilder. Meine Kunst ist grobporig, großartig und einen Hauch dilettantisch. So wie das Leben auch! Vielleicht wird dieses Gemälde Geschichte machen, und ich werde ein berühmter Mann. Sie erlauben doch, Herr Bronstein?

TROTZKI Wenn es sonst niemanden stört.

CRAVAN Also mich stört das nicht. Mal nur! Zeichne deine Skizzenblöcke voll. Aber ich will in der Mitte sein!

MALER *hat sich bereitgestellt* Ich bin bereit.

KAPITÄN Herr Bronstein?

TROTZKI Neulich in Madrid genoß ich mit der Gier des ausgehungerten Flüchtlings die kostbaren Schätze des Museums und fühlte das Element des Ewigen in dieser Kunst. Der Krieg war dort gar nicht zu spüren. Alles stand fest auf seinem Platz. Die Farben lebten ihr eigenes, unkontrolliertes Leben. Aber wir befinden uns im Krieg. Und auch die Rolle und Aussagefähigkeit der Kunst haben sich verändert. Der moderne Künstler wird schnell zum Spielball politischer Gelüste.

Ich verlange nicht, daß die Künstler alle wie Goethe sind. Aber seine Lebensauffassung – sein Universalismus der Interessen, die innere Harmonie, könnte man wenigstens anstreben. Goethes Weisheit und sein Wissen um das Wesen der Kunst bewahrten ihn davor, sich zum unmittelbaren Interessenträger politischer Intrigen zu machen.

In der modernen Kunst führt heutzutage oft ein billiger Skandal schnell zu Ruhm und Geld. Mit erscheint es nicht abwegig, daß ein dadaistischer Künstler, der naturgemäß ein Anarchist sein muß, es als eine höhere Aufgabe ansieht, gegen jedwede Art von Politik vorzugehen. Die moderne Kunst drückt sich durch Mittelmäßigkeit aus, durch Verstummen oder gar durch unkalkulierbare außerkünstlerische Taten, die wohl einem falschen Lebensgefühl entspringen.

Ich bin schon auf einer längeren Odyssee und habe vieles erlebt. Mit allen Mitteln wird versucht, meine Stimme zu unterdrücken. Warum sollte ein armer, verängstigter Künstler, ohne Ruhm, Ehre und Geld, nicht den Auftrag übernehmen, mich zu beseitigen? Ich habe Verständnis für ein solches Handeln. Zeigt es doch einmal mehr die Gesetzmäßigkeit des Lebens.

KAPITÄN Was berichtete Ihnen Frau Valdorf?

TROTZKI Madame von Valdorf trat an mich heran, es war in der Silvesternacht, um mich vor einem eventuellen Attentat zu warnen. Ich nahm die Angelegenheit nicht sonderlich ernst, zog es aber dennoch vor, in der besagten Nacht nicht mehr die Kabine meiner Frau und meiner beiden Söhne zu verlassen. *Er lehnt sich an die Holzkiste, in der Cravan sitzt.*

MALER Bleiben Sie so. Nur noch einen Augenblick. Das ist wunderbar. Bleiben Sie so.

KAPITÄN *zu Cravan* Hat der Künstler etwas zu sagen?

CRAVAN Die Kunst schweigt!

TROTZKI Ich würde es so formulieren: Die Kunst hat nichts zu sagen!

3. Szene

Cravan allein im Holzkäfig, nahe am Eisengitter. Der Mond geht auf. Die Nacht vom 2. auf den 3. Januar 1917

CRAVAN Oh, Herr, mein Bart ist wie wildes Gras, und meine Füße stinken. – Der gefangene Poet. Ich werde es nie zu viel bringen... Meine Eltern haben vergessen, mir eine religiöse Erziehung zu geben. – Warum sind sie nicht gekommen, als ich sie gerufen habe und sie brauchte? Mama? Papa? – Ich werde es nie zu viel bringen. Die reine Idee hat keine Antriebskraft. Die Haltung ist tot – ich verstehe mich besser, seitdem ich alle Menschen sehe – ich spüre, daß die Mauern reif werden zu platzen.

Wenn man Goethe die Verwaltung des Universums übergäbe, würden sich die Sterne sehr schnell als Exzentriker erweisen. – Ich bin stark aus Improvisation – und durchschreite die Tonleiter der Gewichte. Mein Gesicht höhlt sich innerhalb weniger Stunden aus. Wenn der Schläfer und der Weltmann sich gleichzeitig behaupten wollen, ziehe ich eine Grimasse. Versuchen sich gar drei Individuen in der gleichen Sekunde auszudrücken, zwingt es mich zum

Lachen. Ich fühle, wie ich zum Leben in Lüge wiedergeboren werde. Ich will meinen Körper in Musik umsetzen – meine Boxhandschuhe mit Frauenlocken vollstopfen – Gott bellt, und Oscar singt – man muß ihn hereinlassen. – Ich ging unter Schwachköpfen – Oh, Herr, mein Bart ist wie wildes Gras, und meine Füße stinken.

Guten Tag, New York, leb wohl, New York – ich bin nur im Vorübergehen – das Knochengerüst der Länder bildet die Topographie meines Leibes. New York...

New York...

Ich komme, die Maschinenstrahlen haben meinen Schädel genauso beeinflußt wie die Sonnenstrahlen.

Millionen von Schwärmern haben mich in Santiago verlassen – ich schämte mich, weiß zu sein: Ein Weißer ist nicht einmal die Leiche eines Negers! Oh, Jack Johnson, oh, Jack Johnson...! Ich ging nach Buenos Aires, um unglücklich zu werden – Gott bellt – ich werde es nie zu viel bringen. Ein Poet, der immer wieder Scheiße sagt, ein liebkosender Verrückter folgt der Sonne und sieht, wie sie amerikanisch wird – der gefesselte Poet. *Bekommt einen irren Lachanfall* Welcher Körper wird sich um meine Seele reißen? Dichter und Boxer. Was für ein Irrtum, daß ich in so viel Traurigkeit noch so viel Schönheit sehe? Ich will in New York und in Wien sein. Es mit allen Frauen treiben und alle Speisen fressen. Ich bin alle Dinge, alle Menschen, Fauna und Flora. Was soll ich tun, um meine verhängnisvolle Pluralität loszuwerden? Gott bellt – und Oscar?

Ich kann mir nicht vorstellen, daß ein Mensch mehr Mensch als ich gewesen sein soll: Cravan!! – Cravan – Cravan?!?

3. Akt

1. Szene

4. Januar 1917. Oberdeck. Cravan an einen Mast gekettet. Die beiden Matrosen sind dabei, einen kleinen Ofen in den Holzkäfig zu installieren. Sie machen eine Pause.

1. MATROSE *zum 2. Matrosen, sich ein Bier greifend* Willste 'nen Schluck?

2. MATROSE *deutet auf Cravan* Gib ihm was.

1. MATROSE *setzt die Bierflasche an Cravans Mund, versucht ihm Bier einzuflößen* Der ist schon hin vor Kälte. Erst vier Tage und schon kaputt.

2. MATROSE Der will 'n Boxer sein!

1. MATROSE *trinkt* Hat ja auch nichts gefressen. Verstehst du das?

2. MATROSE Hungerstreik!

1. MATROSE Hungerstreik?

2. MATROSE Hungerstreik! Der will lieber tot in New York ankommen als eingekerkert.

1. MATROSE Dichter! *Schnaubt verächtlich* Affen, die sprechen gelernt haben! Verstehst du das? Warum können wir nich normale Menschen rüberschippern?

2. MATROSE Weil nix normal is.

1. MATROSE Weißte noch, die letzte Fuhre? Dieser deutsche Schreiberling. Wollte mit uns reden. Ein Theaterstück wollte der aus uns machen, lächerlich!

2. MATROSE Aber der hat ordentlich spendiert.

1. MATROSE Klar, der hat spendiert.

2. MATROSE Komm, laß uns machen.

Sie ketten Cravan vom Mast los und schubsen den entkräfteten Cravan in den Käfig.

1. MATROSE Hier haste 'ne Decke. Bist schon ein armes Schwein. Sag doch was.

2. MATROSE Laß ihn doch.

1. MATROSE Du bist doch Dichter. Los! Ein Gedicht. Was is'n?

2. MATROSE Laß ihn...

1. MATROSE Willste noch 'n Bier? Hier haste was! *Kippt Cravan Bier ins Gesicht*

2. MATROSE Was soll denn das? Das gute Bier.

1. MATROSE Der redet nich. Der redet einfach nich. Erst sone Schnauze – dann haut er einen tot, und dann hält er's Maul. *Stößt mit einer Eisenstange zwischen die Gitterstäbe auf Cravan ein*

2. MATROSE Laß ihn leben. Sonst biste auch dran.

1. MATROSE Und wenn schon. Gibt eben keine Gerechtigkeit. Der Kapitän sollte ihn aufknüpfen.

2. MATROSE Aber die Vorschriften.

1. MATROSE Bah! Vorschriften. Wir werden nie gefragt.

Elvira taucht auf.

Laß uns abhauen.

Die beiden Matrosen gehen ab

Cravan stöhnt. Elvira geht zu Cravan, beugt sich zu ihm.

ELVIRA Oh, Gott! Wer hat das getan? Du blutest ja. *Sie versucht, ihn durch die Gitterstäbe hindurch zu streicheln.* Wer hat dich so zugerichtet? Das darf man nicht tun! Das ist gemein. War das der Kapitän?

Cravan bleibt stumm.

Oder Bronstein? Wer hat das getan? Frau Valdorf? Sag doch etwas. Mein liebster Arthur... *Sie weint.* Ich habe... ich... etwas für dich zum Essen. Hier: Hühnerbrust. Willst du? Probier, es ist gut.

Cravan rührt sich nicht.

Du mußt was essen. Wir wollen doch nach New York. New York! Hast du vergessen? Sobald wir da sind, wird sich alles aufklären... es war ein Unfall. Oh, Gott... iß ein bißchen. Ich werde alles sagen. Die Wahrheit. So wie es war. Ein Unfall. Weißt du, ich... ich werde bedroht. Frau Valdorf, sie... Iß doch. Hast du Durst? *Reicht eine Flasche Wein durch die Gitterstäbe* Hier, Wein. Sie... sie will mich umbringen, wenn ich sage, wie es war. Aber in New York werde ich alles erzählen. Die Wahrheit. Ich schwöre! Siehst du, ich schwöre! *Sie kniet nieder.* Du mußt wieder essen. Es sind noch sieben Tage! Arthur. Vergib mir, Arthur. Arthur. Ich weiß,

du liebst mich nicht mehr. Aber ich, ich liebe dich um so mehr...
Gräbt den Kopf zwischen ihre Knie – der Maler taucht auf.

MALER Ach, wär ich doch Dokumentarmaler. Es gäbe hier so viel authentisch-historischen Stoff. Eindrucksvolle Bilder. Die hingebungsvolle Sünderin bei der Beichte. Herrlich! Und dazu noch eine wundervolle Rückenpartie! Was sehe ich? Leckere Hühnerbrüstchen. *Geht und nimmt sich zu essen. Zu Cravan* Immer noch keinen Hunger?

ELVIRA Laß ihn bitte in Frieden.

MALER Was denn, was denn? Ich will niemandem etwas Böses. Dazu bin ich ein viel zu freundlicher Mensch. Ich verstehe nicht, wieso er nicht essen will. Daß er schweigt, begreife ich. Worte würden nicht helfen. Aber warum freiwillig verrecken?

ELVIRA Quäl uns nicht.

MALER Schade, daß er sich weigert zu reden. Ich hab dir doch meine Bilder gezeigt, Cravan? – Die Malerei... wie gerne würde ich meinen Stil der Öffentlichkeit präsentieren. Aber es gibt so viele Kopisten, die mir den Erfolg vermasseln, mich nicht an meinen Platz lassen. Ein Platz, der mir zusteht. Ach, wie gerne würde ich ihnen allen in den Arsch treten! Ach, verdammt, Gott verdammt! Was für ein falsches Ideal hat Maurice Denis. Er malt nackte Frauen und Kinder auf grünen Wiesen. Wie weit ist man da vom Krieg entfernt: Er sollte im Himmel oder besser in der Hölle malen. Eine neuartig gemalte Rose dagegen kann teuflisch gut sein! Ach, verdammt – ich habe mich hinreißen lassen. Aber leider hatte ich nie die Gelegenheit zu einem ausführlichen Disput mit dir: Du bist mir ja immer davongelaufen! Du mußt aufpassen, daß du dich nicht erkältest. Rasieren müßtest du dich auch mal. Wir wollen doch schön sein für die New Yorker Weiber!?!

Hör zu: Ich kann dich hier rausholen. Zwei Worte zum Kapitän, und du bist frei!

ELVIRA Du?

MALER Ich kann ihm eine große Hilfe sein. – Dein Freund hat einflußreiche Freunde. Ich meine nicht einflußreich in der Politik – nein – in der Kunst. André Breton, Francis Picabia, Delaunay, André Gide – alles bewundernswerte Künstler. Er ist das Maskottchen dieser Leute, wird von ihnen verhätschelt und verwöhnt. Die Urteile dieser Menschen über junge Künstler entscheiden über

Aufstieg oder Untergang. Ich bin Maler. Und kein schlechter. Mit ein wenig Glück und ein paar Hilfestellungen kann ich es zu etwas bringen.

ELVIRA Was soll das alles...?

MALER Weißt du, daß deine Freundin dir untreu werden wollte? Weißt du, mit wem? Mit mir. Weißt du, wann? In der Silvesternacht. Weißt du, wo? Vor dem Kesselraum!

Cravan ist ungerührt.

ELVIRA Du bist ein Schwein! *Ab*

MALER Aber sicher. Sie kennt sich doch aus im Umgang mit unmoralischen Schweinen. Weißt du, Cravan, ich denke, es ist das Schicksal, das uns zu Verbündeten macht. Uns aneinanderkettet. Dazu müssen wir uns nicht sonderlich sympathisch sein. Wir sollten bloß unsere Möglichkeiten der gegenseitigen Hilfe ausschöpfen. Wir sind beide skrupellos, geil auf Frauen, Geld und Ruhm. Da können die Leute noch so oft behaupten, wir seien Schweine – es stimmt.

Hör zu: Du kannst den Heizer gar nicht umgebracht haben. Als er kam, verlor er seine Pistole, und ich nahm sie an mich. Als du mit dem Heizer im Kesselraum verschwandest, habe ich die Waffe unserer gemeinsamen Freundin mit den schönen Möpsen gegeben und bin abgehauen. Ich weiß, daß sie geschossen hat. Verstehst du? Also ein paar Worte von mir, und du bist frei. Als Gegenleistung oder besser als Freundschaftsdienst führst du mich in die New Yorker Salons ein. Mehr will ich nicht. Ist doch ganz einfach für dich! *Entrollt ein Papier* Ich habe einen kleinen Vertrag vorbereitet. Hör zu: »Ich – Fabian Lloyd, alias Arthur Cravan, Jg. 1887, verpflichte mich hiermit feierlich – den Maler Jack Nose, Jg. 1893, in New York meinen wichtigsten Künstlerfreunden und Impresarios vorzustellen. Pazifischer Ozean, 4. Januar 1917.«

Es fehlt nur die Unterschrift. Nun? Ich verstehe – deine Hände sind eingefroren. Versuch es mit den Zähnen... *Er steckt Cravan einen Stift in den Mund, hält ihm das Papier durch die Gitterstäbe.* Was ist? Probier's, es funktioniert – probier's. Beweg deinen Kopf...

Cravan spuckt den Stift aus.

2. Szene

12. Januar 1917. Cravan im Holzkäfig. Oberdeck. Die beiden Matrosen zertrümmern Holzscheite auf einem Holzpflock und füttern den Bullerofen.

1. MATROSE Zehn Tage hat er nix gefressen! Aber abgemagert is er nich.

2. MATROSE Winterspeck.

1. MATROSE Fünf Tage ist er schon drin. Ich hätte keine zwei geschafft.

2. MATROSE Eine Scheißüberfahrt, diese Überfahrt...

1. MATROSE Zum Kotzen.
Langes Schweigen, sie arbeiten.

2. MATROSE Nur die beiden letzten Nächte war was los.

1. MATROSE Rück raus.

2. MATROSE Vorgestern. Ich ließ mich an der Außenwand runter. Ein Prellgummi war lose. Als ich so am Seil pendelte, sah ich in die Kabine der Gräfin.

1. MATROSE Und?

2. MATROSE *pfeift durch die Zähne* Sie hat gevögelt wie 'n Weltmeister!

1. MATROSE Mensch...

2. MATROSE Das Beste kommt noch. Rate, mit wem? Mit unserm Käptn.

1. MATROSE Die Sau!

2. MATROSE Die würd ich auch gern durchziehn!

1. MATROSE Wie is sie gebaut?

2. MATROSE Einen geilen Arsch und Wahnsinnstitten. Geschrien hat die wie am Spieß.

1. MATROSE Is nich wahr!

2. MATROSE Paß auf: Gestern bin ich wieder runter.

1. MATROSE Das Gummi war lose. *Lacht*

2. MATROSE Genau. Also. Ich wieder am Seil runter – seh doch glatt, wie Frau Gräfin sich zurechtmacht für die Nacht.

1. MATROSE Privatstrip...

2. MATROSE Ich kann dir sagen... Rate, wer kam? Der Spitzbartrevoluzzer. Nix mit politischer Theorie und so. Der is gleich ran an den Speck!

1. MATROSE Mannomann. Und seine Alte?

2. MATROSE Was denkst du – Kinder hüten. Ich kann dir sagen. Die kleinen Männer haben die größten Schwänze. Sie hat geschrien, daß selbst die Möwen vor Schreck kackten.

1. MATROSE Mannomann. Nimmt die jeden ran? Dann is heute die letzte Chance. Morgen sind wir in New York. Ich werd sie heut nacht besuchen. Du kannst ja wieder das Gummi in Ordnung bringen. Hast ja Übung im Handbetrieb. *Lacht*

2. MATROSE Nee, aber wir haben sie in der Hand.

1. MATROSE Wie meinst'n das?

2. MATROSE Die haben Geld und wir nich. Kapierste?

1. MATROSE Du meinst... Erpressung?

Valdorf kommt.

VALDORF Könnte einer der Herren so liebenswürdig sein, mir einen kleinen Fußofen bringen.

2. MATROSE *lachend* Aber sicher, Frau Gräfin. Wir versorgen Sie.

1. MATROSE Mit allem, was Sie wünschen.

2. Matrose geht und holt einen Fußofen.

VALDORF Dorthin bitte. Sie dürfen mich allein lassen.

2. MATROSE Ihr Wunsch ist uns Befehl!

Sie gehen ab.

VALDORF *nach einer Weile* Ich bin's. Oscar Wilde ist am Leben. *Flüstert herausfordernd* Oscar Wilde ist am Leben...! Ach... du hast abgebaut, mein lieber Cravan. *Sie schaut aufs Meer, zündet sich eine Zigarette an.* Freust du dich auf New York? Morgen werden wir ankommen. Du kannst dann die Freiheitsstatue bewundern. Hörst du? – Wie amüsant diese Überfahrt war. Erlebnisreich. Zwar habe ich nicht meine Ziele erreicht, meine Befehle konnte ich nicht ausführen, und erpreßt werde ich nun auch noch... Aber alles in allem war es sehr interessant. Du hast richtig gehört – Erpressung. Der junge Maler will sein Glück mit räuberischen Methoden erlangen. Er ist überzeugt, daß ich die Drahtzieherin bei dem Mord bin. Aber all das belastet mich wenig. Was sind schon Vermutungen gegen Zeugenaussagen? Und da du ja schweigst, mein lieber Cravan – Untersteh dich zu reden! Ach – ich hab dich gemocht. Wir hätten ein gutes Paar abgegeben.

Trotzki hetzt auf Deck. Er sucht Marie von Valdorf.

Verehrter Lew Dawidowitsch, lieber Genosse, was haben Sie?

TROTZKI *atemlos* Sie können es sich nicht vorstellen...

VALDORF Um Himmels willen, was ist denn passiert?

TROTZKI ...nicht vorstellen...

VALDORF So reden Sie endlich.

TROTZKI Ich werde erpreßt.

VALDORF Sagen Sie das noch einmal.

TROTZKI Ich werde erpreßt. Vor fünf Minuten...

VALDORF Wie komisch!

TROTZKI Eine Schande! Noch nie kam ich in die Verlegenheit, erpreßbar zu sein. Und dazu in dieser ungewöhnlich delikaten und außerdem außerpolitischen Situation. Wie peinlich. Ausgesprochen peinlich.

VALDORF Nun kommen Sie zu sich. Wer erpreßt Sie?

TROTZKI Ein Matrose.

VALDORF Ein Matrose. *Belustigtes Lachen*

TROTZKI Ein Matrose. Lachen Sie nicht. Es handelt sich um die gestrige Nacht. Wir sind ertappt. Peinlich. Es ist so peinlich.

VALDORF *ernst* Niemand konnte uns sehen. Ich hatte vorher den ganzen Gang inspiziert.

TROTZKI Von außen. Durchs Bullauge. Methoden der zaristischen Geheimpolizei... Wenn das publik wird. Meine Frau... meine Söhne... die gesamte revolutionäre Bewegung – was soll nun aus Rußland werden?

VALDORF Aber das sind keine Beweise.

TROTZKI Allein das Gerücht reicht vollkommen, um mich zu erledigen. Die halbe Weltöffentlichkeit wartet auf einen solchen Fauxpas.

VALDORF Ich bitte Sie!

TROTZKI Entschuldigen Sie, verehrte Gräfin. Ich bin etwas durcheinander. Ich sehe schon die Schlagzeilen: Bolschewismus und Bourgeoisie: Pakt im Bett!

VALDORF Die Vorstellung ist amüsant.

TROTZKI Mir ist nicht zum Scherzen zumute.

VALDORF Bezahlen Sie!

TROTZKI Ich habe keine andere Wahl!

Trotzki hetzt von Deck. Dabei rempelt er den Kapitän an, der gerade die Treppe hoch kommt. Trotzki rennt ohne Entschuldigung weiter.

KAPITÄN Was hat er denn?

VALDORF Nichts, nichts. Seine Frau kränkelt ein wenig. Er liebt seine Familie über alles, wissen Sie.

KAPITÄN *geht zu Cravan, prüft seinen Puls* Würden Sie so freundlich sein. *Zu Valdorf* Mein Nacken ist sehr verspannt.

VALDORF Man könnte uns sehen.

KAPITÄN Was macht das schon. – Ich wollte immer ein guter Kapitän sein, habe alle Vorschriften befolgt und nun so etwas. Ich werde mein Kapitänspatent verlieren. Also: Kneten Sie mich ruhig durch. – Dabei habe ich nur diesen einen Beruf, meine Familie ist die Mannschaft, mein Heim das Schiff, und meine Sehnsucht ist immer nach dem Ort, wo ich nicht bin. – Erst ein Mord an einem meiner besten Männer... Jetzt der Versuch, mich zu erpressen...

VALDORF Wie bitte?

KAPITÄN Meine eigene Familie stößt mich aus. Und sie tun recht daran. Ich kann sie nicht verurteilen. Ich habe nicht wie ein Vater, sondern wie ein Verräter gehandelt. Wie soll ich's ihnen verdenken, daß sie abtrünnig werden. Massieren Sie weiter. Die ganze Welt kann es sehen. Ich bin kein Vorbild mehr – ich bin ein schlechter Kapitän. Dies ist meine letzte Fahrt. Ich geh in Pension. Freiwillig. Ich bin schuldig.

VALDORF Kommen Sie zu sich.

KAPITÄN Sie trifft keine Schuld. Ich habe es gewollt.

VALDORF Was ist schon dabei? Der Kapitän mit einer Passagierin im Bett. Na und?

KAPITÄN Bespitzelt von den eigenen Leuten durchs Bullauge. Die Vorschriften besagen, daß die Besatzung sich nicht mit Passagieren einlassen darf. Und schon gar nicht der Kapitän. Ich bin kein Vorbild mehr. *Steht auf* Ich werde der Erpressung nicht nachgeben! *Geht ab*

VALDORF Ein Durcheinander!

Sie fängt an zu lachen und geht zu Cravan. Ihr Lachen wird stärker, sie streichelt Cravans Kopf durchs Gitter. Elvira kommt.

ELVIRA Was machen Sie da? Gehen Sie weg von ihm!

Valdorf lacht amüsiert auf.

Was ist da so komisch? Weg von ihm, du Teufel! Hörst du? Weg! Ich werd alles sagen... so wie es war!

VALDORF Dazu ist es zu spät.

ELVIRA *stürzt sich auf Valdorf und prügelt auf sie ein* Weg von ihm, weg von ihm ... Er gehört mir.

VALDORF *sich von ihr befreiend* Er gehört niemandem. Er ist die einzige freie Person auf diesem Schiff. Also, was faseln Sie da? Fassen Sie mich nicht an!

Elvira weint.

Ja, ja, weinen Sie nur. Das können Sie am besten, das ist Ihr Beruf.

ELVIRA *taumelt zur Reling* Und was ist Ihr Beruf?

VALDORF Ich habe keinen. Und das ist ... schrecklich.

ELVIRA *blickt verloren aufs Wasser* Ich will schreien ... ich will schreien ... schreien ... schreien ...

3. Szene

13. Januar 1917. Morgens. Die beiden Matrosen machen sich daran, Cravan, der an einem Kreuz befestigt ist, über einen waagrechten Mast hochzukurbeln.

2. MATROSE Is das 'n Brocken!

1. MATROSE Selbst wenn's nur seine Knochen wärn, hätten wir zu schuften. Mannomann ...

2. MATROSE Ich kann dir sagen. Eine Scheißarbeit is das.

1. MATROSE Mannomann.

2. MATROSE Der Chef ... geschrien hat der!

1. MATROSE War ganz schön sauer!

2. MATROSE Ich hör sowieso auf. Ich fahr nich mehr zurück.

1. MATROSE *mit dem Kopf auf Cravan deutend* Was soll der da oben?

2. MATROSE Wie hat unser Kapitän gesagt? »Ein Exempel statuieren!«

1. MATROSE Früher hätt der solche Ideen nich gehabt.

2. MATROSE Jetzt is hoch genug. Mach fest.

1. MATROSE Jo.

Sie befestigen das Tau und schauen zum gekreuzigten Cravan hoch. Wie 'ne Gallionsfigur.

2. MATROSE Mmh. *Sie gehen ab.*

Es vergeht eine ganze Weile.

CRAVAN *mit geschlossenen Augen* I am dry... I am dry... *Murmelnd* Halt's Maul, alter Säufer!... Come on! Have a bloody drink... Let's get lost... Come on... I am der König of life... Ich hau ab... die Boulevards entlang... ich bin traurig... ein trauriger Boxer... Traummaschine... Gott bellt, und Oscar singt... die Haltung ist tot... steh stramm, alter Junge... Elefant... du Elefant... Gott ist ein Arschloch...

Am Horizont taucht die Freiheitsstatue auf. Sie kommt näher. Die beiden Matrosen kommen, stellen sich links und rechts neben den Mast, an dem Cravan hängt. Sie schultern jeweils ein Gewehr mit aufgepflanztem Bajonett. Der Kapitän betritt die Kapitänsbrücke. Cravan erst leise, dann sich bis zum Gebrüll steigernd

Amerika... Amerika... New York... New York... Ich komme!!!!!!!!

Die Freiheitsstatue ist jetzt ganz nah. Cravan ist zusammengesackt. Die Matrosen schießen Salut. Aus dem Unterdeck, der 3. Klasse, ertönt Jubel. Elvira kommt, kniet kurz vor dem Mast nieder, schaut zu Cravan hoch und geht ab. Marie von Valdorf kommt mit Schirm und geht unberührt an Cravan vorbei zur Landungsbrücke. Trotzki verabschiedet sich vom Kapitän. Es wird nochmals Salut geschossen. Der Maler kommt als letzter. Er geht zum Mast, klopft dreimal auf Holz.

MALER Viel Glück, alter Junge!

Ende

Gundi Ellert

Josephs Töchter
Stück in 4 Bildern

Personen

JOSEPH
EIN JUNGE, der ihn begleitet
RITA, Josephs Tochter
HANNA, Josephs Tochter
CHRISTA, Josephs Tochter
JUDITH, Josephs Tochter
MAGDA, Josephs jüngste Tochter
SUSANNA, eine Bedienung vom Partyservice
EIN ANGESTELLTER und Josephs Freund

1. Bild

Ferne Kriegsgeräusche, die dann in Musik übergehen.
Draußen, auf einem winterlichen Feld und stürmisch. Abend.
Der Junge führt Joseph an der Hand. Das Kind zieht den Alten, der
bockig und stur scheinbar in eine andere Richtung will.
Nach einer Zeit bleiben sie stehen.
Der Alte schaut mißtrauisch, das Kind trotzig.
Eine Zeitlang passiert sonst nichts.
Langsam nimmt Joseph die Musik wahr. Er singt leise mit und fängt
dann an, wild zu dirigieren.
Wieder nach einer Zeit schnipst der Junge mit dem Finger, und die
Musik hört schlagartig auf.

JOSEPH
  Schade
  Nach einer Zeit
  Musik
  –
  Musik
  Der Junge schüttelt den Kopf und schweigt.
  Hörst du
  –
  Musik
  Der Junge schüttelt den Kopf.
  Nach einer Zeit
  Licht
  Der Junge schnipst mit dem Finger. Es blitzt und wird heller.
  Danke
  Nach einer Zeit
  Aus
  Der Junge schnipst mit dem Finger. Es wird dunkler.
  Musik

Der Junge schüttelt den Kopf.
Nach einer Zeit
Schade

–

Und warum
Der Junge versucht, ihn wieder zurückzuziehen.
Nein du Dummkopf nein
Ein kleiner Kampf entsteht.
Laß mich
Idiot
Laß mich

–

Ich habe dich im übrigen längst durchschaut
Und noch etwas
Und das wiederhole ich
Ich habe dich nicht gerufen
Nach einer Zeit. Joseph autoritär
Musik
Der Junge schüttelt den Kopf.
Du bist mir verhaßt
Idiot

–

Mach mir Musik
Schreit Musik
Joseph dirigiert. Der Junge schüttelt den Kopf.
Der Alte gibt auf und lächelt ihn an. Der Junge setzt sich vor ihm auf
die Erde.
Du wirst dir den Tod holen
Wenn du bei mir bleibst
Idiot
Du wirst dir den Tod holen
Kinder die im Schnee vor alten Männern sitzen holt der Teufel
Dann hab ich dich los
Und ich lache

–

Warum verfolgst du mich
Hältst mich zurück
Verschwinde

Verschwinde

Der Junge grinst ihn an.

Schweigen.

Nach einer Zeit breitet Joseph die Arme aus und lächelt.

Meine Kinder

Ich habe euch zu mir bestellt

Um euer steinernes Herz zu erweichen

Meine Stimmen haben gesagt

Beende den Krieg

Das ist der Tag deiner Tage

Dein Lohn wartet auf dich

–

Verstehst du

Der Junge schüttelt den Kopf.

Hast du keine Ohren Narr

Bist du taub Dummkopf

Sagt ihm ins Ohr Dummkopf Dummkopf Dummkopf Dummkopf

Joseph wendet sich von ihm ab und hört wieder angestrengt, nickt, gibt zu verstehen, daß er verstanden hat, lächelt.

Nach einer Zeit.

Zum Jungen

Ich brauch deine Warnungen nicht

Geh mir aus dem Weg

Geh mir aus dem Weg

Der Junge schüttelt den Kopf.

Joseph gibt ihm eine Kopfnuß. Der Junge zieht ihn am Bein, und Joseph fällt. Er rappelt sich mühsam wieder auf.

Unterschätz mich nicht

Eine junge Seele wohnt in einem alten Haus

Lacht Unterschätz mich nicht

Nur weil meine Augen getrübt sind

Nur weil ich eine welke Haut habe

Nur weil mein Geruch ein anderer ist

Und ich mich nicht mehr aufrecht halten kann

Wie ein Soldat

So bin ich doch ein Mensch

Wieder hört er. Joseph lacht.

Selig die Alten

Denn sie haben lange gelebt
Schmutzfink
Nach einer Zeit
Ich war auch einmal wie du
Flink und gehässig
So habe ich fünf nein vier Töchter gezeugt
Ich habe sie geboren
Wie das Trojanische Pferd seine Krieger
Ich habe die Kammer des Hasses geöffnet
Das Tier sprang heraus und brachte den Tod
Verstehst du
Der Junge nickt.
Grünschnabel
Du glaubst zu wissen
Weißt aber nichts
Wieder hört Joseph.
Ja ja ja ja ich bin Laokoon
Der Prophet
Ja ja ja ja ja ja ja ja
Aber ich werde die Schlangen besiegen
Der Junge lacht.
Das haben die Stimmen gesagt
Unverwundbar bin ich
Wie ein Gott
Unverwundbar und zu Großem berufen
Hast du's gehört
Der Junge schüttelt den Kopf.
Deswegen habe ich Feuer gelegt
Feuer das den Himmel errötet
Ich habe die Alten befreit
Die Türen geöffnet von ihrem Asyl
In das man sie versteckt hat ohne zu fragen
Um sich selbst nicht an den Tod zu erinnern
Man hat sie geschlagen
Mißhandelt
Mit Tabletten malträtiert
Gefüttert mit Abfall
Ich habe alles aufgeschrieben und protokolliert

Dinge die sie liebten
Wurden ihnen abgenommen
Das Lebensersparte gestohlen
Man gab ihnen ein Taschengeld
Wie den Kindern
Man hat ihnen eingeredet sie wären verblödet
Sie machen nur Kosten
Produktionswert gleich null
–

Ich habe das Feuer gelegt und die Türen geöffnet
Sie sind ins Leben zurückgerannt mit erhobenen Händen
Schreiend
Schreiend vor Glück
Als mein Feuer den Himmel erhellte
Ich mußte es tun
Reiße die Gefängnisse nieder
Befreie die Welt
Befehl ist Befehl
Und durchhalten heißt die Parole
–

Ich habe sie alle weggeführt
Wie Moses die Seinen
Selbst die Kranken konnten gehen
Selbst die Sterbenden konnten laufen
Als ich ihnen sagte
Ihr seid frei
Ihr seid frei
Alte haben schnelle Beine
Wenn man ihre Fesseln löst
Bedenke Dummkopf
Niemand darf bleiben wie du
Niemand
Rhinozeros
Mach mir Musik
Der Junge schüttelt den Kopf.
Musik
Musik
Er dirigiert kurz.

Musik Musik Musik Musik Rhinozeros Musik
Wird immer schneller Musik Musik Musik . . .
Der Junge schüttelt den Kopf.
Joseph schaut ihn sich sehr lange an.
Schweigen. Joseph ruhig
Du bist ein Rhinozeros mein Kind
Joseph mein Sohn
Du bist ein Rhinozeros
Wenn ich ein Rhinozeros-Kind bin
Bist du der Rhinozeros-Vater
Ergo: Auch ein Rhinozeros
Kaum ausgesprochen
Traf mich der Schlag
Nur weil ich die Wahrheit gesagt
Mein Vater war Lehrer wie ich und Humanist
Er schrieb ein Buch über den Menschen
Vierzig Jahre hat er die menschliche Natur studiert
Vierzig Jahre
Er wurde nicht fertig
Er wollte die Wahrheit
Immer die Wahrheit
Zehn und zehn ist zwanzig
Sechs und sechs ist zwölf
Zwei und zwei ist vier
Wer falsch lag bekam eine Kopfnuß
Daß das Gehirn einem dröhnte
Aber ich habe doch die Wahrheit gesagt
Kind – Rhinozeros
Vater – Rhinozeros
Den Schlag spür ich noch heute
Und drei Nächte im Keller
Da wurde es mir klar
Trotz Dunkelheit und Fäulnis
Die Wahrheit tut weh
Ich habe mein Leben danach gerichtet
Ich dachte ich wäre als Untertan geboren
Verstehst du
Verstehst du mich

Bis du aufgetaucht bist mein Rhinozeros
Und mit dir kamen die Stimmen
Nackt fängt der Mensch an
Die Unschuld hält ihm die Hand
Und er wird verjagt mit Kopfnüssen
Verjagt aus dem Paradies der Freiheit
Ins Leben
Ins Leben gestoßen
Ins Leben gestoßen mit Kopfnüssen
Und wird ein Rhinozeros
Wie sein Vater
Ich aber kann die Menschen zurückführen
Wie die Alten aus diesem Heim
Ich muß niederbrennen die Gefängnisse der Welt
Verstehst du
Dreitausend Tage habe ich geschwiegen
Obwohl manchmal der Zweifel zur Tür hereinsah
Jetzt habe ich dir alles gesagt
Nun kennst du die Wahrheit
Laß mich gehen
Bitte
Die Zeit rinnt dahin
Während wir reden
Der Junge schüttelt den Kopf.
Dann sage mir ob jene Recht haben
Jene die Kopfnüsse verteilen
Wie die Mütter das Brot
Jene die sich Väter nennen
Ich habe alles durchschaut
Deswegen zittert die Welt nun vor mir
Und heute ist mein Tag
Der Tag der Tage
Laß mich gehn
Meine Töchter warten und meine Frau
Ich habe ein großes Fest vorbereitet
Ein Essen am Abend
Ein Mahl der Versöhnung
Heute ist der Tag der Wahrheit

Das haben die Stimmen gesagt

–

Ich bin ein Vater und ein lang gelebter Mensch
Dem die Verzweiflung im letzten Moment die Augen aufriß
Und dessen Mund noch Wörter ausspeien kann
Meine Töchter warten auf mich
Und wie ich sie kenne flink und gehässig
Deswegen bitte ich dich
Verstell mir nicht meinen Weg
Halt mich nicht fest
Schmeichelnd Ich komme zurück
Habe ich dich jemals belogen
Schweigen.
Joseph steht unbeweglich, lauernd.
Eine Zeitlang passiert sonst nichts.
Plötzlich spurtet Joseph los.
Der Junge hebt die Hand, und Joseph fällt.
Bitte
Bitte
Bitte
Ich erfülle dir drei Wünsche
Der Junge schüttelt den Kopf. Joseph wird wütend und schlägt auf
ihn ein. Dann läßt er plötzlich von ihm ab und krümmt sich im
Schmerz. Joseph stöhnt.
Ah ah ah ah ah ah ahah ah
Der Junge streckt ihm ganz langsam die Zunge heraus. Joseph wei-
nerlich
Verschwinde endlich
Joseph lächelt ihn an, atmet schwer.
Ich habe die Kopfnüsse eingesteckt
Und später verteilt
Jetzt wo ich am Grab stehe
Fange ich an das Leben zu begreifen
Du hast noch ein glattes Gesicht
Aber auch ich habe etwas vor mir
Nicht nur die Angst vor dem Sterben
Ich habe noch lange nicht alles hinter mir
Das haben die Stimmen gesagt

Ich wurde zu früh an den Gehorsam gewöhnt
Jetzt darf ich ein neues Leben beginnen
Lacht Obwohl ich gestern meine eigene Todesanzeige
Meine eigene Todesanzeige gelesen habe im Traum
Das könnte ein Zeichen sein
Jetzt oder nie
Und irgendwann ist alles zu spät
Versteh doch
Versteh
Der Junge schüttelt den Kopf. Joseph schaut ihn sich sehr lange an.
Schweigen
Sie haben gesagt
Mir ist alles vergeben
Alles
Ich habe geirrt
Traurig lächelnd Ich habe Menschen erschossen
Und das waren nicht wenig
Ich habe Menschen erschossen im Krieg
Befehl ist Befehl
Ich habe Menschen erschossen
Und ich habe es gerne gemacht
Gerne
Ich dachte ich tue was Gutes
Ich erlöse die Welt
Verstehst du
Der Junge schüttelt den Kopf.
Die Vergangenheit besucht mich
Schaut mich an
Das Warum stellt sich mir in den Weg
Läßt mich nicht vorbei
Verstehst du
Der Junge schüttelt den Kopf.
Die Schatten besuchen mich in den Nächten
Sie besuchen mich am Tag
Die alten Frauen
Und Kinder mit erhobenen Händen
Erst hilflos lächelnd
Dann schreiend vor Angst

Ich habe ein großes Feuer gemacht
Niedergebrannt ihre Häuser
Sie haben keine Gräber
Wo ich hingehen kann um zu weinen
Verstehst du
Der Junge schüttelt den Kopf.
Es besuchen mich die Männer mit zerfetzten Gesichtern
Steifgefroren
Steifgefroren
Ich nahm sie als Unterlage
Als Unterlage für unsere im Matsch einsinkenden Wägen
Dann weiter
Weiter über Hunderte von gefrorenen Leibern hinweg
Weiter zu den großen Taten
Ich war jung
Fast noch ein Kind
Ich habe an das Große geglaubt
Später als alles aus war
Habe ich die Kinder erzogen in der Schule
Denn ich bin Lehrer und Humanist wie mein Vater
Die Kinder erzogen
Auch meine Töchter
Erzogen nach diesem Bild
Das war mir ins Hirn gemeißelt
Wie Namen auf einem Grabstein
–

Verstehst du
Der Junge schüttelt den Kopf und lacht. Joseph verzweifelt
Hör auf zu lachen
Hör auf zu lachen
–

Bettelnd Meine Frau hat mich gestern besucht
Sie schlüpfte heraus aus dem Grab und hat mir verziehen
Sie hat mich geküßt und gesagt
Auch ich habe Schuld
Auch ich habe Schuld
Groß Ich muß diesen Krieg heute beenden
Der tobt und wütet

Ich bin der einzige der solches vermag
Du Idiot
Grünschnabel
Schmutzfink
Laß mich gehen
Rhinozeros
Sonst lernst du mich kennen
—

Listig Ich gebe dir Geld so viel wie du willst
Du glaubst mir nicht
Arschgesicht
Lachend Ich habe genug
Ich habe es von einer Bank geholt
Und da liegt noch mehr
Ich habe ihnen angst gemacht Angst
Das kann ich noch immer
Noch immer
Nun laß mich
Laß mich endlich gehn
Der Junge schüttelt den Kopf. Joseph trampelt und schreit.
Dann mach mir Musik
Musik Musik Musik Musik Musik . . .
Der Junge lacht.
Joseph läuft, er fällt, steht wieder auf, will weglaufen.
Eine Herde von Jungs, die alle gleich aussehen, stürmen auf das Feld, lautlos. Den Jungen kann man von den anderen nicht mehr unterscheiden. Joseph schlägt um sich.
Oh mein Gott
Nun hilf mir
Hockt im Himmel
Zitternd vor Angst
Wagt sich nicht mehr herunter
Diese Kinder
Diese Kinder
Ich habe sie immer gehaßt
Autoritär Setzen setzen setzen
Setzen
Sofort und auf der Stelle

Alles hört auf meinen Befehl
Nur mein Befehl gilt
Setzen
Die Kinder setzen sich, schlagartig und alle.
Lange passiert nichts. Joseph hört angestrengt, versteht aber schein-
bar nichts.
Joseph taumelt. Er fängt sich und hört und versteht wieder nicht.
Bitte bitte bitte
Musik Musik Musik
Denn nach der Musik kommen die Stimmen
Alleine weiß ich es nicht
Musik Musik Musik
Die Kinder schütteln den Kopf. Joseph breitet die Arme aus.
Langes, unbewegtes Bild. Joseph ängstlich, ahnend
Ihr seid wie die Fliegen die den fauligen Apfel umkreisen
Wie Würmer die warten auf mein modriges Fleisch
Lächelt, dann sehr leise
Ich bin ein Heiliger
Die Kinder lachen.
Ich bin ein Heiliger
Ich habe den Dornbusch brennend gemacht
Ihr dürft mich nicht hindern
Nicht hindern
Er schreit. Musik Musik Musik
Die Musik setzt laut ein.
Zu laut
Zu laut
Verrat
Still gestanden
Verrat
Nur mein Befehl gilt
Mein Befehl gilt
Legt an
Legt an
Ja ja ja, es muß sein, muß
Schießt schießt schießt ...
Die Musik wird lauter, man versteht ihn kaum noch.
Gewehrsalven.

Er will weglaufen. Ein Kind springt auf seinen Rücken. Er schüttelt
es ab. Ein anderes kommt. Ein langer wilder Kampf entsteht. Joseph
schreit und grimassiert, man hört nur die Musik und die Gewehrsal-
ven.
Plötzlich dunkel

2. Bild

Musik und die Kriegsgeräusche.
Dasselbe Bild, draußen, und der Sturm hat sich ein wenig gelegt.
Gleißendes Licht und von Ferne brennender Himmel.
An einem überlangen, für ein festliches Essen gedeckten Tisch
sitzen Josephs Töchter, Christa, Hanna, Rita und Magda.
Judith entfernt.
Susanna, die Bedienung, steht da wie eine griechische Statue.
Die Töchter hören angestrengt.
Nach einer Zeit beginnt Judith zu sprechen.

JUDITH *für sich* Wer war es
    Wer war es
    Wer hat das Feuer gelegt
    Wir haben Opfer zu beklagen
    Viele die sich im Schmerz winden
    Sterbende
    Die ihren natürlichen Tod nicht erlebt haben
    Sind verbrannt
    Obwohl es ihr Wunsch war in der kühlen Erde zu liegen
    Kranke und Gesunde sind schreiend um die Wette gelaufen
    Dem Tod zu entrinnen
    –
    Wer war es
    Wer war es
    Das ist nun schon der dritte grausame Anschlag in dieser Stadt
    Das Alter wird nicht mehr geehrt sondern verfolgt
    Weil sie nicht mehr sterben wollen zu der Zeit
    Sich jung halten

Ihre Krankheiten besiegen
Weil sie die Berufe
Die Wohnungen
Die Strände
Die Betten belegen
Werden sie gehaßt von den anderen
Die nicht mehr bereit sind mit ihnen zu teilen
Die Faust ballen und rüsten zum Kampf
Der Krieg ist lange erklärt und nun angenommen
Die Alten steigen auf die Barrikaden
Doch einige werden auf den Todesberg getrieben
Und müssen springen
Das graue Haar ist kein herrlicher Kranz mehr
Die Grauen schaffen die roten Zahlen
Sie ruinieren den Staat
Sie wollen auf Kosten der Gesellschaft unsterblich werden
Die Grauen besetzen die Firmenetagen
Wollen die politische Macht
Sie sind so zahlreich geworden
Sie entscheiden die Wahlen
Und stehlen den Jungen die Doktorhüte vom Kopf
Sie wollen nicht mehr um Liebe betteln
Sie pflegen sich
Sie haben Geld und Zeit
Zeit
Zeit Zeit Zeit
Sie werden von vielen zu den Fremden
Zu den Fremden von früher gemacht
Sternenweit haben sie sich voneinander entfernt
Sternenweit
Ein Riß ist in der Welt
Spaziert von Land zu Land
Von Familie zu Familie
Sternenweit haben sie sich voneinander entfernt
Sternenweit
Lange Stille
Deswegen brennen die Heime
Lange Stille

HANNA Haben die nicht Franziskus gesagt
  Haben die nicht Franziskus-Heim gesagt
  Franziskus
  Ist das nicht Vater
  Ist das nicht Vaters Heim
CHRISTA Quatsch Franziskus
  Bist du schon wieder betrunken
  Da ist er schon lange nicht mehr
  Da war er
  Franziskus
  Dort konnten sie ihn leider nicht halten
  Ein Wahnsinniger hat dort keinen Platz
RITA Wahnsinn
  Alterssenilität
  Liebe Christa
  Alterssenilität hat nichts mit Wahnsinn zu tun
  Lacht Vater hat dort eine schöne Alte kennengelernt
  Früher eine Berühmtheit
  Wer's glaubt wird dann selig
  Mit der hatte er ein Verhältnis
  Und das ist nicht nur ekelig
  Sondern verboten
HANNA *lacht* Der Lustgreis
  Cupido senilis
  Sagt Robert mein Mann
  Und was sagst du
  Judith meine Liebe
JUDITH *die sich inzwischen an den Tisch gesetzt hat*
  Ich bin sprachlos
HANNA Dann schweig
  Schweigen
CHRISTA Senilität hin oder her
  Er schadet der Menschheit
RITA Er schadet sich selbst
CHRISTA Er ist ein Fuchs
  Er hatte einen guten Anwalt damals
  Seine Entmündigung wurde rückgängig gemacht
HANNA Er hat einen guten Anwalt

Und ich habe Durst
Es ist acht
Und was sagst du
Judith meine Liebe
JUDITH Nichts
HANNA Dann halt dich auch dran
Hanna schminkt sich die Lippen ohne Spiegel.
Wer hat diesen Krieg eigentlich begonnen
Er ist grausam aber notwendig
Sagt Robert mein Mann
RITA Ich bitte Sie herzlichst
Lassen Sie Ihren Mann Robert aus dem Spiel
An dieser schrecklichen Sache wird sich
Hoff ich
Hoff ich
Doch von uns niemand beteiligen
Wir sind zivilisiert
Kultiviert und gebildet
Sprechen wir nicht mehr davon
Wir haben andere Sorgen
Sprechen wir nicht mehr davon
HANNA Früher hat Robert Ihnen doch ganz gut gefallen
RITA Früher
Jetzt könnte ich Ihnen andere Geschichten erzählen
MAGDA *unterbricht* Lassen wir das
Rita lacht.
Schweigen
HANNA Es ist acht vorbei
Ich habe Durst
CHRISTA Und ich gehe um zehn
Punkt zehn gehe ich
Ob er kommt oder nicht
Ich habe eine Verabredung die mir wichtig ist
RITA Wen interessiert das schon
Ob Sie gehen oder nicht
Verehrte Frau Christa
Niemand interessiert das
Schweigen

MAGDA Was hat Vater vor
Judith Liebe
Das frage ich dich
Das frage ich mich
Und finde keine Antwort
Weißt du darüber
JUDITH Ich habe wie ihr nur die Einladung bekommen
Er spricht nicht mehr mit mir
CHRISTA Wie traurig
Wie traurig für dich
Du warst doch immer auf seiner Seite
Judith Liebe
Er kann dich nicht leiden
Du liebst ihn zu sehr
–
Ich bin überrascht daß er dich eingeladen hat
Hier in unser Haus
JUDITH Ich bin hier geboren
Wie ihr
Wie ihr
CHRISTA Aber du darfst es nicht mehr betreten
Du seine Liebste
Was hat er nur gegen dich
Was
Judith schweigt. Lange Stille
MAGDA *steht auf* Ich möchte es noch einmal betonen
Ich war nicht einverstanden
Damals
Das möchte ich noch einmal betonen
Es kann ja sein daß Vater
Darüber heute die Abrechnung will
Und weiter möchte ich sagen
RITA Du hast uns die Dreckarbeit überlassen
Und dann profitiert
MAGDA Hier kann man keinen Gedanken fassen
Und ihn aussprechen
Ohne daß du einen Rita nicht ständig unterbrichst
RITA Ich wollte Sie nur hindern
Wieder eine Ihrer dümmlichen Reden zu halten

MAGDA Falls du es nicht bemerkt hast
　　　Außer dir sind noch andere Menschen auf dieser Erde
　　　Und weiter möchte ich sagen
　　　Steht auf Einige hier
　　　Einige hier konnten nicht warten
　　　Bis er eingesperrt würde in seinen Sarg
　　　Bis Erde auf ihm liegt
　　　Und der Grabstein sicher und für immer ihn festhält
　　　Oder das Feuer ihn auf ein Häufchen Asche reduziert
　　　Das der kleinste Windhauch verweht
　　　Einige hier konnten nicht warten
　　　Brachten Vater in ein Heim
　　　Zogen hier ein in sein Haus
　　　Zogen hier ein und nahmen alles in Besitz
RITA Sein Haus
　　　Sein Haus
　　　Unser Haus
　　　Mutters Haus
　　　Nicht sein Haus
　　　Und im übrigen Frau Magda
　　　Behalten Sie Ihre Weisheiten für sich
　　　Oder sparen Sie sie auf für Ihre Parteiversammlungen
　　　Für uns brauchen Sie bitte
　　　Ich habe es schon einmal gesagt
　　　Keine Rede zu halten
　　　Und bleiben Sie sitzen
　　　Wir verstehen auch so
　　　Und wenn es geht bitte ich Sie herzlich
　　　Öffnen Sie Ihren Mund erst
　　　Erst wenn Sie ganz sicher sind
　　　Daß ihm kein Unsinn entweicht
MAGDA Und Sie
　　　Denken Sie
　　　Sie dürfen ihn öffnen
　　　Sie dürfen reden
　　　Reden
　　　Sie
　　　Mit Ihrer angeborenen Menschenverachtung
　　　Schweigen

148

SUSANNA Entschuldigen Sie
   Ich möchte nicht unhöflich sein
   Es war eben acht
   Ich soll um acht Uhr beginnen
   So wurde es mir aufgetragen
RITA So wurde es mir aufgetragen
   Aufgetragen aufgetragen aufgetragen
   Was Sie für eine Sprache sprechen
   Respekt
SUSANNA Wie meinen Sie das
RITA *lacht* Von Ihnen kann man ja lernen
   Das meine ich
   Man sieht es Ihnen an
   Und trotzdem kann man lernen von Ihnen
   Wer sind Sie
   Wo kommen Sie her
   Wo kommen Sie her
SUSANNA Entschuldigen Sie
   Ich bin hier geboren
   Mein Vater war fremd
   Entschuldigen Sie
   Ich studiere Physik im dritten Semester
   Ich verdiene bis ich promoviert habe
   Als Bedienung mein Geld
   Genügt Ihnen das
   Entschuldigen Sie
RITA *lacht* Wir entschuldigen gerne
SUSANNA Das Essen wird kalt
   Und meine Zeit ist begrenzt
RITA Schön wie Sie das sagen
   Meine Zeit ist begrenzt
   Lacht Stellen Sie sich vor unsere auch
MAGDA Bitte
   Verstehen Sie das richtig
   Bitte
   Bei uns ist es üblich
   Daß man ißt wenn alle da sind
   Vielmehr wenn keiner mehr fehlt

HANNA Ja und der Gastgeber fehlt
   Unser Vater unser
   Der der uns haßt
   Und bekämpft
   Ohne jeglichen Grund
JUDITH Und dieser Antrag
   Dieser unselige Antrag
   Der ihm die Unterschrift raubte
   Ihr habt ihm den Namen gestohlen
   Sein Haus und seinen Besitz
CHRISTA Dich hat er enterbt liebe Judith
   Jeder versteht deine Verzweiflung
   Jeder versteht
   Daß dein Herz blutet
   Warum hast du dich nicht gewehrt
   Warum hast du dir keinen Anwalt genommen
JUDITH Ihr habt ihm alles gestohlen
RITA Ich weiß nun wirklich nicht
   Judith Liebe
   Ob das alles vor fremden Ohren ausgebreitet werden soll
   Ausgebreitet wie ein verschmutztes Tischtuch
HANNA Ich breite aus was ich will
RITA Aber mit Ihnen hat doch niemand geredet
HANNA Ich breite aus was ich will
   Merk dir das
   Eingebildete Schnepfe
RUTH Schon wieder betrunken dumme Nuß
JUDITH Jetzt will es natürlich keine gewesen sein
   Die ihm den Koffer packte
   Und ihn ins Irrenhaus schob
RITA Pflegeheim
   Darauf muß ich bestehn
   Pflegeheim
   Außerdem lebt er jetzt wieder hier
   Darf hier leben in unserem Haus
   Wird versorgt und gepflegt von mir selbst
   Glaub mir
   Er ist zu beneiden

JUDITH Ihr habt gewagt ihm die Schmach anzutun
    Aus seinem Haus wurde er gewaltsam geschleppt
    Er hat geschrien getobt
CHRISTA Wer frage ich hätte die Verantwortung übernommen
    Er hat die Scheune im Garten niedergebrannt
    Die Flammen schlugen schon über
    Schlugen schon über ins Haus
    Dann Mutters Sturz von der Treppe
    Das war der Anfang von ihrem Sterben
    Drei Monate später die peinliche Geschichte
    Mit dem Mädchen Viviane
    Das gab Mutter den Rest
    Er war wahnsinnig
    Das wäre ja grausam
    Hätte man gesagt das ist alles normal
    Er war wahnsinnig und ist es auch noch
HANNA Und ich habe wahnsinnigen Durst
    Den Wein Frau Susa
    Den wahnsinnigen Roten
    Sie hebt ihr Glas.
RITA Nicht den Wein vor dem Essen
HANNA Sofort jetzt den Wein
    Ich befehle
RITA Nein sage ich
    Nein
HANNA Susanna die Flasche
    Und das jetzt sofort
SUSANNA Was soll ich tun
    Was soll ich tun
MAGDA *steht auf* Entscheiden Sie selbst
    Das haben Sie sicher gelernt in diesem Land
    Jeder muß selbst entscheiden
    Das kann und will Ihnen niemand abnehmen
    Tun Sie was Sie für richtig halten
    Auch wenn es falsch ist
    Auch wenn es Ihnen später leid tut
    Tun Sie es reden Sie nicht
    Eine Entscheidung ist da damit man sie trifft

SUSANNA Ich kann nicht entscheiden
Ich werde bezahlt
RITA Verantwortung
Ja
Da hat Magda recht
Ausnahmsweise
Auch wenn sie es nicht lassen kann
Immer wieder aufzustehen
Um eine ihrer Überzeugungsreden zu halten
–

Diese Partei liebe Magda ist dein Untergang
Dein Untergang
–

Zu Susanna Aber diesmal hat sie recht
Sehen Sie
Sehen Sie das müssen Sie noch lernen
Verantwortung
Wenn jeder seine Verantwortung nähme
Wie das Frühstück am Morgen
Glauben Sie mir wir wären wieder im Paradies
Können Sie mir folgen
Hanna schminkt sich die Lippen ohne Spiegel.
HANNA Bist du mit deinem Palaver nun glücklich zu Ende
RITA Schon wieder betrunken
SUSANNA Gut dann fange ich an und hole das Essen
HANNA Wir warten auf Vater
Wo kämen wir hin
Schenken Sie nach wenn Sie Arbeit suchen
Schenken Sie nach
Rita meinend Und hören Sie nicht
Hören Sie nicht auf das Geschwätz eines Schwätzers
Die hat überall Hornhaut
RITA Und du hast ein Fell
Ein Fell wie ein Tier
HANNA *ängstlich* Wo wo wo wo
Ich habe eine Haut
Eine Haut wie ein Mantel aus Seide
Du redest nur Stuß

Stuß reden und sich Schwester nennen
Stuß reden und sich Mensch nennen
Stuß reden und eine eingebildete Schnepfe sein
RITA Dumme Nuß
HANNA Eingebildete Schnepfe
Hanna schminkt sich die Lippen ohne Spiegel.
Liebe Frau Susanna
Sie sind eine Schöne und Kluge
Sie haben das Leben noch vor sich
Ich gratuliere und erhebe mein Glas
Aber Sie sehen es ist leer
Deswegen Rotwein schenken
Rotwein einschenken
RITA Rotwein nachschenken
Susanna schenkt Hanna Rotwein ein.
HANNA Ja Rotwein
Rotwein vor dem Fleisch
Für das Fleisch
Zum Fleisch
Rotwein zum Wachwerden
Rotwein zum Schlafen
Rotwein gegen Depressionen
Für die Freude
Als Medizin
Sie steht auf und hebt das Glas.
Rotwein
Das Blut Christi
Stärkt und nährt
Macht uns zu Göttern
Macht uns zu Gott
Sie trinkt das Glas auf einen Zug leer.
RITA Lächerlich das
Ihren Verstand lassen Sie im Glas
Durch Ihr Blut Christi
Mit dem Sie flaschenmäßig den Müllberg vergrößern
Mit dem Blut Christi
Mit dem Sie Ihr Hirn erweichen
Wie Vater

Sie brauchen nur nicht so lange wie er
Sie sind jetzt fast schon so weit
Mir ekelt vor Ihnen
Vater ist alt
Und er ist unter Aufsicht
CHRISTA Er war unter Aufsicht
RITA *steht auf* Ich kann die Verantwortung nicht tragen
Vor sechs Wochen hat Vater sich
Für die Nacht ein Mädchen mitgebracht
Ich glaube die ging noch zur Schule
Das geht so nicht weiter
HANNA Du willst ihn nur loshaben
Und das Haus dann für dich
RITA Auf so einen Schwachsinn antworte ich nicht
Ich kann die Verantwortung alleine nicht tragen
Meine Putzfrau
Eine Landsmännin von unsrer Susanna
Nur nicht so schön und bald sechzig
Sagt mir
Sie wird nicht mehr kommen
Vater hat ihr schmutzige Anträge gemacht
Und das nicht nur einmal
Erspart mir die Worte
Ich habe so etwas ehrlich gesagt noch nicht gehört
Diese Worte kannte ich bis dahin gar nicht
MAGDA Hast du es denn dann richtig verstanden
Da du die Wörter nicht kanntest
Alle lachen außer Judith.
RITA Zu dir komm ich dann später Magda
—

Vor vierzehn Tagen hat Vater
Zwanzig Autos mit einem Stein zerkratzt
Ohne jeglichen Grund
Ging hier aus dem Haus
Nahm einen unschuldigen Stein
Ritsch ratsch
Ohne jeglichen Grund
Susanna lacht.

Sie sind nur für das Essen zuständig
Nicht für das Lachen
Dafür werden Sie bezahlt
Wenn Sie auch schön sind
Und die Physik Ihnen liegt

MAGDA *steht auf* Wer schützt die Menschheit vor den Menschen
RITA Wer schützt den Menschen vor sich selbst liebe Magda
HANNA Es geht doch nicht an
Daß die Alten den Jungen das Brot aus der Hand reißen
Keinen Arzt mehr ab siebzig
Sagt Robert mein Mann
RITA Bitte verschone uns mit diesen primitiven Gedanken
MAGDA Wie böse Sie sind Hanna
Sie schieben Ihre Gedanken einem anderen Menschen
Einem anderen Menschen einfach unter
Nie würde Robert das sagen das denken
Nie
RITA *zu Magda* Sie müssen es ja wissen
HANNA Sein Wahnsinn hat nichts mit dem Blut Christi zu tun
CHRISTA Jetzt sind Sie doch endlich
Endlich still mit Ihrem blöden Blut Christi
HANNA Auch dumme Nuß
*Hanna schminkt sich die Lippen ohne Spiegel und leert dann ihr
Glas.*
Es ist grauenhaft alt zu sein
Mich ekelt wenn ich nur daran denke
Der Körper
Diese Haut
Der Geruch
Ekelhaft
Haare in den Ohren
Ekelhaft
Wer anders redet lügt
Ich habe noch nie einen schönen Alten gesehen
Wer hat dem Alter erlaubt sich zu zeigen
Sitzen im Vorzimmer des Todes und lachen
Ich finde das unanständig

SUSANNA Sie werden auch einmal alt
　　Falls Sie vorher der Krebs nicht auffrißt
　　Das Herz stehenbleibt
　　Die Lunge versagt
　　Sie werden auch einmal alt
RITA Von Ihnen kann man noch lernen
　　Sie sind schön und klug
　　Trotzdem ist das
　　Bitte geben Sie mir recht
　　Oder sagen Sie wenn ich lüge
　　Nicht das Problem einer
　　Einer die für das Essen zuständig ist
　　Studium hin oder her
　　Lacht Wir sind auch keine Analphabeten
　　Wir gehören zu einer Kultur Frau Susanna
　　In Ihrem Land blieb nur leider nichts davon übrig
　　Nur verwitterte Steine
　　Und stinkende Städte
HANNA Zu dem Geruch der Verwesung
　　Noch die Verwirrung im Kopf
　　Das Ausfallen der Haare
　　Schwarze Flecken auf dem Gesicht und den Händen
　　Wie Herbstlaub an einem absterbenden Ast
　　Die Haut flattert und hängt
　　Wie ein zu groß gewordener Mantel
　　–

　　Frau Susanna sind Sie nicht so geizig
　　Vater bezahlt
　　Eine Einladung ist eine Einladung
　　Und der Gast ist da König
　　Lacht Er war früher ein Geizkragen
　　Erinnert ihr euch
　　Sein schlechtes Gewissen hat ihn zum guten Menschen gemacht
　　Seine Senilität zum Verschwender
CHRISTA Woher hat er das Geld
　　Es ist doch schon alles verteilt
　　Kann er sich soviel
　　Soviel von seinem Taschengeld sparen

RITA Von seinem Taschengeld
Ganz ausgeschlossen
Hanna trinkt, und der Wein läuft ihr aus dem Mund, sie verschüttet
ihn auf ihr Kleid.
Magda versucht, ihr das Glas abzunehmen.
MAGDA Gib das her jetzt
Gib das her
Schau dich mal an
Schau dich mal an
Hanna wird plötzlich aggressiv. Sie fällt über Magda her. Schlägt
auf sie ein
HANNA Mein Blut Christi
Mit dem ich mich täglich erneuere
Und überhaupt du
Du
Ich weiß alles
Meine Liebe
Mein Lieber
Mein lieber Mann Robert
RITA *lacht* Endlich Hanna
Einige graue Zellen sind ja noch da
Sag es Hanna
Sag es
Was Hanna was weißt du
Was
Rita schüttelt sie.
HANNA Jetzt hast du alles weggeschüttelt
Nur der Durst ist geblieben
RITA Du verklebst dir die Augen mit Alkohol
Kaum hast du sie kurz mal geöffnet
Ertränkst dein klopfendes Herz
Ersäufst deine Gedanken
Verlierst deine Seele
Ich habe dich vor Robert gewarnt
Er ist schön
Wunderschön
Das ist sein Verhängnis
Ich habe es dir immer gesagt

Und wiederhole
Das ist kein Mann zum Glücklichwerden
Das ist kein Mann zum Glücklichsein
Hanna, meine Liebe

HANNA Halte dich gefälligst aus meinem Leben heraus

RITA Ich habe es gut mit dir gemeint damals Hanna
Ich meine es gut mit dir jetzt

HANNA Arschgesicht Rita

JUDITH Was ist das im Menschen
Was ist das

MAGDA Ja
Was seid ihr für Menschen

CHRISTA Nun kriechen die verlogenen Samariter hervor
Wo wart ihr
Als die schrecklichen Dinge mit Vater passierten
Wo wart ihr
Jedenfalls nicht da um zu helfen
Hinterher klagen und reden
Das kann ich dann auch

JUDITH Niemand hat mich verständigt
Niemand

RITA Das hätte Vater auch nicht gewollt
Du warst früher sein Liebling
Sein einziger Liebling
Aber das ist lange her
Lange
Er mag dich nicht mehr
Das ist traurig
Aber die Wahrheit

JUDITH Auf einmal aus heiterem Himmel
Wie ein Blitzschlag
Was hab ich getan
Was
Was habt ihr getan

CHRISTA Irgendeiner hat den Judas gespielt

JUDITH Was hat dieser Judas gesagt

CHRISTA *lacht* Woher soll ich denn das wissen
Ich war es nicht
Ich nicht

RITA Ich auch nicht meine Liebe

MAGDA Auch ich nicht
   Ich war es nicht
   Hanna vielleicht

HANNA Quatsch Quatsch Quatsch ich
   Frag doch den Alten
   Quetsch dir die Wahrheit heraus
   Christa liest aus Josephs Brief.

CHRISTA »Kommt alle und das bitte um acht
   Meine Stimmen sagen euch Wahrheit«
   –
   Wer ist das
   Was steckt da dahinter
   Judith meine Liebe
   Hat das mit deiner Geschichte zu tun
   Wer sind diese Stimmen
   Schweigen

MAGDA Rita Liebe
   Du hast doch normalerweise immer eine Antwort parat
   Dein Hirn sitzt doch auf deiner Zunge wie ein Fröschlein
   Das nur wartet bis es herausspringen kann

RITA Vorsicht Magda
   Vorsicht

CHRISTA Ist dieses Essen von Vater bestellt Rita

MAGDA *lacht* Keine Gemeinheit von dir liebste Rita
   Schwestern aufeinander zu hetzen
   Damit dir für dein Buch eine neue Zeile einfällt

CHRISTA Hat Vater diese Einladung mit dir abgesprochen
   Es ist ja nicht mehr sein Haus

HANNA Es ist unser Haus
   Immer noch unser Haus
   Wir haben Rita großzügig das Wohnrecht überlassen

RITA Du bist schon wieder drei Stunden hinterher
   Hinterher durch dein Blut Christi
   Wir haben ein vollkommen anderes Problem
   Wir haben ein vollkommen anderes Problem
   Versucht
   Gerade eben zu lösen

MAGDA Aber Hanna hat recht
   Du bist ein Schmarotzer
   Lebst von Vaters Pension
   Lebst in unserem Haus
RITA Mutter hat es nun mal so gewollt
   Ihr kennt ihre Gründe sie hat mir vertraut
HANNA Sie hat wohl geahnt daß du es nie zu was bringst
   Die Töchter lachen, außer Judith.
   Magda steht auf, geht zu ihr, küßt Rita.
MAGDA Du bist im Austeilen auch keine Zarte
HANNA Du läufst ja ganz blau an
   Laß uns die Tränen noch sparen
   Die wir auf deiner Beerdigung verbrauchen
   Die anderen lachen noch mehr.
RITA Ihr habt euch das Lebenserasparte von Vater
   In der Gänze unter eure Nägel gerissen
   Seine Bildersammlung die er geliebt hat
   Habt ihr verkauft
   Und den Mantel verteilt
   Und ob gerecht
   Wer kann das wissen
   Vorsicht liebe Magda
   Spiele dich nicht als Schuldlose auf
   Das zu dem Einen
MAGDA Und das Andere
RITA *hebt ihr Glas* Susanna schenken Sie ein
   Susanna schenkt ihr Rotwein ein, und Rita schüttet ihn, ganz ruhig
   Magda über den Kopf.
   Schweigen
CHRISTA Bleiben wir doch
   So schwer es auch fällt
   Einmal beim Thema
   Ich gehe um zehn
   Ob das Rätsel gelöst ist oder nicht
   Ich gehe um zehn
RITA *böse* Um zehn um zehn
   Du wirst es schon schaffen
   Um zehn deinen alten Bock zu treffen

Um dich mit ihm auf irgendeiner Ritze zu wälzen
Um zehn
Denn um zwölf muß er wieder zurück
Sauber und reinlich
Dein Liebhaber der dich seit zwölf Jahren versteckt
Und mit seiner Frau ein Kind nach dem anderen zeugt
Damit sie zu tun hat
Und nicht nachdenken kann

CHRISTA *selbstbewußt* Und wer sagt dir meine Liebe
Das ich mit irgend jemand tauschen möchte
Hausfrau spielen und Kinder erziehen
–
Und was ich dir noch sagen will
Du bist schlicht und ergreifend
Böse und gemein

RITA Das wird allen gesagt
Die es wagen die Wahrheit zu sagen

MAGDA Stilisieren Sie sich nicht in den Himmel hinauf
In den Himmel der Dichter und Denker

RITA Wie könnte ich ein Wort schreiben
Mit verdrehter Zunge
Die Schwestern, außer Judith, lachen.
Das Wort das geschrieben wird
Wird am Anfang gefühlt gedacht gesagt
Dann springt es wie ein Pfeil aufs Papier
Die Schwestern lachen noch mehr.
Aber ich sehe hinter die Wörter
In eure Köpfe und Herzen
Und das schreibe ich auf
Deswegen bin ich so gefährlich für euch

MAGDA *immer noch lachend* Wer sieht deine Pfeile
Wer hört deine Wahrheit
Wer liest deine Wörter

RITA Ich schreibe nicht
Damit irgend ein Idiot meine Wörter frißt und kaut wie ein Stück
Brot

CHRISTA *lachend* Es interessiert ja auch niemand
Gegen wen Sie auch immer Ihre Giftpfeile senden

HANNA Bitte Susanna *Sie hebt ihr Glas, und Susanna schenkt ein.*
Sie sind mir die Liebste
Setzen Sie sich zu mir
Und erklären Sie mir die Relativitätstheorie
Sie erhebt das Glas, wartet aber auf niemand, trinkt es sofort in einem Zug leer.
Laßt uns ein Friedensglas leeren
Wir lieben uns alle
Denken Sie sich nichts Susanna
Wir sind eine Familie
Wie alle Familien
Prost und auf euch
Auf euer Wohl
Auf die Familie

RITA Ist dir nun glücklich was eingefallen
Damit du wieder dein volles Glas erhebst
Und es leer auf den Tisch zurückstellst

MAGDA *steht auf* Die Familie ist der Anfang vom Ende
Keimzelle des Unfriedens
Der Demütigung und der Gewalt
Die Familie als Idee ist nicht zu halten
Schaut euch die Welt an

RITA Gut auswendig gelernt Magda
Gut
Dumm ist das dumm
Dumm wie alles was aus deinem Mund kriecht
Bitte verschone uns hier mit dem Schwachsinn
Dem Schwachsinn deiner Schwachsinns-Partei
Der Mensch ist nun mal da
Um sich selbst zu vernichten
Das ist die Menschwerdung im höheren Sinn
Magda lächelt Rita an und streicht ihr über das Haar. Rita winde sich wie unter großen Schmerzen.

HANNA Du bist eine häßliche dumme Nuß
Eine Madam Schmal-Lippe – Schmal-Lippe

RITA Susanna
Geben Sie Hanna zu trinken
So viel zu trinken

So viel bis der Rotwein ihr das Blut
Endlich ersetzt
Susanna schenkt Hanna nach.
HANNA *lieb* Du bist ein Schatz Rita
Eine Liebe die Klügste die Beste
Denk dir nichts
Vater hat uns alle verheizt
Fest
Hin oder her
Er lacht sich ins Fäustchen
Schweigen
RITA Magda
Verzeih mir
Verzeih
Dein Kleid ist hinüber
MAGDA Ist gut ist gut
Die Welt versteht Spaß
RITA Dann hör einmal zu Magda
Hanna du auch
Hör
Höre
HANNA Ich höre ich höre
Aber hinter jeder Antwort
Da lauert die Lüge
Entdeckung Entdeckung
Sie hat Schwierigkeiten mit dem Sprechen.
Vater hat nichts mehr zu verteilen
Was gehört ihm denn noch
Vater legt alle herein
Der spielt nur den Alten
Der ist gar nicht echt
Der legt alle herein
Sagt Robert mein Mann
MAGDA Du sagst das du
Du und nicht Robert
Nie würde Robert das sagen
RITA Magda du Frau fürs Gewissen der Welt
Erzähl uns von Robert

Kläre uns auf
Sag Hanna die Wahrheit
Magda erschrickt.

MAGDA Ich verabscheue dich und haß dich für immer
Rita gibt Magda Hannas Glas.

RITA Prost meine Liebe
Trinken Sie ruhig den Rest
Den Rest von dem Blut unserer Hanna
Hanna einmal wirst du alles erfahren
Und diese Stunde wird grausam für dich
Magda trinkt und verschluckt sich, hustet.
Schweigen

HANNA *unsicher lachend* Das ist lustig
Lustig
Und schon kreist das Glas

JUDITH Rita warum bist du so böse
Warum
Saugst dich in Menschen
Hörst sie aus
Entreißt ihnen ihr Geheimnis
Dann wartest du auf dem Baum
Wie eine Zecke
Jahre wenn es sein muß
Jahre
Dann stürzt du dich herunter
Und zerstörst
Warum lebst du auf Kosten von anderen

RITA *lacht* Auf Kosten von anderen
Ich studiere euch
Wer frage ich gibt mir dafür ein monatliches Gehalt
Schweigen

MAGDA *resigniert* Wer hat in uns nur diesen Unfrieden gesät

JUDITH Was ist das im Menschen
Was ist das

HANNA Susanna Susanna
Bringen Sie das Essen
Gerade hat mich der Hunger besucht
Hat mir die Hand geküßt

Vater hat sich ein schönes Fest ausgedacht
Wir werden jetzt essen
Was er auch immer wollte
Es ist ihm gelungen
CHRISTA Hanna hat recht
Susanna bringen Sie das Essen
SUSANNA Aber Sie haben eben gesagt
Sie essen erst wenn alle da sind
RITA Nun gehen Sie schon
Und merken Sie sich
Ausnahmen bestimmen die Regel
Auch in der zweiten Generation
Rita lacht. Auch Hanna und Christa.
Susanna geht und kommt mit einem Wagen, auf dem Essen steht,
und teilt aus.
Die Schwestern essen und trinken und das nicht sehr kultiviert.
Sie lachen viel und laut.
Judith steht auf und geht weg.

3. Bild

Joseph kommt. Man sieht ihm seinen schweren Kampf an.
Joseph geht langsam auf den Tisch zu. Der Junge kommt ihm entgegen.
Joseph bleibt stehen. Wagt nicht, weiterzugehen. Der Junge springt auf
den Tisch, schnipst mit dem Finger, sofort kommt wieder Musik.
Der Junge wird nie von den Töchtern wahrgenommen.
Der Junge dirigiert auf dem Tisch, ißt das ein oder andere, spuckt auf
den Tisch zurück, was ihm nicht schmeckt.
Joseph beobachtet die Szene.
Der Junge schnipst mit dem Finger, die Musik hört auf.
Die Töchter sind still und schauen zum Vater.

JOSEPH Bist schon wieder da
Mistkerl
Dachte, ich hätte dich hinten zurückgelassen
Springst mir immer nach

Tust nie was ich will
Wird wild Tust nie wie ich will
Stellst mir ein Bein
Stößt mich zu Boden
Hetzt deine Meute auf mich
Grünschnabel
Wirst nicht erwachsen
Rhinozeros
Dachte ich hätte dich im Käfig gelassen
Er schaut ihn lange stumm und traurig an.
Schweigen
Und meine Mädchen still und vergnügt
Ihr wißt nichts von der Welt
Ihr steht unten am Berg
Und glaubt ihr seid oben
Aufstehn
Aufstehn
Eins zwei drei vier
Eins zwei drei vier
Eins zwei drei vier
Eine fehlt
Unentschuldigt
Christa Magda Rita und Hanna
Eine fehlt und eine zuviel
Immer ein Haar in der Suppe
Judith kommt, bleibt in der Ferne stehen.
JUDITH Hier bin ich Vater
Hier bin ich
JOSEPH Wer sind Sie
Sie kenne ich nicht
Joseph schreit.
Lisa Lisa Lisa
Die Töchter verharren.
Schweigen
HANNA Lisa Lisa Lisa
Mutter liegt lange schon unter der Erde Vater
Die brauchst du nicht mehr rufen
Die hört dich nicht mehr

Die ist längst schon verfault
RITA Willst du wohl still sein
HANNA Ich rede wenn ich will
Verfault Vater
Tot und verfault
JOSEPH *außer sich* Lügenhanna
Lügenhanna
Sie hat mich erst gestern besucht gestern
Wo ist sie
Ihr habt sie versteckt
Verbrecher und Mörder
RITA Vater
Beruhige dich
Sie kommt gleich
Setz dich
Du sollst hier warten auf sie
Zu Hanna Idiotin
Mehr kann ich nicht sagen
Setz dich
JOSEPH Setzen
Richtig
Setzen
Setzen und Ruhe
Joseph schaut auf Judith, die immer noch weit weg steht.
Still Kinder still
Dort drüben sitzt sie
Sitzt sie und schläft
Nein
Sie dreht sich im Kreis
–
Und wo sitze ich
Wo ist mein Platz
Judith kommt langsam, stellt Joseph einen Stuhl zurecht.
Nein den nicht
Entschuldigen Sie
Den in der Mitte
*Er will sich auf den Stuhl in der Mitte setzen, der Junge kommt ihm
zuvor.*

Rhinozeros
Steh auf und verschwinde
Der Junge schüttelt den Kopf. Der Alte zerrt ihn weg.
Mach Platz sag ich Idiot
CHRISTA Mein Gott, Vater
Bist du betrunken
Mit wem sprichst du
Mit wem
HANNA Dich setzen
Setz dich
Und laß es dir gutgehn
Gutgehn auf deinen vier Beinen
MAGDA Vater wir haben gewartet auf dich
HANNA Solange bis uns der Herr Hunger und der Durst überfiel
MAGDA Ja wir haben lange gewartet auf dich
RITA Und die Zeit mit Streit totgeschlagen
Die Schwestern lachen.
CHRISTA Und uns Nadeln in die Augen gesteckt
Wo warst du
JOSEPH Kein Verhör
Nicht du mich
Du mich nicht
CHRISTA Es ist gleich zehn
Und ich muß jetzt gehn
JOSEPH Hiergeblieben
Hierbleiben
Setzen
Und Ruhe
Euch wird reichlich gegeben
Der Junge hat in der Zwischenzeit den Platz freiwillig geräumt und
sitzt unter dem Tisch.
Joseph setzt sich auf den Platz.
Joseph zu dem Jungen
Und bleib du
Bleib du wo du bist Idiot
–
Essen
Und Ruhe

Susanna bringt Essen.
Wein
Und Ruhe
Susanna schenkt ihm Wein ein.
Habt ihr auch kein Gift reingetan
Kein Gift
Man kann ja nie wissen in der heutigen Zeit
Hanna nimmt ihm das Glas aus der Hand und trinkt es aus.
HANNA Siehst du
Ich lebe
JOSEPH Wie häßlich du bist Hanna
Wie häßlich
Wie häßlich ihr seid
Schweigen.
Joseph ißt und schmeißt zuweilen etwas unter den Tisch zu dem Jungen. Die Töchter sehen ihn an, sehen sich an und schweigen. Nur Hanna lacht manchmal zu laut, und Joseph sieht sie strafend an.
Bist wieder besoffen
Dumme Nuß
Hanna lacht weiter. Joseph und der Junge lachen dann auch.
RITA Vater
JOSEPH Ruhe
Du weißt ich liebe es nicht
Wenn ihr Bälger mich stört
Ich habe Hunger
Ich habe gearbeitet für drei
Habt Geduld denn ich habe euch Frohes zu berichten
Setzen
Setzen
Der Junge unter dem Tisch zwickt Rita, die neben dem Vater sitzt, in den Busen.
Rita schreit auf.
RITA Finger weg
Schmutzfink
Der eigene Vater
Schmutzfink
Sie schlägt dem Vater auf die Finger. Joseph zieht sie an den Haaren.

JOSEPH Du Schnepfe
     Nuß Rhinozeros
     Balg
     Gibst du jetzt Ruhe
     Er schubst sie so fest, daß Rita vom Stuhl fällt.
     Aufstehn
     Hinlegen
     Aufstehn
     Hinlegen
     Durchhalten
     Gebt acht
     Feuer
     Feuer
     Ah Ah Ah Ah...
     Hunger Hunger
     Durst ich erfriere
     Schweigen
JUDITH Vater
     Ich möchte sprechen mit dir
JOSEPH *freundlich* Ich aber nicht
     Ich habe Ihnen schon gesagt
     Ich kenne Sie nicht
     Entschuldigen Sie
JUDITH *aggressiv* Nein nein nein
     Ich entschuldige nicht
     Vater
     Vater
     Seit Jahren
     Ohne jeglichen Grund
     Was habe ich getan
     Du bist grausam
     Und ich werde krank
     Es liegt ein Stein direkt auf meiner Seele
JOSEPH *lacht* Dann nehmen Sie ihn herunter
     Freundlich Ich habe Hunger
     Verzeihen Sie
     Ich hab Durst wie gesagt
     Ich habe gearbeitet wie schon lange nicht mehr

Joseph beachtet sie nicht mehr und ißt weiter.
Judith weint. Joseph zu Susanna
Frau oder Fräulein
Schöne der Nacht
Sparen Sie nicht
SUSANNA Es ist alles aufgegessen
Auch mein Feierabend
Und ich möchte gehn
Leben Sie wohl
Auf Wiedersehn
Sie verabschiedet sich von Joseph. Der küßt sie und gibt ihr ein Bündel Geld.
JOSEPH Wiedersehen Tausendschön
Tausendschön
Haben Sie Lust mich wiederzusehn
Ich kann Ihnen Freuden verschaffen bei Tag und bei Nacht
Setzen Sie sich zu mir
Bleiben Sie noch
RITA Ich bitte dich Vater
JOSEPH Jetzt meine Schöne
Müssen wir unser Geheimnis verraten
Meine Töchter kennen den Platz
Der Weißdornbusch blüht
»Du beschämst die Morgenröte
Jener Gipfel ernste Wand«
Joseph gibt Susanna mehr Geld.
Da da noch mehr Geld
Rita versucht, Susanna das Geld abzunehmen.
RITA Sind Sie wahnsinnig
CHRISTA Geben Sie sofort her
MAGDA Nein
Das geht nicht
Das geht wirklich nicht
Magda und Christa versuchen, Susanna das Geld abzunehmen.
JOSEPH Und sie säen nicht
Und sie säen nicht und ernten nicht
Und trotzdem sterbe ich nicht
Hohlköpfe
Joseph wirft Geld in die Luft.

RITA Vater bitte

Jetzt ist's genug

Genug jetzt

JOSEPH Was höre ich da

Was hast du da zu deinem Vorgesetzten gesagt

RITA Genug jetzt Vater

JOSEPH Nach dem Unterricht auf mein Zimmer

Wie sagt man

Wie sagt man

RITA Entschuldigung Vater

SUSANNA *die das Geld eingesammelt hat* Ich danke

Aber ich glaube das ist nicht gerecht

Aber ich nehme es

Ich nehme es

Christa nimmt ihr das Geld ab.

CHRISTA Sie geben das sofort her

Was fällt Ihnen ein

JOSEPH »Magst du meine Jugend zieren«

CHRISTA Das würde Ihnen zum Hals heraushängen

Schöne der Nacht schämen Sie sich gefälligst

JOSEPH *zu Susanna* »Nimmer will ich dich verlieren«

Hören Sie nicht auf das Gepiepse

Essen Sie

Setzen Sie sich zu mir

Schweigen.

Susanna sieht die Töchter böse an.

SUSANNA *zu Joseph* Ich kann Ihnen sagen

Ich habe Hunger vom ewigen Stehen und Laufen

Um die Welt wäre ich gegangen

Würden alle Schritte gezählt

JOSEPH Um die Welt mußten Sie gehen um mich zu finden

Essen Sie

Völlig normal Sind Sie schon lange bei dieser Firma

Langweilt Sie das nicht

Fremde Menschen zu bedienen

Verdienen Sie denn gut

Essen Sie

Ich nehme an meine Töchter haben Sie

Haben Sie nicht sehr gut behandelt
Lacht Meine Töchter lieben das Böse
Essen Sie
Hören Sie nicht auf die anderen
Seien Sie Ihr eigener Chef
Lieben Sie mich
Ich versichere Ihnen
Das hat noch keine bereut
Werden Sie meine Frau
Sie gefallen mir ganz außerordentlich meine Schöne
Essen Sie
Susanna türmt sich die Reste auf. Ißt und trinkt.
Die Töchter sind beunruhigt.
Plötzlich starrt Joseph vor sich hin und hört dann angestrengt.
Die Töchter beobachten ihn neugierig.
Schweigen.
Joseph steht auf und schaut Judith an. Judith lächelt.
Lange Stille
Ich war auch einmal ein Kind
Mit glattem Gesicht
Und einem Bauch so straff wie eine Trommel
Meine Mutter starb
Ich war neun
Sie war eine schöne Frau
Ich kann mich nicht erinnern
Daß sie jemals gesprochen hat
Daß sie jemals sprach
Eines Tages wir aßen zu Abend
Sie hat gegessen ohne aufzublicken
So wie Sie meine Süße
Meine Süße
–
Ich habe etwas Suppe verschüttet
Mein Vater hob strafend die Hand
Ich hatte mich schon geduckt wie immer
Da stand sie auf
Das Gesicht wie eine Furie
Nie habe ich sie so gesehn

Sie öffnete den Mund
Vielleicht um etwas zu sagen
Vielleicht um zu schreien
Mein Vater sah sie nur an
Nicht einmal böse
Da fiel sie um und war tot
Joseph schubst Judith vom Stuhl und setzt sich darauf.
Joseph wieder ganz normal, zu Susanna
War tot
Was sagen Sie dazu
SUSANNA Eine ganz und gar traurige Geschichte
CHRISTA Absurd
RITA Wirklich absurd
JUDITH Aber Vater
Vater
Großmutter ist mit einem anderen Mann weggegangen
Weggegangen
Du warst neun
Du warst neun als sie euch verließ
Kein Mensch wußte wohin
Nie hat man von ihr mehr gehört
Weißt du nicht mehr Vater
Erinnerst du dich nicht
Lacht Einmal lag ein Zopf
Ein Haarzopf vor unserer Türe
Silbergraues Haar
Du hast geschworen
Das wäre das Haar deiner Mutter
Wir haben diesen Zopf lange aufbewahrt
Eines Tages hast du ihn ins Feuer geworfen
JOSEPH Das ist nicht wahr
Das ist nicht wahr
Woher wollen Sie denn das wissen
Sie
CHRISTA Judith hat aber recht Vater
Sie hat recht
JOSEPH Niemals habe ich so eine Mutter gehabt

Dumme Nuß
Idiotin
Ruhe sag ich
Ruhe
Wer nicht auf mich hört
Fliegt raus
–

Zu Susanna, ganz normal Werden Sie meine Frau
Michelangelo hat sein schönstes Bauwerk im Alter
Im Alter geschaffen
Und Goethe den Faust
Ich werde Sie beglücken
Wie Sie es vor mir niemals erlebten
Bleib hier
MAGDA Mein Gott mein Gott ist das peinlich
RITA Goethe ja
Aber euch trennen Welten
Senilität
Vitamin E
Angina pectoris
HANNA Denk an dein Herz
Nicht an die Hose
Joseph lacht und bedrängt Susanna weiter.
JOSEPH Ich werde Sie beglücken
Beglücken
RITA Und ich denke Sie sollten jetzt gehen
Sie sehen ja selber
Rita will Susanna wegziehen.
CHRISTA Die Physik wird Sie vermissen
JOSEPH Finger weg Affenpack
SUSANNA Entschuldigen Sie
Vielleicht ist doch besser
Besser ich gehe
JOSEPH Schaffen Sie Ihre Vorgesetzten ab
Sie sind alle Lügner
Betrug und Bereicherung sitzen mit Ihnen am Tisch
Und Bereicherung ist der Name für den Untergang dieser Welt
Leise zu ihr Das haben mir meine Stimmen verraten

JUDITH Was sind das für Stimmen Vater
　　Was sind das für Stimmen
JOSEPH Wer hat Sie eingeladen
JUDITH Du Vater
　　Du
JOSEPH *freundlich* Entschuldigen Sie
　　Das war ein Versehen
　　Und nennen Sie mich nicht Vater
　　Nicht Vater
　　Und vergessen Sie nicht
　　Der nächste Atemzug kann Ihr letzter schon sein
　　Er beachtet sie nicht mehr, dann zu Susanna.
　　Wollen Sie mit mir tanzen
　　Mir wäre danach
　　Musik
　　Musik
　　Die Musik kommt. Na sehen Sie
　　Die Welt hört auf meinen Befehl
　　Joseph verbeugt sich vor Susanna, und sie tanzen.
　　Sie hat mir der Himmel geschickt
　　Sie haben mir also meine Stimmen versprochen
　　Am Tag meiner Tage
　　Joseph und Susanna tanzen engumschlungen.
CHRISTA Vater
　　Vater ich glaube so wird das nicht gehen
RITA Vater komm setz dich zu uns
CHRISTA Vater bitte
　　Du weißt sehr wohl was du tust
　　Du weißt sehr wohl was du sagst
JOSEPH Ruhe
　　Ruhe
　　In den hinteren Bänken
　　Hanna ist unter den Tisch gefallen.
　　Der Junge kümmert sich um sie. Joseph und Susanna tanzen weiter.
　　Plötzlich bleibt er stehen und tritt vor die Töchter.
　　Meine Braut
　　Das ist meine Braut
　　Sie wird meine Frau

Jetzt kennt ihr das Geheimnis des Abends
Meine Frau
Schweigen
MAGDA Das ist es also was du uns sagen wolltest Vater
CHRISTA Das ist die Höhe
Und wir zerbrechen uns die Köpfe
RITA Susanna was sagen Sie denn dazu
SUSANNA Was geht Sie das an
RITA Sie sagen nicht nein
SUSANNA Nein
RITA Was heißt das
SUSANNA Er hat recht
Schweigen
CHRISTA Sie haben sich also hier eingeschlichen
Uns zu belauschen
Sie haben sich eingeschlichen
Unter dem Vorwand uns zu bedienen
Die Lage zu prüfen
Gut organisiert Vater
Gut
RITA Schämen Sie sich
Braut aller Bräute
Ein so falsches Spiel hätte ich Ihnen nicht zugetraut
SUSANNA Ich habe den Mann heute zum ersten Mal gesehen
JOSEPH Der Hahn hat nicht gekräht
Und du hast mich verraten
MAGDA Gehn Sie bitte
Wenn Sie die Braut gar nicht sind
SUSANNA Wir sind uns versprochen
Wir sind uns im Wort
War nur Spaß
Um ihn zu prüfen
Joseph komm laß uns gehn
Laß uns gehn
Susanna führt Joseph weg.
JOSEPH Mein Engel
Mein Engel
Wo führst du mich hin

Joseph bleibt stehen und hört. Dann geht er zu Judith. Er schaut sie
an. Judith lächelt.
Lange Stille.
Joseph verändert
Vater ist an einer Zahninfektion gestorben
Ich war zwölf
Er war Lehrer wie ich und Humanist
Er hat mir alle seine Gedanken ins Hirn gemeißelt
Im Vertrauen das hat weh getan
Ich habe ihn nie geliebt
Das war mein Dank
Er hat in der Schule alle Kreuze
Alle Kreuze mit dem Bild seines Freundes ersetzt
Das wurde danach dann Gesetz
Wenig später hat ihm sein Zahn weh getan und er starb
Und ich war allein
Joseph schubst Judith vom Stuhl und setzt sich darauf.
Joseph wieder ganz normal zu Susanna
War tot
Tot was sagen Sie dazu
Glauben Sie an den Zufall
Allein war ich
Immer allein
Nun habe ich dich
Dich
Dich meine Süße
RITA Du hast uns
   Du hast uns
   Und du hast Mutter gehabt
HANNA Der spielt nur den Alten
   Seht ihr das nicht
   Der ist gar nicht echt
   Joseph küßt Susanna.
   Rita zerrt die beiden auseinander. Christa und Magda helfen ihr.
   Joseph schlägt um sich.
JOSEPH Weg ihr Dummköpfe
   Schlangen
   Vipern

Weg sag ich
Weg
RITA Schämen Sie sich Susanna
Einen wahnsinnigen Alten
JOSEPH Du wagst mich einen wahnsinnigen Alten zu nennen
Den eigenen Vater
Den eigenen Vater
Joseph befreit sich.
Verzeihen Sie
Susanna
Susanna
Königin der Nacht
Meine Lilie
Meine Braut
Mein Engel
HANNA *schwankend* Lügner Vater Lügner Lügner
Großvater
Heil Heil
Ja ja
Seine Gesinnung aufgedeckt
Piff paff
Schuß
Er hat sich das Leben genommen
Frau Susanna
Warnung
Warnung
An unserer Familie gehen Sie zugrunde
Warnung
Piff
Paff
Hanna fällt.
JOSEPH Glauben Sie ihr nicht
Glauben Sie ihr nicht
Dieses Land ist eine Räuberhöhle
Dieses Volk ist ein Trauerspiel
Alles Verräter
Verräter
Unschuldig bist du

Unschuldig
Ich werde dich retten vor dem sicheren Tod
Joseph verbeugt sich wieder vor Susanna. Sie tanzen.
Schneller schneller schneller
Susanna
Susanna
Mein Engel wir fliegen
Wir fliegen
Es wird ihm schwindlig. Der Junge lacht und zieht ihm das Bein
weg. Er fällt. Die Töchter helfen Joseph aufzustehen, stützen ihn
und führen ihn zum Tisch zurück.
Nicht schlappmachen Joseph
Joseph
Vorwärts
Vorwärts
Dir werd ich's zeigen
Du kennst mich noch nicht
Weg ihr
Weg
Ich brauch keine Hilfe
Keine Hilfe
Was erlaubt ihr euch
Faßt mich nicht an
Ihr häßlichen Damen
Rita nimmt die Obstplatte vom Tisch und hält sie Joseph als Spiegel
vor.
RITA Häßlichen Damen
Schau dich mal an
Schau dich mal an
Joseph sieht sich an und erschrickt. Dann lächelt er.
JOSEPH *groß* Das bin nicht ich
Nicht ich
Das ist jemand anders
Joseph setzt sich apathisch auf seinen Stuhl.
Hanna kriecht unter dem Tisch hervor und versucht, sich mühsam
auf den Stuhl neben Joseph zu setzen. Es gelingt ihr, sie lehnt sich an
ihn und weint.

SUSANNA Ich denke ich gehe
   Joseph
   Wann sehn wir uns wieder
   Kommst du zu mir
   Du hast den Schlüssel
   Rita nimmt Susanna beiseite.
RITA Seien Sie ehrlich
   Seien Sie ehrlich
   Sind Sie und Vater ein Paar
SUSANNA Was geht Sie das an
CHRISTA Egal was er Ihnen versprochen hat
   Egal was Sie sich ausgerechnet haben
   Es wird Ihnen nicht glücken
RITA Sie haben sich unter dem Vorwand uns zu bedienen
   Hier eingeschlichen
   Um die Lage zu prüfen
   Wahrscheinlich studieren Sie weder Physik
   Noch stammen Sie aus dem Land meiner Träume
   Trotzdem meine ich es ehrlich mit Ihnen
   Sie haben ja Augen im Kopf
   Augen im Kopf
MAGDA Es ist bestimmt besser
   Wenn Sie jetzt gehn
   Gehn Sie
   Nehmen Sie Geld
   Dann haben Sie vielleicht das
   Das was Sie wollen
   Gehen Sie
CHRISTA Gehen Sie, ohne sich zu verabschieden
   Ohne sich umzudrehen
   Ohne zurückzukommen
SUSANNA Es ist etwas Seltsames in ihm
   Es zieht einen an
   Wie der Stein der zum Himmel geworfen
   Zur Erde fällt
   Susanna küßt Joseph zart.
   Leb wohl
   Leb wohl

Ich warte auf dich
Joseph nimmt sie nicht wahr, hört aber angestrengt.

JOSEPH Meine Stimmen sagen die Wahrheit
Im Dunkel der Nacht
Ich bin die Wahrheit und deswegen das Leben

HANNA Ja das bist du
Das bist du
Und sonst schmeckt's dir gut
Du treibst es mit Jungen und Alten
Darauf sag ich
Vater
Prost
Wir halten zusammen
Joseph lacht und plötzlich ganz normal.

JOSEPH Der Mensch ist nicht verurteilt zum Leiden
Habt ihr einen Spaß gehabt meine Töchter
Dann applaudiert
Applaudiert eurem Vater
Schweigen.
Susanna geht, Joseph sieht ihr nach.
Dort geht eure Mutter
Nein
Am Himmelsrand steht sie und weint
Die Schwestern setzen sich wieder.
Schweigen

HANNA Robert sagt
Du legst uns alle herein

JOSEPH Robert ist klug
Er hat nur kein Geld
Und keine Moral

CHRISTA Und woher hast du diese Summen
Woher hast du das Geld
Vater
Es war doch schon alles verteilt

JOSEPH Ausgegraben ausgegraben ausgegraben
Und da liegt noch viel
Man muß nur hingehen
Den Rest holen und nehmen

Das Geld ist einsam
Es wartet darauf

RITA *spricht wie mit einem Kind* Wo lieber Vater
Wo
Wo ist es
Sag es der Rita
Wo

JOSEPH *äfft sie nach* Ich darf es ich nicht sagen
Haben die Stimmen gesagt
Ihr seid noch nicht würdig

CHRISTA *schreit* So mein Lieber
Jetzt ist es genug
Jetzt ist es genug
Schämst du dich nicht
Schämst du dich eigentlich nicht

JOSEPH Ich war hungrig und ihr gabt mir nichts zu essen
Ich habe angeklopft und ihr habt alles versperrt
Ich habe es heimlich versteckt

RITA *lacht* Das ist ja unglaublich
Heimlich versteckt
Wahrscheinlich ein Vermögen

HANNA Und Robert und ich
Wir krebsen am Abgrund
Was soll ich tun
Damit du es ausspuckst

JOSEPH Ich ernähre euch doch
Wie die himmlischen Vögel

HANNA Der spielt
Der spielt den Hanswurst
Der ist doch nicht echt
Der spielt
Der macht sich das Leben jetzt einfach
Ganz einfach

RITA Ja Hanna hat recht
Der spielt den Hanswurst
Rückt Mutters Geld nicht mehr heraus

CHRISTA Immer hat sie versucht uns noch etwas zu sagen
Dieses Lallen und Singen

Dieses Zungenrollen und Stöhnen vor ihrem Tod
Sie wollte etwas sagen
Das war es
Das wollte sie sagen

MAGDA Das ist Mutters Geld
Mutter hat es gespart und versteckt
Um heimlich heimlich ein neues Leben
Ein neues Leben zu beginnen

CHRISTA Sie hat es nicht mehr gebraucht
Jetzt gehört das Geld uns
Das Geld gehört uns

RITA Und er verjubelt es mit der Lilie des Feldes
Die uns die Physikstudentin verkaufte
Die Braut aller Bräute

MAGDA Mutter
Hat uns immer
Immer vor dir gewarnt

CHRISTA Vater im Himmel
Du bist ein Betrüger
Jetzt haben wir dich

JOSEPH Hinsetzen
Ruhe
*Hanna bekommt einen Lachkrampf, und Joseph gibt ihr eine Ohr-
feige.*
Ruhe
Hinsetzen
*Joseph teilt an alle Kopfnüsse aus, wie der Pfarrer die heilige Kom-
munion.*
Steht stramm
Strammstehen
Steht stramm

RITA *weinend* Du kindischer alter Tyrann
Seit vierzig Jahren treibst du dies Spiel
Kamst aus der Gefangenschaft zurück
Einsamer Held
Hast die eigene Frau dann zur Tochter gemacht

MAGDA *weint* Und als sie aufbegehrte
Hast du Feuer gelegt in der Nacht
Mutter ist vor Angst von der Treppe gestürzt

Wurde nie wieder gesund
Wußte nicht mehr wer sie war
Wo sie war
Völlig verwirrt in ihrem Kopf
Hat mit Puppen gespielt
Dachte es wären ihre Kinder
Dachte das wären wir
CHRISTA *weint* Wurde selbst dann ein Kind
Wir mußten sie wickeln und füttern
Sie wurde immer kleiner
Schrumpfte zusammen
Und als Mutter starb
Paßte sie in den Sarg in den Sarg eines Kindes
JOSEPH In den Sarg eines Kindes
Lächerlich das
Sie war die Schönste der Erde
Ich habe sie geliebt
Wie niemanden mehr auf dieser Welt

–

Wo ist sie
Wo ist sie
Gerade war sie doch da
Aber ihr vertreibt alle und alles mit eurem Geschrei
Höllenbrut
Höllenbrut
Ich habe sie geliebt
Joseph schaut Judith an. Judith lächelt.
Lange Stille.
Plötzlich greift Joseph Judith an.
Was weißt du von dem Feuer
Das einen verbrennt
Wenn man lachend die Wahrheit erfährt
Alles brennt
Brennt
Du fleischgewordener Betrug
Du fleischgewordener Verrat
Judith Judith Judith
Joseph schüttelt Judith und läßt ebenso plötzlich von ihr ab.
Lange Stille

JUDITH Was heißt das
Was heißt das
Was heißt das
Verrat und Betrug
Was hat das mit meinem Namen zu tun
Antworte
Vater
Antworte
JOSEPH Man muß den Arm abhacken der schmerzt
Joseph schaut Judith an. Judith lächelt nicht mehr.
Lange Stille. Joseph sehr ruhig
Du bringst den Tod
Du hast hast den Tod uns ins Haus gebracht
Du bist der Tod
Der Tod
Lange Stille
JUDITH Ich gehe und komme nicht wieder
Jetzt hast du den Stein weggenommen
Verzeih mir Vater
Verzeih
Ich habe dich durch mein Dasein gekränkt
Und Mutter hat mich dafür gehaßt
Nun kenne ich den Grund
Nun weiß ich die Wahrheit
Ich habe nie zu dieser Familie gehört
Ich habe nie zu irgend jemand gehört
Wir sehn uns nicht wieder
Nicht wieder
Judith geht.
Lange Stille
RITA Jetzt hat er die Wahrheit ausgespuckt
Ausgekotzt wie verdorbenes Essen
CHRISTA Mutter der Judas
Judith
Ein Vögelchen im falschen Nest
Joseph zieht Christa an den Haaren.
JOSEPH *sehr aggressiv* Häßlich bist du

Vorlaut gehässig und dumm
Was wißt ihr ihr Kinderidioten von dieser Welt
CHRISTA Hilfe
Hilfe
Der bringt mich um
Joseph stürzt sich auf Rita.
RITA Der bringt uns alle um
Magda kommt ihnen zu Hilfe. Langsam überwältigen sie Joseph.
JOSEPH Ruhe
Ruhe sag ich
Alles hört auf meinen Befehl
Ihr an die Wand
An die Wand
Ihr könnt ihr das Wasser nicht reichen
Häßlich seid ihr
Böse und schlecht
CHRISTA Alter verrückter ekelhafter Mann
Verschwinde endlich
Mach Platz auf der Welt
Steig in den Sarg und gib Frieden
RITA Aber vorher rückst du noch die andere Wahrheit heraus
Lacht böse Am Tag der Versöhnung
Wo ist das Geld
Wo ist das Geld
CHRISTA Wo ist es
JOSEPH *höhnisch* Hier hier hier
Hier unter der Erde
HANNA Dann grabt
Menschen
Grabt
Hanna wühlt am Boden herum. Rita und Christa helfen ihr.
RITA Dreck Dreck
CHRISTA Ja Dreck
Nur Dreck Dreck Dreck
HANNA Der Wahnsinnige hat das Geld aus dem Fenster geworfen
Und Robert mein Mann
Steht unten und sammelt es ein

Um sich endlich aus dem Staub zu machen
Fort ins gelobte Land
Halali
Halali

JOSEPH Sucht nur
Sucht
Gleich habt ihr den Schatz
Gleich
Sucht
Der Angestellte und Freund kommt und beobachtet das Geschehen
Später holt er sich einen Stuhl und setzt sich schweigend.
Der Junge beobachtet ihn mißtrauisch, riecht an ihm, schaut in sein
Taschen und versucht, ihn zu verjagen.
Der Freund bleibt und lächelt.

HANNA Der ist imstande und nimmt dieses schönste Geheimnis
Dieses schönste Geheimnis mit in sein Grab

RITA *jammernd* Dort vermodert es mit ihm

CHRISTA *jammernd* Dort wartet er auf uns
Und flüstert's uns leise ins faulende Ohr
Hanna gräbt mit den Händen wie ein Maulwurf. Sie hat eine gan
kleine Grube ausgegraben. Fällt dann vornüber und schläft

RITA Komm Christa
Komm
Jetzt oder nie

CHRISTA Wohin

RITA Ins Haus
Jetzt oder nie
Zu Joseph Und du Alter
Wage dich nicht von der Stelle
Denke nach
Überlege genau
Zahl deine Schuld
Christa und Rita gehen weg.

CHRISTA *ruft Magda zu* Magda, laß ihn nicht gehn
Laß ihn nicht gehn
Jetzt oder nie
Stille

JOSEPH Warum stehst du hinter mir
Den Mund zu einem Grinsen verzogen

Ich will meinen Lohn
Und du lachst mich aus
Joseph apathisch.
Lange Stille
MAGDA *zu Joseph, leise* Vater Vater Vater
Hörst du mich Vater
Sag es mir
Mir
Leise
Leise ins Ohr
Hilf mir
Mir und Robert
Wir wollen fort
Fort aus diesem furchtbaren Land
Bald ist es zu spät
Und wir sehen aus wie die anderen
Weißt du Vater
Robert und ich
Und das seit zehn Jahren
Hörst du mich Vater
Ich öffne mein Herz
Ich habe vieles versucht
Habe vieles getan
Alles ist Lüge und sinnlos
Wir müssen fort
Fort aus diesem Land
Das ist mir heute
Wie Schuppen von den Augen gefallen
Robert hat es mir immer gesagt
Ich habe ihm nicht geglaubt
Nicht geglaubt bis auf den heutigen Tag
Robert hat recht
Es ist eine Krankheit
Eine Krankheit unheilbar
Man muß fort um dem Tod zu entrinnen
–
Vater gib mir das Geld
Gib uns das Geld

Schau dir Hanna doch an und die anderen
Die sind am Ende
Rettungslos
Die reißen uns mit in den Abgrund
In den Abgrund
–

Wo ist das Geld
Das Geld ist die Lösung
Das Geld hätte dann einen Sinn
Vater dich hat uns der Himmel gesandt
Lieber Vater
Sag es mir
Wir sind ganz allein
Und ich bin dein Kind
–

Die kommen bestimmt gleich zurück
Die kommen zurück
Und ich fürchte mich fast
Ich fürchte mich Vater
–

Sag es mir
Leise ins Ohr
Wo ist das Geld
Joseph beugt sich zu ihr.

JOSEPH Du bist ja noch blöder als ich dachte
    Dumme Nuß
    Und mit Robert
    Zum Lachen
    Zwei Holzköpfe
    Von mir erfährst du nichts
    Nichts erfährst du
    Robert und du
    Lächerlich das
    Dieses Männchen
    Und du altes Mädchen
    Altes häßliches trockenes Mädchen
    Schweigen

MAGDA *erstaunt und ruhig* Jetzt bist du gestorben
Gerade eben gestorben für mich
Für immer und ewig
In diesem Moment
Bist du tot
Tot
Lange Stille.
Christa und Rita kommen mit Schaufel und Hacke.
Joseph bekommt Angst, springt auf den Tisch, dirigiert plötzlich wie
wild. Der Junge treibt ihn an.
JOSEPH Musik
Musik
Musik
Selig
Selig die Alten
Denn sie haben lange gelebt
Musik Musik Musik
HANNA *erwacht* Mörder
Mörder
Mörder
RITA Jetzt sei endlich still
HANNA Verlogenes Pack
Blut
Blut
Ich will mich ertränken
CHRISTA Schrei nicht Hanna
Hör auf
Christa und Rita bearbeiten den Boden.
JOSEPH Selig die Schreienden
Denn ihnen gehört die Welt
Ich kann euch nicht retten
Der Junge springt auf den Tisch.
Ja Kinder schlagt
Schlagt
Spuckt mich an
Ja
Schlagt
Setzt mir die Dornenkrone auf

Ich wehre mich nicht
Schlagt
Schlagt
Joseph taumelt und schreit, wird wieder ruhig. Heult auf wie ein
Hund. Wimmert.
Dann Stille, dann Atemnot, dann Erschöpfung und Warten. Dann
wieder ein Aufbäumen. Stöhnen und Brüllen.
Dazwischen versucht er zu sprechen.
Ja Kinder schlagt
Schlagt
Schlagt
CHRISTA Ja Vater ja
RITA Bravo Vater
Bravo
MAGDA So ist's richtig
So ist's richtig
Die Töchter applaudieren.
Joseph würgt den Jungen, der wird ohnmächtig und fällt vom Tisch.
Joseph taumelt.
Dann hört er wieder angestrengt.
Schweigen
CHRISTA Du bist ja ganz weiß Vater
Du hast ein weißes Dreieck um deinen Mund
HANNA *lacht* Du siehst aus
Wie ein Clown
RITA Ja wie ein Clown
Du gehörst in den Zirkus
MAGDA Weiter Hanswurst
Weiter
HANNA Ja wie ein Hanswurst
Das Gesicht rot wie Burgunder
Ich muß lachen über dich
Ein Dreieck
Und das im Gesicht
Von der Nase bis zum Kinn
Und ganz weiß
Weiß wie eine Wand

JOSEPH Holla
   Holla
   Laßt doch das Vögelchen endlich aus dem Käfig
   Wo bist du mein Junge
   Bleib bei mir
   Bleib bei mir
   Holla Halali Holla Holla...
   Joseph dirigiert, taumelnd.
   Hört ihr
   Laut und leise
   Ganz wie ich will
   Holla
   Ganz wie ich will
   Joseph krümmt sich im Schmerz.
MAGDA *applaudiert* Ja, weiter
   Hanswurst
   Hanswurst
JOSEPH Danke danke
   Ich habe gewonnen
   Ich habe gewonnen
HANNA *applaudiert* Ja du bist der Sieger
   Du kannst die Welt aus den Angeln heben
   *Joseph schreit plötzlich unter großen Schmerzen, demagogisch. Er
   hat Sprachschwierigkeiten.*
JOSEPH Der Mensch
   Der Mensch
   Der Mensch zerlegt
RITA Ja Vater ja
   Jetzt bist du wieder in deinem alten Element
   Auf den Katheder
CHRISTA Auf den Katheder Vater Vater
MAGDA Auf den Katheder Hanswurst
JOSEPH Der Mensch
   Meine Süße meine Süße
   Zerlegt um zu erfassen
   Alle
   Und
   Mein Engel

Judith Judith Judith
Alle
Meinem Befehl
Nur mein Befehl gilt
Mein Befehl gilt
Die Töchter applaudieren, treiben und feuern ihn an.
Die Töchter, einzeln oder gemeinsam, während Joseph die folgend
Rede hält.
In dieser Rede wiederholt Joseph sich, verschluckt Wörter un
Sätze, spuckt sie wieder aus. Das ist mühsam und trostlos.
Er quält sich an der Sprache, die Sprache quält ihn.

JOSEPH	DIE TÖCHTER
Zerlegen	
Zersägen Hoffnung ich spiele	
	Ja ja
	Vater ja ja
Freiheit ohne jedes Gesetz	
Dumme Nüsse	
	Weiter Vater
	Weiter
	Unser Befehl
	Gilt gilt gilt
Mein Herz Nuß	
Schlägt Gesetz	
	Hanswurst
	Los los
	Weiter
Freisein	
Rhinozeros	
Freiheit	
Die jede Freiheit erschlägt	
	Du bist der
	Bär wir deine
	Kinder
Sch sch w ö r mer	
Ich schwärme	
Ver	
liert	

Verliert der Mensch
Hoffnung
Verliert er wie seine ersten Zeh

Verliert er
Verliert er
Er verliert
Er verliert

Hoffnung verirrt er wo reine Weh
Hoffnung verliert er wie seine ersten Zeh
Der Mensch
Verliert
Die Hoffnung
Wie Zehen

Ja Hoffnung
Hoffnung

Wie Zähne
Seine
Ersten
Die Hoffnung

Weiter weiter
Alter Faulpelz
Weiter weiter

Zähne
Zeh
Weh
Geh

Aufstehn
Hinlegen
Aufstehn

Geh
Geh
Meine
Oh oh
Ah ah ah ah ...

Weiter, weiter
Unser Befehl
Gilt gilt

Joseph erstickt an seinen eigenen Wörtern, fällt um, liegt auf dem
Tisch und ist tot.
Die Töchter lachen und lachen, applaudieren und lachen.

RITA Weiter Vater
  Mach nicht schlapp
  Alter

CHRISTA Los los los
  Aufstehn
  Hinlegen
  Anlegen

HANNA Ja ja ja
  Piff Paff Piff Paff

MAGDA Los
  Alter häßlicher Mann
  Weiter weiter

HANNA Piff Paff

RITA König der Könige
  Retter der Menschheit

CHRISTA Steh auf
  Und rede
  Du sollst reden und aufstehn
  Alleswisser
  Besserwisser

MAGDA Häßlicher alter vertrockneter Mann
  Die Töchter zerren an Joseph, wollen ihn aufrichten. Er fällt auf den
  Boden.

HANNA Halali
  Du Fettsack
  Faulpelz
  Steh auf
  Antworte
  Beweg deine Zunge
  Die Töchter zerren Joseph wieder auf den Tisch.
  Lange Stille

MAGDA Der bewegt nichts
  Nichts
  Schweigen

RITA Vater Vater
Vater
Schweigen
CHRISTA War doch nur Spaß
Harmloser Spaß
Ein Spiel weiter nichts
Schweigen
HANNA Komm trink mit mir Vater
Schweigen.
Christa, Rita und Magda haben begriffen.
Schweigen
Er ist nicht tot
Nicht tot
Er zwinkert
Zwinkert mir zu
Der ist nicht tot
Nicht tot
Komm Vater zwinker noch mal
Los los los
Hanna schlägt verzweifelt auf Joseph ein.
Vater Vater
Wach auf
Wach auf
Trink
Trink von meinem Blut Christi
Vater
Hanna gibt ihm zu trinken. Schüttet die Flasche Rotwein aus Verse-
hen auf Joseph aus. Die Flasche fällt ihr aus der Hand. Hanna sucht
sie, taumelt und fällt, steht immer wieder auf, taumelt und fällt.
Warum hilft mir denn keiner
Rita bitte
Magda und Christa
Helft mir
Wo ist diese Flasche
Wo ist dieses Geld
Wo Wo Wo
–
Er hat den Mund doch eben bewegt

Die Zunge
Die Zunge
Haltet das Ohr an
Haltet das Ohr an seinen Mund
–

Er hat's mir gesagt
Das große Geheimnis eben gesagt
–

Kommt kommt
Ich weiß es kommt
Er hat's mir gesagt
Mir mir
Mir nach
Kommt kommt
Sie gräbt. Ich stoße auf Hartes
Schnell schnell schnell
Ich hab es gefunden
Endlich gefunden
Der Junge springt auf den Tisch, dirigiert, und die Musik kommt.
Die Töchter gehen ängstlich zu Hanna und graben. Sie taumeln,
fallen, stehen wieder auf. Ein eigenartiger Tanz entsteht.
Die Töchter werden langsam und fast unmerklich zu alten Frauen.
Der Angestellte und Freund steht auf, nähert sich Joseph.
Joseph streckt ihm die Zunge heraus.
Dunkel.
Die Musik bleibt.

4. Bild

Dasselbe Bild, und es wird hell.
Am Himmel Rauch vom Ofen eines Krematoriums.
Alles ist friedlich.
Joseph liegt nackt auf dem Tisch.
Der Freund hat einen Eisenhaken in der Hand und zerschlägt Joseph
die Glieder.
Im Hintergrund die Schwestern. Sie sind alt und grau und gebückt.
Sie suchen immer noch taumelnd und tanzend das Geld ihrer Mutter.
Der Junge schleppt Judiths leblosen Körper herein. Er spielt mit ihr,
wie mit einer Puppe. Er versucht, sie hinzustellen, sie fällt. Er setzt sie
mühsam auf den Stuhl. Löst ihr die Haare. Tanzt mit ihr. Sie fällt. Er
schleppt sie an einen anderen Platz. Unter den Tisch. Er küßt sie. Gibt
ihr zu essen...

DER FREUND *Schlag* Flieg Joseph
 Flieg
 Schlag
 Du stöhnst
 Schlag
 Sei ruhig
 Schlag
 Gib nach
 Selbst im Tod ist der Mensch noch widerspenstig
 Will nicht auf den Rost
 Niemandem geht es anders
 Niemandem
 Schlag
 Keiner weiß es
 Keiner will es wissen
 Schlag
 Flieg Joseph
 Flieg
 Schlag
 So ist die Welt
 Und das Ende
 Für jeden

Für jeden
Schlag
Flieg Joseph
Flieg
Schlag
Ist nur der Mantel
Nur der Mantel
Schlag
Du stöhnst noch
Du stöhnst
Schlag
Tut nicht mehr weh
Nicht weh
Schlag
Flieg Joseph
Flieg
Flieg
Der Angestellte und Freund trägt Joseph weg.
Lange Stille.
Der Junge legt Judith auf den Tisch.
DER JUNGE Hoffnungsdenken
Nachttag
Lächelmensch
Kuß
Tagesschwärze
Liebesflirren
Tränenauge
Hochzeitskuß
Kuß
Alptraumfahrt
Kuß
Kindersegen
Kuß
Todgedanke
Kuß
Aufrechtgehen
Herzrasen
Menschenfreude

Nachttag
Strahleaugen
Tagesschwärze
Hoffnungsdenken
Kuß
Zuckmaul
Kuß
Liebesschwur
Kuß
Tränenspur
Sinnlosdenken
Treuefreude
Nachttag
Atemnot
Freudentanz
Sinnlosträume
Tagesschwärze
Totentanz

Der Angestellte und Freund kommt und trägt Judith weg.

Die Töchter tanzen und suchen immer noch. Sie sind inzwischen Greisinnen geworden.

Der Junge setzt sich auf Josephs Platz und streckt langsam die Zunge heraus.

Es wird dunkel.

Ende

Jan Fabre

Elle était et elle est, même
Solo pour une jeune femme (Assomption)

Dédié à Lilliane van H.

Jan Fabre

Sie war und sie ist, sogar

Solo für eine junge (Maria Himmelfahrt) Frau

Lilliane von H. gewidmet

(jouissance
plaisir
rires)
Où sommes-nous?
Que se passe-t-il, s'il se passe quelque chose
Elevons-nous petit à petit...
Mon unique fonction consiste à faire l'amour
Je ne suis bonne à rien d'autre
Le faudrait-il?
Mon unique fonction consiste à faire l'amour
   encore une fois
et encore une fois
et encore une fois
et encore une fois
et encore une fois, et encore une fois, et encore une fois
sous toutes sortes de figures
Mon unique fonction consiste à faire l'amour
Bien qu'il y ait des hommes qui désirent ardemment
de m'entendre en confession
Et des garçons qui son prêts à voler pour moi
toutes sortes de choses dans les grands magasins
Et il y a des hommes en uniforme qui ne veulent jamais
me flanquer des contraventions
et veulent me rendre sûre pour l'Etat
Et il y a des hommes
qui m'etablissent gratuitement un devis
pour mon cerceuil
Des hommes
qui veulent satisfaire mes lubies les plus imaginatives
Des hommes aux professions difficiles
qui pour moi veulent faire des choses difficiles

(genuß
freude
gelächter)
Wo sind wir?
Was geschieht, wenn etwas geschieht
Laßt uns langsam hochgehen . . .
Meine einzige Funktion besteht darin, Liebe zu machen
Ich bin zu nichts anderem fähig
Sollte das so sein?
Meine einzige Funktion besteht darin, Liebe zu machen
     noch mal
und noch mal
und noch mal
und noch mal
und noch mal, und noch mal, und noch mal
in vielerlei Gestalten
Meine einzige Funktion besteht darin, Liebe zu machen
Obwohl es Männer gibt, die sich brennend danach
sehnen, mir die Beichte abzunehmen
Und Jungen, die alles mögliche für mich stehlen wollen
aus Warenhäusern
Und es gibt Männer in Uniformen, die mir nie
ein Bußgeld auferlegen und mich staatstragend
machen wollen
Und es gibt Männer,
die mir ein kostenloses Angebot unterbreiten
für meinen Sarg
Männer, die mich auf meine einfallsreichen Winke
hin bedienen wollen
Männer mit schwierigen Berufen
die für mich
schwierige Sachen machen wollen

Il y a même des hommes
qui débarrassent et nettoient la petite table
à laquelle je suis assise sous le parasol
qui m'abrite du soleil trop ardent
Tandis que je vois des hommes
qui règlent les trains pour moi
et de temps en temps les font
se tamponner
Pour me faire rire
N'est-ce pas gentil?
(rit de pur plaisir)
Les pauvres malheureux
Le jeu veut
le hasard veut
la couleur que je leur annoncerai
Le temps fera son œuvre
Du plomb rouge
et l'oxydation de la nature
vient à point à toute heure
Parasol
parasol
parasol
parasol
sous l'étoffe
colorée par l'agitation
Pauvres malheureux
Mais ils sont si spontanés
Ils moulent et moulent
Ils ont le goût du chocolat au lait
Ils moulent et moulent
J'ai léché, mais je n'ai pas mordu
à la trace qu'ils laissent derrière eux
et abandonnent
La tentation
difficile d'y résister
Rien ne fonctionne comme on pense
que cela devrait fonctionner
Le chocolat provenant de

Es gibt sogar Männer
die das Tischchen abräumen und saubermachen,
an dem ich sitze, unter dem Sonnenschirm
gegen das helle Sonnenlicht
Während ich sehe, wie Männer für mich den
Zugverkehr regeln
und ab und zu für mich
Züge zusammenstoßen lassen
Um mich zum Lachen zu bringen
Ist das nicht nett?
(lacht vor Freude)
Die armen Schlucker
Das Spiel will
der Zufall will
welche Farbe ich ihnen gegenüber bekennen soll
Die Zeit wird ihre Arbeit tun
Rotes Blei
und der Oxydation der Natur
kommt jede Stunde zupaß
Parasol
Parasol
Parasol
Parasol
unter Staub
gefärbt vom Lärm
Die armen Schlucker
Aber sie sind so spontan
Sie mahlen und mahlen
Sie schmecken nach Milchschokolade
Sie mahlen und mahlen
Ich habe daran geleckt, aber nicht abgebissen
von der Spur, die sie hinterlassen
und hinterlassen
Die Verführung
schwer zu widerstehen
Nichts geht, wie man glaubt,
daß es gehen sollte
Die Schokolade stammt

je ne sais où
et pourtant difficile d'y résister
Ces hommes sont-ils aussi des soldats
ou sont-ce des coiffeurs
La baïonnette porte des ciseaux qui font un x
Quels êtres complexes tout de même
ces pauvres malheureux
Un peu à gauche, pensais-je . . .
(ferme les yeux)
From here to eternity
   encore une fois
et encore une fois
et encore une fois
et encore une fois
et encore une fois
et encore une fois
et encore une fois
en saccadant en avant
et en arrière
Les pauvres malheureux
Sous eux une luge
ou une glissade
une sorte de petit charriot sur des barres glissantes
équipé
pour encore plus d'agitation
(ouvre lentement les yeux)
Témoins de l'oculiste
à l'extrême droite, pensais-je
Petit miroir, mon doux ami
Qui est la plus belle de tout le pays?

C'est l'autre côté
Le passé
Je le connais
   enore une fois
et encore une fois
et encore une fois
et encore une fois

ich weiß nicht woher
und doch schwer zu widerstehen
Sind diese Männer auch Soldaten
oder sind es Friseure
Das Bajonett trägt eine x-förmige Schere
Was für komplexe Wesen doch
die armen Schlucker
Ein wenig nach links, dachte ich ...
(schließt die Augen)
From here to eternity
    noch mal
und noch mal
und noch mal
und noch mal
und noch mal
und noch mal
und noch mal
stoßend vorwärts
und rückwärts
Die armen Schlucker
Unter ihnen ein Schlitten
oder ein Gleiten,
eine Art Wägelchen auf Gleitschienen
ausgestattet
für noch mehr Lärm
(öffnet träge die Augen)
Zeugen des Augenarztes
äußerst rechts, dachte ich
Spieglein, Spieglein an der Wand
Wer ist die Schönste im ganzen Land?

Es ist die andere Seite
Die Vergangenheit
Ich kenne das
    noch mal
und noch mal
und noch mal
und noch mal

et encore une fois
et encore une fois
et encore une fois
en saccadant en avant
et en arrière
Toutes ces méthodes compliquées
Les méthodes de leur séduction
Ils me regardent d'un seul oeil, de tout près,
pendant presque une heure
Des voyeurs
au regard furtif
attendant le déshabillage de mon moi-même
Pas de moi dénudée
mais une veuve pimpante
t' t' t' les pauvres malheureux
Les pauvres malheureux, à tous égards inférieurs
à moi-même
Les pauvres malheureux, même leur désir que je
soulève en eux
c'est moi qui le mets en branle
Les pauvres malheureux, que je désire tellement
J'ordonne
les pauvres malheureus obéissent
Toute explication est par trop unilatérale
et rien ne peut être démenti
Je les suis pas à pas d'une surprise à l'autre

Il sont incroyablement ingénieux
Pas de phrases de cinéma
Ils sont grisants
Je les sens
les yeux fermés, même
Du gaz lumineux
Et ils chantent
une sorte de complainte virile
Les sons mélancholiques proviennent de
From here to eternity
    encore une fois
et encore une fois

und noch mal
und noch mal
und noch mal
stoßend vorwärts
und rückwärts
All diese komplizierten Methoden
Die Methoden ihrer Verführung
Sie sehen mich an mit einem Auge, aus der Nähe,
fast eine Stunde lang
Voyeure
mit verstohlenem Blick
wartend auf das Entkleiden von mir selbst
Kein entblößtes Ich
sondern eine frische Witwe
t't't' die armen Schlucker
Die armen Schlucker, in jeder Hinsicht
mir unterlegen
Die armen Schlucker, sogar ihr Verlangen nach mir
wird von mir in Gang gesetzt

Die armen Schlucker, nach denen ich so verlange
Ich befehle
die armen Schlucker gehorchen
Jede Erklärung ist zu einseitig
und nichts kann geleugnet werden
Ich folge ihnen
vom einen erstaunlichen Schritt zum nächsten
Sie sind unglaublich einfallsreich
Keine Filmzitate
Sie sind berauschend
Ich rieche sie
mit geschlossenen Augen, sogar
Leuchtendes Gas
Und sie singen
eine Art männlichen Klagegesang
Die melancholischen Geräusche stammen aus
From here to eternity
        noch mal
und noch mal

et encore une fois
et encore une fois
et encore une fois
et encore une fois
et encore une fois
en saccadant en avant
et en arrière
Vivre lentement
Cercle vicieux
Horizontal
Un tour pour le tampon
Déchet de la vie
Construction bon marché
Du fer-blanc
des cordes et du fil de fer

Des poulies de bois excentriques
Volant monotone
Bière professeur
Tout le temps ils répètent ces mots pénibles
jusqu'à ce qu'ils se confondent en un point unique
Rien n'est plus étrange que le fait que ce soit vrai
Ils changent
comme toujours
Une véritable métamorphose, de longues aiguilles effilées
pour me piquer, qui sait...
Ils deviennent de petits cœurs de gaz gelés
plus légers que l'air
Mais ils sont filtrés avant qu'ils ne montent
De la censure?
Je vois... ils sont pris de vertige,
mais ce n'est que temporaire
et ils perdent leur individualité,
et cela pour toujours
Tout est confus et invisible
Quels avonturiers
From here to eternity
    encore une fois

und noch mal
und noch mal
und noch mal
und noch mal
und noch mal
stoßend vorwärts
und rückwärts
Träges Leben
Teufelskreis
Horizontal
Rundlauf für den Puffer
Lebensmüll
Billige Konstruktion
Blech
Fäden und Eisendraht

Exzentrische Holzrolle
Monotones Schwungrad
Bier Professor
Immer wiederholen sie diese schmerzlichen Worte
bis sie an einem Punkt zusammenschmelzen
Nichts ist komischer, als daß es wahr ist
Sie verändern sich
wie immer
Eine echte Metamorphose, von langen dünnen Nadeln
um mich zu stechen, wer weiß...
In erfrorene Gasherzchen
die leichter als Luft sind
Aber bevor sie aufsteigen, werden sie filtriert
Zensur?
Ich sehe... ihnen wird schwindlig,
das ist nur vorübergehend
und sie verlieren ihre Individualität,
und das ist für immer
Alles undeutlich und nicht sichtbar
Was für Abenteurer
From here to eternity
      noch mal

et encore une fois
et encore une fois
et encore une fois
et encore une fois
et encore une fois
et encore une fois
Les quatre derniers sont gorgés de saleté
en saccadant en avant
et en arrière
Les petits cœurs de gaz sont devenus des gouttes
Ce sont de petits cœurs de gouttes
Tout est confus et invisible
Quelle dégoulinade
Les pauvres malheureux
Tout est confus et invisible selon
les témoins de l'oculiste
Juste en dessous
Maintenant
Les petits cœurs de gouttes tombent aveuglément
amoureux...
(elle éclate de rire)
Non, les petits cœurs de gouttes sont aveuglément
projetés en ma direction à une vitesse vertigineuse
en plein milieu du témoin de l'oculiste
Quelle impertinence
Quel culot!
Braver un rêve
Je suis tout pour eux
et tout ici est vague et irréel comme dans un rêve

Mais tout est possible car les éléments du désir
cheminent à une vitesse vertigineuse
Les petits cœurs de gouttes à cet instant lucratif
deviennent une substance explosive
Que c'est passionnant!
Les petits cœurs de gouttes en route, explosifs
Arrivée mon éclatant domaine giclant

und noch mal
und noch mal
und noch mal
und noch mal
und noch mal
und noch mal
Die letzten vier stecken voller Schmutz
stoßend vorwärts
und rückwärts
Die Gasherzchen sind Tropfen geworden
Es sind Tropfherzchen
Alles undeutlich und nicht sichtbar
Welches Getropfe
Die armen Schlucker
Alles undeutlich und nicht sichtbar laut
den Zeugen des Augenarztes
Gerade darunter
Jetzt
Die Tropfherzchen verlieben sich
blindlings...
(sie bricht in Lachen aus)
Nein, die Tropfherzchen werden mir blindlings
mit einer schrecklichen Geschwindigkeit zugeworfen
mitten durch den Zeugen des Augenarztes hindurch
Was für eine Unhöflichkeit
Welcher Mut!
Einem Traum trotzen
Ich bin alles für sie
und alles ist hier vage und unwesentlich
wie in einem Traum
Aber alles ist möglich, denn die Elemente des Verlangens
sind mit einer schrecklichen Geschwindigkeit unterwegs
Die Tropfherzchen werden zu diesem lukrativen Zeitpunkt
eine explosive Flüssigkeit
Wie spannend!
Die Tropfherzchen, explosiv unterwegs
Ankunft in meiner sprühenden Spritzerzone

Comment le désignerais-je autrement?
Des petits moteurs en route
toujours en route
From here to eternity
   encore une fois
et encore une fois
et encore une fois
et encore une fois
et encore une fois
et encore une fois
et encore une fois
en saccadant en avant
et en arrière
Pauvres malheureux
Ainsi ils sonst épuisés
t' t' t' les pauvres malheureux tout de même

Quand prudemment
très prudemment et lentement nous nous élevons
davantage encore...
Presque
mais jamais tout à fait
Une sorte d'énergie timide
est mon réservoir d'essence amoureuse
La ligne de démarcation entre le haut et le bas
est l'aimant de mon désir
De pauvres malheureux comme ceux-ci
comprendraient-ils des mots passionnels
Juste au-dessus du réservoir se trouve un moteur aux
cylindres très faibles, qui est en contact
avec mon squelette
Le doux siège
Le système le plus doux
de ma fantaisie qui règle tout
Petit miroir, mon doux ami
Qui est la plus belle de tout le pays?
L'envers
et je vois le devant
   encore une fois

Wie anders könnte ich es nennen?
Kleine Motörchen unterwegs
immer unterwegs
From here to eternity
    noch mal
und noch mal
und noch mal
und noch mal
und noch mal
und noch mal
und noch mal
stoßend vorwärts
und rückwärts
Arme Schlucker
Dadurch sind sie ausgezählt
t't't' die armen Schlucker doch

Wenn wir vorsichtig sind
ganz vorsichtig und langsam
noch höher gehen...
Fast
aber nie ganz
Eine Art verschämter Kraft
ist mein Reservoir an Liebesbenzin
Die Trennungslinie zwischen oben und unten
ist mein Begehrens-Magnet
Ob arme Schlucker wie diese
leidenschaftliche Wörter verstehen
Genau über dem Behälter ist ein Motor,
mit ganz schwachen Zylindern,
die mit meinem Gerippe in Verbindung stehen
Der sanfte Sessel
Das sanfteste Gebilde
meiner alles regulierenden Phantasie
Spieglein, Spieglein an der Wand
Wer ist die Schönste im ganzen Land?
Die Rückseite
und ich sehe die Vorderseite
    noch mal

et encore une fois
et encore une fois
et encore une fois
et encore une fois
et encore une fois
et encore une fois
en saccadant en avant
et en arrière
Quels nerfs d'acier
pour chaque fois vivre cela
Le centre nerveux de mon désir
Ma fantaisie voit la somme de superbes
vibrations
Une nuée, immensurable
aux fenêtres ouvertes
des vents violents
des soupapes d'aération
L'auréole

Sous mon auréole
Je m'élève encore un peu...
Neuf coups tirés par un pistolet aux
balles-allumettes
Des couleurs et des temps
par hasard
Les coups mettront les petits cœurs de gouttes explosifs
des pauvres malheureux sous mon contrôle
Le temps fait de son mieux
en route vers le match de boxe
Les petits cœurs de gouttes aussi font de leur mieux
Une goutelette et une goutelette
et de nombreuses goutelettes encore
Quelle dégoulinade
(rit)
Regardez-les fougueusement à l'œuvre
Le match de boxe, invisible
et jamais complété
est de l'électricité
Le déshabillage électrique devrait avoir pour effet

und noch mal
und noch mal
und noch mal
und noch mal
und noch mal
und noch mal
stoßend vorwärts
und rückwärts
Was für stählerne Nerven
um das immer wieder durchzustehen
Das Nervenzentrum meines Verlangens
Meine Phantasie sieht die Summe prächtiger
Vibrationen
Eine Wolke, unermeßlich
mit offenen Fenstern
heftige Winde
Zugklappen
Die Aureole

Unter meiner Aureole
Noch etwas höher...
Neun Schüsse mit einer Spielzeugpistole mit
Streichholz-Kugeln
Farben und Zeiten
durch Zufall
Die Schüsse werden die explosiven Tropfherzchen
der armen Schlucker unter meine Kontrolle bringen
Die Zeit gibt ihr Bestes
unterwegs zum Boxkampf
Die Tropfherzchen geben auch ihr Bestes
Tropf, tropf
und noch viele Male tropf
Welch ein Getropfe
(lacht)
Sieh, wie sie unbesonnen arbeiten
Der Boxkampf, unsichtbar
und nie vollendet
ist Elektrizität
Die elektrische Entkleidung sollte mein Liebesbenzin

d'enflammer mon essence amoureuse dans mon moteur
Je suis un témoin passif de mon propre déshabillage

J'attends
comme toujours
J'attends, en vain
mais plein de tension
Mon moteur a des cylindres très faibles
comme je l'ai déjà dit

Je remplis ma fonction
Très lentement, mais très, très prudemment encore un
peu plus je m'élève...
Je fais de mon mieux
et par l'intermédiaire de mon aimant de désir
je transmets des étincelles à mon moteur aux
cylindres faibles
Mais je pense que mon moteur a des cylindres
extrêmement faibles
From here to eternity
    encore une fois
et encore une fois
et encore une fois
et encore une fois
et encore une fois
et encore une fois
en saccadant en avant
et en arrière
Sept jours
Sept lunes
Sept hommes...
éternellement sur le chemin du désir à la satisfaction
Pauvres malheureux, tenez le coup

Des machines, des machines
Des fleurs doivent fleurir
En acquiesçant, en désirant
et en copiant
ANDY

in meinem Motor entzünden
Ich bin eine passive Zeugin meiner eigenen
Entkleidung
Ich warte
wie immer
Ich warte, vergebens
aber gespannt
Mein Motor hatte sehr schwache Zylinder
wie ich schon sagte

Ich erfülle meine Funktion
Ganz langsam, aber ganz, ganz vorsichtig noch
etwas höher...
Ich gebe mein Bestes und schlage Funken mit
meinem Begehrens-Magnet
zu meinem Motor mit schwachen Zylindern

Aber ich glaube, daß mein Motor sehr schwache
Zylinder hat
From here to eternity
        noch mal
und noch mal
und noch mal
und noch mal
und noch mal
und noch mal
stoßend vorwärts
und rückwärts
Sieben Tage
Sieben Monde
Sieben Männer...
ewig auf dem Weg vom Begehren zur Erfüllung
Arme Schlucker, aushalten

Maschinen, Maschinen
Blüten müssen blühen
Zustimmend, verlangend
und kopierend
ANDY

Alexander Müller-Elmau

Foraminifere
Stück in 1 Akt

Personen

M 1
M 2
M 3
M 4
M 5
M 6
M 7

Ort: Graubünden
Zeit: 1812

Der Raum:
Schwarz. Zwei Drittel eines Runds. Auf- und Abtritte nicht sichtbar.
Der Boden eine Schräge. In der Mitte ein Loch, darüber eine kleine
Kirchenglocke. Um das Loch sieben Stühle in einem Halbrund. Tote
Krähen liegen im Raum.
Grelles Licht von oben. Schatten am Rand des Loches und am äußeren
Ende des Raumes.
Die Menschen tragen dunkle verfaulte Kleidung. Ihre Bäuche sind ge-
schwollen. Sie sind naß von Schweiß.
Das immer wieder auftretende KLACK ist das kurze Aufeinander-
schlagen zweier Hartholzstäbe.
Außerhalb des Raumes schlägt eine Totenglocke.

Die Bühne ist halbdunkel
1 sitzt auf einem Stuhl
Totenglocke
Es wird langsam hell
Eine Krähe stürzt ab

1 Gottverdammte Seelen
  Scheißgefieder
  Verfluchtes
  Ekelhaftes
  Widerwärtiges

Die Glocke schlägt
1 geht zum Loch und wirft sechs
Steine hinein

  KLACK

1 geht ab
–
2–7 treten auf, wobei sie,
immer wieder abgehen und er-
neut auftreten.
Große Unruhe, bis plötzlich alle
im Raum stillstehen.

3 Heute scheint die Sonne
4 Schien lange nicht
6 Nein
3 Die Sonne scheint
4 Unbestreitbar
7 Richtig hell heute
5 Treffend gesagt
7 Ein heller Tag heute

3 Ja
  Tatsächlich hell
5 Eindeutig hell
6 Eben   *6 sieht hinauf*
  Sie blendet einen

                               Alle sehen hinauf
                               7 geht im Kreis, in der Schatten-
                               zone des Raumes, bis zur nächsten
                               Nacht

4 Mich blendet sie nicht
5 Nein
  Mich schon
7 Mich auch
6 Nein
  Mich blendet sie nicht
3 Mich blendet sie
2 Also mich nicht
3 Nein wirklich
–

4 Wir hätten erfrieren können
7 Ja
  Glück gehabt
5 Die Sonne scheint
3 Unwiderruflich
6 Noch einmal Glück gehabt
3 Das dauert
5 Ja
  Das geht nicht so schnell
2 Mit dem Erfrieren
5 Nein
7 Oder
–

4 Mit der Zeit blendet es
6 Mich nicht
4 Mich schon
7 Mich auch
5 Nein
3 Wenn ich es euch sage

4 Nein
   Mich nicht
2 Doch
6 Mich nicht
5 Nein
7 Wahrhaftig ein Tag heute
2 Ja
–
3 Heute ist es aber besonders grell
7 Das ist Absicht
5 Unbestreitbar
6 Bestimmt
2 Genau

KLACK KLACK

7 Absicht
4 Man könnte erblinden
5 Könnte man
3 Sicher
–
7 Denke nein
2 Wenn man noch länger hinsieht
–
3 Ich erblinde immer
6 Ich auch

5 furzt

5 Ein Furz
2 Bravo
–
4 Also mich blendet es nicht
2 Mich schon
3 Mich auch
6 Ich bin schon fast geblendet
4 Ja
7 Ernsthaft
–
5 Mir wird schwarz

4 Unglaublich
3 Ach was
  Taghell
2 Ein heller Tag
6 Die Sonne scheint
5 Das ist nicht zu leugnen
7 Und wie sie scheint
2 Jetzt ist es schwarz
3 Mir auch
4 Mir nicht
5 Wieso

–

7 Ich sehe nichts mehr
  Dunkel
4 Schon
2 Wieso
3 Mir ist schwindelig   *3 fällt um*
                               4 fällt um

6 So was
5 Ich bin blind
  Eindeutig blind
3 Ich auch   *Auftritt 1,*
                               geht langsam über die Bühne

2 Ach was

  KLACK KLACK KLACK

6 Also ich sehe sehr gut
3 Eindeutig erblindet
2 Nein
5 Doch
7 Mit der Zeit erblinden wir alle
6 Das kommt von der Sonne
5 Vom Licht
2 Vom Licht der Sonne
3 Genau
5 Mir wird ganz schwarz
2 Sieh an

7 Nichts mehr zu sehen
4 Wie früher
6 Wie früher

Alle lachen

3 Dunkelheit
4 Wie früher   *Abgang 1*
6 Eben
7 Famos
5 Eindeutige Erblindung
7 Beidseitig
5 Beide Augen
  Genau
2 Nein
4 Grell
5 Dunkel   *5 fällt um*
2 Toll
  Nichts   *2 fällt um*
–
–

3 Wer hätte das gedacht
5 Finsternis
  Überall
6 Erstaunlich
2 Sieh an
3 Es wird immer dunkler

KLACK KLACK KLACK KLACK

4 Immer dunkler
7 Das ist normal
5 Allbekannt
6 Hört
–

Sie lauschen
Es ist nichts zu hören
6 Ein Geier
5 Nie
  Nie ein Geier

2 Doch
  Ein Geier
7 Um diese Zeit
  Nie
6 Ein Geier
4 Eine Amsel

Auftritt 1, geht über die Bühne

7 Unsinn
6 Ein Krähenschrei
3 Richtig
1 Nie
2 Wer war das
5 Um diese Zeit
  Eine Krähe
1 Eine Amsel
7 Nie
3 Was sonst
7 Ach was

KLACK KLACK KLACK KLACK KLACK

Abgang 1

7 Ach was
3 Was sonst
6 Nie
2 Ein Krähenschrei
4 Niemals
5 Aber ja
6 Deutlich ein Geier
1 Niemals   *Von draußen*
–
                            Sie lauschen
5 Sicherlich eine Drossel
1 Richtig   *Von draußen*
2 Wer war das
5 Ich
2 Ach was
5 Eine Drossel

3 Nein
  Eine Krähe
4 Ein Geier
7 Eine Amsel
5 Eine Krähe
6 Eine Amsel
1 Krähe   *Von draußen*
4 Amsel
5 Amsel
6 Krähe
2 Geier
3 Amsel
1 Eben   *Von draußen*
                           Sie stehen einer nach dem anderen
                           auf
–   *Schweigen*

–
3 Das war der Schrei
    eines Menschen
2 Nie
4 Nein
3 Der Schrei eines Menschen
5 Außer uns gibt es hier keine Menschen
2 Genau
4 Nein
6 Nein

–
7 Außer uns
  Niemand
3 Sicher
6 Aufhören
5 Aber wenn doch
6 Aufhören
4 Wenn doch
6 Dann schreien sie nicht mehr

–
5 Vielleicht habe ich ja geschrien
6 Nein

7 Unmöglich
2 Also doch ein Krähenschrei
1 Wahrscheinlich   *Von draußen*
2 Wer war das
3 Ich höre nichts
7 Vielleicht ein alter Schrei
3 Ja
  Ein Schrei von damals
2 Möglich
6 Eben

KLACK KLACK KLACK KLACK KLACK KLACK

3 Ein Schrei von damals

                                   Es wird dunkel

–

–

–

                                   Nachtlicht
2 Oder das Gurgeln
3 Ganz aufgebläht
6 Das ist normal
5 Bäuche sehen so aus
  Sehen immer so aus
  Kein Grund zur Besorgnis
  Nein
  Kein Grund
  Nein
  Die Bäuche nicht
3 Niemand ist besorgt   *Eine Krähe stürzt ab*
6 So aufgepumpt
7 Deshalb heißt er Bauch
  Das kommt von Pumpe
4 Das kommt vom Sitzen
5 Mag sein
2 Ganz hart
1 Fest   *Von draußen*
2 Wer war das

6 Wie ein Ball
4 Ja
  Ball
5 Ja
7 Und ein Druck
6 Schmerzhaft
5 Nur ein Furz befreit
7 Für einen Moment
4 Genau
  Zerplatzt gleich
6 Ja
5 Genau
7 Er schmerzt immer
2 Immer
  Ja
  Doch
–
4 Vielleicht ein Gebläse
3 Bestimmt
7 Gebläht
6 Und schmerzhaft
5 Und wie
4 Eine Last
6 Plage
7 Und ein ungeheures Gewicht
5 Und gurgelt
2 Ständig
3 Immerfort
7 Ein höllischer Lärm

Die Totenglocke schlägt

6 Es ist zu warm
  Das bläht
5 Ja
  Hitze bläht
4 Grauenvolle Hitze
7 Es wird jeden Tag heißer
6 Wie ein Dampfkessel

3 Wenn es nun doch Schnee gäbe
4 Er würde schrumpfen
2 Wer
5 Der Bauch   *5 furzt*
6 Bestimmt
3 Ich glaube kaum
7 Was einmal gebläht ist
4 Genau
7 Man weiß es nicht
6 Nein
3 Noch nicht
2 Es gab noch keinen Schnee
7 Hier wird es nie Schnee geben
5 Sieht ganz so aus
4 Früher hat es hier geschneit
6 Sagt man
7 Eben
2 Aber heute nicht
4 Nachts vielleicht
6 Vielleicht hat es schon nachts

                                    Es wird Tag

3 Ohne uns
4 Wir hätten es nicht gemerkt
7 Nein
2 An der Blase vielleicht
5 Wir wären verloren
3 Genau
7 Ja

–   *Es ist hell*
–   *Die Glocke schlägt nicht mehr*
–

3 Aber wir wüßten wenn wir
    verloren wären
5 Nicht gesagt
7 Nicht gesagt
1 Nicht gesagt   *Von draußen*
4 Es überholt einen
    Ganz plötzlich

234

2 Das passiert

3 Oft sogar

6 Öfter als man denkt

4 Ja

5 Das ist ja furchtbar   *Auftritt 1*

3 Genau

7 Aber es gibt keinen Schnee
   mehr

5 Kein Schnee

2 Nee

3 Nee

1 Nee

KLACK KLACK KLACK KLACK KLACK KLACK KLACK

5 Kein Schnee

3 Nee

–

7 Sie stinken

3 Weil sie faulen

5 Tote Krähen faulen   *Abgang 1*

2 Alle

6 Natürlich alle

2 Nur die Alten

3 Nicht gesagt

4 Vielleicht stinkt nur eine

7 Sie sind aber alle tot

3 Sie stinken aber nicht alle

5 Alle müssen nicht stinken

6 Nein
   Alle nicht
   Aber eine bestimmt

7 Trotzdem gibt es keinen Schnee

4 Nee

6 Ekelhaft
   Dieser Gestank

7 Schmeiß sie fort

6 Welche
4 Diese
2 Wohin
5 Dorthin
2 In die Asche
3 Das ist riskant
5 In unserer Lage
7 Stinkt die denn überhaupt
4 Ich glaube ja
  Nein
2 Die
  Nein
3 Die
  Nein
4 Die
  Nein
5 Die
  Ja   *5 wirft sie in das Loch*
6 Da sieht man es mal wieder

                                          Auftritt 1

1 Man muß sie numerieren
2 Warum
4 Damit man weiß welche die
  älteste ist
3 Genau
2 Aber womit
5 Was
2 Numerieren
5 Was numerieren
3 Die Krähen
5 Ja womit
4 Dann lassen wir es
3 Genau
–
7 Wir legen sie in eine Reihe
6 In eine Reihe
7 Das geht auch
5 Links die alten

4 Und wenn neue nur anlegen

Sie legen sie aus

3 So
4 Stimmt die Reihenfolge
7 Keineswegs
  Die muß dorthin
2 Die dort
1 Die hierher
2 Wer war das
3 Wieso
6 Das sieht man doch
2 So stimmt es
5 Niemals
7 Die da hinüber
6 Gut
4 So muß es stimmen
1 Ach was
7 Alles falsch
  Woher sollen wir das auch
    wissen
3 Kann sich doch keiner erinnern
7 Überhaupt   *Abgang 1*
  Was weiß ich wo die
    herkommen
6 Ist denn da kein Gott
5 Ja
7 Ist da ein Gott
3 Einer
2 Götter
4 Wo
7 Genau
  Liegen hier einfach herum
6 Und stinken
2 Laß sie liegen
1 Spielt doch keine Rolle   *Von draußen*
7 Werden es denn mehr
3 Ich denke
2 Es werden mehr

5 Wann denn
4 Man weiß es nicht
2 Aber sie sterben
3 Oder sind schon tot
4 Haben nie gelebt
5 Man weiß es nicht
2 Aber die Schreie
7 Von den Krähen
6 Muß nicht sein
  Es gibt Schreie die leben ganz für sich
  Die brauchen niemanden der sie ausstößt
7 Bei den Menschen
  Aber bei Krähen
5 Auch bei den Krähen
7 Dann sind sie uns voraus
4 Sowieso
5 Und warum sind sie schon tot
3 Weil sie fliegen
  Das ist so weil sie fliegen
2 Möglich
6 Oder weil sie weiter oben sind
3 Ja
5 Oder weil sie kleiner sind
2 Auch möglich
4 Ich denke weil sie kreisen
6 Der Kreis genau
  Sie drehen sich
  Dann fallen sie
7 Jedenfalls die
    in der Nähe des Zentrums
5 Genau die
–
2 Habe nie eine fallen sehen
3 Deshalb
2 Wie
4 Der Moment kehrt sich um
6 Genau so
7 Wie sonst   *7 furzt*

5 Dann schneit es auch
4 Möglich
7 Nein
   Es wird nie schneien
5 Nie

> *Die Glocke im Raum schlägt*
> *Alle ab, 7 setzt sich*

–
–

> *7 geht zum Loch und wirft*
> *einen Stein hinein*

KLACK

> *7 geht im Kreis*

KLACK KLACK

7 Heute wird es schneien

KLACK KLACK KLACK

> *Auftritt 1*

KLACK KLACK KLACK KLACK

1 Heute wird es schneien

> *Es wird dunkel*

KLACK KLACK KLACK KLACK KLACK

7 Ja
   Schnee

> *Auftritt 2, setzt sich*

KLACK KLACK KLACK KLACK KLACK KLACK

1 Schnee
Ja

Abgang 1

KLACK KLACK KLACK KLACK KLACK KLACK KLACK

> *Die Glocke im Raum schlägt,*
> *dann die Totenglocke*
> *7 geht ab*

–

–

2 Das ist ja quälend
Endlos quälend
Dieser Bauch
Diese Luft
–

> *3–7 erscheinen kaum*
> *sichtbar am Rand des Raumes*

Endlos
–

> *2 furzt*

Die Luft muß raus
aus dem Bauch
Sehr gut
Sehr gut
3 Sehr gut
4 Hervorragend
Weil laut
2 Quälendes Gedröhn im Leib
6 Donnergleiches Getöse
2 Aber die Kraft befreit

KLACK

> *3–7 treten auf, indem sie wie zu*
> *Anfang immer wieder abgehen*
> *und erneut auftreten*
> *Alle sind im Raum*
> *Stille*
> *5 beginnt wie 7 zuvor zu*
> *kreisen*

2 Schwarz
4 Kann man sagen
7 Wie ein Grab
5 Gruft
7 Gäbe es hier kein Gras
  Grübe mich durch
  Bis ich irgendwo
  Bei einer Wiese
  Mich wieder ausgrübe
5 Sicher
6 Wiese muß sein

                        Alle außer 5 setzen sich

7 Oder Matsch
  Knöcheltiefer Matsch
2 Schlamm
5 Er saugt einen ein
3 Wir sind auf den Stühlen sicher
6 Sicher vor dem Sumpf
5 Sicher

                        Sie hocken sich auf die
                        Sitzflächen

3 Er steigt
1 Eindeutig   *Von draußen*
2 Wer war das
5 Ich
7 Steigt schnell
4 Sehe nichts

                        Auftritt 1

2 Doch
5 Doch
6 Doch
–
1 Doch
7 Gleich sind wir weg
3 Achtung

  KLACK KLACK   *Es ist Nacht*

3 Achtung
7 Weg   *Abgang 1*
4 Die Stühle wären die Rettung
5 Ohne sie
7 Wir ersöffen im Schlamm
3 Weg für immer
4 Wie die anderen
3 Genau
2 Verschwunden für alle Zeit
3 Aber die Stühle die Rettung
–   *Eine Krähe stürzt ab*
7 Seltsame Stühle
6 Holz
5 Stehen immer hier
4 Holzstühle
3 Sieht so aus
7 Unverrückbar
6 Wie wir
3 Eingelassen
5 Wie wir
7 Wie die Krähen
4 Halbrunde Anordnung
2 Trotz der Lehnen
3 Trotzdem
7 Eigenwillig
5 Wir könnten absteigen   *5 kreist noch immer*
4 Wozu
6 Wir sollten bleiben
4 Sicher eine Falle
3 Bloß nicht absteigen
2 Ja
7 Keinesfalls

KLACK KLACK KLACK

                              Es wird hell
7 Keinesfalls
4 Sicher eine Falle

Sie springen ab

5 Gerettet
6 Wir haben sie überlistet
4 Genau

Es ist Tag
Die Glocke schlägt

5 Die Leichen
2 Der Rest
6 Die Verwesung
7 Die Vorgänger
2 Deren faulige Reste
5 So wie andere einst durch uns
   laufen
3 Eben
4 Alles Leichen
2 Aber sie wachsen
3 Eindeutig
–
´ –   *2 furzt*
7 Da
  Ein Haar
2 Meins nicht
3 Meins nicht
7 Ein Haar
  Ich habe ein Haar gefunden
5 Ja doch
6 Laß sehen
2 Meins nicht
6 Ein Haar
7 Es ist weiß
4 Meins nicht
3 Alle Haare sind weiß
4 Oder hellbraun
3 Schwer zu sagen
7 Ein Haar
  Ich habe ein Haar gefunden
5 Ja doch
3 Aber die Länge

7 Es ist kurz

3 Alle Haare sind kurz

4 Es gibt auch lange

7 Es ist kurz

2 Meins nicht

4 Vielleicht ist es abgebrochen   *Auftritt 1*

7 Wäre möglich

3 Möglich

5 Möglich

1 Möglich

6 Aber

   Es ist keine Bruchstelle zu sehen

5 Nein

   Nicht zu erkennen

3 Haare sind kurz

4 Wie das Wort schon sagt

2 Schmeißt es fort

4 Fort

1 Fort

5 Weg damit   *5 schmeißt das Haar fort*

KLACK KLACK KLACK KLACK

5 Weg damit

4 Nicht mehr zu sehen

2 Das war nicht meins

7 Da

–

6 Sie

4 Trauen es sich ja doch nicht

5 Hier sind wir sicher

7 Am Tag

4 Nur am Tag

3 Denken wir

7 Stimmt natürlich nicht

Sie lachen

4 Kommt bestimmt Schnee

–

–

4 Ich gehe Kerzen entzünden
3 Das hilft jetzt auch nicht mehr
5 Man kann nie wissen
4 Bevor es schneit
3 Besser vorher
5 Scheint sicherer
4 Dann gefriert es
7 Eben
1 Geh jetzt   *Abgang 1*
2 Wer war das
5 Dann ist es zu spät
7 Sicher
4 Also besser jetzt
  Ich gehe also

–

6 Na
4 Also jetzt
7 Worauf wartet er
5 Ja worauf
3 Es ist nichts zu hören

–

4 Dort
7 Was
4 Eine Krähe
5 Schon wieder
4 Die war gestern noch nicht da
3 Gestern
  Was heißt gestern
4 Die kenn ich nicht
6 Ich auch nicht
7 Doch
  Die flog immer rechts außen
3 Bei der mit dem weißen Fleck am Hals
5 Die ist das nicht

7 Doch bestimmt
  Seht
  Der Flügel
4 Nie
  Nie ist die das
7 Doch

KLACK KLACK KLACK KLACK KLACK

5 Tot
4 Eindeutig
Auftritt 1
7 Zu den anderen mit ihr
6 Wieso tot
1 Hört
  Hört
  Hört
6 Wieso tot
3 Das sieht man doch
7 Das ist die von rechts außen
3 Hier
  Die verrenkten Flügel
6 Das sagt nichts
7 Genau
5 Das Gedärm
2 Vielleicht sehen die immer so aus
3 Die anderen sehen auch so aus
7 Die da oben aber nicht
Sie sehen hoch
4 Kann man nicht sagen
6 Nein
4 Tot
  Da die Leber
3 Muß nicht die Leber sein
6 Nein
7 Aber könnte
1 Nie die Leber
2 Vielleicht die Milz

5 Milz
4 Oder die Niere
1 Bestimmt die Niere
7 Ja
  Die Niere wird es sein
3 Das kommt vom Aufprall
4 Der Kopf ist ganz blutig
7 Kommt aus dem Ohr
2 Nein
  Der Schädel ist geplatzt
5 Deutlich
3 Das kommt vom Aufprall
6 Üble Sache
5 Kann man nichts machen
1 Aber tot
–
4 Das ist ein Schwarzspecht
5 Ja
4 Keine Krähe
3 Krähen sterben nicht
  Das sind alles Schwarzspechte
4 Krähen sterben nie   *4 furzt*
  Das ist ein Fakt
6 Nie
7 Niemals
2 Krähen nie
4 Denn Krähen sind unsterblich
3 Das ist keine Krähe
6 Doch
  Deutlich eine Krähe
  Der Knöchel
  Deutlich ein Krähenknöchel
4 Der ist gebrochen
3 Kommt vom Aufprall
5 Eine Nebelkrähe
                                Abgang 1
4 Nein
7 Eine Krähe
  Oder ein Kranich

4 Ein Kranich
3 Oder ein Rabe
6 Auch das
2 Also was nun
3 Ein Rabe
5 Viel zu klein
2 Eine Drossel
–
7 Unsinn
6 Der Raum drückt sie herunter
4 Bestimmt
5 Bald ist hier alles voller toter Vögel
3 Unmengen
4 Dann wird er uns zerdrücken
3 Wenn nicht schon die toten Vögel
2 Man könnte in die Knie gehen
6 Genau

KLACK KLACK KLACK KLACK KLACK KLACK

6 Genau
4 Wenigstens scheißen sie nicht mehr
7 Das ist wahr
2 Keine Krähenscheiße mehr
5 Wir legen sie zu den anderen
4 Rechts oder links
6 Links
  Die Reihe beginnt rechts
7 Nein links
4 Ich lege sie nach rechts
7 Die ist viel größer als die anderen
4 Nie
5 Sicher
7 Alles wächst hier
3 Ach was
4 Es wuchert
2 Wie wild
7 Sogar die Stuhlbeine

3 Ach was
4 Und der Dreck
7 O ja
4 Oder wir schrumpfen
–

6 Nein
4 Immenses Wachstum meines Schwanzes
7 Ein Schwanenhals
5 Gerupfter
6 Genau

KLACK KLACK KLACK KLACK KLACK KLACK KLACK

4 Nutzloses Gehängsel wächst
7 War nicht immer nutzlos
5 Aber jetzt
3 Alles wächst was nutzlos ist
2 Der Rest schrumpft
7 Doch was ist nicht nutzlos

Sie klatschen dreimal in die Hände

ALLE   Eh HOPP

Es dunkelt ein
4 Sau   *2 furzt*
2 Sie müssen an die Luft
4 Nicht an meine
  Nicht an meine

Nacht
5 Ein Gefühl
–
–

–   *6 setzt sich*
                         5 kreist
                         Die anderen ab
                         Totenglocke
                         Eine Krähe fällt
6 Hell
  Hell
  Hell

–

6 Hell
  Hell
  Hell

> *6 steht auf und wirft Steine in das*
> *Loch*
> *Es wird langsam hell*
> *Die anderen stehen am Rand des*
> *Runds*

6 Aufgedunsen

  KLACK

6 Ja
  Aufgedunsen

> *Auftritt der anderen wie bisher*
> *Stille*

6 Aufgedunsen und schwammig
  Tote Liebe
  Ja
  Tot

> *5 setzt sich*
> *6 steht auf und kreist*

7 Tot

> *7 geht in den Raum*
> *2, 3, 4, 5 stehen starr*

6 Hoffentlich
7 Es tagt
6 Ja
7 Hell

  KLACK KLACK

7 Es tagt
1 Hoffentlich

> *Von draußen*

–

–

6 Entsetzlich
7 Grauenvoll

6 Horch
Gefühle

Die Totenglocke

7 Es zischt
6 Wie Luft
Die eindringt
7 Oder entweicht
6 Oder so

Taghell

KLACK KLACK KLACK

6 Oder so
7 Gefühle
Sie entweichen
6 Deutlich
Sie kommen von dort
7 Von den Krähen

Sie gehen und lauschen an den Krähen
Leise Unmutsäußerungen von den anderen
1 geht langsam über die Bühne

6 Von den Krähen
7 Eindeutig
Von den Krähen

KLACK KLACK KLACK KLACK

1 Von den Krähen
7 Eindeutig
Von den Krähen
6 Sie lösen sich auf
7 In Gefühle
In unsere Gefühle

–

6 Alles löst sich in ein Gefühl auf
7 Der Raum
6 Der ganze Raum und alles in ihm

7 Unvorstellbar
  Es zischt überall
–

6 Stimmt

                    7 sitzt
                    6 kreist

7 Vielleicht zieht er sich
    zusammen
6 Er zieht sich zusammen
7 Das kommt von der Luft
6 Genau

  KLACK KLACK KLACK KLACK KLACK

6 Genau
1 Das kommt von den Gefühlen   *Abgang 1*
7 Er zieht sich zusammen
6 Oder so
–

6 Zischt deiner auch
7 Meiner
  Nein

                    Leise Unmutsäußerungen der an-
                    deren

6 Meiner ist schon kleiner
7 Wer
6 Ich weiß nicht
7 Oder größer
6 Wer
7 Größer
6 Oder so
7 Nein kleiner

  KLACK KLACK KLACK KLACK KLACK KLACK

6 Nein kleiner
7 Doch er war größer
6 Er schrumpft
7 Wie lange das wohl dauert

6 Man könnte es errechnen
7 Möglich
6 Könnte man
–   *6 furzt*
7 Ich denke er war kleiner
   Doch
   Er war kleiner
6 Sieh dort
7 Na also

KLACK KLACK KLACK KLACK KLACK KLACK KLACK

1 Na also   *Von draußen*
6 Nur das Loch in der Asche
7 Sieht so aus
6 Nein Löcher nie
7 Das ist Gesetz
6 Naturgesetz
7 Sicher
6 Bestimmt   *3 kommt in den Raum und setzt*
                               sich
7 Er wird größer
   Ja
6 Vollkommen
7 Nichts

                               Die Glocke schlägt
                               6 und 7 ab
                               Die anderen am Rand
3 Nein
   Nein heute nicht
   Heute kein Schnee
–

   Bis jetzt

   KLACK

   Kein Schnee heute

                               4, 5, 6, 7 treten auf wie bisher. 2
                               bleibt am Rand kaum sichtbar
                               Alle rennen

                                                            253

7 Es wird heute nicht schneien
6 Wenn es sich nicht noch ändert
4 Heute kann es ja nicht schneien
3 Natürlich
5 Wie sollte es denn
–
5 Es ist dunkler als sonst
4 Ja
  Sehr dunkel heute
3 Heute wird es nicht hell
5 Heute nicht
7 Heute bleibt es dunkel
6 Vielleicht bleibt es jetzt für
     immer dunkel
7 Wahrscheinlich
3 Verdammt in ewige Finsternis   *Auftritt 1*
6 Oder so
7 Ja
5 Eben   *Lacht*
4 Es ist heller geworden
7 Ich habe nichts bemerkt
6 Dunkel wie zuvor
5 Nacht
4 Unmerklich heller geworden

  KLACK KLACK

1 Unmerklich heller geworden
2 Wer war das
7 Dunkel wie zuvor
4 Sprunghaft heller geworden
7 Sprunghaft
  Blödsinn
1 Doch
5 Genau
4 Nein
  Das Licht ist gesprungen
7 Nie

5 Warum nicht
4 Es springt oft
3 Genau
6 Das Licht   *Abgang 1*
  Nie
7 Eben
  Es springt nicht
3 Das Licht springt grundsätzlich nicht
4 Weil die Sonne wandert
3 Die Sonne wandert nicht
4 Also springt das Licht
5 Richtig
7 Aber es ist nicht heller
    geworden
                         Es wird dunkel
3 Es ist heller
  Man erkennt es an den Schatten
6 Schatten
  Wo sind Schatten
4 Es gibt keine Schatten
7 Nein
5 Wo sind sie denn
4 Wir drehen uns einfach darunter weg

  KLACK KLACK KLACK

5 Unter den Schatten
4 Nein
  Unter dem Licht
7 Das könnte ein Schatten sein
6 Laß sehen
  Nein
  Ich glaube kaum
7 Was sonst
4 Das ist kein Schatten
  Ich kenne Schatten
  So sieht kein Schatten aus
7 Es bewegt sich

3 Schatten bewegen sich nicht

4 Kein Schatten

6 Was sonst

–

–

6 Wenn es keine Schatten gibt

7 Ein Tier

5 Das ist doch kein Tier

3 Aber es bewegt sich

7 Die Sonne springt nicht
   Nie

4 Aber das Licht
   Das Licht springt

5 Das ist kein Tier

3 Keine Schatten hier

5 Vielleicht kreisen wir
   Dabei könnte der Schatten
      verschwimmen

4 Kreisbewegung

3 Ein Sprung heller

Nacht

7 Tatsache

KLACK KLACK KLACK KLACK

4 Und sie springt doch

Auftritt 1

5 Man kann sie nicht sehen

7 Es gibt sie nicht

4 Immense Höhe

6 O ja   *Eine Krähe stürzt ab*

3 Ungeheuerlich

7 Kein Ende

5 Vielleicht sind wir die Kraft

4 Was für eine Kraft

7 Ich sehe kein Ende

5 Die Kraft der Kreisbewegung

4 Oder so

7 Kein Ende
6 Deutlich kein Ende
5 Damit wir nicht hinausträumen
3 Eine Traumform
7 Eben
5 In dieser Richtung ist die Unendlichkeit
6 Sieht so aus
3 Blödsinn
7 Unabsehbar
4 Eine Traumspirale
3 Hinaufdrehen
6 Oder hinunter
7 So wie die Krähen
5 Genau
4 Alles schwarz
3 Ja
4 Trotzdem taghell
3 Ja
7 Das kommt vom Licht

Es wird hell

KLACK KLACK KLACK KLACK KLACK

3 Ja
5 Schwarz das Licht
4 Schwarz die Sonne
3 Schwarz die Krähe
5 Hä hä
6 Ein Schatten in dem wir leben
3 Nur ein Schatten
4 Hier ist der Schatten
7 Muß wohl so sein
5 Ja

Es ist taghell

–

–

6 Ein Schrei
7 Ein Schrei

4 Hier ist niemand
5 Außer
3 Wenn doch   *3 furzt*
6 Wozu
  Wozu soll es jemanden geben
4 Wozu
  Wozu gibt es uns
6 Trotzdem
3 Das war ein alter Schrei
7 Uralt
  Noch aus Vorzeiten   *Die Glocke schlägt*
6 Die Vorgänger
5 Die haben nicht geschrien
4 Das kommt von den Gefühlen
  Der Raum ist voll davon
7 Die Gefühle schreien

    KLACK KLACK KLACK KLACK KLACK KLACK

7 Der Raum ist voller Schreie der Gefühle
4 Voller Gefühle
7 Man bemerkt sie nicht
  Aber sie sind da
5 Überall
4 Verwunderlich
3 Nie bemerkt
7 Aber sie müssen ja hier sein
4 Eben
6 Die Gefühle von all den Menschen
7 Der Boden ist vollgesogen
5 Es wird einem angst
6 Angst
4 Sie flackern
5 Manchmal greifen sie an
6 Ob sie auch in den Stühlen sind
7 Bestimmt
4 Bestimmt
6 Sie schleichen sich ein

4 Hinterrücks
7 Ins Mark
  Die Glieder zucken
6 Es wird plötzlich hell
  Eine Sekunde lang
5 Alles ist einem klar in dieser Sekunde
3 Taghell
  Für einen Moment
7 Man ist überspannt
4 Dann das Zittern
5 Das Vibrieren der Glieder
3 Ja
4 Man kennt sich nicht mehr

KLACK KLACK KLACK KLACK KLACK KLACK KLACK

3 Vibrieren
4 Zittern
6 Trotzdem lebt man
–
5 Überall diese Gefühle
4 Ekelhaft
7 Man kann nichts machen
5 Nichts
4 Nichts
7 Die fressen einen
6 Ganz und gar
3 Keine Chance
5 Noch nicht
4 Sie kommen aus den Krähen
5 Voller Gefühle diese Vögel
3 Ein Brutkasten das Ganze
4 Aber sie fressen sie nicht
7 Noch nicht
3 Brüten sie nur aus
–
5 Ich hasse Gefühle
7 Ich auch

3 Ich nicht
4 Am Ende
  Nur noch Gefühle
  Überall
5 Ende
7 Ja wenn

Die Glocke schlägt
5 setzt sich
3 – 7 ab
1 geht ganz langsam durch den
Raum

5 Zu lachen
  Das ist wirklich zum Lachen
  Zum Lachen ist das nicht

KLACK

Auftritt 4, 6, 7 wie gehabt
Stille
Lachen
Nur 1 lacht

7 Ist das ein neuer Tag
5 Wo
7 Na dort
4 Ein Tag
7 Er stinkt
4 Der Tag
5 Der Tag stinkt
4 Ein Tag stinkt anders
  Mehr süßlich
  Das ist kein Tag
7 Zu bitter
5 Stimmt   *6 geht im Kreis*
6 Er kommt aus der Asche
7 Kein Wunder
5 Eben   *1 furzt*
–

6 Beim Gehen stinkt es nicht

–

Nein
Beim Gehen nicht
Das Gehen hilft gegen den
    Gestank
7 Gegen den Tag
5 Nur das Gehen hilft gegen den
    Tag
4 Den ganzen Tag gehen   *Abgang 1*
                                      Sie gehen alle im Kreis

KLACK KLACK

7 Beim Gehen stinkt es nicht
4 Die Zugluft verdrängt den
    Gestank
6 Führt ihn an der Nase vorbei
Übers Ohr hinweg
5 Rieche nichts
7 Nur nicht zu langsam gehen

                        Es dunkelt ein

5 Wegen dem Sog
Ein gutes Tempo
Kein Gestank
6 Nur am Ohr
4 Natürlich
6 Am Ohr verfängt er sich
7 Ein Tag im Ohr
5 In der Ohrmuschel
7 In den Verschlingungen
4 Da sind bestimmt schon viele
5 Aber wen stört ein Tag im Ohr
4 Oder Gestank im Ohr
5 Hervorragende Luft beim Gehen
7 Und die Zeit verliert sich
4 Im Ohr

7 Genau

–

–

–   *Nachtlicht*
                                Sie bleiben stehen

6 Weg
4 Stinkt nicht mehr

KLACK KLACK KLACK

5 Nichts
7 Hört ihr
5 Die Krähen
4 Sehr viele diesmal

–

5 Sehr viele
   Unmengen
4 Man sieht sie nicht
7 Sie sind direkt über uns
5 Es werden immer mehr
6 Sie kommen näher
5 Unglaublich

                                1–3 erscheinen am Rand kaum
                                sichtbar

4 Alles Krähen
7 Vielleicht ein Rabe dabei
6 Nicht auszumachen
5 Es klingt grausam
4 Wird immer lauter
7 Nur Mut
   Nur Mut

                                Sie halten sich die Ohren zu
–   *Es ist still*

–

7 Nichts mehr
4 Still   *Eine Krähe stürzt ab*
5 Vollkommen ruhig

3 War immer ruhig

KLACK KLACK KLACK KLACK

4 Ausgekrächzt
5 Tote Krähen
  Tote Krähen sind das da
7 Entseelte Wesen
4 Aber schreien
5 Nach uns
7 Nach unseren Seelen
6 Ohne Seele die Krähe
7 Krähen haben keine   *Die Totenglocke*
4 Nie gehabt
5 Überhaupt Vögel
4 Vielleicht aber jetzt
6 Vielleicht
7 Unsinn
6 Vielleicht meine
5 Hör auf
6 Habe ich denn keine
5 Hör auf
6 Wenn man bedenkt
7 Was
–   *Es wird hell*
6 Wie langsam das geht
  Mit der Seele
7 Oder wie schnell
6 Oder so
  Dann wird man traurig
5 Ja
4 Traurig
6 Ein Gefühl
–   *Taghell*
–
–

KLACK KLACK KLACK KLACK KLACK

5 Auf Dauer ist der Vierbeiner überlegen
7 War immer überlegen
4 Der Mensch läuft schlecht
6 Der Mensch sitzt
5 Beweis
  Der Bauch
4 Der Furz   *4 furzt*
7 Treffend
5 Die Arme die schlechteren Beine
7 War immer so
5 Jawohl
7 Treffend
4 Arme sind auch nicht so lang
5 Genau
–
–
7 Ist denn da kein Gott
4 Wo
5 Nur Krähen
6 Ist Gott eine Krähe

   KLACK KLACK KLACK KLACK KLACK KLACK

7 Dauert es noch lange
2 Ein wenig
5 Was
6 Ich erinnere mich nicht
7 Nimmt kein Ende   *Auftritt 1*
–
–
5 Der Geist verfault
7 Vom Wasser
  Das kommt vom Wasser
  Er löst sich auf
  Fault weg
4 Gut beobachtet
6 Ja

5 Vor allem hinten
  Zwischen den Beinen
7 Unvermeidbar
6 Genau   *6 kreist*
5 Geistfäule
4 Er schwebt im Raum und verfault
7 Von der Feuchtigkeit
  Unserem Schweiß
6 Wir schwitzen ihn aus
4 Schweiß ja
5 Ständig

    KLACK KLACK KLACK KLACK KLACK KLACK KLACK

4 Bis er fällt
1 Und er fällt
6 Wo˙
7 Ich habe nichts gehört
5 Ich auch nicht
6 Zu leicht
7 Wahrscheinlich
4 Schwebt noch
5 Schwebt bestimmt noch
1 Fällt nicht
7 Fällt gar nicht
5 Möglich
4 Steigt auf
7 Kann sein
–
5 Sehe nichts
6 Sieht man nicht
4 Abwarten
7 Da ist nichts
5 Aber er ist doch gefallen
1 Fällt nicht
7 Fällt nicht
6 Wir haben es alle bemerkt
4 Genau

7 Nichts haben wir bemerkt
5 Schwebt bestimmt noch
6 Sicher
  Muß so sein
1 Fällt nicht
7 Fällt nicht
6 Muß so sein
4 Die Hauptsache ist es zu
    bemerken
7 Nichts haben wir bemerkt
1 Genau
  Fällt nicht
6 Richtig
5 Eben

Die Glocke schlägt
6 setzt sich, 1 steht
Alle anderen ab
6 geht und wirft Steine in das Loch

KLACK

6 Wie immer

Auftritt 5 und 7 sehr langsam

7 Wie immer
5 Die Sonne
  Die Krähen
6 Nichts Neues
  Wie immer
5 Und das Gras
7 Würde mich durchgraben
6 Wie immer
5 Wenn es hier kein Gras gäbe
6 Grübe mich durch

KLACK KLACK

1 Grübe mich ein
5 Und Gefühle

6 Sie fressen
7 Ja sie fressen
  Ununterbrochen

–

–

6 Fressen uns leer

–

7 Grausig

–

–

7 geht im Kreis
1 ist starr

5 Macht es schneller
7 Kaum

   KLACK KLACK KLACK

7 Kaum
5 Grausig

–

6 Auch die Milz
5 Und die Leber
1 Ohne weiteres

–

–

5 Ist gleich
6 Vollkommen
7 Aber Schmerzen
5 Immer gehabt

–

–

–

   KLACK KLACK KLACK KLACK

5 Schmerzen
  So oder so
6 Das Hirn läuft aus

7 Brei
5 Aus dem Ohr

–

6 Es verfällt
5 Das Gedächtnis
6 So oder so

–

–

5 Es klebt
7 An der Erinnerung
6 Am Ohr
5 Das Gedächtnis am Ohr
  Der Tag im Ohr

–

7 Nichts Neues
6 War immer so

–

–

–

7 Hell
  Hell
  Hell

KLACK KLACK KLACK KLACK KLACK

                                Sie bewegen sich kaum noch

7 Heiß
5 Glut Ofen

                                Leises Lachen

–

6 Man weiß woran man ist
5 Es läuft
7 Immer weiter
6 Immer schneller

–

–

5 Dauert

6 Wenig
–
–

7 Kein
  Entrinnen

KLACK KLACK KLACK KLACK KLACK KLACK

1 langsam ab

7 Keins
6 Nur noch unsre Stimmen
5 Unser Schreien
7 Nichts sonst
6 Niemals
–
–

KLACK KLACK KLACK KLACK KLACK KLACK KLACK

5 Das sind wir
7 Eindeutig
6 Krähe
5 Wir haben sie nie fallen sehen

Die Glocke schlägt
Es dunkelt ein
5 und 6 ab
Nacht
7 geht im Kreis
1 steht am Rand

KLACK

–
–
–

KLACK KLACK

–

–

–   *Auftritt alle*

                                          Wie Anfang

KLACK KLACK KLACK

–

–   *Großes Durcheinander*

–

KLACK KLACK KLACK KLACK

–

–   *Sie stürzen und rennen*

–

KLACK KLACK KLACK KLACK KLACK

–

–   *Alle ab*

–

KLACK KLACK KLACK KLACK KLACK KLACK

–

–   *Eine Krähe stürzt ab*

–

–

KLACK KLACK KLACK KLACK KLACK KLACK KLACK

–   *Glocke und Totenglocke*

–

          Black

Michael Ondaatje

Die Gesammelten Werke von Billy the Kid
(The Collected Works of Billy the Kid)

Stück in 2 Akten

Deutsch von Werner Herzog

Personen

BILLY THE KID (WILLIAM BONNEY)
PAT GARRETT
JOHN CHISUM
SALLIE CHISUM
ANGELA DICKINSON
CHARLIE BOWDRE
TOM O'FOLLIARD
CELSA GUITTERREZ
HILFSSHERIFF EMORY
HILFSSHERIFF EAST
AZARIAH F. WILD
EUDORA O'FOLLIARD
J. W. BELL
PETE MAXWELL
EIN QUARTETT (SÄNGER)

Bestimmte Aspekte des Stücks bleiben den Vorstellungen der verschiedenen Regisseure überlassen. Dazu gehört Billys Bande. Ob sich die Bande aus Billy, Charlie und Tom zusammensetzt oder ob noch mehr dazugehören, hängt zum Beispiel von dem jeweiligen Inszenierungskonzept ab. Es könnte vielleicht noch mehr los sein, wenn die Bande um Billy größer wäre. Oder die weiteren Bandenmitglieder bleiben der Phantasie überlassen.

An bestimmten Stellen des Textes hält Billy Monologe, die Ausdruck seiner innersten unbändigsten Gedanken und Gefühle sind. Während dieser Monologe sollten die übrigen Schauspieler auf der Bühne erstarren, und es sollte so wirken, als stünde die Zeit still – und ebenso sollten sich die Monologe deutlich von dem unterscheiden, was vorausgegangen ist und folgen wird.

Verschiedene Male sollte im Stück der Eindruck entstehen, daß Billy eine Szene einrichtet und sie dann betritt, jederzeit frei, wieder aus ihr herauszutreten und mit uns zu reden, wenn er Lust dazu hat. Zum Beispiel bei den Chisums oder wenn er Toms Tod beschreibt.

Die Bühne sollte mindestens zwei Ebenen haben. Den Haupt-Spielort auf der unteren Ebene und einen weiteren auf einer höheren Ebene. Es sollte eine Treppe und einen Wassertrog im Boden geben. Billy hätte dann nicht nur die Möglichkeit, sich in der ›Betrunkenen-Szene‹ zu erfrischen, sondern könnte ihn auch am Ende des Stücks benutzen. Abgesehen von einfachen Dingen wie Tischen, Stühlen, einem weißbezogenen Bett, einem Deckenbündel – all diese Dinge können herein- und herausgebracht werden – sollte das Bühnenbild eher angedeutet als nachgebildet wirken. Das Bühnenbild sollte einfach und roh aussehen. Altes Kiefernholz, Sand, Blech.

Fast das ganze Stück über bewegt sich die zeitliche Abfolge vor und zurück – und dies sollte irgendwie dem Publikum klar und verständlich gemacht werden.

Über den allgemeinen Charakter der Inszenierung: Wahrscheinlich wäre der beste Vorschlag, mein ursprüngliches Buch zu lesen und dessen Stimmung im Kopf zu behalten. Man müßte Billys Charakter und den Kontrast der Szenen überraschend vielseitig anlegen; und den tödlichen Ernst. Manche Szenen, die harmlos beginnen, sollten in Wahnsinn abrutschen und außer Kontrolle geraten. Körperliche Aktionen in den Szenen sollten sehr lebendig sein, um das viele Gerede auszugleichen. Das ›Blinde-Kuh-Spiel‹ zum Beispiel sollte sich zu einem gefährlichen und brutalen Vorgang auf der Bühne entwickeln. Genauso Bells Ermordung. Ähnlich sollten die Szenen zwischen Billy und Angie roh und direkt sein, im Gegensatz zum lyrischen Charakter der Szenen zwischen Billy und Sallie.

Vor allem sollte das Stück nie in einen anmaßenden Ton fallen. Jeder Ernst sollte sich aus dem Grauen erklären. Eine Moral sollte sich nicht aufdrängen, und bei allem Körperspiel sollte die Gefahr, Aussagen zu illustrieren, vermieden werden.

Abschließend finde ich, daß das Ende etwas Gelungenes und Zorniges haben sollte. Es sollte nicht mürrisch sein oder zu viel von einer Klage haben. Letztendlich ist er angekommen und ging direkt durch den Tod in die Geschichte, in den Morgen.

Michael Ondaatje

Prolog

Maxwells Ranch. New Mexico. Ringsum Nacht. Wüstenmusik. Billy
(William Bonney) sitzt mit Celsa Guitterrez in der Mitte der Bühne an
einem Kiefernholztisch, zwischen ihnen eine Lampe. Schweigen. Sie
teilt große Karten aus. Auf dem Tisch ein Messer. Billy denkt nach.
Es ist kein normales Kartenspiel. Es sieht so aus, als wolle ihm Celsa
die Zukunft deuten. Nachdem sie die Karten verteilt hat, steht sie auf,
stellt sich hinter ihn und beugt sich vor, um die Karten zu verschieben.
Dabei spricht sie.
Gewitter. Kein Regen

CELSA Charlie Bowdre... Tom O'Folliard... du. *Sie legt noch eine*
  Karte hin. Pat Garrett.
BILLY Yeah.
CELSA Und wer hat ihn gedungen... Was meinst du? Wer heuert ihn
  an?
BILLY Weiß nicht, Celsa.
CELSA *kehrt zu ihrem Stuhl zurück* Wir brauchen was zu essen, Billy.
BILLY Ich geh und schneid ein Stück Fleisch ab. *Er nimmt das Messer.*
  Er hat kein Hemd an. Er geht zu Celsa, stellt sich hinter sie und
  berührt ihren Nacken. Ein Brandmal.
CELSA Nimm die Streichhölzer, es ist dunkel...
  Billy nimmt sie vom Tisch und geht in die Dunkelheit. Irgendwann
  haben wir die Silhouetten von zwei Männern in Staubmänteln be-
  merkt. Sie rauchen Zigarren. Wir sehen aber ihre Gesichter nicht.
  Billy geht auf sie zu. Eine Pause und Stille, als er an ihnen vorbei-
  geht. Celsa bleibt am Tisch sitzen. Ein plötzlicher, blendender
  Lichtblitz. Blitz. Auf dem Weg in Maxwells Zimmer zündet Billy ein
  Streichholz an, um die Männer ein wenig klarer zu sehen.
BILLY Quién es? Quién es con esos hombres afuera, Pete? Quién es
  con esos hombres afuera, Pete? Pete?
  Billy wird von einem Gewehrschuß über den Haufen gefegt. Black-

out. Ein Streichholz wird angezündet, in dessen Lichtschein Billys
Gesicht erscheint.

Dies sind die Getöteten.

(von mir) –

Morton, Baker, frühe Freunde von mir. Joe Bernstein. Drei Indianer. Ein Schmied, als ich zwölf war, mit einem Messer.

Fünf Indianer in Notwehr (hinter einem sehr sicheren Felsen). Ein Mann, der mich während eines Raubüberfalls biß.

Brady, Hindman, Beckwith, Joe Clark, Hilfspolizist Jim Carlyle, Hilfssheriff J. W. Bell.

Und Bob Ollinger. Eine Katze, die Tollwut hatte.

Vögel zum Üben.

Dies sind die Getöteten.

(von ihnen) – Charlie, Tom O'Folliard, Angela D's aufgespaltener Arm und Pat Garrett

kostete mich meinen Kopf. Blut mein Halsschmuck ein Leben lang.

Das ist keine von ihren Geschichten über mich,

findet den Anfang,

den leichten Silberschlüssel zum Aufsperren, zum Ausgraben.

Hier also ist der Irrgarten, darin zu beginnen, darin zu sein.

Fort Sumner, 1880.

Erster Akt

Erste Szene: Beaver Smith's Saloon

Licht auf die Mitglieder der Bande, als sie hereinkommen. Sie sind ziemlich betrunken. Charlie Bowdre trägt eine Gitarre, Tom O'Folliard ein Gewehr. Sie erstarren in ihrer Position.

BILLY Damals waren wir zu fünft in der Bande. Wilson... Dave Rudabaugh... Tom O'Folliard... Charlie Bowdre... und ich.
Billy ab. Charlie und Tom lösen sich aus der Erstarrung. Charlie Bowdre kämmt sich die Haare vor einem zerbrochenen Stück Spiegel, das Tom O'Folliard ihm hinhält. Viel Geschäftigkeit
TOM Wann können wir es haben?
CHARLIE So in einem Monat, hat er gesagt.
TOM Was die wohl in die Kamera reingetan haben?
CHARLIE Blitzpulver, Sodaentwickler, Säuren und so Zeug. Sie benutzen das Sonnenlicht, dann hinterläßt es einen Abdruck.
TOM Was?
CHARLIE Was?
TOM Was einen Abdruck hinterläßt!
CHARLIE Na, es... Irgendwas in der Kamera, glaub ich... und dann hast du ein Foto.
Billy tritt auf.
TOM UND CHARLIE Da ist er ja. *Sie bilden ein Tableau für das Foto.*
CHARLIE Wir werden berühmt!
Die Bande erstarrt. Blitzlicht. Lösen der Starre
BILLY Am 23. November haben wir meinen 21. Geburtstag gefeiert, wir mischten roten Staub mit Alkohol.
CHARLIE Wer ist dran?
Tom verbindet Charlie mit einem Halstuch die Augen. Die beiden beginnen ein Blinde-Kuh-Spiel.
BILLY Was soll das ganze Gerede über Garrett?

CHARLIE Er ist jetzt Sheriff, Billy. Man hat ihn genommen.

TOM Wir schaden dem Fortschritt in New Mexico. Schätze, sie wollen den schlechten Ruf loswerden.

Billy dreht sich um und sieht einen großen Schatten im Hintergrund; er spannt den Hahn seines Colts, pfeift nach Charlie, ihm zu folgen, und geht nachsehen.

BILLY Garrett!

GARRETT *off* Verschwinde, sonst erwisch ich dich, Billy.

BILLY *sich halb wendend* Amateur!

Er wendet sich rasch zurück, und Charlie, den Mund offen, läuft geradewegs in die Pistole. Der Lauf der Pistole fährt ihm in den Mund.

CHARLIE Billy.

BILLY Charlie.

Billy ist an der Reihe. Er macht mit verbundenen Augen jetzt sehr gekonnt Jagd auf sie. Er wittert die anderen. Er fängt Charlie mit Leichtigkeit. Er versucht, Tom zu finden, und plötzlich wird das Spiel ernst und gefährlich. Heftige Bewegung, Gewalt. Tom streift seine Stiefel ab und schleicht von ihnen weg. Billy geht auf die Stiefel zu. Genarrt. Wut. Irgendwie bekommt er auf brutale Weise Tom zu fassen. Sie kämpfen mit Messern. Schließlich geben beide auf. Der Kampf sollte schnell vonstatten gehen und ebenso schnell enden. Wie ein aufblitzendes Bild. Pause. Schweigen. Schnaufen. Tom steht auf.

TOM Also dann... Ich reite nach Osten... Bin Weihnachten zurück.

Tom geht.

BILLY Wiedersehen... Wiedersehen...

Zweite Szene: Offenes Land

Charlie begleitet seinen Song auf der Gitarre.

Song: Moving Across the World On Horses

CHARLIE *singt*
> Auf Pferden übers Land, übers Land
> Den Körper geteilt auf dem Kiel ihrer Rücken
> Der Schweiß vom Nacken frißt meine Jeans
> Übers Land, übers Land, auf dem Rücken der Pferde

BILLY Vor zwei Jahren ritten Charlie Bowdre und ich im Zickzack über die kanadische Grenze. Zehn Meilen nach Norden, zehn Meilen nach Süden. Unsere Pferde trugen uns von Land zu Land, durch seichte Flüsse und unterschiedlich grünes Baumland.

CHARLIE *singt*
> Ein Fluß, in dem verlierst du dich
> Und die Sonne ein Augenblick eines Habichts
> An seinem Ufer

BILLY Wir beide, unser Zickzack war wie eine Peitsche in Zeitlupe, die Welle der Bewegung steigend und fallend

CHARLIE *singt*
> Eine Meile weit siehst du die weiße Spur
> Eines Tiers, das durchs Wasser geht

BILLY Steigend und fallend wurden die Wellen der Hügel dichter, bis sie ausliefen und wir nach Mexico hinunterkamen –

CHARLIE *singt*
> Hoch oben der Mond...

BILLY ...schwer von ewiger Hitze

CHARLIE *singt*
> Hoch oben der Mond ein frostiges Auge
> Hoch oben der Mond ein frostiges Auge
> Hoch oben der Mond ein frostiges Auge

Sallie tritt auf der oberen Ebene der Bühne auf.

SALLIE Ich erinnere mich an meine Angst, als er zum ersten Mal zu unserer Ranch kam. Ich saß im Wohnzimmer, als es hieß, er sei angekommen. Ich geriet in Panik. So halb erwartete ich, er würde mir die Kehle aufschlitzen, wenn ihm nicht gefiele, wie ich aussah.

Ich höre noch, wie John, mein Bruder John, mit einem Wink seiner Hand sagt: »Sallie, das ist mein Freund Billy, Billy the Kid.«
Ein gutaussehender Junge mit klaren Augen stand da mit dem Hut in der Hand, er lächelte mir zu. Ich streckte ihm automatisch meine Hand entgegen, und er ergriff sie, mit einer Hand so klein wie die meine.
Das Licht auf Sallie erlöscht.

Dritte Szene: Scheune

BILLY Die Scheune, in der ich damals eine Woche lang blieb, stand gleich bei einer Farm und war verlassen. Wie es schien schon seit Jahren, obwohl sie aus Steinen und gutem Holz gebaut war. In dem kalten, dunklen Grau des Raumes gewöhnten sich meine Augen an dämmriges Licht, und ich ließ da mein Fieber ausglühen. Über mir war ein weiterer, ähnlich großer Raum, die Bodenbretter waren aber zu unsicher zum Darauftreten. Dennoch hörte ich Vögel da oben, und ein seltsames Tier scharrte mit den Füßen herum, und das morsche Holz verstärkte das Geräusch.
Aber es waren die Farbe und das Licht des Ortes, weshalb ich dablieb, nicht mein Fieber. Es wurde eine ruhige Woche. Ja, es waren die Farbe und das Licht.
Als ich ankam, öffnete ich zwei Fenster und eine Tür, und Sonnenlicht ergoß sich hinein, zeichnete Klötze und Keile. Die Sonne beschien die Oberfläche des Bodens, der mit Federn, Staub und altem Getreide bedeckt war. Die Fenster schauten auf Felder hinaus, und an der Tür wuchsen Pflanzen. Nach und nach brachte ich sie mit meinem Urin zum Verwelken. Der Wind kam feucht und trug Vögel herein, die ans andere Ende des Raums flogen, um die Richtung zu finden und wieder hinauszufliegen.
In der Scheune gab es Tiere, die nicht fortliefen, die mich als ein größeres Geschöpf akzeptierten. Ich aß das alte Getreide mit ihnen und trank aus einer stehenden Pfütze so zwanzig Meter weg von der Scheune. Ich sah kein menschliches Wesen und hörte keine menschliche Stimme, aß nie Fleisch, noch rührte ich das Fleisch eines anderen Tieres an, überschritt nie seine Grenzen. Wir waren

einander bewußt und ließen uns sein. Die Fliege, die auf meinem Arm saß, flog einfach davon, nachdem sie sich informiert hatte, fraß die Krankheit in sich hinein und behielt sie in sich. Wenn ich ging, mied ich die Spinnweben, die ein Ziel hatten, auf das sie zuwuchsen. Sie hatten Geschichten zu Ende zu bringen. Die Fliegen, die in diesen Akrobatennetzen gefangen waren, waren der einzige Mord, den ich sah.

In der Scheune neben uns war noch ein Kornspeicher, nur durch eine dicke Holztür abgetrennt. In ihm so um die hundert Ratten, feiste Ratten, die fraßen und fraßen den einen fußhohen Haufen Getreide, den man liegengelassen hatte und der vor sich hingärte, so daß am Ende meiner Woche nach einem schweren Regensturm die Macht dieser Saat hervorbrach und Trunkenheit in die Köpfe dieser Ratten brachte; sie ließen unvernünftigerweise davon ab, von der Nahrung vor ihnen zu fressen, und fielen übereinander her, grotesk und unbeholfen wegen ihrer Ausmaße. Sie gingen einander auf Augen und Rippen los, so daß die gelben Gedärme herausquollen, und sie kamen durch diese Tür und töteten ein Erdhörnchen – ungefähr zehn von ihnen fielen über das eine gestreifte Ding her, und die zehn fraßen einander auf, bevor sie bemerkten, daß das Erdhörnchen längst aufgefressen war. Ich saß, wo sie mich nicht erreichen konnten, und lud meinen Revolver und feuerte wieder und wieder in ihr langsames Gewälze quer durch den Raum. Bei jedem BUUUUMMMM wurde der Rauch zum Fenster hinausgesogen... Ich lud wieder und feuerte wieder und wieder BUUUUMMMM, BUUM, BUUM... Die Ratten wälzten sich weiter und hielten in den Pausen der Stille inne und fraßen sich gegenseitig auf. Einige fraßen sogar die Kugeln.

Bis meine Hand schwarz und der Revolver heiß waren und keinerlei Tier mehr in dem Raum übrig war, außer dem Jungen in seinem blauen Hemd, der dasaß und gegen den Staub anhustete.

Billy erstarrt. Licht auf Sallie

SALLIE Der Ausdruck auf seinem Gesicht war richtig jungenhaft und angenehm. Seine Kleider waren immer frisch gebügelt und sauber. Wenn er in die Stadt kam, war er frisch wie eine Blume vom Fluß.

Sallie ab

Vierte Szene: Stinking Springs

Charlie tritt auf, trifft auf Billy; Charlie trägt einen Eimer und eine Axt. Sie haben einen halb-belustigten Streit.

BILLY Das hier ist Tivan Arroyo. So hat man mir's gesagt.

CHARLIE Na, das ist es nicht. Das ist Stinking Springs.

BILLY Wer sagt das?

CHARLIE Ich sag das. Bloß ich. Bitte, ich bin hier in der Gegend aufgewachsen. Das ist Stinking Springs. Das war immer schon so. »Tivan Arroyo«. Nur auf deiner Karte heißt es so.

BILLY Du mußt schon genau sein, Charlie, du kannst nicht einfach so rumlaufen und nicht wissen, wo du bist.

CHARLIE Ach, Scheiß. Niemand würde wissen, wo du bist, wenn du herumläufst und »Tivan Arroyo« sagst.

Charlie erstarrt. Billy übernimmt die Szene.

BILLY Januar 1881, bei Tivan Arroyo. Öfter Stinking Springs genannt. Charlie, Wilson, Dave Rudabaugh waren mit mir. Schnee. Charlie nahm meinen Hut und ging hinaus, um Holz zu holen und um die Pferde zu füttern.

Charlie löst sich aus der Erstarrung. Billy spielt mit seinen Colts, während Charlie versucht, sich eine Zigarette anzuzünden.

CHARLIE Wer ist dran mit den Tieren?

Billy zieht, richtet seinen Colt auf Charlie, zerstört die Stimmung.
Steck den Colt weg, Billy, ich geh schon...

Er steht auf, um hinauszugehen. Beim ersten Schritt nach draußen erstarrt er. Billy reagiert auf den ›Schuß‹.

BILLY Der Schuß brannte ihm am Bauch die Kleider weg und warf ihn geradewegs in den Raum zurück. Er hatte einen Schritt nach draußen gemacht. In einer Hand trug er eine Axt, in der anderen einen Eimer. Keine Revolver.

Charlie fällt schreiend in den Raum zurück.

CHARLIE AHHHHH, Billy, AHHHHH.

BILLY Halt still... Halt still, verdammt noch mal.

CHARLIE Jesus. Manuela. Billy.

Billy hat sachkundig nach der Schußwunde gesucht. Schließlich sieht er den Bauch, weiß um Charlies Tod. Wechsel im Tonfall

BILLY Ganz ruhig, Charlie.

CHARLIE Jesus, faß mich nicht an.

BILLY Tut mir leid, Charlie... tut mir leid...

CHARLIE Tom?

BILLY Tom ist tot... Tom ist tot, Charlie... *Wird brutal* STEH AUF!

CHARLIE Ich will die Kugel, such die Kugel, zeig mir die...

BILLY Steh auf, Charlie... hier... nimm den Colt.

CHARLIE Nein, Billy, bitte... mir ist so kalt.

BILLY Geh raus und bring ihn um, Charlie... Auf, weiter, denk nicht, tu es!

CHARLIE Nein, Billy.

BILLY *hilft Charlie gewaltsam auf die Beine* Mach, daß du rauskommst, Charlie. Viel Glück.

Charlie steht, sich windend, neben Billy. Er will Billys Schulter nicht loslassen. Billy stößt ihn gewaltsam von sich. Charlie beginnt zunächst langsam in einer perfekten geraden Linie zu gehen, zur Tür hinaus auf Garrett zu, der auf der anderen Seite der Bühne, vom Licht sichtbar gemacht, erscheint. Charlie beginnt jetzt einen Monolog, den wir nicht verstehen können. Er versucht seinen Colt zu heben, ist aber dazu nicht mehr imstande. Er bewegt sich, zunächst den Körper seitlich gedreht, aber in einer geraden Linie. Billy flüstert.
Erschieß ihn, Charlie.

Charlie krümmt sich und bricht zusammen. Billy kniet sich neben ihn.
Steh auf, Charlie, bring ihn um, bring ihn um.

Charlie rafft sich auf und bewegt sich langsam auf Garrett zu. Er läßt den Colt fallen und preßt seine Hände gegen den Bauch, um die Schweinerei zu bedecken. Billy flüstert.
Schieß ihn über den Haufen. *Schreit* SCHIESS IHN ÜBER DEN HAUFEN!

Billy zieht den Kopf ein, geht in Deckung. Charlie taumelt noch immer verwirrt umher, dreht sich einmal ganz um die eigene Achse, dann noch ein Schritt, und er fällt in Garretts Arme. Garrett krümmt sich unter dem Gewicht und bettet Charlie auf seine Knie.

GARRETT Hallo, Charlie.

Garrett und Charlie erstarren, werden zum Tableau.

BILLY *denkt laut*
Als ich den sterbenden Charlie Bowdre auffing

von Kugeln einen Meter weit zurückgeschleudert kichernd
mir ins Gesicht geschüttelt vom Bibbern
er pißte sich in die Hose vor Schmerz
den Ausdruck seines Gesichts wechselnd wie dahinhuschender
Sonnenschein o mein Gott
o mein Gott, ich pißte mir in die Hose, Billy, tu deine Hand weg
...und die Augen wuchsen über seinen ganzen Körper hinaus.
*Pause. Garrett löst sich aus der Erstarrung. Billy kommt aus der
Hütte auf Garrett zu, die Arme erhoben. Er sieht Charlies Leiche.
Pause. Billy weicht zurück – Garrett und Charlie erstarren zu einem
Tableau. Das Licht wird langsam eingezogen.*
Neues Licht: Beaver Smith's Saloon

Fünfte Szene: Nebenzimmer von Beaver Smith's Saloon

*Angie tritt vom Saloon in das Nebenzimmer und geht zum Tisch. Sie
macht einen Kopfstand. Billy wendet sich ruckartig um in die neue Szene.*

BILLY

Miss Angela Dickinson aus Tuscon
lange Beine wie eine Tänzerin
prägte den Stil der 80er Jahre
indem sie sie haarlos rasierte
sagt immer wieder
ich bin zu groß für dich, Billy.
Aber wir gehen ein wenig herum
kaufen eine Flasche und sie steht da
zeigt mir ihre Schenkel
schau, Billy, schau dir das an
sie ausgestreckt auf dem Bettlaken
trommelt mit den Fingern auf ihre Knie
fängt mich wie einen Schmetterling
zwischen ihren rasierten Beinen
in ihrem Tuscon Hotelzimmer.
*Während er spricht, müßte er ihre Beine halten und sie so herunter-
lassen, daß sie auf seinen Schultern zu sitzen käme. Sie taumeln auf*

der Bühne herum, lachend, kichernd, betrunken. Sie fällt bei den Sätzen »Ich bin zu groß für dich, Billy« und »Schau, Billy, schau dir das an« mit ein. Gelächter, geile Balgerei. Auf dem Weg hinauf ins Hotelzimmer beginnen sie, einander auszuziehen. Ein Quartett, pomadig, mexikanisch angehaucht

Song: Miss Angela D.

Miss Angela D. hat den Mund wie ein Reh
sie saugt dir den Saft raus
ihre Zunge tut Schlimmes mit deinem Dings-Dinges
am besten, wenn dabei schaut Geld raus...
hmmmmmmmmmmmmmm.
Das Quartett geht in verschiedene Richtungen ab. Billy und Angie im Hotelzimmer. Getechtel und Verführung. Es geht rund. Angie fängt an, den Witz vom Hund zu erzählen, während Billy versucht, mit ihr zu schlafen. Das Spiel ist, wie lange kann sie ein ernstes Gesicht halten, ohne Interesse an seinen Annäherungsversuchen zu zeigen. Dadurch bekommt ihr Witz viele Unterbrechungen.

ANGIE Jim Adams hat mir einen Witz erzählt.

BILLY Einen Witz? Einen Witz! Jim Adams ist ein Witz.

ANGIE Er hat ihn mir erzählt, und ich werde ihn dir jetzt erzählen. Ich hab's schon den ganzen Abend lang versucht. Eine Frau, neu in der Stadt...

BILLY Nicht jetzt, Angie...

ANGIE Also, sie kommt in einen Laden und fragt nach Hundefutter. Am nächsten Tag ist sie wieder da und fragt nach mehr. Adams, der dort arbeitet, sagt, das ist aber eine Menge Hundefutter, wie viele haben Sie denn? O nein, sagt sie, das ist für meinen Mann... Er denkt, daß er ein Hund ist. So kommt sie also jeden Tag. Dann kommt sie einen Monat lang nicht mehr, und als sie schließlich wieder da ist, fragt sie überhaupt nicht mehr nach Hundefutter. Also fragt Jim Adams, was los ist. Was ist los, sagt er spöttisch, wie das so seine Art ist. Oh, haben Sie nicht davon gehört, sagt sie, mein Mann ist gestorben. Tut mir echt leid, das zu hören, sagt die Frau, nein, sagt Jim, kam es plötzlich? Und sie sagt, ich habe Ihnen doch erzählt, daß er sich für einen Hund hielt, oder? Also, eines Abends war er zu Hause, lag auf dem Sofa und beugte sich nach

vorn, um sich an den Eiern zu lecken, und fiel runter und brach sich
das Genick.

Angie lacht über ihren eigenen Witz; sie gibt schließlich auf und er-
laubt Billy, mit ihr zu schlafen. Blackout. Ein Punktscheinwerfer
auf Billys Gesicht, während er sich zu uns umdreht.

BILLY *denkt laut*

Lehnt zurück um zu fallen
dunkles Haar dreht sich um sie
zersplittert das Kissen
Billy sagt sie
der lange schlaksige Körper spuckt Funken
aus den Laken an meinen Arm
lehnt ihren ganzen Körper hinaus
so werden die Brüste dünner
und der Bauch eine Höhlung
wo das helle Haarbüschel bebt
dies ist das erste Mal
später knackten meine Hände in Liebessaft
gelähmt von Arthritis
diese schönen Finger konnte ich nur so langsam bewegen
wie eine verkrüppelte Hexe.

Licht blendet aus ins Schwarz. Billys Hand einsam in die Luft hoch-
gereckt

Sechste Szene: Chisum Ranch

In der Dunkelheit hören wir Sporen klirren. Jemand geht. Garrett
kommt auf die leere Bühne, während die Lichter nach und nach auf-
blenden. Mobiliar wird für die Szene im Chisum Haus herausgebracht,
Stuhl und Tisch zuerst. Garrett setzt sich. Er setzt seine Brille auf. Er
steckt seine Hand in die Tasche und breitet ein weißes Taschentuch auf
dem Tisch aus. Dann kramt er eine Orange heraus und legt sie in die
Mitte des Taschentuchs. Mit einem Messer fängt er an, die Schale zu
schneiden. (In diesem Moment beginnt Chisum seine Rede über Gar-
rett.) Er schält die Schalenviertel von der Orange, so daß die Orange
nackt daliegt. Er bohrt einen Finger in die Mitte und zerlegt sie akri-

bisch, ißt sie Stück für Stück. Nachdem er sie vollständig aufgegessen hat, faltet er sein Taschentuch zusammen, steckt es in die Tasche und geht ab. Die Rede sollte zu diesem Zeitpunkt etwa zu drei Vierteln vorüber sein. Chisum und Sallie sind jetzt sichtbar. Sie haben die Bühne betreten, als die Garrett-Story begann.

CHISUM Patrick Floyd Garrett, der geborene Meuchelmörder. Allen bekannt, mit dem Verstand eines Akademikers, seine Hände haarig, zernarbt, Striemen vom Seil eingebrannt. Am Handgelenk war zeit seines Lebens ein purpurner Fleck. Ein geborener Meuchelmörder, weil er keine Knoten im Hirn hatte. Brachte es fertig, jemanden auf der Straße umzubringen, zurückzukommen und einen Witz zu Ende zu erzählen. Einer, der für sich entschieden hatte, was recht war, und jede Moral vergaß. Er war zu allen freundlich, selbst zu seinen Feinden. Am gefährlichsten für sie, weil er sie verstand, wußte, was sie zum Lachen und was sie in Wut bringen würde, was sie am ehesten dachten und wie er sich ihnen gegenüber zu benehmen hatte, damit sie ihn mochten. Ein methodischer Mörder... aber mit lebhaftem Humor und weitgestreuten Interessen, so daß man sich in seiner Nähe sehr wohl fühlte.

SALLIE Im Alter von fünfzehn brachte er sich Französisch bei und erzählte niemandem davon und redete in den nächsten zehn Jahren mit niemandem Französisch. Er las nicht mal französische Bücher.

CHISUM Zwischen seinem fünfzehnten und achtzehnten Lebensjahr hörte man kaum etwas von Garrett. Er nahm sich für zwei Jahre ein Hotelzimmer in Juan Para, bezahlte mit Erspartem und stellte einen Plan auf, um das Trinken zu lernen. In den ersten drei Monaten zwang er sich dazu, seinen Verstand zu zerbröseln. Er kotzte alles voll, überall. Ein Jahr später konnte er zwei Flaschen am Tag trinken, ohne zu kotzen. Zum ersten Mal in seinem Leben fing er an zu träumen. Gewöhnlich wachte er morgens auf, seine Laken von Urin durchnäßt, vierzig Prozent davon Alkohol. Er bekam Angst vor den Blumen, weil sie so langsam wuchsen, daß er nicht herausfinden konnte, was sie eigentlich vorhatten. Sein Verstand gewann an Überlegenheit wegen der verheerenden Fehler, die die anderen machten. Die Blumen beobachteten ihn.

Nach zwei Jahren konnte er alles trinken, alles durcheinander, und genauso wach bleiben und reagieren, als wenn er nüchtern gewesen wäre. Aber er war jetzt süchtig, seinem eigenen Spiel verfallen. Sein Geld zerrann ihm dabei. Er hatte den Trinker nur für zwei Jahre geplant, dann ging es Monate weiter, über die er keine Kontrolle mehr hatte. Er stahl und verkaufte sich, um zu überleben. Eines Tages, als er das Haus von Juanita Martinez ausraubte, wurde er von ihr erwischt und brach in ihrem Wohnzimmer zusammen. In ungefähr sechs Monaten hatte sie ihn aus der eisigen Umklammerung seiner Sucht befreit.

SALLIE Sie heirateten, und zwei Wochen später starb sie an Schwindsucht, was sie vor ihm verborgen hatte.

CHISUM Was in Garretts Kopf vorging, weiß niemand. Er trank nicht und ließ sich nicht mehr sehen. Einen Monat nach Juanita Garretts Tod kam er in Sumner an.

Sein Kopf war klar, sein Körper fähig zu trinken, seine Gefühle anders als die von denen, die sich aus der Hölle herausgearbeitet haben. Kein Zynismus wegen der Unfähigkeit anderer, aus ihren Problemen und Schwierigkeiten herauszukommen. Er arbeitete zehn Jahre als Rancher, Viehtreiber und Büffeljäger. Er heiratete Apolinaria Fernandez und hatte fünf Söhne. Damals war er nach Sumner gekommen, den Kopf voll Französisch, das er nie benutzte. Für dieses seltsame Dings bestens gerüstet... Ein Meuchelmörder mit kaltem Verstand, ein Meuchelmörder mit kaltem Verstand, ein Meuchelmörder mit kaltem Verstand, ein Meuchelmörder mit kaltem Verstand, ein Meuchelmörder mit kaltem Verstand...

SALLIE *leise* Meuchelmörder...

Siebte Szene: Chisum Ranch, Morgen

Nachdem Garrett abgegangen ist, sollten sich John und Sallie an den Tisch setzen. Billy tritt auf. John und Sallie erstarren.

BILLY Ich kann mir John Chisums Haus gut vorstellen... Jetzt etwa würde Sallie den freien Stuhl heranziehen, um ihre Füße hochzulegen, barfuß, wie immer.
Auf Billys Zeichen hin löst sich Sallie aus der Erstarrung.

SALLIE Das Haus war immer voller Leute
Die Ranch war eine kleine Welt für sich
Jeder Mann, der im Südwesten etwas darstellte,
und viele, die nichts darstellten, waren irgendwann
einmal zu Gast.
Manchmal kam ein Mann angeritten, in Eile,
aß etwas in Eile und ritt in Eile davon
Billy kam oft,
und manchmal blieb er für eine Woche oder zwei.
*Chisum löst sich aus der Erstarrung. Billy setzt sich zu ihnen und
frühstückt.*

CHISUM Morgen, Billy. Gut geschlafen.

BILLY Morgen. Hab die ganze Nacht von den Vögeln geträumt, John.

CHISUM Von denen hier drin oder denen draußen? Über die im Haus
mach ich mir Sorgen.

SALLIE Die tun niemandem etwas zuleide.

CHISUM Tun tun sie nichts, aber sie machen Dreck.

SALLIE Na ja, ich geb auf sie acht, nicht du.

CHISUM Ich habe auf zwanzigtausend Stück Vieh achtzugeben. Überall Vögel, Blumen, du ruinierst noch die Gegend, wir werden bald
wegziehen müssen. Da baut man sich ein Haus auf dem Land draußen, Billy, um die Straßen voller Menschen zu vergessen, den
Lärm der Eisenbahn, und dann bekommst du dieses Viehzeug und
Vögel... die kommen ins Haus gekrochen, als gehörte es ihnen.
Das erste, was du am Morgen zu sehen bekommst, wenn du auf-
wachst, ist irgend so was, was auf deinem Bettgestell hockt.

SALLIE John, du lügst. Die meisten sind draußen.

CHISUM Sie kommen rein, setzen sich auf das Bücherregal und scheißen Streifen auf meine Bücher.

SALLIE Das war vor einem Jahr.

CHISUM Sie kommen rein. Ich geh jetzt raus und schau nach den Kü-
hen. *Chisum ab*

SALLIE Er redet nicht viel, nur wenn Leute hier sind... Wenn du hier
bist... Du warst lange fort.

BILLY Bin so rumgezogen, Sallie.

SALLIE Weiß schon... deine Damenbesuche. *Steht auf*

BILLY Wo willst du hin?

SALLIE Wird Zeit, die Läden zu schließen, John... ahhh. *Sie*

schwankt, setzt sich auf den Stuhl und betrachtet ihren Fuß. Ein
Splitter. Dachte, meine Füße wären abgehärtet genug, aber das
sind sie wohl nicht.

BILLY Hier... leg deinen Fuß hierher.

*Sie streckt Billy ihren Fuß hin; er nimmt ihn. Er knackt mit den
Knöcheln und läßt seine Finger in der Luft rollen. Er beugt sich vor
und kommt mit dem Gesicht nahe an ihren Fuß.*

Den hol ich mit den Zähnen heraus.

Er berührt die Fußsohle mit seinem Mund. Zunächst kichert Sallie.
Halt still.

*Er schaut sorgfältig nach und setzt den Mund wieder auf die Fuß-
sohle. Die Szene wird zum Tableau, ganz unbeweglich, bis auf Sal-
lies Gesicht. Sie schaut ihn an; ihr Gesicht spiegelt alle Möglichkeiten ihres Verhältnisses zueinander wider. Langes Schweigen und
Reglosigkeit. Schließlich beginnt sie zu sprechen, sehr langsam.*

SALLIE John baute Läden, um die Sonne draußen zu halten, damit sie
die Paraffinlampen nicht zum Explodieren bringt, die tun das nämlich, weißt du. Also hat er Läden für jede Tür und jedes Fenster
gebaut, für jedes Loch in der Wand. Er ist ein umsichtiger Mann.
Also, um elf schließe ich sie alle... bis vier am Nachmittag. Deshalb muß ich die Lampen nicht leeren.

*Billy hat sich nicht bewegt, seit er seinen Mund an ihre Fußsohle
gesetzt hat. Die Entfernung des Splitters muß stilisiert sein. Er lehnt
sich grinsend zurück, hat etwas zwischen den Zähnen. Er nimmt den
Splitter aus dem Mund und überreicht ihn Sallie mit großer Geste.*

BILLY Da.

Sallie reagiert scheu und nervös.

SALLIE Danke dir... William. *Sie entzieht ihm ihren Fuß, beugt sich
zu ihm, streicht ihm zärtlich das Haar aus dem Nacken und schaut
darunter.* Du hast ja noch die Narbe von dem Brand.

*Billy nickt und schüttelt dann sein Haar zurück, wie ein Pferd seine
Mähne. Sallie fängt an, sich über die Bühne zu bewegen, geistergleich, weg von ihm, und er beobachtet sie. Licht wird streifenweise
weggeblendet, als sie »die Läden schließt«. Billy erinnert sich, beginnt, im Erzählton zu sprechen. Leise Gitarrenmusik. Melodie:
›Hungriger Vogel‹*

BILLY Und Sallie bewegt sich wie ein Geist in weißen Kleidern durch
den Raum... ja... in langen weißen Kleidern im dunklen Haus.

Ihre langen Glieder nehmen allmählich die Stille des Raumes an. Ich erinnere mich, wie sie mich nach dem Brand hierhergebracht haben. Ich saß immer starr wie ein toter Baum und beobachtete die Sonne und den Mond, wie sie einander ablösten, während der Raum um mich die Farbe wechselte. Nacht, das Gelb des frühen Morgens, der langsame Übergang in dunkles Blau und dann die Vier-Uhr-Sonne weiß hereingelassen... Sallie beginnt an einem Ende und hinterläßt schwarze Räume, während sie ins verbliebene Licht geht.

Pause. Dunkelheit. Billy ab. Sallie zündet eine Öllampe an.

Song: Hungriger Vogel

SALLIE

Hungrig Rabe, sag du aber
alles ganz genau
armer Wicht, redst du nicht
und bin niemands Frau

Der einzge, den ich liebhatt
Ah, den erschoß man in der Stadt
Begruben ihn im Dreck
Warfen seine Leiche weg
oh, sie töten die Brüder, die er hatt

Hungrig Rabe, sag mir aber
mein Leben ganz genau.
Sallie löscht die Öllampe.

Achte Szene: Beaver Smith's Saloon

Spot auf Charlie. Rings um ihn Dunkel. Er schaut etwas dümmlich ins Publikum. Wir hören Billy. Vermutlich bleibt Charlie während der ganzen Geschichte unverändert. Ich glaube, daß er den Witz immer noch nicht versteht.

BILLY Als Charlie Bowdre und Manuela Polterabend hatten, trugen wir sie auf unseren Schultern, wir dabei auf Pferden. Brachten sie zum Shea Hotel, acht Zimmer. Jack Shea am Empfang sagte: »Charlie... das geht alles auf Rechnung des Hauses. Wir liefern das Geschirr.«

CHARLIE »Geschirr? Nein, nein«, sagt Charlie, »ich häng mich bei dem Gaul an den Ohren fest, bis ich ihn eingeritten habe.«

Licht an. Die Bande um Charlie herum wird sichtbar, alle lachen. Billy greift sich Tom aus der Gruppe und bringt den sich Sträubenden zur Mitte der Bühne, während die übrigen lachen. Billy stellt ihn dem Publikum vor.

BILLY Das ist Tom O'Folliard... Und dies ist Tom O'Folliards Geschichte...

Tom wird auf der Bühnenmitte allein gelassen. Er ist wie betäubt, sprachlos und nervös. Ungelenk beginnt er mit seiner Geschichte, verliert beim Erzählen nie seine Scheu. Er kichert ein paarmal bei dem Gedanken daran, eine Rede halten zu müssen. Kurz nachdem er angefangen hat, verlassen Billy und Charlie die Bühne.

TOM Als ich fünfzehn war, bekam ich einen Job bei einem Arbeitstrupp, wir schossen wilde Pferde. Wir bekamen einen Vierteldollar pro Kopf, für jedes tote Pferd. Diese Pferde grasten überall und fraßen das gute Gras weg. Damals gab es in der Wüste noch nicht alle fünfzig Meilen eine Stadt. Ich sog die wasserklare Milch aus aufgehackten Kakteen, manchmal trank ich die eigene Pisse. Einmal, blind vor Durst, tötete ich das Pferd, auf dem ich saß, und stillte mich an der einzigen Flüssigkeit, die ich finden konnte. Blut verkrustete auf meinen Haaren, Armen, Schultern, überall.

Tom versucht, die Bühne zu verlassen, aber Billy und Charlie schubsen ihn von ›draußen‹ wieder zurück.

Dann, vor einem halben Jahr, hatte ich meinen schlimmen Unfall. Ich war allein in der Carrizoza-Ebene, im Norden von hier. Ich sah

Pferde in einer Reihe hintereinander laufen und setzte das Gewehr an die Schulter. Als ich den Abzug zog, flog mir das Gewehr um die Ohren. Ich war zwei Tage völlig weg. Ich wachte auf, weil ich am Kotzen war. Mein Gesicht ging bis da. *Zeigt die Schwellung* Von dem Moment an, mein Pferd war weg, lebte ich ohne Essen und Wasser vier Tage lang in der Wüste. Ich fühlte mich die ganze Zeit schläfrig. Alle zwei Stunden hielt ich an und schlief ein und stellte meine Stiefel wie einen Pfeil in die Richtung, in die ich ging. Dann stand ich wieder auf, zog die Stiefel an und ging weiter. Ich hätte meine linke Hand mit dem Messer abgeschnitten, um etwas zu essen zu haben, aber es wurde mir klar, daß ich schon zuviel Blut verloren hatte.

Ich tötete Eidechsen, als ich in felsige Wüste kam. Dann, ein paar Tage später, tauchten allmählich Büsche auf, denen ich folgte. Ich schlief immer noch alle zwei Stunden. Das erste Dorf, in das ich kam, war mexikanisch. José Chavez y Chavez, Schmied. Das letzte, was ich mitbekam, war, daß mir Chavez eine in den Magen drosch, wie in einen Sandsack. Ich war weg, kalt erwischt. Als ich aufwachte, hatte er mich in ein Bett gepackt und mir die Arme mit Riemen festgebunden.

Chavez hatte mich bewußtlos geschlagen, als ich dabei war, mich ins Wasser zu stürzen, um meinen Durst zu löschen, aber ich wäre dabei draufgegangen. Chavez gab mir welches, Tropfen für Tropfen. Eine Woche später ließ er mich mein erstes volles Glas Wasser trinken. In dieser Woche hätte ich Chavez für Wasser umgebracht. Als ich schließlich zu einem Arzt kam, erfuhr ich, daß alle Muskeln auf der rechten Seite meines Gesichts gelähmt waren. Wenn ich atmete, konnte ich nicht kontrollieren, wo die Luft hinging. Sie suchte sich neue Kanäle, ganz wie sie wollte. Bei jedem Atemzug jagt der Schmerz wie ein Querschläger durch mein Gesicht. Ich kaue also roten Staub. Aber mein Verstand ist scharf, der Schmerz verbraucht die ganze Droge. Der Rest von mir ist fehlerlos, perfekt. *Tom tritt ab.*

Neunte Szene: Chisum Ranch

Wir sehen, wie Sallie im Hintergrund der Bühne mit einer Lampe geht, ansonsten Dunkelheit. Von einer anderen Seite treten Chisum und Billy auf. Sie tragen Laternen und gehen an der Bühnenrampe entlang; sie schauen in die Käfige, die da zu vermuten sind, wo die erste Reihe der Zuschauer sein wird.

CHISUM Wir leben hier seit vierzehn Jahren... In dieser Zeit hat sie es geschafft, nur wildes und kaputtes Viehzeug aufzulesen. Die Viecher sahen fast exotisch aus, so kaputt, wie sie waren... Jedes gottverdammte Ding, das bis hier kriechen oder fliegen kann, wird herzlich empfangen. Die Zahmen. Die halbgaren Mißgeburten, die Streuner, die Verwundeten.

BILLY Und du behältst sie alle hier.

CHISUM Sie macht das. Ja. Wenn's nach mir ginge, würde ich alles niederbrennen. Die Natur schafft sich ihre eigenen Könige und Königinnen.

BILLY Eule... Wüstensperling...

CHISUM Wer hat dich nach dem Brand hergebracht?

BILLY Ein alter Freund... Habicht... Texasgeier...

CHISUM Ich brauche jemanden, der was für mich erledigt. Was würdest du sagen, wer ist der Beste, außer dir.

BILLY Tom O'Folliard. Pat Garrett. Das ist doch ein Freund von dir, oder?

CHISUM Tom O'Folliard ist zu jung. Ich brauche einen Mann, eine professionelle Viper.

BILLY Dann ist Garrett dein Mann. Hab ihn nie getroffen, aber was ich so höre...

Chisum geht zurück. Billy schreit ihm nach.

Ich hab gehört, er kann Französisch reden.

CHISUM *hält inne, um Billy anzusehen* Das hab ich auch gehört.

BILLY *schaut verdattert, hält seine Lampe hoch* Jesus! Ist das eine Rieseneule. Ein Riesenvieh. Ich kann nur ihre Augen sehen, und die sind acht Zoll auseinander.

Chisum kommt mit seiner Laterne zurück und schaut.

CHISUM Uh?... Ach, das sind zwei Eulen, jede auf einem Auge blind.

Chisum ab. Billy allein. Er wendet sich um und sieht Sallie mit ihrem Licht.

BILLY Auf dem Weg zurück herrscht tiefe Stille. Schwarz um uns. Nichts hier draußen außer Wüste, siebzig Meilen oder mehr... Und ein paar Meter vor mir das Haus, vollgestopft mit gelbem, feuchtem Licht, und im Rahmen eines Fensters bewegt sich eine Frau; sie trägt eine Flamme in einem Glastrichter, auf den Rand des Dunkels zu.

Pause. Sallie auf der oberen Ebene. Beide bringen die Laternen nahe an ihre Gesichter und blasen sie gleichzeitig aus.

Mr. Patrick Garrett!

Zehnte Szene: Mescalero Territorium

Billy ab. Garrett erscheint. Er trägt einen Staubmantel. Sein Kopf ist in Tücher und Schals gewickelt, so daß wir gerade einen Teil seines Gesichts sehen. Er ist von Sand und Staub bedeckt.

GARRETT Das Mescalero Territorium ist eine flache Region, keine Flüsse, keine Bäume, kein Gras. Im August fängt der Wind an, und man kann für Wochen die Sonne nicht sehen, weil, wenn man die Augen aufmacht, werden sie vom Sand vollgesprenkelt, wie von Rauhreif überzogen. Staub und Sand bleiben auf allem Feuchten kleben, auf deinen Augäpfeln oder auf dem Rotz deiner Nase, einer Fleischwunde, sogar am Schweiß in deinem Hemd. Deine Ohren sind so zu, daß du hinterher für lange Zeit nichts hörst, was auch gut ist, weil da nur das ständige Kreischen und Heulen des Windes ist, der alles mit sich reißt, was er tragen kann.

Den August saß ich für zwei Wochen in der Mescalero fest. Als der Sturm nachließ, band ich dem Pferd die Augen zu und lenkte es auf östlichen Kurs. Ich kam auf steinigen Boden mit Steppenläufer-Gestrüpp. Das Zeug kann in der Mescalero nicht überleben, weil es in wenigen Minuten in Stücke zerrissen wird. Diesmal kamen Steppenläufer wie Felsbrocken aus dem Nichts. Die hauen einen vom Pferd. Einen Tag später erreichte ich die Chisum Ranch. Völlig benommen im Kopf, kam ich in ihrem Haus an.

Elfte Szene: Chisum Ranch

Garrett stürzt in den Hof der Chisum Ranch. Taub. Vom Sand zer-
zaust. Eine lärmende Nachmittags-Party ist im Gange – Billy,
Chisum, Angie, Sallie. Die ersten drei scheinen schon betrunken zu
sein. Angie steht auf dem Tisch und schaut neugierig auf den neuen
Gast im Hof.

ANGIE Heh! Da draußen ist ein Mann!

SALLIE *zu Chisum* Ich werd die Wanne im Hof füllen.

Sallie springt auf und begrüßt Garrett lächelnd ›draußen‹ vor dem
Haus, im Hof. Es fällt kein Wort zwischen Sallie und Garrett. Er
nickt und geht mit ihr. Sie fängt an, ihm seinen Staubmantel und
einige Schals auszuziehen, Schicht um Schicht, bis er schließlich
nackt ist. Währenddessen schwingt Chisum eine Rede und fuchtelt
dabei mit einem Buch herum. Er hält es in der Hand, als wäre es eine
tote Ratte.

CHISUM Ich kenne ein Autor.

ANGIE Einen Autoren.

CHISUM Ich kenne einen Schriftsteller. Er ist natürlich nicht nur
Schriftsteller, er ist auch der Gouverneur von diesem Gebiet. *Er*
macht eine Pause, hat den Faden verloren. Verdammt noch mal,
wie heißt er nur. Wallace. Er hat das Buch hier geschrieben. Ben
Hur. Er hat mir Dings gegeben, das Buch. Er hat mir das Herrgott
noch mal gegeben, und ich verstehe nur Bahnhof. Da drin, Dings,
da nageln sie Leute an Bäume. Überall in der Gegend. Wovon zum
Teufel handelt es? Das sag mir einer. Keine Bilder, keine Kühe.
Ich mag was Ordentliches zum Lesen. Aber, schau...

ANGIE Macht nichts.

CHISUM Macht nichts! Er ist der einzige Schriftsteller, den ich kenne,
und er ist ein Freund, und ich versteh kein einziges gottverdammtes
Wort. Was bedeutet das? An was zum Teufel denkt er, wenn er zu
mir spricht?

ANGIE Der Kerl da nimmt ein Bad. *Zu Chisum* Wie heißt er denn?

CHISUM Patrick Floyd Garrett.

Angie verläßt den Tisch und geht mit einer Flasche nach draußen zu
Garrett.

ANGIE He, Garrett, wie wär's mit einem Drink?

CHISUM Wo kommt die denn her?

BILLY Sie ist aus Tuscon.

CHISUM ... Tuscon.

Während Billy und Chisum trinken, setzt sich Garrett seine Brille auf. Dann nimmt er die Flasche von Angie an. Sie rafft ihren Rock hoch und steigt zu Garrett ins Bad.

ANGIE Baden, ich mag das. Ich hab gern kühle Füße.

Garrett reicht ihr die Flasche zurück. Sallie geht mit einem Handtuch zu Garrett und Angie.

GARRETT Ich habe nichts gesehen, außer Kakteen, Kakteen, Kakteen.

ANGIE Weißt du, warum ich Pflanzen hasse? Weil sie keine Beine haben!

Diese Tatsache versetzt Sallie und Garrett in Erstaunen, und sie wissen nicht, was sie dazu sagen könnten. Angie geht alleine vor zur Rampe und hält einen Schwatz mit dem Publikum.

Seitdem ich hier bin, rieche ich andauernd nur Hund. Wildnis. Wilden Hund. Beaucoup de Vögel. Da möcht ich lieber einen Saloon mit Zigarettenrauch und Leute, die die Treppe runterfallen, und einen Pack Spielkarten, der hergerattert wird wie eine Klapperschlange. Dieses kleine bißchen Brise davon. Ihr wißt, was ich meine? Ich sehe gerne Männern beim Baden zu, aber nur, wenn sie um Mitternacht baden. Im Dunkeln mit Kerzen. Ich kenne Kerle, die im Dunkeln ertrunken sind und dabei glücklich waren. Mein Verlobter, Dick, ritt im Dunkeln über eine Klippe und wurde noch mitten in der Luft von dem Pferd totgetreten, noch bevor er das Wasser erreichte... Seitdem bin ich zum ersten Mal wieder auf dem Land. Dick hatte viel für Lagerfeuer übrig. Gewöhnlich kam er in die Stadt zurück, besprang mich geradewegs und roch nach Wacholder und Kuh und allem, womit er sonst da draußen herumraufte... Wiedersehen, Dick. *Sie schnüffelt die Luft.* Zum ersten Mal wieder Wüste seitdem und nichts ist besser geworden. Seit ich zwanzig bin, schaff ich es, die schlimmsten Stunden durchzuschlafen, das ist von Mittag bis Sonnenuntergang. Überall Sonne macht die Leute wahnsinnig, erhitzt ihre Köpfe. Ich kannte ein paar von denen. Sonnenlicht, Hunde auf den Straßen, Pferde von Schaum bedeckt. Das hat Amerika nicht großgemacht... Es sind die Nachtmenschen. Die Männer und Frauen, die nach Sonnenuntergang aufwachen. Ich hasse das Vorspiel in Schweiß und Staub am Nachmittag... Es geht doch nichts über Mitternacht!

Zwölfte Szene: Chisum Ranch, Mitternacht

Eßtisch. Angie gesellt sich zu Chisum. Beide sind ziemlich betrunken. Chisum schleicht sich an Angie heran. Billy kippt seinen Stuhl nach hinten.

CHISUM Ich bin ein sehr berühmter Mann, weißt du...
ANGIE Ja?
CHISUM Ja... Es gibt da Songs über mich, nach mir.
  Angie geht an Billys Stuhl vorbei, der nach hinten gelehnt ist, und stößt ihn leise an, so daß er hintüberfällt, oder besser: sich davor rettet zu fallen.
ANGIE Wirklich.
CHISUM Der ›Chisum Trail‹.
ANGIE Du bist der Chisum? Du bist doch nicht der Chisum, oder? Der soll doch angeblich ein Schwein sein!
CHISUM ICH BIN EIN SCHWEIN. Mein Name steht auf einer Landkarte... der ersten Landkarte, die von diesem Gebiet gezeichnet worden ist.
ANGIE *neckisch* Ich kenne den Song.
CHISUM Welchen Song?
ANGIE Den ›Chisum Trail‹, Herrgott noch mal. *Sie setzt sich ans Klavier und spielt einen Akkord...*
CHISUM Ich kann den ganzen Text.
ANGIE Ich auch.
  Sie fangen an, den Song zu singen, Chisum die offiziellen Verse und Angie die obszönen.

Song: Chisum Trail

CHISUM Kommt jetzt Jungs und hört von meiner Tat.
  Ich sing euch von der Mühsal auf dem Chisum Pfad.
ALLE Come a ty yi yippy yippy yippy yi yippy ya a ty yi yippy yippy yippy yey
ANGIE Das Bürschchen Bill Bonney ist herrlich im Bett.
  Ich wollt pummeln und fummeln mit Kid um die Wett.
ALLE Come a... *Refrain wiederholen*
CHISUM Ich ging auf den Trail so Ende Mai.
  Verließ lieb Texas, hatt Jungvieh dabei.

ALLE Come a ... *Refrain wiederholen*

ANGIE Eines Tags wach ich auf auf 'ner Gefängnis-Pritsch

Mit 'm Steifen in mei'm Reifen

und 'm Cowboy-Schwanz am Greifen.

Sallie steht auf und geht hinauf in Garretts Zimmer. Er ist gerade
aufgewacht, liegt rauchend da.

ALLE *mit Ausnahme von Sallie* Come a ... *Refrain wiederholen*
Chisum und Angie erstarren in ihrer Position.

SALLIE Du hattest zwei Tage Sand an dir.

GARRETT Jetzt bin ich okay. Ich hab meine Stimme wieder. Ich kann
zwitschern wie eine Lerche.

Auflösen der Starre. Der Song geht unten weiter. Gelächter. Garrett
steht auf und wankt ein wenig. Er legt seinen Arm um Sallie und geht
mit ihr hinunter. Selbstsicher. Graziös. Eigen

CHISUM *singt weiter*

Ich reite mein Pferd in schnellem Trab.

Bin der beste Cowboy, der je ein Schuß abgab.

ALLE Come a ... *Refrain wiederholen*

SALLIE Pat, das ist William Bonney. Billy, das ist mein Freund Pat
Garrett.

Garrett streckt Billy seine Hand hin. Schweigen und Spannung, als
Billy den Handschlag verweigert. Angie schreitet ein, um von der
Peinlichkeit abzulenken.

ANGIE Also, hört mal, ich kenn da eine Geschichte, unterbrecht
mich, wenn ihr sie schon mal gehört habt... Eine Frau kommt in
die Stadt wegen Hundefutter...

Alle erstarren in ihrer Position, außer Billy. Ein Spotlicht auf ihn

BILLY *denkt laut* Die anderen, die ich kenne, sahen die Wunden
nicht, die am Himmel erschienen, in der Luft. Manchmal hatte eine
normale Stirn vor mir ein Leck, Hirngase strömten aus. Einmal
verstopfte sich eine Nase direkt vor mir, ein Stöpsel aus Haut bil-
dete sich in den Nasenlöchern, und das entsetzte Gesicht mußte
durch den Mund atmen, aber dann verhakte sich der Schnurrbart in
den unteren Zähnen, und er fing an, laut zu keuchen, hah! hah!,
mit aller Kraft – wirbelte zu Boden, stürzte in sich zusammen, am
Schluß schien er aus einem Auge zu atmen – nadelfeine Luftströme
drangen in die Kehle hinein. Ich habe niemandem davon erzählt.
Wäre Angela D. damals bei mir gewesen, nicht einmal ihr. Auch

nicht Sallie, John, Charlie oder Pat. Das einzige, was letztendlich nie verunstaltet wurde, waren die Tiere.

Als Billy seine Rede beendet, lösen die anderen ihre Erstarrung. Angie beendet ihren Witz.

ANGIE ... er beugte sich nach vorne, um seine Eier zu lecken, und fiel runter und brach sich das Genick.

Chisum starrt sie an. Er versteht den Witz nicht. Sieht verwirrt aus

Also, jetzt arbeite ich in Sumner, in Beaver Smith's Saloon.

CHISUM Ah, eine Sängerin.

BILLY Du solltest mal in die Stadt kommen, John, sie hat Beine wie ein Storch.

Angie streckt ein Bein in die Luft.

Und sie rasiert sie auch.

ANGIE Da, hier, John, fühl mal. Weich wie ein Pferd im Regen.

Sallie steht lachend auf und geht Richtung Veranda. Garrett folgt ihr. Billy eifersüchtig hinterher. Chisum nähert sich Angie, streichelt ihr Bein.

CHISUM Kennst du ihn schon lange?

ANGIE Eine Weile. Ach, das ist nur ein Freund.

CHISUM Ich möchte dich küssen.

ANGIE Echt? Ich glaube, du sprichst mit gespaltener Zunge. Du kennst doch die gespaltene Zunge.

CHISUM Du hast keine Ahnung von Leuten wie mir.

ANGIE Alles, was ich über Männer gelernt habe, hab ich von einem Wärter im Zoo von Juarez.

CHISUM Ich möchte dich küssen.

ANGIE Ich küsse keine reichen Leute.

Sie schenkt ihm ein Lächeln, dann geht sie auf die Veranda. Chisum streckt seine Zunge heraus und versucht, sie zu sehen. Sorgenvoll. Er geht auf die Veranda, um sich unter die anderen zu mischen. Er ist stark betrunken.

SALLIE Komm her, Henry ...

ANGIE Was ist denn das?!

SALLIE Man nennt das einen Basset.

ANGIE Sieht sehr seltsam aus, das Vieh.

CHISUM Anfangs, als wir ihn bekamen, kam er keine Treppe hoch.

ANGIE Wie ist er denn so geworden?

CHISUM Die hat man in Frankreich für all die fetten Adeligen gezüchtet, deren Jagdhunde zu schnell für sie waren.

SALLIE *hätschelt und streichelt das Fell des imaginären Hundes* Man nahm von jedem Wurf den Schlechtesten und Langsamsten und paarte sie mit den Schlechtesten aus anderen Würfen, bis man den langsamsten Jagdhund bekam, den man sich vorstellen kann.

ANGIE Sieht nach fürchterlichem Murks aus.

CHISUM Als ich in ...

BILLY Ist das wirklich ein Hund, eh?

SALLIE Reinrassig. Wir bekamen ihn per Schiff aus England und dann per Bahn. Ich hab ihn am Zug in Empfang genommen und ihn die letzten siebzig Meilen in einer Kutsche hergebracht.

CHISUM Als ich ...

GARRETT *zieht eine Walnuß aus seiner Tasche und gibt sie Sallie* Das ist eine gemeine Walnuß.

CHISUM Als ich während des Kriegs in New Orleans war, begegnete ich einem komischen Kerl, der Hunde hatte. Ich lernte ihn kennen, weil ich damals Sänger war. Der Kerl schien ziemlich in Ordnung. Na ja, ein oder zwei Monate, nachdem ich aus New Orleans wieder weg war, bekam ich von einem anderen Freund, der mit uns gesungen hat, die Nachricht, daß Livingstone, der unser Vorsänger war, von seinen Hunden aufgefressen worden war. Es war eine Postkarte, und mehr stand nicht drauf.

Als ich zwei, drei Jahre später wieder in New Orleans war, fand ich Genaueres heraus. *Pause* Livingstone war offensichtlich wahnsinnig gewesen. Und weil er nicht im Krieg mitkämpfen konnte – er hinkte von einem Unfall mit einer Kutsche – hing er, wie ich, bei den Soldaten herum. Es ging das Gerücht um, daß sie ihn deshalb nicht genommen hatten, weil niemand, der ihn kannte, ihm mit einem Gewehr über den Weg getraut hätte. *Pause* Er hatte sich einen Spaniel gekauft. Einen Monat später kaufte er noch einen. Er sagte, er würde jetzt eine Hundezucht anfangen. Seine Mutter, erfreut über die leiseste Andeutung von Ehrgeiz, bestärkte ihn. Aber sie war sich nicht im klaren, was er wirklich machte, erst hinterher, und selbst da mußte es ihr der Tierarzt zweimal erklären. Livingstone, und das war zur selben Zeit, als er mit mir abends sang, hatte den Entschluß gefaßt, eine Rasse von wahnsinnigen Hunden zu züchten. Er machte das durch Inzucht. Seine Mutter gab ihm Geld, um das Unternehmen zu gründen, und er kaufte sich da diese Farm, zog einen Zaun um ein Areal von fünfzig Fuß im

Quadrat und hielt dort nur die beiden ursprünglichen Hunde, die er gekauft hatte. Er paarte sie buchstäblich bis in den Wahnsinn hinein. Zumindest nicht sie selbst, sondern ihre Welpen, die gepaart und wieder gepaart wurden mit ihren Brüdern und Schwestern und Müttern und Onkeln und Neffen. Jede Kombination, bis ihre Knochen gekrümmt und verknäuelt wuchsen, die Ohren länger als ihre Beine, bis sie entweder faul oder bösartig wurden und ihre Kiefer schwarz waren statt rot. Sie müssen sich vorstellen, niemand wußte davon. Das ging so drei Jahre lang. Wenn Leute ihn fragten, wie die Hunde sich so entwickelten, sagte er, sehr gut; es war alles ein geheimes System, und er wollte nicht, daß irgend jemand einen Blick darauf warf. Er sagte, er wollte eine Arbeit erst fertig haben, bevor er sie den Leuten zeigte. Dann wäre es eine Überraschung, und sie würden die volle Wirkung zu spüren bekommen. Es wäre wie mit der Rosenzucht.
Pause. Angie geht.
Angeblich kann man an der Weite der Pupillen erkennen, wie inzüchtig ein Hund ist, und Livingstone wußte das, weil er sich wiederum die zwei am schlimmsten deformierten Hunde heraussuchte und sie noch einen Schritt weiter züchtete. Er hatte jetzt über vierzig Hunde. Die älteren ließ er einfach laufen, sie waren zu normal. Der Rest waren groteske Wesen... die sich kaum bewegten, außer um zu essen und Unzucht zu treiben. Ihre Augen quollen heraus wie Murmeln; einige waren blind. Livingstone hatte herausgefunden, daß sie, je weniger er sie fütterte, um so mehr Unzucht trieben, nur um ihre Gedanken von ihrem Hunger abzulenken. Sie knurrten nicht, sie zischten nur durch die Zähne. Livingstone gab ihnen oft nur Alkohol zu trinken. Seine Mutter gab ihm weiter Geld für sein Unternehmen, das natürlich noch keinen Pfennig eingebracht hatte, und an Donnerstagabenden kam er in die Stadt, und wir tranken gewöhnlich eine Menge nach der Runde Singen. Aber selbst betrunken schien er nie seltsam. Als ob er all seinen Wahnsinn, all seine perverse Logik hinter dem Zaun auf seiner Farm zurückgelassen hätte und reingewaschen wäre, wenn er jeden Donnerstag in die Stadt kam. Viele, die er von früher kannte, sagten, wieviel stabiler er geworden sei und daß sie ihn wahrscheinlich jetzt in der Armee aufnehmen würden. Dann ging er gewöhnlich so um drei Uhr früh zurück zu seinem Haus und seinen vierzig Hun-

den, diesen Haufen von Knochen und Haar und Geschlechtsorganen und hervorquellenden Augen und einem Verstand, der ein Chaos war, halb aus Hunger, halb vom Alkohol, von Sinnen, weil sie unförmig verquetscht waren von neuen verkrüppelten Knochen, die in ihre Schädel hineinwuchsen. Diese Spaniels, falls man sie überhaupt noch so nennen konnte, waren meist braun. *Pause* Als man Livingstone fand, war fast nichts mehr von ihm übrig. Sogar seine Armbanduhr war von einem der Hunde aufgefressen worden. Er spuckte sie in Gegenwart des Tierarztes aus. Natürlich waren da noch seine Gebeine und sein linkes Handgelenk – die Hand, die die Peitsche hielt, wenn er in dem Gehege war – war unberührt mitten im Gelände zurückgeblieben. Sonst war da nicht mehr viel. Die Hunde waren gierig nach Blut. Der Tierarzt ging in die Stadt, holte den Sheriff und ritt zurück. Sie erschossen alle Hunde. Sie steckten ihre Gewehre durch die Bretter des Zauns und schossen ihre Köpfe weg, wann immer einer in den Bereich kam, den ein Gewehr erreichen konnte. Vierzig Hunde und ihr zerstükkelter Besitzer.

Stille. Garrett verdrückt sich ins Dunkel. Billy an der Rampe. Chisum stolpert davon.

Pause. Sallie beugt sich zu dem Hund.

SALLIE Das ist aber eine widerliche Geschichte, Henry, oder? Einfach widerlich.

Sallie geht hinaus in den »Hof«. Töne einer klagenden Mundharmonika. Billy tanzt.

Dreizehnte Szene: Beaver Smith's Saloon

Tom und Charlie treten auf. Charlie mit einer Gitarre, er beginnt eine lebhafte Tanzweise zu spielen. Angie kommt herein und beginnt zu tanzen, verrückt, bizarr. Halb verführerisch. Charlie fängt an, den ›Angela D. Song‹ zu singen. Billy gesellt sich zu ihr, und sie tanzen miteinander.

Song: Angela D.

CHARLIE
Miss Angela Dickinson
verschwommen im Dunkel
ihre Zähne ein Tunnel
ihre Augen ein Boot.

Ihr Mund ist ein Outlaw
sie schluckt deinen Atem
ihr Schenkel versenkt dich
oder bricht dir den Hals.

Ihre Kehle eine Küche
rote Kost und alte Hitz
ihre Ohren eine Harfe
du leckst bis es schmerzt.

Ihr Zeh nimmt deine Rippen
ihre Finger dein' Geist
sie wird zum Gorilla
und schluckt dich blind.

Der wahnsinnige Tanz gerät außer Kontrolle, als Tom sich an Angie heranmacht. Angie spuckt Tom ins Gesicht. Er schlägt sie, sie tritt ihm in die Weichteile, er dreht sich im Kreis und zieht seinen Colt. Charlie springt ihn an, der Colt geht los, der Schuß trifft Angie in die Hand. Verwirrung. Wut. Ein Durcheinander von Worten und Sätzen ist jetzt zu hören.

TOM Tut mir leid, Billy, tut mir leid, Angie, Jesus, Entschuldigung.

ANGIE *schreiend* Du Dreckskerl ... Billy ...

Tom und Charlie miteinander kämpfend ab. Stille

Ihr Dreckskerle. Bring ihn um, Billy, bring ihn um.

Billy beruhigt sie, sieht nach der Wunde. Sie sind auf der Treppe. Er geht hinunter, wo die anderen miteinander gekämpft haben, hebt ein fallen gelassenes Messer auf und kehrt zu ihr zurück. Er fängt an, ihren Arm mit dem Messer aufzuschneiden.

Laß es sein, laß es sein.

BILLY Ich muß ihn aufschneiden... die Kugel holen, Angie. Schau. Ich kann in deinen Arm hineinschauen. Schau, was für eine saubere Wunde.

ANGIE Ja, Billy... Sauber...

Er legt das Messer weg und beschwichtigt sie.

BILLY *denkt laut*

In Mexiko die Blumen
wie Gehirn... von Blut trockengelegt
beladen mit all dem berauschenden Duft,
Schweiß wie Flieder Geruch von Urin
weht zu mir quer durch ein Zimmer.

Wenn man den Stengel durchschneidet
das Gesicht nahe daran
fühlt man den Lufthauch entweichen
die Blume wird klein riecht gesund
verwelkt in der Hand.

Als er mit der Rede zu Ende ist, berührt er die Wunde mit seinem Mund und beißt hinein, um die Kugel zu erwischen. Dann schaut er auf, das Gesicht blutig. Er spuckt die Kugel aus. Wir hören sie über die Bühne rollen, während die Bühne langsam dunkel wird.

Zweiter Akt

Erste Szene: Chisum Ranch. Oberes Schlafzimmer / Chisum Hof

Billy mit Verbrennungen, hat Schmerzen. Sallie kommt auf ihn zu, geistergleich, trägt Tücher und eine Schüssel Wasser, um ihn zu waschen. Er fühlt plötzlich, daß sie ihn berühren wird, auf ihn fallen könnte. Er schreit. Er ist geschwächt, im Delirium, Fieber, Alptraum. Sie beruhigt ihn und wischt ihm die Rauchspuren und den Schmutz mit einem feuchten Tuch ab.

SALLIE Wer war mit dir in dem Brand?
> *Billy schüttelt den Kopf. Sallie nähert ihr Gesicht dem seinen.*
> Wer, Billy?
BILLY Ein Freund. Ein brennendes Klavier.
SALLIE Celsa?
> *Billy sagt nichts.*
> Hat sie überlebt?
> *Billy reibt Sallies Arm. Er ist von der Beschaffenheit des Gewebes fasziniert. Es hält den Wahnsinn fern, dieses Fleisch. Ihre Hand berührt seine Hand, um sie zur Ruhe zu bringen.*
> Zeit, die Läden zu schließen.
> *Sie verläßt den Raum. Billy bewegt seinen Abzugsfinger, untersucht ihn genau. Eine Melodie erklingt.*
BILLY Ich habe Bilder von großen Sternen gesehen.
> Zeichnungen, die sie in ein Zentrum strebend zeigen,
> das ihr Weiß hätte explodieren lassen,
> wenn ihre Temperatur und ihre Geschwindigkeit
> sich nur um ein Grad geändert hätten

> Sonst habe ich im Osten
> die dunklen, grauen Höfe gesehen, wo Züge montiert wurden
> und die ebenmäßige Geschwindigkeit von Maschinen –
> *Im Verlauf der Szene sind Garrett und Angie in den Hof gekommen. Angie ist in einem Stuhl eingeschlafen.*

GARRETT Billy hat seine linke Hand nie für etwas anderes verwendet, als natürlich zum Schießen.

BILLY – die Maschinen bauen.

GARRETT Er würde damit nicht einmal eine Kaffeetasse anfassen.

BILLY Ihr roter goldener Eisenguß
der, wenn gekühlt,
zu Rost oder Grau vernebelt

GARRETT Ich habe die Hand gesehen, sie war jungfräulich weiß.

BILLY Die schönen Maschinen, die sich um sich drehen.

GARRETT Später, als wir darüber redeten, erklärte ich, wie eine Hand oder ein Muskel, der bei der Arbeit selten benutzt wird, verkümmern, klein werden würde.

BILLY Sich aneinanderschweißen und mit anderen verschmelzen.

GARRETT Er sagte, er mache unbewußt viele Stunden am Tag Fingerübungen.

BILLY Und Männer, die ihre Hebel herumwerfen.

GARRETT Und es war wahr.

BILLY Und da herrscht der gleiche Streß wie bei Sternen, eine einzige veränderte Bewegung bringt sie zur Raserei.

GARRETT Von da an bemerkte ich, wie sich seine linke Hand in sich drehte, jeder Finger kreiste abwechselnd wie das Rad eines Zuges. Sie rollten sich zu Kugeln zusammen, ergossen sich wie Wellen über ein Tischtuch. Etwas Schöneres und Hypnotischeres habe ich nie gesehen.

Zweite Szene: Chisum Ranch. Lange nach Mitternacht

Billy stolpert betrunken aus dem Schatten heraus. Garrett spürt seine Gegenwart sofort. (Diese Szene sollte keine böse Vorahnung spüren lassen. Sie sollte entspannt und beiläufig verlaufen. Langsam, ungezwungen und halb betrunken)

GARRETT Wenn... du einen Vogel oder einen Hund totschießen müßtest, wen würdest du totschießen?

BILLY Ich würde den Vogel totschießen.

GARRETT Ich würde auch den Vogel totschießen... und stell dir vor, du müßtest jemanden auf offener Straße töten... klar?

BILLY Klar.

GARRETT Du könntest die Zeit, den Ort und deine Position wählen... alles.

BILLY Yup.

GARRETT Wofür würdest du dich entscheiden?

BILLY Gewehre?

GARRETT Keine Gewehre.

BILLY Keine Gewehre... Was würde ich dann wählen...

GARRETT Du kannst sogar das Wetter bestimmen. *Pause* Denk nach!

BILLY Ich glaub, ich würde gar nichts wählen, das soll ein anderer tun. Ich würde einfach aufspringen, mich zur Seite werfen und feuern.

GARRETT Nein.

BILLY *lacht* Nein!

GARRETT Nein. Ich sag dir, was du tust. Du wählst die frühe Morgenstunde, und du gehst sicher, daß die andere Person noch nicht draußen war. Du sorgst dafür, daß er in die Sonne schaut. Es muß kein strahlender Sonnenschein sein, der ihn mit grellem Licht oder irgendwas blendet – er muß nur mit dem Gesicht zur Sonne stehen. Also, wenn man zum ersten Mal am Morgen in die Sonne sieht – niest man. Da hilft nichts. Sehr interessante Sache. Du erwischst ihn, wenn sein ganzer Körper zum Niesen ausholt... So...
Garrett tut so, als würde er niesen. Billy zückt blitzartig seine Linke, als wäre sie eine Pistole.
Aaaaahhhh.

BILLY BUUUUMMMM.

GARRETT Klar.

Garrett und Billy schlendern davon. Sie lassen Angie zurück. Sallie kommt auf die Veranda hinaus, stolpert über Henry.

SALLIE Hallo, Henry. *Sallie geht zu Angie und weckt sie auf.*

ANGIE Wo zum Teufel sind die Männer?

SALLIE Die Herren sind wahrscheinlich zum Pinkeln gegangen. *Sehr formell gesagt, so daß sie anfangen muß zu lachen; Pause; sie deutet auf Angies Hand.* Was ist denn da passiert?

ANGIE Oh. *Ganz beiläufig gesagt* Irgend so ein kleiner Scheißer hat auf mich geschossen.
Sallie nickt wissend, als ob Leute wie Angie daran gewöhnt sein müßten. Dann wirft sie Angie einen zweifelnden Blick aus den Augenwinkeln zu und rutscht in ihren Sessel.

SALLIE Hmmmm.

ANGIE Ja. BUUUUMMMM.

Angie hält ihre Hand hoch, saugt daran und ahmt das Ausspucken der Kugel nach. Billy und Garrett kommen zurück. Billy geht zu Angie. Sallie beobachtet beide schweigend.

BILLY Ins Bett, Angie.

Er stellt Angie auf die Füße. Sie droht umzufallen; er nimmt sie auf den Rücken und trägt sie weg. Sie schwankt hin und her und lacht dabei laut.

ANGIE *halb singend* Tai yi yippie yippie yi yippy yey...

Das Bürschchen Bill Bonney ist herrlich im Bett...

Sie gehen an Garrett und Sallie vorbei.

GARRETT Geh schlafen, Walnuß, du wirst dich erkälten.

Billy geht mit Angie weiter die Treppe hinauf ins Bett. Garrett und auch Sallie beobachten die beiden, schweigend, reglos. Sie verschwinden im Dunkel, wenn Billy und Angie ihr Zimmer betreten. Während der Szene läßt Angie Billy nicht los. Sie klammert sich an ihn; erst mit den Armen, dann mit den Beinen um seine Taille. Dabei beginnt sie, ihre Bluse und dann seine Hose auszuziehen.

BILLY Dasselbe gottverdammte schmale Scheißbett.

ANGIE Ich werd auf dir schlafen müssen... oder du auf mir.

BILLY Ich bin zu besoffen für eine Turnübung, Angie.

Angie bricht in schrilles Gelächter aus.

Leise! Sallie ist nebenan. Hat Ohren wie nur was.

Er setzt sich aufs Bett und streckt ihr einen Fuß hin. Angie lockert mit großen Schwierigkeiten die Bänder ihres Mieders. Zieht ihr Mieder aus, dann ihre Schuhe

Komm schon... die Stiefel.

Sie hängt immer noch halbnackt an ihm. Sie rafft ihren Rock hoch und setzt sich auf Billys Schoß, ihm zugewandt. Gelächter. Sie küssen sich. Dann verändert sie ihre Kopfhaltung und steckt ihre Haare in sein Hemd.

ANGIE Billy, komm schon...

BILLY Hmmm... ja... steh erst auf.

ANGIE Nein. *Langsam und vorsichtig hebt sie ihre Beine höher und legt sie über seine Schultern.*

BILLY Komm schon, Angie, ich bin betrunken, ich bin kein Trapez.

Angie läßt sich zurückfallen, so daß ihre Hände den Boden berüh-
ren. Billy steht langsam auf, hebt sie an.

Ich glaub, dafür bist du zu schwer.

Billy streift sein Hemd ab. Sie bewegen sich langsam auf das Bett zu.
Billy schnappt ihren Rock und hält ihn über ihrem Kopf zusammen.

ANGIE *gedämpft* Laß mich raus, Billy... Raus, Billy.

BILLY Leise, sie ist nebenan.

ANGIE Ich kenn dich, Billy, du fickst sie!

Billy zieht sich rasch den Rest seiner Kleidung aus, klettert auf
Angie. Er zieht den Rock von ihrem Gesicht.

BILLY Nein, Angie, du hast zuviel getrunken.

Billy beugt sich über sie. Lächelt. Während er sich noch tiefer beugt,
wird das Licht ausgeblendet. Ein Spotlicht auf Billys Gesicht. Denkt
laut

Hinkommen, wo Augen sich
in einem Kopf bewegen, wie eine Ratte
wahnsinnig, weil sie den ganzen Tag in einer Keksdose eingesperrt
    war
auf wilder Flucht, wie die Beine einer rasenden Ratte
mit einem Schlag wurde es heiß
unter meinem Auge
war ein heißer kleiner Knall
fast ein Platzen
hatte kämpfende Ratten in meinem Kopf
der Körper geht wie schweißnasse Schimmel gehen
weg von mir wirbeln, naß
scharrend die Arme hinunter
verschwitztes Pferd weiß
nassen Schweiß hinausschreiend
ein gleitender Barrakuda in meinem Gehirn.

Blackout. Ein schwaches Licht blendet auf, und wir sehen, wie sich
Billy in ein Bettlaken wickelt. Dann stolpert er die Treppe hinunter
und kommt neben Sallie vor der Klotür an. Während dieser Szene
bewegen sich beide fast wie in Zeitlupe, können nicht allzu klar spre-
chen, ihre Köpfe sind am Zerspringen.

Willst du auch aufs Klo?

SALLIE Hau ab.

BILLY ... Was?

SALLIE Mir ist schlecht.

BILLY *attackiert die Tür* Verdammt, wer ist da drin!... Was??

SALLIE Bist du nachts um diese Zeit immer taub?

BILLY Wie kannst du so viel reden, wenn dir schlecht ist...

SALLIE Beeil dich.

BILLY Beeil dich!

Pause

SALLIE Wo hast du Angie kennengelernt?

BILLY Auf der Straße. Sie stolperte, fiel mir vor die Füße.

SALLIE Deine anderen Freunde hast du nie hierhergebracht.

BILLY Die sind alle verrückt.

SALLIE Angie ist ziemlich verrückt.

Ganz sanft beugt er sich nach vorne und versucht, ihr eine Haarsträhne aus dem Gesicht zu streichen.

Nicht... Es ist mir zu hell, ohne die Haare vor meinen Augen. *Pause* Du siehst schrecklich aus, William... *Lacht leise*

BILLY Es trocknet alles unter meinen Augen... Es ist alles getrocknetes Blut. Ich fühl mich scheußlich. Beeil dich!

SALLIE Ich glaube... ich bin mir sicher, ich war zuerst hier, oder? Also komm ich jetzt dran.

BILLY Lieber Gott, mach mich fromm.

Er setzt sich auf den Boden, zieht das Laken über den Kopf und sieht wie ein regloser, weißer Klumpen aus. Die Tür geht auf, Angie kommt erschöpft heraus. Sie trägt lediglich Billys Hosen mit den Hosenträgern über ihre Schultern, um sie hochzuhalten. Sie nimmt nur Sallie wahr.

ANGIE Hallo, Sallie.

Sallie schlüpft hastig an Angie vorbei ins Klo, verschwindet. Angie, nicht gewahr, daß sonst jemand da ist, entblößt ihren Busen, den sie mit den Händen bedeckt hielt. Seufzt. Macht sich auf den Weg zum Schlafzimmer. Sie tritt Billy auf den Fuß, der mit einem Schrei hochfährt. Angie hält ihn für ein Gespenst, kreischt und tut einen Sprung zurück.

BILLY *langsam* Ich bin es. *Er schielt nach ihr, ein Verdacht überkommt ihn.* Das ist meine Hose.

ANGIE Ich konnte ihn nicht finden, meinen...

BILLY Gib sie mir.

ANGIE Was?

BILLY Hier, ich geb dir mein Laken.

ANGIE Mach dich nicht lächerlich! Herrgott noch mal. Macht es was
aus, was du anhast?

BILLY *geht zur Tür, brüllt* Sallie! *Dann leise, mehr überredend* Hör
zu, Sallie... Laß mich zu dir rein, bitte.
*Keine Antwort von Sallie. Billy faßt sich an den Bauch. Angie stellt
sich zu ihm an die Tür.*
Gib mir meine Hosen.

ANGIE Warum gehst du nicht einfach nach draußen?
*Billy geht quer über die Bühne ins Dunkel. Er spricht und murmelt
vor sich hin, beklagt sich. Stolpert über Henry. Von diesem Moment
an folgt ›Henry‹ ihm überall hin, und Billy versucht, ihn wegzu-
schubsen. Währenddessen kommt Sallie aus dem Klo, und Angie
schlüpft hinein. Sallie setzt sich irgendwo hin. Billy, der inzwischen
Probleme mit dem Laken hat, verläßt schließlich die Veranda, er-
bricht sich, krümmt sich vor Brechreiz. Chisum tritt in langen Unter-
hosen von geradezu abscheulicher Farbe auf, um auch das Klo zu
benutzen, entdeckt, daß jemand drin ist, hält inne und stürmt
schließlich trotzdem hinein. Ein Schrei. Billy beendet sein Gewürge,
richtet sich auf und macht sich daran wegzugehen, als er sieht, was
der Hund anstellt.*

BILLY Hierher, Henry... Hierher, verdammt noch mal. Laß das gefälligst. Gib acht...
*Billy fängt an zu kichern. Das alles ist zu surreal für ihn, er beginnt
zu lachen. Als er das Haus betritt, hat er ein lebendes Huhn auf dem
Kopf (oder Angies Federhut). Er nimmt ernst neben Sallie Platz, die
ihn prüfend anschaut. Chisum kommt aus dem Klo.*
Paß du besser auf, wo du morgen früh hintrittst... Obwohl, wenn
ich es mir genau überlege, brauchst du dir keine Sorgen zu machen.

CHISUM *der sehr betrunken ist* Wo hast du hingekotzt?
Billy zeigt hin.

SALLIE Hast du die Vögel in Ruhe gelassen? Billy, ich hoffe, du hast
sie in Ruhe gelassen...

CHISUM Mach dich nicht lächerlich... Er hat ja wohl kaum durch die
Umzäunung kotzen können!

SALLIE Hast du?

BILLY Vielleicht habe ich von einem Pferd heruntergekotzt, was weiß
ich.

SALLIE Sei nicht so ekelhaft.

BILLY Hör mal, der Wind hat das mindestens fünf Fuß weit weggetragen, es hätte leicht durch einen Zaun durchgehen können.

Angie kommt zu ihnen, noch immer in Billys Hosen. Sie ist ganz gelassen und hat vergessen, daß sie oben nichts anhat. Chisum rollt stolz eine große Landkarte aus und zeigt sie Angie, die nur müdes Interesse daran findet.

Angie, da draußen ist eine komische Sache passiert...

ANGIE Billy, sei still, ich möchte keine von deinen Geschichten hören.

CHISUM Da schau, der Chisum Trail...

BILLY Der Wind trug es gut fünfzig Fuß weit, wie ein Rudel von Miniatur-Kanarienvögeln... im Auffliegen... eine Kette oder so was.

SALLIE Das ist wahrscheinlich eine Schar, Billy. Von einer Kette spricht man bei Rebhühnern.

BILLY Nun, ich...

Sallie hat Schwierigkeiten, ihre Zigarette anzuzünden. Billy nimmt das Streichholz und zielt damit Richtung Zigarette. Sie nickt ihm zu.

SALLIE Gute Nacht.

BILLY Gute Nacht, Sallie.

Sie schlendert zum Klavier und beginnt zu spielen, während Billy zu Chisum hinübergeht. Er zündet dessen Landkarte am unteren Ende an. Sallie spielt weiter. Chisum sieht betrunken und schmerzerfüllt aus. Auf einmal wildes Gefuchtel mit der brennenden Landkarte. Er schaut hoch und sieht zum ersten Mal das Huhn auf Billys Kopf (oder verwechselt den Federhut mit einem Huhn).

CHISUM Schmeiß den Scheißvogel raus!

SALLIE *echot ihm betrunken nach, hämmert dazu einen Akkord* Scheißvogel!

BILLY Chisum, glaubst du, dein Hund kriegt genug zu fressen?

CHISUM Raus damit! Oder ich schieß dir das Vieh runter, verdammt noch mal, raus damit!

SALLIE *echot nach* Raus damit!

Billy und Angie tanzen einen Walzer zur Klaviermusik. Sallie nimmt nicht wahr, was passiert. Chisum greift sich eine Schrotflinte, die auf dem Klavier liegt, und legt sie an die Schulter. Er schwenkt mit den Tanzenden mit, wankt dabei gefährlich. Sie tanzen Richtung

Bühnenhintergrund ins Dunkel hinein. Chisum feuert in ihre Rich-
tung. Ein gewaltig lauter Gewehrschuß ernüchtert ihn. Mehr Dun-
kelheit. Schwaches Licht auf Sallie am Klavier. Chisum kommt auf
sie zu, murmelt vor sich hin.

CHISUM Wir müssen die Hühner aus dieser Gegend entfernen. Raus
mit den Dings, den Geächteten – rein mit den *In seltsamem Tonfall*
Geachteten. Müssen die Mulatten rausschmeißen, die mit den roten Rüsseln auch. Schlangen raus, Borstensäue raus. Ab nach Kan-
sas mit ihnen – nach Norddakota. Scheiße, müssen die Gegend
rein erhalten. *Er nimmt wieder das Schrotgewehr.* Wir müssen jetzt
aufräumen, Mann. Ab die Post und raus mit den Hühnern.
Chisum küßt Sallie sehr sexuell-anzüglich auf den Mund, be-
grapscht sie schmusend. Sallie reagiert nicht darauf. Als Chisum ge-
nug von ihr hat, geht er. Sallie fängt wieder an zu spielen, sehr lang-
sam. Plötzlich haut sie fürchterlich in die Tasten. Blackout

Dritte Szene: Chisum Ranch, Schlafzimmer oben/Hof unten.
Morgen

BILLY *im Schlafzimmer* Nach einer schlimmen Nacht in den weißen
Zimmern von Texas aufwachen, das muß wie der Himmel sein,
glaube ich. Neun Uhr und die Zimmer sehen riesig aus, als wäre die
Sonne hereingekommen und hätte die Wände nach außen ge-
drückt.
Er atmet am Fenster die frische Luft ein und schaut nach draußen.
Garrett steht unten und spricht mit Chisum, der eine Landkarte
zeichnet. Chisum winkt. Billy zieht sich vom Fenster zurück und
fängt an, sich seinen schwarzen Holster und seinen Pistolengurt, die
an der Wand hängen, anzulegen. Chisum gibt Garrett etwas und
geht ab.

GARRETT Beim Frühstück geschah etwas Seltsames. Sallie hatte eine
Katze, die Ferns hieß. Sie war alt und hatte während der letzten
beiden Tage irgendwie Schmerzen in den Schultern bekommen.
Nach dem Frühstück sah ich nach ihr und bemerkte, daß sie von
einer Schlange gebissen worden war. Sie war vergiftet und konnte

nicht mehr lange leben. War schon halb blind geworden. Da entschloß sich Chisum, sie zu töten, und hob das halb gelähmte Tier auf, um es nach draußen zu nehmen. Als er aber draußen war, sprang die Katze, außer sich, davon. Sie wußte, was geschehen würde, fiel hin und zog sich mit den Vorderpfoten unter die Bodenbretter des Hauses.

Sallie und Angie kommen, Melonen essend, aus dem Inneren des Hauses und kreuzen Billys Weg, der jetzt am Fuß der Treppe steht. Die Damen gehen rasch hinaus auf die Veranda. Billy spannt den Hahn seines Colts, dann beginnt er, leise über die Bodenbretter des Chisum-Hauses zu gehen. Er horcht dabei nach Ferns.

Das gesamte Chisum-Haus stand auf einem Unterbau, der neun Zoll über dem Boden lag. Man konnte hören, wie die Katze darunter herumkroch. Dann trat Stille ein. Wir konnten Ferns nicht sehen, und wir konnten auch nicht drunterkriechen, um sie zu erwischen. Wir wußten, die Katze war noch am Leben und hatte Schmerzen. Sie würde wahrscheinlich noch einen Tag lang leben und dann verenden. Eine Zeitlang saßen wir auf der Veranda herum, dann sagte Billy, wollt ihr, daß ich sie töte? Sallie, ohne zu fragen, wie, sagte ja. Er stand auf, zog die Stiefel aus, ging in sein Zimmer, kam zurück; er hatte sich die Hände gewaschen. Er bat uns, ins Wohnzimmer zu gehen und still zu sitzen. Dann besann er sich anders und bat uns, aus dem Haus raus auf die Veranda zu gehen und reglos und still zu sitzen. Wir sollten nicht reden. Dann begann er, über den Küchenboden zu gehen, dann die Fläche des Wohnzimmers, tief vornübergebeugt, sein Gesicht etwa einen Fuß von den Bodenbrettern aus Kiefer entfernt ... So ... Er schnüffelte entlang, so schien es mir. Etwa zwanzig Minuten lang ging er so herum, kreuz und quer durch das ganze Haus. Schließlich kam er zurück, in die Nähe von Chisums Stuhl im Eßzimmer. Wir konnten ihn alle durchs Fenster beobachten. Billy ließ sich leise auf die Knie nieder und schnüffelte vorsichtig an den zwei Quadratmetern Fußboden herum. Er horchte für einen Moment, dann schnupperte er wieder. Dann feuerte er zweimal in die Bodenbretter, sprang auf und kam zu uns raus. Sie ist jetzt tot, Sallie, mach dir keine Sorgen.

Pause. Billy kommt auf die Veranda hinaus.

Unsere Gesichter müssen da wohl interessant ausgesehen haben. Sallie war dankbar, fast stolz auf ihn. Ich hatte vermutlich ebenfalls einen Ausdruck von unglaublicher Bewunderung für ihn. Aber als ich zu Angie blickte, die gegen das Geländer der Veranda lehnte, war ihr Gesicht schreckensbleich. Ganz einfach schreckensbleich. *Pause. Angie und Sallie ab. Garrett lädt sein Schrotgewehr.*

Vierte Szene: Fort Sumner und Umgebung

Leise setzt Fiesta-Musik ein.

BILLY Fort Sumner, 1880. Damals waren wir fünf in der Gang. Garrett war mittlerweile Sheriff. *Billy geht in Position, während er die Szene einrichtet.* Die Regierung schickte einen gewissen Herrn Azariah F. Wild, zur Verstärkung.
Wild tritt auf. Garrett redet leise mit ihm, schickt ihn dann von der Bühne. Garrett nimmt seine Position auf der oberen Ebene in einem Zimmer des Shea Hotels ein.
Tom O'Folliard war nach Osten geritten, er sagte, er würde uns Weihnachten in Sumner treffen ... Er hatte eine Schwester dort. Wiedersehen ... Wiedersehen.
Musik. Weihnachtsfiesta
Ein paar Tage vor Weihnachten sagte man uns, daß Garrett in Sumner sei und auf uns warte. Tom war noch fort. Weihnachtsabend. Musik ... Tanz. Garrett ... Barney Mason ... uh ...

WILD Wild. *Wild tritt durch die Schwingtüren des Saloons ein, setzt sich draußen hin; er trinkt aus einem Flachmann, sein Gewehr neben sich verborgen.*

BILLY Ja, Wild ... und vier oder fünf andere. Tom reitet allein in die Stadt.
Fiesta-Musik lauter. Tom wittert etwas. Wild lädt leise sein Gewehr durch, dann Garrett, dann Tom. Voller Selbstvertrauen geht Tom an Wild vorbei, nickt.
Garrett ruft nicht, um Wild zu fragen, wo O'Folliard ist, weil Tom ihn dann erschießen würde. Er wartet, daß Wild es ihm sagt.
Gerade, als Wild zum Schuß ansetzt, erwischt ihn Tom zuerst, aber Garrett feuert. Er schießt Tom in die Schulter.
Garrett schießt auf O'Folliards Mündungsfeuer und reißt Toms Schulter weg.

TOM Hurensohn... Hurensohn.

Als Tom versucht, sein Gewehr wieder durchzuladen, schießt ihm Garrett aus kurzer Entfernung in den Rücken. Tom stürzt aufs Gesicht, allein. Die Fiesta-Musik, die während des Hinterhalts immer lauter geworden ist, bricht plötzlich ab. Stille. Toms Schwester, Eudora O'Folliard, läuft auf ihn zu. Als sie näher kommt, sehen wir, daß sie völlig verstört ist. Sie läßt sich auf ihre Knie nieder, und langsam, sanft legt sie sich auf ihn. Dann rollt sie ihn herum auf sich und liegt schluchzend da.

GARRETT Um acht Uhr am Morgen begrub ich Tom O'Folliard. Ich hatte ihn ziemlich gut gekannt. Dann ging ich zur Bahnstation, legte Azariah F. Wild auf Eis und schickte ihn zurück nach Washington.

BILLY Eine Woche später erschoß Garrett Charlie, als er aus der Hütte hinausging. Er fiel rücklings mit Schnee auf den Stiefeln und... OH MEIN GOTT OH MEIN GOTT ICH PISS MIR DIE HOSEN VOLL Billy TU DEINE HAND WEG...

Billy steht auf und nimmt die Arme hoch. Garrett ist reglos. Sallie erscheint auf der oberen Ebene.

SALLIE

Die Jäger, weiß man
sind die sanftesten
überall auf der Welt
sie halten Raupen
vor Gefahren auf ihrem Pfad zurück
holen eine ertrinkende Motte
aus einer Schüssel
bemerkenswert friedlich

genauso geraten Meuchelmörder
unbeteiligt
ins Chaos

Als Billy Ketten und Handschellen aufhebt, gibt ihm Garrett einen Tritt. Er befiehlt ihm, sie anzulegen.

EUDORA In Boot Hill gibt es über vierhundert Gräber. Sie nehmen über sieben Morgen Land ein. Es gibt da ein sorgfältig gearbeitetes Tor, aber der Pfad führt auf keinen zentralen Weg, weil er sich wie die Zweige eines Baumes zwischen den Grabsteinen verwirrt.

Dreihundert der Toten von Boot Hill starben einen gewaltsamen Tod. Zweihundert durch Kugeln, fünfzig durch Messerstiche. Einige wurden unter Züge gestoßen – eine Mordmethode, die im Westen übersehen wurde. Einige starben an Hirnblutung in Folge von Schlägereien in Bars. Zehn wurden von Stacheldraht getötet.

In Boot Hill gibt es nur zwei Gräber, in denen Frauen liegen, und das sind die einzigen Selbstmorde auf diesem Friedhof, von denen man weiß.

Sallie und Eudora ab. Billy bleibt allein auf der Bühne zurück.

Fünfte Szene: Wüste

BILLY Wir ritten mittlerweile in einem Trupp. Garrett, die Hilfssheriffs Emory und East, sieben andere, die ich nie gesehen hatte, und Charlie, der tot auf dem Rücken eines Pferdes lag; seine Arme und Beine baumelten an den Seiten, zusammengebunden, so daß er nicht herunterfallen konnte. Ein Laken bedeckte ihn, damit er in der Sonne nicht zu sehr austrocknen konnte. Dann kam eine schlimme Woche. Mein Hut, den Charlie getragen hatte, war in Fetzen geschossen worden, ich also ohne Hut, während wir vor- und zurückritten, kreuz und quer übers Land, um so Leuten und Gesetzeshütern aus dem Weg zu gehen. Leute, die auf lynchen aus waren, zogen jetzt herum, und Garrett, Gott segne ihn, wollte das nicht. Also ritten wir entlang der Carrizozo-Ebene zu den Hängen der Oscuros, blieben eine Nacht in der Nähe der Chupadero Mesa, dann zurück zur Carrizozo und folgten nun der Telegraphenlinie nach Punta de la Glorietta. So ritten wir dahin, ich ohne Hut, unbequeme Zeiten für uns alle.

Pferde und Züge, Pferde und Züge. Rudabaugh, Wilson und ich, unsere Beine mit langen 24-Zoll-Ketten unter dem Pferd gefesselt, unsere Hände an den Zügeln festgebunden. Fünf Tage lang so. Wir mußten im Sitzen pissen, in unsere Hosen und runter entlang der Flanke des Pferdes. Wir schliefen, nach vorne auf den Hals des Pferdes gelegt. Alles wurde grau vor den Augen. Mein Pferd haßte mich und die Kette um den Bauch, genauso, wie ich es haßte. Am fünften Tag verwandelte sich die Sonne in ein Paar Hände, die anfingen, mir die Haare vom Kopf zu reißen. Rupf-zupf, rupf-zupf. In zwei Stunden war ich kahl, mein Kopf wie eine Zitrone. Ich kratzte mit einem Fingernagel eine Messerlinie von Stirn bis Hinterkopf auf die Haut. Eine Haarlinie von Blut quoll hoch und trocknete. Das war um elf am Morgen. Die Sonne nahm ein Handtuch und wischte das vertrocknete Getröpfel ab. Dann, mit ganz feinen, vorsichtigen Fingern fing sie an, meinen Kopf auseinanderzublättern, indem sie die Haut zu beiden Seiten abzog und über meine Ohren herunterlappen ließ.

Der Hirnsaft begann hochzusteigen. Die Sonne lehnte sich zurück und sah zu, wie der Saft verdampfte. Inzwischen war der Knochen stumpf weiß, völlig trocken. Als sie den Knochen mit ihren Fingern berührte, war es, als ob sie bloßliegende Nerven streifen würde. Sie nahm eine dünne, kalte Hand und versenkte sie in meinem Kopf, vorbei an der Dachwölbung meines Mundes, und wusch sich ihre Finger in meiner Zunge. Die lange, kühle Hand wanderte weiter, brach durch Adern wie durch Stücke langer Glasröhren, berührte mein Herz mit ihrem Handgelenk, ging tiefer, endlich verschwand das flüssige Gelb von meinem kaputtgestoßenen Hirn, als die Hand durch den weichen, warmen Magen hindurchging, wie durch eine üppig überladene blutfeuchte Oase. Sie schlängelte sich hinein und hinaus durch die roten gelben blauen grünen Nerven. In Knochen-Sackgassen hielt sie an, sich dann langsam zurückziehend, hinterließ sie den Schmerz der Saugwirkung, dann stieß sie hinab, dem ordnungsgemäßen Pfad folgend durch Pyramiden von Knochen, die da waren, als ich geboren wurde, passierte Furchen, während die Finger die verschmelzenden Pfade der Mittellinien von blauer Materie umspannten. Die lange, kühle Hand streifte sachte beim Hinunterlangen Nervengespinste, die horizontalen Schmerzgruben, Läppchen, Windungen, Engpässe, Bögen, Stränge, Spalten, Verwurzelungen, streifte weiße Isoliermasse toter Siebenjahreszellen, an Dingen haftenbleibend, sie an den Gängen des Rückgrats abreibend. Die kühlen, präzisen Finger gingen hinunter in die Zisterne der Blase, die letzten hundert Meilen hinunter mit einem Ruck, durch meine Sperma-Säcke brechend, bekamen meinen gereckten Schwanz in die kühlen Finger, zog ihn zurück nach oben, zog, zog den Pfad hinauf, in dem ihr Arm gewesen war und den sie geweitet hatte. Sie brachte ihn schnell nach oben, riß dabei seine

Wurzeln fast aus, ging hinauf über die farbigen Faser-Brücken. Sie zog mit dem schleimigen Arm eine Linie zurück durch die Pyramiden hinauf, hielt ihn mit ihren Fingern umklammert, die jetzt blutende Kehle hoch, zwängte ihn durch die Schädelknochen, und da war ich also, mit meinem Schwanz, der oben aus meinem Kopf ragte. Dann brachte sie ihre andere Hand ins Spiel, weiß wie neues, stark riechendes Papier. Die anderen vierzig Farben, Ockertöne, Blautöne, Silber aus meiner Lunge, Gold und Mandarinenfarbe aus den geborstenen Ohrkanälen, all das haftete an ihr, als sie hineinfuhr und wieder herauskam. Zwei Hände, eine wie Kristall, eine wie Schlangenhaut, die man im Frühling findet. Sie verbrannten mich wie Trockeneis.

Sie nahmen die Faltung der Vorhaut, eine Hand auf jeder Seite, und begannen, sie langsam zurückzuziehen, zurück, zurück, zurück, hinunter wie eine Mütze mit Ohrenklappen für den Winter, wie Hosenbeine über Stiefel, und dann ließen sie los. Der Wind wurde stärker. Ich war untergetaucht, in meiner Haut eingeschlossen, empfindlich wie ein neugeborenes Tier, ich konnte alles spüren, ich konnte alles auf meiner Haut hören, als ich auf dem Pferd ohne Sattel saß. In meiner Haut hörte ich Garretts Stimme nah auf der Haut, was hast du, Billy, was hast du, konnte ihn nicht sehen, aber ich wandte mich in die Richtung, von der ich wußte, daß er da war. Ich schrie, so daß er mich durch die Haut hören konnte. Ich bin im Arsch, ich bin im Arsch von Christus, allmächtiger Gott, ich war doch gut, und durch Christus bin ich im Arsch. Und ich rollte vom Rücken des Pferdes, wie ein weiches, schalenloses Ei, das in dünne weiße Seide gepackt ist, und ich schlug in den Staub, blind und weiß, aber die Kette hielt meine Beine am Pferd fest, und ich wurde mitgeschleift, während ich zwischen seinen vier dahintrottenden Beinen hing, endlich, dank dem beschissenen Christus, im Schatten seines Bauches.

RICHTER *Stimme* Auf Anordnung des Gerichts werden Sie nach Lincoln gebracht und bis zum 13. Mai im Gefängnis in Haft gehalten und an dem Tage in den Stunden zwischen Sonnenaufgang und Mittag am Galgen aufgehängt werden, bis Sie tot tot tot sind. Möge sich Gott Ihrer Seele erbarmen.

Sechste Szene: Gefängnis

Garrett tritt herein, stößt Billy ins Gefängnis. J. W. Bell tritt ein, kettet Billy am Tisch fest.

GARRETT *zu Bell* Und halt Ollinger hier raus, ich möchte keinen Ärger. Er kann dich nur während der Mahlzeiten ablösen.
Garrett ab. Bell holt Dominosteine aus der Schublade, legt sie auf den Tisch. Billy und Bell sprechen sehr leise und langsam. Viel Schweigen und Stille in dieser Szene
BILLY Bell?
BELL Ja.
BILLY Haben Sie Charlie gekannt?
BELL Ja.
BILLY Ich erinnere mich, einst, in einer Nacht im Freien, drehte ich mich um, um Charlie gute Nacht zu sagen. Er war so zehn Meter entfernt, und da war der Mond in vollkommener Balance auf seiner Nase.
Die Männer setzen schweigend ihr Dominospiel fort.
Okay. Kommen wir zu einem Ende.
Sie spielen weiter. Billy läßt einen Stein zu Boden fallen. Langsam schiebt er seinen Stuhl zurück und beugt sich hinunter, um ihn aufzuheben. Bell zieht seinen Revolver. Billy setzt sich wieder auf. Als Bell sich bückt, um den Dominostein aufzuheben, schubst Billy Bell den Tisch ins Gesicht, und Bell fällt vom Stuhl herunter auf den Rücken. Billy, noch immer angekettet, hüpft um den Tisch herum, packt ihn und zwingt ihn zurück an den Tisch. Dabei nimmt er ihm den Revolver ab. Er gibt ihm schweigend ein Zeichen, den Mund zu öffnen.
Ah. Aaaaahhh!
BELL Ahhh...
Von dem Moment an, wo Billy ihn angegriffen hat, hat Bell »Billy, Billy, Billy« geschrien, so etwa zehnmal. Bell öffnet langsam seinen Mund, und Billy steckt den Revolverlauf hinein. Die ganze Sequenz sollte sehr flüssig und rasch ablaufen, wobei das Ende zu einem plötzlichen Horror werden sollte. Billy muß in dieser Szene äußerst brutal sein. Gerade, als er dabei ist zu feuern, erstarren beide. Garrett tritt auf. Während er spricht, hebt er verstreute Dominosteine auf und rückt Stühle zurecht.

GARRETT Nein... der Ausbruch war keine Überraschung für mich. Ich erwartete ihn. Wir alle erwarteten ihn, vermute ich. Das ist jetzt im Rückblick schwierig zu beschreiben. Was er tat, war, den jungen Bell zu einem Spiel zu verleiten; er erschoß ihn, dann erschoß er Ollinger, als der vom Mittagessen zurückkam. Niemand trauerte Ollinger nach, aber Bell war beliebt.

Garrett ab. Billy tötet Bell, geht dann rasch ab.

Siebte Szene: Chisum Ranch

Die Szene fängt mitten im Streit/Verhör an. Chisum jetzt brutal. Sallie verängstigt

CHISUM Wer war mit ihm in dem Brand?

SALLIE Weiß ich nicht.

Er packt sie vorne am Kleid.

CHISUM Wer?

Sie schüttelt ihren Kopf von einer Seite zur anderen. Er zieht sie hoch und gibt ihr einen heftigen Stoß.

Wer?

Das Herumstoßen wird immer gewalttätiger. Chisum schlägt Sallie ins Gesicht. Er läßt von ihr ab. Pause. Chisum wendet sich zum Gehen.

SALLIE Celsa.

CHISUM *dreht sich um* Celsa wer?

SALLIE Ich weiß es nicht.

CHISUM Celsa Guitterrez... Maxwell Ranch. *Chisum ab*

SALLIE *zum Publikum* Stellen Sie sich vor, man würde ihn wieder ausgraben und ihn herausholen. Man würde kaum etwas sehen. Vielleicht würde Garretts Kugel jetzt nicht mehr in dickem, feuchtem Fleisch stecken, sie würde wie eine Murmel in seinem Schädel umherrollen. Vom Kopf würden sich die Wirbelknochen wie eine Reihe Perlknöpfe an einem teuren Mantel bis zum Becken hinabreihen. Und ein paar Handschellen wären noch da, die seine zartgliedrigen Knöchel zusammenhielten. Obwohl er tot war, begruben sie ihn in Fußeisen. Auch der Silberbeschlag beider Stiefel wäre noch da.

Achte Szene: Offenes Land oder Wüste

Song: Bowdres Schuhe

BILLY UND CHARLIE
> Bowdres Schuh, die siehst du
> Einsam auf dem Weg
> Colt genommen, Freud zerronnen
> Leichen in der Deck
> Liegen auf dem Weg
>
> Morgensonn ist entronn
> Tanzt am Baum vorbei
> Rinder wie ein Friedhof
> Den' ist's einerlei
> Tanzt am Baum vorbei
>
> Da ging Sallie, da ging Tom
> Ich ging durch Freunde, eine Bomb
> Traurig ist's, daß Freunde gehn
> Berge in der Zukunft, Berge im Verwehn
> Lauf, Indianer, lauf und lauf
> Folge mir und spür mich auf
>
> Lauf, Indianer, lauf und lauf
> Traurig ist's, daß Freunde gehn
> Kommt als Rächer, taucht in Bäche
> Bin die Kugel, die fliegt schön

Charlie ab. Billy zeichnet eine Landkarte mit dem Fuß auf den Boden, während er spricht. Verloren. Er hat keine Kontrolle mehr über die ›Story‹ oder ihre Choreographie.

BILLY Da war ein Hund am Ende der Straße. So ein Spanielbastard, schwarz und weiß gefleckt. Ein Hund, dann Garrett und zwei Freunde, sahen blöd aus, die kamen also die Straße runter zum Haus, zu mir. Noch einmal... Da war ein Hund am Ende der Straße. So ein Spanielbastard, schwarz und weiß. Ein Hund, Garrett und zwei Freunde kamen die Straße runter zum Haus, zu mir. Garrett nimmt seinen Hut ab und läßt ihn draußen vor der Tür. Die anderen lachen. Garrett lächelt und richtet seinen Revolver auf die Tür. Die anderen verschwinden und umzingeln das Haus. All das hätte ich gesehen, wenn ich auf dem Dach gewesen wäre und Ausschau gehalten hätte.

Neunte Szene: Maxwell Ranch.
Celsas Zimmer / Maxwells Zimmer

Blitz. Donner. Billy jetzt auf der Maxwell Ranch. Ein Gefühl von Angst. Paranoia. Billy sitzt Celsa Guitterrez am Tisch gegenüber. Schweigen. Er denkt. Celsa legt Karten auf den Tisch.

CELSA Charlie... Tom... du.
> *Billy nimmt seine Karte an sich, sie nimmt sie ihm weg und legt sie zurück auf den Tisch. Sie zieht eine weitere Karte.*
> Garrett. *Sie zieht noch eine Karte und legt sie auf die Garretts.* Wer? Wer hat Garrett angeheuert?

BILLY Weiß ich nicht! *Billy nimmt die letzte Karte und steht auf.*

CELSA Er hat Charlie erwischt wegen...

BILLY Das war nur Pech. Er wußte von Stinking Springs.

CELSA Er hat Tom O'Folliard erwischt wegen... seiner Schwester.
> *Sie legt noch eine Karte auf.* Er erwischt dich wegen...
> *Noch eine Karte. Ein Moment der Stille*

BILLY Wo werde ich sterben? Da oder hier? Unter meinen Augen trocknet das alles schon. Alles trocknes Blut.

CELSA Er wird dich nicht dort sterben lassen, nicht in der Nähe von Sallie.

BILLY Ich hatte Chisum gern.

CELSA Du hast sie gern gehabt. Er ist ein Rinderbaron. Ein Gringo-Politiker. Es gefällt ihm, Dinge zu besitzen, Leute herumzuschieben und sie zu kaufen. Du... du bist nur ein Junge.
> *Celsa schaut ihn voller Klugheit an. Er grinst nervös zurück wie ein Schuljunge.*
> Geh und schneid ein Stück Fleisch ab, Billy.
> *Er steht auf, nimmt das Messer und streicht ihr das Haar aus dem Nacken.*

BILLY Ein Brandmal.

Mit einer leichten, raschen Kopfbewegung schüttelt sie Billy ab.

CELSA Nimm die Streichhölzer.

Billy dreht sich um und nimmt sie. In dem Moment beginnt Celsa ihre Rede auf Billys Tod, ganz so, wie uns Billy auf Charlies und Toms Tod vorbereitet hat. Ihre Stimme ist ruhig und präzise. Sie beginnt, als wir ihn sich auf die Tür zubewegen und hinausgehen sehen. Er dreht sich aber noch einmal aus irgendeinem seltsamen Grund nach ihr um, um sie anzusehen, als wüßten beide, daß ihnen nicht mehr viel Zeit bleibt. Ihre Erzählung liegt über dem ganzen Geschehen.

Das Ende ereignet sich um Mitternacht in Texas. Garrett und seine Hilfssheriffs reiten auf Maxwells Ranch ein. Maxwells Schlafzimmer befindet sich in einer Entfernung von zwanzig Yards von Celsas Küche. Garrett läßt die Hilfssheriffs zurück. Sie rauchen auf der Veranda. Er geht in das dunkle Zimmer, in dem Maxwell schläft. Billy bietet sich an, ein Stück Fleisch schneiden zu gehen.

Garrett läßt die Hilfssheriffs vor dem Eingang zurück und geht in Maxwells Zimmer. Billy geht die Veranda entlang.

Barfüßig, ein Messer in der linken Hand, geht er auf das Kühlhaus zu. Als er an Maxwells Zimmer vorbeigeht, bemerkt er die beiden Männer draußen.

Billy sieht die Hilfssheriffs und bleibt stehen.

BILLY Quién es? Quién es?

Wir sehen Garretts Reaktion auf die Stimme, die er als Billys erkennt. Er hat Pete Maxwell aufgeweckt. Jetzt legt er seine Hand auf Petes Mund. Im Zimmer ist es dunkel. Die Wände sind mit vielen kleinen runden Spiegeln behangen. Garrett folgt jetzt Celsas Anweisungen, schlüpft ins Bett.

CELSA Garrett tut jetzt genau das, was ihn retten wird. Ganz leise klettert er über Maxwell und schlüpft zwischen Maxwell und der Wand ins Bett.

Billy betritt das Zimmer. Er zündet ein Streichholz an und geht auf die liegenden Körper zu.

BILLY Quién es con esos hombres afuera, Pete? *Billy tritt zurück ins Dunkel von Maxwells Zimmer.* Quién es con esos hombres afuera, Pete?

Billy bewegt sich in der Dunkelheit langsam auf das Bett zu. Wäh-

rend wir ihn beobachten, hören wir weiter Celsas klare Stimme, so als würde sie einen Geländeplan entwerfen. Wir erkennen auch die dunklen Umrisse von Maxwell und Garrett.

CELSA Maxwell sagt kein Wort. Er fühlt das geölte Schrotgewehr Garretts an seiner Wange... Dann hört Billy den Atem des zweiten Mannes... Er beugt sich nach vorn, tastet mit seinen Händen am Bett entlang, da fühlt er die Stiefel eines zweiten Mannes. Er tastet sich nach oben und berührt Garretts langes, schwarzes Haar.

BILLY Pete!... Du alter Hurensohn.

CELSA Weil Garrett nahe daran ist, in Gelächter auszubrechen, feuert er.

Ein Gewehrschuß im dunklen Zimmer, der alles blitzartig erhellt. Licht reflektiert von allen Spiegeln in Pete Maxwells Zimmer. Schreie und Chaos. Garrett und Pete Maxwell springen auf und rennen aus dem Zimmer. Sie lassen Billy dort zurück, ein gefährliches, verwundetes Tier, das wild schnaufend im Zimmer um sich schlägt. Garrett eilt zu den Hilfssheriffs hinunter, atemlos, beunruhigt.

GARRETT Es war Kid! Es war Kid, der reinkam und auf mich losging! Ich glaube, ich habe ihn erwischt!

DEPUTY Pat, du hast den falschen Mann umgebracht.

GARRETT Nein, es war Kid. Ich bin mir sicher. Ich habe seine Stimme erkannt. Ich bin mir sicher.

Er drängt sich an den Hilfssheriffs vorbei. Sie folgen ihm hinaus. Billy schlägt in dem Zimmer um sich.

BILLY

Die Augen wie hell schimmernde Schuppen
Die Krallen einer Kugel kommen
Auf mich zu, wie die Finger einer Frau
Scheiteln langsam mein Haar
Greifen hinein, langsam, ganz langsam
Lassen die Haut wie einen Hauch
Hinter sich und das langsam fließende Hirn,
Als würde Feuer heraussickern,
Das rötlich graue Hirn fließt
Und schreckt das Haar langsam auf
Miss Angela D.'s Augen schauen wie ein
Boot, das in Brand geraten ist
Ihre Kehle ist eine Küche

Warm auf meinem Gesicht, sich hebend und senkend
Mein Kopf, mein Mund aufgerissen
Und sie saugt meinen Atem auf
Als würde warmer Teer strömen
Während der Mann mit dem hellen Blechstern
Wie ein verschwommenes Bild im Dunkel
Sagt: aufhören, Jeeesus, Jesus, Jesus, JESUS!

*Billy stürzt vornüber auf das Bett, redet mit sich selbst, teilweise
unartikuliert. Sein Arm blutet, wo er sich an den Scherben eines
Spiegels geschnitten hat. Der Kopf blutet, dort, wo das Geschoß eingedrungen ist. Vor Schmerz preßt er die Hände krampfhaft zusammen. Sein Atem geht schwer.*

Das Ende von allen: Ich liege an der Wand
Das brennende Jucken der Kugel in meinem Kopf festgefroren
Mit krächzender Stimme
Garretts Stimme dazu, die Billy Billy sagt
Und die beiden anderen tanzen im Kreis
Und sagen, wir haben ihn erwischt, wir haben ihn erwischt
Den kleinen zusammengeschrumpften Scheißkerl...

*Billy ist rasend, wie von Sinnen, er muß sich am Leben festklam-
mern, und das heißt: reden. Wir können ihn kaum sehen in den
leicht gekrümmten Ovalen der gespiegelten Beleuchtung.*

Ich bin froh über den Schmerz
Er hält mich am Leben, der Schmerz am Knochen
Und Sonnen gehen überall auf
Aus den Wänden und dem Boden
Garretts Kinnbacken und Magen, Tausende
Von entzückenden perfekten Sonnenkugeln
Zerbrechen einander bei jedem Klick
Klick Klick Klick wie beim Reinigen einer Pistole
An einem Samstagmorgen
Wenn die Kugeln über das Bett hüpfen und
Pause
Hüpfen und klicken...
Und du wirfst sie über den Boden wie...
Und dann in die Luft und du siehst, wie viele
Du in einer Hand fangen kannst... in der Linken...
Orangen rollen durch das Zimmer und ICH WEISS ICH WEISS

Es ist mein Hirn, das heraussprießt
Wie rotes Gras,
Dieses Zerbrechen, wo rote Dinge waten.
Billy sackt tot in sich zusammen. Seine Hand fährt hoch, verkrampft
sich, dann fällt sie leblos.

Song: William, armer Junge

QUARTETT
Billy armer Jung bist tot
Mit dem Fischblick, lachst im Unglück
Im Kopf Planeten blutigrot.

Das Blut rann runter, flussesbreit
Weit wie Texas an der Seit.

Das Blut vertrocknet, wir wuschen ihn
Sein Aug wie Glut blickt ins Leere hin.

Billy armer Jung bist tot
Im Kopf Planeten blutigrot
Mit dem Fischblick, lachst im Unglück
So sprach er, so sprach er, so sprach er.

Das Licht auf die anderen verlöscht. Billy ist allein. Wir sehen nur
seinen Oberkörper und das Gesicht. Der Oberkörper nackt, blutig,
verstümmelt. Als der Song zu Ende geht, befindet sich Billy am
Trog. Er beginnt, das Blut von Gesicht und Schultern zu waschen, er
kniet dabei am Trog. Er hält inne und starrt zu uns hinaus. Pause.
Dann fährt er entschlossen fort, sich zu waschen, ignoriert uns völ-
lig, während die Szene ins Schwarz abdunkelt. Im Dunkel hören
wir, wie sich jemand wäscht.

Ende

Hansjörg Schertenleib

Rabenland

Personen

BLOCK
FERSE
WATTE
PALME

DER VATER
DER SOHN
DIE TOCHTER
DER FREUND

DER FREMDE MIT DEM AKKORDEON

»Wo ist die Faust,
wenn sich die Hand öffnet?«

Allan Watts

1.

Man hört die Geräusche eines vorbeifahrenden Zuges, das Schlagen zahlloser Achsen. Nach einer Weile öffnet sich der Vorhang: Ein steiler Bahndamm mit kümmerlichen Grasnarben versperrt den Blick in die Tiefe. Die Oberleitungen sind entfernt worden; nur gerade ein Mast ist stehengeblieben. Hinter der Böschung befindet sich ein Haus: Man erkennt aber bloß den Dachfirst. Weit hinten erhellen Lichter den Nachthimmel: die nahe Stadt. Auf der linken Bühnenseite steht eine Telefonzelle.
Nacht. Sommer.
Watte sitzt auf dem Schienenstrang, vor sich einen Ghettoblaster, der die lauten Zuggeräusche ab Band spielt. Palme und Ferse liegen am Fuß der Böschung im Gras.

WATTE 12 13 14 15

FERSE Was soll'n das?

WATTE 16 17 18

FERSE He! Machst'n da?

WATTE Zählen. Was'n sonst. Hörste doch. 19 20 21 22

PALME Zählen? Was'n zählen?

WATTE Neger! 22 23 24 25

FERSE Glaubste doch selber nich! Arsch!

PALME Was zählst'n, Watte?

Watte schaltet das Tonbandgerät aus.

WATTE Achsen. Was'n sonst. Drei Minütchen noch bis zehn. Dann kommt er.

FERSE Redest'n da? Spinn nich rum. Hol Nachschub, Arsch!

WATTE Dann seh ich das Dreieck seiner Vorderlichter. Dann kommt er. Fährt ein. Rast vorbei. Daß die Abteile fliegen und die Köpfe hinter den Scheiben. Einer wie der andere. Frauen. Männer: Alle gleich. Riechst du den Bremsstaub der Lok?

FERSE Hier fahrn keine Züge.

WATTE Die Sonne auf'm Schotter?

PALME Alle Züge riechen gleich. Ob Güter oder Menschen: Alle
Züge riechen gleich.

FERSE Hier fahrn keine Züge mehr, verdammt!

PALME Weißte doch, Watte!

WATTE Weiß ich doch. Aber sicher.

PALME Was willste nach'n Sternen fassen?

FERSE Bier! Hol Bier!

WATTE Wer Sterne frißt, zerschneidet sich's Gedärm. Weiß ich auch.
Er schaltet das Tonbandgerät ein: Zuggeräusche. Die letzten Wagen blau. Tintenblau, Betten, fahrende.

PALME Freiwillig hält hier keiner. Aussteigen sowieso nich.

FERSE Nich ma durchfahrn.

PALME Niemand.

WATTE Schlafwagen. Hab ich immer von geträumt.

FERSE Träume sind was für Schwächlinge.

WATTE Die Liebste im Arm und gleichzeitig in den Schienen südwärts
jagen. Die Geleise schmal wie ein Längengrad. Mit einem Koffer
ganz aus Leder.

PALME Mit Sonnenbrille und Kreditkarte.

WATTE Sizilia. Kalabria.

FERSE Zu'n Spaghettifressern? Vergiß'n Makkaroni-Express. Arsch!
Vögeln kannste hier auch.

WATTE Himmel bunt. Wetter leuchtet. Meer wie Seide. So blau, so
weich.

FERSE Wer träumt, schläft.

WATTE Ich träum auch, wenn ich wach bin.

PALME Grad dann!

FERSE Mein Schlaf is'n Alptraum.

WATTE Weil du Angst hast vorm Erwachen. Drum!

FERSE Mußt du ja wissn, Arsch!

WATTE Wer schläft, spürt nicht die Zeit vergehn. Den Schlaf hat der
Tod erfunden. Nie gehört, was?

FERSE Was du im Kopf hast, wünsch ich nich mal einem Feind.

WATTE Hab'n Splitter von der Arche in der Sohle. Weg will ich. Weg!
Den Eisenfaden lang ins Glück.

FERSE Verschwinden solln die andern. Weißte doch. Wir.

PALME Bleiben.

FERSE Hier. Hier.

PALME Bleiben.

FERSE Wir.

Watte schaltet das Tonbandgerät aus.

WATTE Was willste'n hier?

PALME Was willste'n dort?

WATTE Mich gibt's gar nicht. Hier.

PALME Woanders gibt's dich erst recht nich.

FERSE Und wie's dich gibt, hier! Klar gibt's uns. Arsch! Hau halt mal deine Finger in ein ausländisches Gebiß. Dann weißte: Mich gibt's! Ich bin wer!

WATTE Unsereins wird nicht gebraucht. Überflüssiger wie ich ist keiner. Mißmut ist mein Fach.

PALME Langeweile meins.

WATTE Da kenn ich mich aus. Besser als jeder. Alte Männer machen die aus uns. Greise!

FERSE Aus dir vielleicht. Ich bin so jung, mich gibt's noch gar nich. Die werden sich wundern, wenn ich auftauch. Spinn nich rum hier, Arsch!

WATTE Was weißt'n du! Du hast ja was zu tun.

FERSE Was'n? Pipifax sag ich dem, Pipifax! Bühnenarbeiter! Da lachen doch die Rentner! Theater! 'ne Anstalt für Weichköpfe! Schwuchteln! Juden! Ausländer! Arbeit. Nee, Watte, is nich. Is'n Scheiß. Nix sonst.

Watte steigt die Böschung hinunter. Nun hört man sehr deutlich fremde Musik und fremde Stimmen aus dem Haus am Bahndamm.

Ruhe! Kameltreiber! Jedem eine Kugel unter die Frisur!

Die Musik wird ausgeschaltet; Fenster werden geschlossen.

Na also!

PALME Wie spät is'n eigentlich? Zehn war ausgemacht.

WATTE Zehn. Das war vor zwanzig Minuten. Wo bleibt er'n bloß?

FERSE Mach keinen Aufstand hier. Glaubste, er muß pünktlich sein? Block kommt, wann's ihm paßt. Block kann gar nich zu spät kommen. Wir höchstens zu früh.

Das Telefon läutet. Ferse steht sofort auf und hebt ab.

Logisch! Kapiert. Aber immer, Chef. Palme und Watte. Mehr is nich. Was? Gelbes? *Schreit aus der Zelle* Is noch Bier da?

PALME Weißte doch!

WATTE Nix! Keine Handbreit.

FERSE Is nich, Chef. Die Ärsche... Was? Logisch. Kapiert. Aber immer. ›Harmonie am Eck‹. Zehn Minuten. Logisch pünktlich! *Er legt auf.* Abmarsch! Lagebesprechung.

WATTE Wolltn uns aber hier treffen.

PALME Los, Watte. Laß uns abschieben.

FERSE Weil's nix zu saufen gibt, Arsch! Beeilung.

Alle gehen ab.

Dunkel

2.

Am selben Bahndamm, Tage später.
Tag. Sommer.
Block steht auf einem Bierkasten, Papiere in der Hand. Palme und Ferse sitzen am Fuß der Böschung im Gras.

BLOCK Erstens: Verbot von kommunistischen sowie linkssozialistischen Parteien, Verbänden und Gewerkschaften. Könnte man natürlich weglassen. Hat sich ja von selbst erledigt. Eigenhändig abgeschafft.

FERSE Liquidiert! Rotes Gesocks!

BLOCK Zweitens: Abschaffung des Asylrechts und Ausweisung aller nichteuropäischen Einwanderer inklusive Türken. Keine neuen Einwanderer mehr. Arbeit und Wohnraum nur für Einheimische.

FERSE Aber immer!

BLOCK Drittens: Verbot für Ausländer, an unseren Universitäten zu studieren. Viertens: Allen nichtchristlichen Religionen ist es hier untersagt, ihre religiösen Einrichtungen zu erstellen. Das Lesen trocknet aus. Mach Bier her, Ferse. Auf meinen Entwurf!

FERSE Hopp!

PALME Hopp!

BLOCK Rin in Kopp!

Sie trinken.

Fünftens: An den Schulen verstärkte Christenlehre sowie weniger wissenschaftliche, dafür mehr handwerkliche Fächer.

PALME Handwerklich? Was meinst'n damit?

BLOCK Putzn. Kochn. Zu'n Kindern sehn, heißt das. Wenigstens für dein Geschlecht.

FERSE Kapiert?

BLOCK Wo bleibt'n Watte? Haste nicht gesagt, er kommt? Und wo isser? Scheiß verdammter! Mußte schon für sorgen, Mensch. Ich warte nicht! Mich erwartet man! Nicht ihn! *Er steigt vom Bierkasten und drückt Ferse die Papiere in die Hand.* Lies weiter! Mach los.

FERSE Fünftens: An den...

PALME War schon.

BLOCK Los. Mach.

FERSE Sechstens: Getrennte Schulen für Nichtweiße sowie nichtchristliche Kinder und Jugendliche, die hier geboren oder aufgenommen wurden.

BLOCK Hopp!

PALME Hopp!

FERSE Rin in Kopp!

Sie trinken.

BLOCK Mach los.

FERSE Juden müssen ausgewiesen.

BLOCK Siebtens!

FERSE Siebtens: Juden müssen ausgewiesen und deren Kapital der Allgemeinheit übergeben werden. Achtens: Aufheben der sogenannten Entwicklungshilfe, dafür verstärkte...

Auftritt Watte. Er trägt seinen Ghettoblaster mit sich.

BLOCK Und? Was zeigt'n der Kirchturm? Kann nicht warten. Konnte ich noch nie.

WATTE Hab geglaubt.

FERSE Geglaubt?

BLOCK Halt du'n Mund! Weißte, wer glaubt?

PALME Der Papst.

BLOCK Der Bettnässer glaubt.

FERSE Was'n?

WATTE Er träumt, glaubt er.

BLOCK Der Bettnässer glaubt, er hat geschwitzt. Läuft der Schlitten nicht nach Wunsch, ball ich die Faust. Das ist mein gutes Recht.

FERSE Das ist sein gutes Recht.

BLOCK Bei uns hat doch jeder den eignen Fahrplan in der Hand. Einer muß das Kommando führen.

FERSE Logisch.

BLOCK Rechts von mir trittst du ins Leere. Und?

WATTE Was und?

PALME Laß ihn.

BLOCK Bring du Trostpisse her. Los! Was haste zu sagen?

WATTE Meine Mutter.

BLOCK Interessiert nicht. Rot wird der nicht beim Lügen. Meine Mutter! Meine Mutter! Frischmachen müßte man dich, was! Hier und jetzt frischmachen! Wer gegen uns ist, ist gegen sich.

WATTE Bin nicht gegen euch. Gegen uns.

BLOCK Strafe muß sein. Deine Strafe kennste?

WATTE Kenn ich.

FERSE Kennt er nich. Wettn?

BLOCK Was meinste, Palme?

PALME Wieso ich?

BLOCK Ich bestimm, wer bestimmt. Los. Mach.

FERSE Linke klopfen.

BLOCK Weicheier klatschen.

FERSE Lesben kochen.

BLOCK Asylantenheim abfackeln.

FERSE Schwule schmoren.

PALME Bier abpumpen. 'nen Kasten.

BLOCK Bier abpumpen, gilt nicht.

PALME Was?

BLOCK Ich bestimm, was gilt. Mach los.

PALME Fenster einschmeißen. Bei'n Fremden.

BLOCK Gilt! Hopp!

FERSE Hopp!

WATTE Rin in Kopp!

Sie trinken.

BLOCK Haste verstanden, was zu tun ist?

WATTE Hab ich. Wann? Jetzt?

BLOCK Biste verrückt? Heut nacht. Und nu lies vor! Neuntens!

WATTE Neuntens: Privatisierung des staatlichen Radios und Fernsehens.

BLOCK Deine Verspätung hat mir'n Hals verspannt. Machste mir das weg, Palme?

338

Palme steht auf dem Bierkasten und beginnt, Block den Nacken zu massieren.

Das laß ich mir gefallen. Da vergeß ich mich. Zehntens!

WATTE Wiedereinführung der Todesstrafe für erwiesene Mordtaten und für Drogenhändler.

FERSE Weiter.

BLOCK Elftens!

WATTE Allgemeines Verbot für Ausländer, gleich welcher Herkunft, sich politisch oder gewerkschaftlich zu organisieren.

FERSE Zwölftens.

BLOCK Bind mir den Stiefel, Ferse! Mein Fuß hat zuviel Platz. Ich will das Leder an den Zehen spürn. Eng wie'n Korsett muß der Schuh sitzen. Merkt euch das! Das verschafft den richtigen Stand. Gibt Kraft!

Ferse bindet ihm die Stiefel neu.

Zwölftens! Weiter!

WATTE Generelles Verbot der Abtreibung.

BLOCK Aufrechterhaltung der Meinungsfreiheit. Steuerentlastung für niedere Einkommen. Und? Was sagt man? Ist das'n Entwurf? Wird an der nächsten Versammlung vorgelegt.

FERSE Und angenommen. Garantiert! Hopp!

PALME Hopp!

WATTE Rin in Kopp!

BLOCK Ex!

Sie trinken.

Nicht aufnahmeberechtigt sind nachstehende Personen: Lies. Da unten. Mach.

WATTE Drogenabhängige. Homosexuelle. Ausländer. Nichtchristen. Personen, die mit einem fremdrassigen Partner zusammenleben.

FERSE Asselsäue!

BLOCK Kanakenficker!

FERSE Weicheier!

BLOCK Wir kommen über euch. In böser Gestalt kommen wir über euch!

Watte geht ein paar Schritte weg.

WATTE Es ist kein warmer Stern, auf dem wir um die Sonne drehn.

BLOCK Dann zieh dich wärmer an. Idiot!

Dunkel

3.

Am selben Bahndamm, Stunden später.
Nacht. Sommer.
Der Fremde mit dem Akkordeon geht über den Bahndamm, eine Melo-
die spielend. Dann setzt er sich neben der Telefonzelle in die Dunkel-
heit, raucht eine Zigarette.
Watte tritt auf.

WATTE Jeder ist für sich und zählt die eignen Knochen nur. Mir wird
   der Himmel nie zum Zelt. Er ist so ungeheuer oben. Strafe muß
   sein.
   Er hebt einen Stein auf und wirft ihn gegen das Haus hinter der Bö-
   schung. Man hört das Zersplittern von Glas.
   Wer ins Schwarze trifft, zerstört sein Ziel.
   Er entdeckt den Fremden mit dem Akkordeon, der sich erhoben hat.
   Sie stehen sich eine Weile wortlos gegenüber, starren sich an. Dann
   geht Watte rasch ab.
   Dunkel

4.

Am selben Bahndamm, Tage später.
Abend. Sommer.
Der Vater, der Sohn und der Freund stehen auf der Böschung. Sie ha-
ben Geschenkpakete dabei und Blumen.

DER VATER Wann kommt sie denn endlich?
DER FREUND Gleich.
DER VATER Hoffentlich. Der Tisch ist reserviert. Was das Mädchen
   bloß hat mit den Fremden? Macht sogar an ihrem Geburtstag
   Überstunden. Redet jahrelang von ihrer Reise um die Welt, spart,
   wo es nur geht, daß man bald Angst haben muß um sie und...
DER SOHN Und bleibt dann hier.
DER FREUND Laßt sie doch in Ruhe.
DER VATER Mach ich etwas anderes? Ich hab meine Kinder immer
   machen lassen. Immer.

DER SOHN Sie schon. Das stimmt. Anna hast du immer machen lassen.

DER VATER Allerdings! Und dich genauso! Aber das Mädchen gehört ins Leben! *Zum Freund* Wenn ich du wäre, ich würde sie packen, zack! Und dann ab durch die Mitte. Mit fliegenden Fahnen! Eine Karte aus Asien, ein Brief aus der Sahara. Von jedem Kontinent eine Nachricht von euch. Kurz aber bündig. Wiedersehn bei Vollmond! Das Mädchen gehört ins Leben! Basta! Weg muß sie, weg von hier.

DER FREUND Genau das werden wir tun.

DER VATER Was?

DER FREUND Weggehen. Ich hab euch doch von der Stelle in London erzählt. Scheint zu klappen.

DER VATER London, pah! Ich rede von der Welt! Und was meint Anna dazu? Will sie die Arbeit im Haus der Fremden aufgeben?

DER SOHN Die Arbeit gefällt ihr.

DER FREUND Das sagst du.

DER SOHN Das sagt sie. Die ganze Welt versammelt in zwölf Zimmern und siebzig Betten.

DER VATER Das Mädchen hat schon immer seinen Willen durchgesetzt. Immer. Schon als kleines Ding.

DER SOHN Das kannst du laut sagen.

DER VATER Anna hat immer gewußt, was sie wollte. Aber heutzutage sind Leute, die einen Kopf auf den Schultern tragen, nicht gefragt. Wenn dieser Kopf voll ist mit eigenen Gedanken, erst recht nicht. Das Mädchen gehört hinaus in die Welt! *Zu seinem Sohn* Du übrigens auch. Versauern kannst du noch früh genug. Das kommt von alleine. Glaub mir. Von ganz alleine kommt das. Wie einem Apfel zieht es dir die Haut zusammen. Da liegst du dann: Verschrumpelt, daß es jedem graust, und dazu auf dem Sims eines Fensters, durch das keiner sehen mag. Staub, sag ich euch. Fingerdick Staub! Neinnein! Auch hinter jenem Fenster findet sich ein Land.

DER SOHN Fragt sich bloß, was für eines.

DER VATER Allerdings. Groß wird es sein. Weit. Hoch. Und hoffentlich verdammt anders als dies hier. *Er zeigt ins Land hinaus, ins Publikum.* Hier hat es auch einmal anders ausgesehen. Das nächste Dorf war Ausland und jeder See ein Meer, so tief, so grün. Größer war sie nie, die flache Welt. Nun ist die Erde rund. Der Stamm der

Kinderkrieger tot. Wie gesagt: Hier hat es auch einmal anders ausgesehen.

DER SOHN Früher.

DER VATER Früher. Allerdings. Regenbögen standen hier. Groß wie Brücken, auf denen man in den Abend spazierte. Ein Baum am andern. Bis hinunter zum Wasser. Ein Nußbaum neben dem andern. Hier sind wir in die Nüsse gegangen. Eine ganze Kolonne waren wir. Kinder. Frauen. Die Männer haben die Leitern getragen und die Stangen.

DER SOHN Mit denen man die Nüsse von den Ästen holt.

DER VATER Allerdings. So ein Nußbaum ist ein empfindliches Gewächs. Sensible Burschen, kann ich euch sagen. Majestätisch, aber sensibel. Verdammt sensibel. Der kleinste Frost genügt, dann wird es nichts mit den Nüssen. Nicht einfach in die Höhe zu bringen. Aber wenn sich so ein Nußbaum einmal ausgebreitet hat, wenn er sozusagen die Füße in der Erde und die Arme im Himmel hat, ist es eine Freude. Nüsse und Most. Das gehörte zusammen.

DER SOHN Früher.

DER VATER Allerdings früher. Auch die verfärbten Finger gehörten dazu. Wer Nüsse klaut, trägt den Beweis als Farbe in der Hand. So ist das. Und gerochen haben meine Finger. Meine Güte, gerochen! *Er schnuppert an seinen Händen.* Riecht ihr die Nüsse? Riecht ihr's?

Sie riechen an seinen Händen.

DER FREUND Nichts. Nein.

DER SOHN Seife. Seife und Tabak.

DER VATER Seht ihr? Tempi passati! Das Barometer steigt und steigt. Gab's früher nicht. Eine Hitze wie beim Afrikaner. Dort stand übrigens der Verschlag des Ungarn. Seht ihr das rote Haus?

DER FREUND Das ist ein Schiffscontainer.

DER VATER Allerdings. Dort stand Molnars Hütte. Kam '56 in unser Land. Ein Flüchtling. Wir haben ihn nur den Ungar genannt. Geige hat er gespielt, meine Güte, nie mehr hab ich eine solche Geige gehört. Nirgends. Das könnt ihr mir glauben. Sie lag in einem hölzernen Kasten, ausgeschlagen mit himmelblauem Tuch. Seide!

DER FREUND Wie ein Sarg.

DER VATER Allerdings. Wie ein Sarg, hab ich immer denken müssen. Aber dann hat er die Geige aus dem Kasten gehoben. Und er hat sie wieder zum Leben erweckt. Das kann ich euch sagen! Herrgott, hat der Kerl gespielt.

DER FREUND Wo bleibt sie bloß?

DER VATER Meine Geschichten langweilen euch.

DER FREUND Tun sie nicht.

DER SOHN Aber wir kennen sie halt schon.

STIMME DER TOCHTER Brüderchen! Paps! Kommt ihr?

Die drei drehen sich um und gehen dann winkend ab.
Dunkel

5.

Am selben Bahndamm, Tage später.
Abend. Sommer.
Watte sitzt auf dem Bierkasten am Fuß der Böschung. Sein Ghetto-blaster spielt die Rufe und das Krächzen von Kolkraben.

WATTE Der nächste ist sich jeder selbst.
Man kann sich nicht allem aus dem Weg
denken. Allem nicht! Ich hock mich aus
und brüt mir einen neuen: Mich. Mich.
Mich. Näher ist mir leider keiner.
Auftritt Block. Er trägt die schwarze Uniform eines privaten Sicher-heitsdienstes.

BLOCK Was redest'n da?

WATTE Nix.

BLOCK Was nix?

WATTE Is'n das für 'ne Uniform? Unsre?

BLOCK Eure? Spinnste? Meine. Sicherheitsdienst. Privat. Bevorzugt eingestellt werden ausgebildete Kampfsportler, Hundeführer, ehemalige Soldaten und Fernspäher, Kampfschwimmer.

WATTE Wo'n?

BLOCK Bahnhöfe. Einkaufspassagen. Ladenstraßen. Wo sich das Pack rumtreibt halt. Schwarze Sheriffs sind wir. Sorgen für Ruhe und Ordnung.

WATTE Dann kommste also von der Arbeit.

BLOCK Arbeit? Prost! Hopp.

WATTE Hopp!

BLOCK Rin in Kopp! Ex!

Sie trinken.

Arbeit nenn ich das nicht: Der Alte schuftet Kies her, und seine Schlampe macht'n Spagat für mich. So geht das, Watte. Arbeit macht frei! Der Alte füllt'n Kühlschrank, ich freß ihn leer und besorg's der Gattin. Scharf wie Nachbars Lumpi! Sogar sein Bier sauf ich. Aber eiskalt! Die frißt mich leer. Nutte! Bis die Klinge bricht. Verstehste?

WATTE Logisch.

BLOCK Nix verstehste. Von hinten und von vorn. Am Boden, auf'm Tisch. Geil wie'n Stellmesser. Teilrasiert! Schon mal gehört von? Du und verstehn! Deine Frau ist doch die eigne Hand! Pumper! Rechts oder links?

WATTE Laß mich in Ruhe. Mensch. *Watte geht ein paar Schritte weg.*

BLOCK Schon isser beleidigt. Weichei! Prost, Mann! Hopp!

Auftritt Ferse

FERSE Was'n los?

BLOCK Hab ihn eingeführt ins Thema Weiberfleisch.

FERSE Ein Gespräch von Mann zu Mann kann das nich gewesen sein.

WATTE Arsch!

FERSE Hopp!

WATTE Hopp!

BLOCK Rin in Kopp!

Sie trinken; auch Watte.

FERSE Was'n das für'n Krach?

BLOCK Was'n für'n Krach?

FERSE Ekelhaftes Gekrächze.

WATTE Ist kein Krach. Sind Vögel.

FERSE Wo'n? Seh keine.

BLOCK Vögel auf'm Tonband? Spinnste? Keine Musik?

WATTE Kolkraben.

FERSE Was für Raben?

WATTE Kolk. Haben mich schon immer interessiert. Hockten vorm Kinderzimmer. Schwarz. Groß. Krächzten. Verhöhnten 'n Vater, der'n Rasen mähte. Früher saß ich auf'm Schuppendach. Am liebsten bei Südwind. Die Wolken waren das Meer, in dem die Raben schwammen. Mit einer Angel wollt ich sie vom Himmel holen.

BLOCK Spinnste? Was ist'n mit Musik?

Block stellt das Band ab, dreht die Kassette um, startet. Man hört laute Zuggeräusche.

FERSE Kenn ich schon.

BLOCK Wahnsinnig? Mann! Was'n los?

FERSE Makkaroni-Express.

In diesem Moment läutet das Telefon.

BLOCK Der Chef. Mach'n verdammten Krach weg. Spinner!

Block betritt die Telefonzelle, schließt die Tür und hebt ab. Watte stellt das Band ab. Er und Ferse setzen sich schweigend ins Gras. Während Block telefoniert, Auftritt der Vater und der Sohn über den Bahndamm.

DER VATER Na ja. Weil ich halt wissen wollte, wo sie arbeitet.

DER SOHN Gefreut hat sie sich.

DER VATER Gefreut. Allerdings. Heiß ist es. Mir schwillt der Schweiß zum Fluß.

Ferse steht auf; Block hängt ein und tritt aus der Zelle.

FERSE Ihr steht uns in der Sonne.

DER VATER Bitte?

BLOCK Dein Schatten is'n Loch.

DER VATER Was bitte?

DER SOHN Laß uns gehen. Komm.

BLOCK 'n Loch, in das ich fall.

FERSE Ich frier. Geh mir aus der Sonne, Alter!

DER VATER Welche Sonne denn?

BLOCK Gibt wohl nur die eine.

DER VATER Meine Sonne kann deine nicht sein.

BLOCK Mach'n Abgang.

FERSE Husch-husch.

BLOCK Schleicht euch. Dir zum Glück, Alter.

DER VATER Was fällt dir ein, Lümmel!

DER SOHN Komm. Gehen wir.

BLOCK Halt dich raus, Hippie. Hier wird kein Frieden gestiftet.

DER FREUND Laß uns abhauen.

FERSE Zeig ihm deine Narbe, Block!

BLOCK Ich zeig ihm was ganz andres.

Bleib stehn, Wichser! *Er zieht eine Pistole aus der Tasche und hält sie an den Kopf des Sohnes.* Riecht der Tod nach Stahl, Hippie? Nach Blei? Gib Laut, Schwuchtel!

DER SOHN Nach Stahl und Blei.

BLOCK Stahl und Blei. Exakt.

DER VATER Ich werde mich beschweren. Das geht zu weit.

FERSE Eiapopeia! Beschwern.

DER VATER Anzeigen werde ich euch.

BLOCK Küß ihn.

DER SOHN Was?

BLOCK Küß ihn.

DER SOHN Wen?

BLOCK Küß ihn, deinen Alten!

Auf 'n Mund.

Und halt die Zunge in Bewegung.

Der Sohn macht keine Anstalten, ihm zu gehorchen.

Wird's bald!

Sonst schieß ich deinen Kopf zu Brei! Vorwärts.

Zeig dem Vater deine Liebe!

WATTE Laß ihn.

BLOCK Schnauze. Küß ihn, Schwanzlutscher, schwuler! Meine Geduld hat bald 'n Ende.

Der Sohn küßt seinen Vater auf die Wange.

Auf 'n Mund, Hippietunte! Vorwärts. *Er schlägt den Sohn ins Gesicht.*

DER VATER Wir gehen. Gehen ganz einfach weg. Wir leben schließlich in einem freien Land.

BLOCK Das war einmal.

DER VATER In einer Demokratie.

DER SOHN Sei still, Vater.

BLOCK Schnauze, Alter!

Zungenkuß. Ich zähl bis drei!

Eins!

Zwei!

Der Sohn küßt seinen Vater auf den Mund. Palme und Ferse grölen und pfeifen.

Ich will die Zunge in Bewegung sehn. Arschficker.

Ksch, ksch.

Ksch, ksch!

Und nu haut ab!

Er fuchtelt mit der Pistole. Der Vater und der Sohn gehen fluchtartig ab.

Hopp!

WATTE Hopp!

FERSE Rin in Kopp!

Sie trinken. Block wirft die leere Flasche auf die Bahnböschung, wo sie zersplittert. Watte geht ein paar Schritte weg.

WATTE Auf den Knien steh ich,

größer war ich nie.

Dunkel

6.

Am selben Bahndamm, Tage später.

Tag. Sommer.

Auftritt Palme und Watte; sie sind offenbar schon ein gutes Stück den Schienen entlanggegangen. Palme trägt eine volle Tasche und mehrere Plastiktüten mit sich.

WATTE Laß uns noch'n Stück gehen.

PALME Noch'n Stück?

WATTE und PALME *zusammen* Bullenhitze.

PALME Jetzt haste 'n Wunsch frei.

WATTE Was?

PALME Wenn zwei das gleiche Wort sagen.

WATTE Wenn zwei miteinander das gleiche Wort sagen.

PALME Dann haste 'n Wunsch frei. Genau.

WATTE Und du?

PALME Ich auch.

WATTE Und? Was wünschste dir?

PALME Darfste nich sagen. Die Augen mußte zudrücken. Dann wünschen. Wie wenn 'ne Sternschnuppe aus'm Himmel fällt. Wünsche darfste nur denken.

WATTE Darf also nicht sagen, was ich mir gewünscht hab?

PALME   Darfste nich, nee.

WATTE   Möcht aber. Hat immerhin was mit dir zu tun. Hab nämlich geträumt von dir.

PALME   Von mir? Was'n?

WATTE   Erst hat es an meiner Tür geklopft.

PALME   Wann?

WATTE   Viermal. Dann hab ich die Tür aufgemacht. Und schon liegste auf meinem Bett.

PALME   Ich war aber noch nie in deinem Zimmer.

WATTE   Einen roten Pelzmantel haste getragen.

PALME   Was redest'n da?

WATTE   Wie Blut hat das ausgesehn.

PALME   Spinner!

WATTE   Wie'n blutverschmiertes Katzenfell.

PALME   Mach'n Punkt, Mann.

WATTE   Dann bin ich erwacht.

Pause

PALME   Block mag es, wenn 'ne Frau weint.

WATTE   Was?

PALME   Nur so. Magst du's, wenn 'ne Frau weint?

WATTE   Weiß nich.

PALME   Er weiß es.

WATTE   Hat das etwa keine Bedeutung?

PALME   Was?

WATTE   Dein roter Mantel.

PALME   Hab keinen Mantel. Is noch Bier da?

WATTE   Pißwarm vielleicht.

PALME   Besser als nix.

WATTE   Hier is'n Rest.

PALME   Hopp.

WATTE   Ladies first.

PALME   Hopp. Rin.

WATTE   Ach, komm.

Sie lassen die Flasche hin und her gehen, bis sie leer ist. Dann rauchen sie, schweigen eine Weile.

PALME   Biste hier zu Hause?

WATTE   Was?

PALME   Ich nich. Überhaupt nich bin ich hier zu Hause. Ist doch alles für'n Arsch! Der Stiefvater verpestet mir die Luft. Drecksau.

WATTE Was'n los?

PALME Das Schwein hat mir meinen Stuhl verholzt.

WATTE Was'n für'n Stuhl?

PALME Meinen Lieblingsstuhl. Mit der Axt. Zu Kleinholz hat er ihn gemacht. Den Stuhl der Großmutter.

WATTE Hat dir also gar nicht gehört?

PALME Doch. Seit vier Jahren. Weil sie ihn mir vermacht hat. Mir. Nicht ihm. Mir. Nix hat mich mehr beruhigt, als mit den Händen über seine Lehne zu streichen. Sein Holz is anders als anderes Holz. Weicher. Wärmer. Angenehm halt, beruhigend. Großmutter hat die Lehne 'n Leben lang angefaßt. Das spürste sofort. Erinnerste dich auch an die Hände deiner Großmutter?

WATTE Nee.

PALME Nee?

WATTE Weil ich meine Großmutter nie gesehn hab.

PALME Keine von beiden?

WATTE Keine. Darum. Weißte, was ich gemacht hab, wie mein Großvater gestorben ist? Hat im Spital gelegen, wochenlang. Und ich bin jeden Tag hin. Gleich nach der Schule bin ich hin zu ihm. Oft war ich mit ihm allein im Zimmer.

PALME Und dann?

WATTE Dann hab ich ihm die Nase zugehalten.

PALME Was haste?

WATTE Die Nase hab ich ihm zugehalten. Einmal nur. Weil ich wissen wollte, was passiert.

PALME Und?

WATTE Nix is passiert. 'n paar Tage später war er tot. Das mit der Nase hab ich noch keinem erzählt. Keinem. Nur dir.

Pause

PALME Tagelang hat sie in ihrem Stuhl gehockt. 'ne Eule im Dunkeln. Genau wie ich. Ohne 'n Wort. Einfach dagehockt.

WATTE Im Dunkeln?

PALME Stundenlang im Dunkeln. Mit'm Eulenblick. Sieht alles. Wird aber selber nicht gesehn. Bis ich mich anders gefühlt hab.

WATTE Anders?

PALME Wie 'n anderer Mensch halt. Wie wenn die Lebenserfahrung der Großmutter durch ihren Stuhl in mich hinein... Vergiß es. Und nu kommt das Schwein und macht ihn hin. Alles kann, alles weiß er besser!

WATTE Na und? Scheiß drauf.

PALME Alles! Fressen. Saufen. Schlafen.

WATTE Wach sein.

PALME Sitzen.

WATTE Liegen.

PALME Brüllen.

WATTE Flüstern.

PALME Nee. Das bestimmt nich. Gehen.

WATTE Stehen.

PALME Küssen.

WATTE Was?

PALME Alles kann er besser. Alles.

WATTE Küssen?

PALME Ficken.

WATTE Was soll'n das heißen? *Watte umarmt sie, drückt ihren Kopf auf seine Brust.*

PALME Zurück geh ich jedenfalls nich.

WATTE Du willst abhaun?

PALME Bin ich schon. Die Drecksau kann mich mal.

WATTE Und deine Mutter?

PALME Wischt dem Schwein 'n Arsch. Betet das Stinktier an. Hängt ihm an'n Lippen. Sieht den Penner als Kaiser.

WATTE Kenn ich.

PALME Kann ich zu dir?

WATTE Zu mir?

PALME 'ne Weile nur. 'n paar Tage. Zu zittern brauchste aber nich.

WATTE Ja.

PALME Nein. Verliebte machen dumme Gesichter. Guckn, als könntn sie was Besondres sehn. Etwas außerhalb der Welt. Ich könnte dich in meinem Bauch begraben.
Könnt dir zeigen, werde bist. Könnt dir was zeigen, was du nich weißt.

WATTE Zeig.

PALME Nee.

WATTE Nee?

PALME Hab schon einen andern.

WATTE Der erste bin ich nicht, logisch. Hast du viele gehabt?

PALME Was'n jetzt? Kann ich mit zu dir? Willste nich, daß ich bei dir schlafe?

WATTE Wolln schon.

PALME Aber?

WATTE Geht nicht.

PALME Und wieso?

WATTE Meine Mutter.

Man hört Musik aus dem Haus hinter dem Bahndamm, fremde, ausgelassene Stimmen.

PALME Gesindel, verdammtes.

WATTE Laß doch.

PALME *schreit* Ruhe, verdammt noch mal!

WATTE Möchteste nie weg?

PALME Schnauze! Pack!

WATTE Was'n los? Störn doch nicht.

PALME Spinnste! Nehmn uns 'n Platz weg.

Verstopfen unsre Straßen. Mit ihren vollgefressenen Bälgern, ihren Autos.

Lederjacken.

Waschmaschinen.

Videogeräten.

Ihrer Scheißmusik.

Ihrn idiotischen Klamotten.

Ihrm scharfen Schlangenfraß.

Stinkn! Lügn! Klaun!

Nehmn uns die Arbeit weg.

Die Wohnungen.

WATTE Die Fraun.

PALME Arsch! Meinste, ich laß einen von denen ran an mich? Ruhe!

Die fremde Musik wird abgedreht.

Na also! Geht doch.

WATTE Magst du Vögel?

PALME Vögel? Nee. Im Gegenteil. Abknallen könnt ich die Viecher.

Wieso willste'n das wissen?

WATTE Nur so.

PALME Riech mal.

Sie hält ihm das linke Handgelenk hin. Watte riecht daran und läßt ihre Hand nicht mehr los.

Hab ich heute geklaut. ›Poison‹.

›Gift‹.

WATTE Weiß ich auch.

PALME Und? Wie isses?

Watte küßt Palmes Hand. Der Auftritt von Block wird von den beiden nicht bemerkt.

BLOCK Was'n hier los!

Watte läßt Palmes Hand los.

WATTE Nix ist los.

BLOCK Was los ist, will ich wissen, gottsverdammte Scheiße, verdammte!

PALME Nix. Wirklich nicht.

Sie steigt zu Block auf die Böschung, umarmt und küßt ihn.

BLOCK Will ich auch gehofft haben. Was willst'n mit dem Flachwichser?

PALME Laß ihn. Kann ich zu dir?

BLOCK Schlag ich kleine Jungs? Was zu mir?

PALME 'n paar Tage halt. Bin abgehaun.

BLOCK Aber immer. Für dich is meine Matratze breit genug. Wir zischen. Abmarsch! *Zu Watte* Vergiß die Versammlung nicht. Du liest ihn vor. Meinen Entwurf, Watte! Hast nun mal 'ne Stimme wie'n Knabe aus'm Chor.

Sie gehen langsam ab; einander eng umarmend. Palme dreht sich verstohlen um, winkt Watte zum Abschied. Schließlich bleibt Block stehen, dreht sich um, schreit.

Nimm heut einfach beide Hände. Teilrasiert! Denk dran. Und stell dir dabei vor, was ich nicht verpaß!

Block und Palme gehen ab. Watte setzt sich neben die Telefonzelle, trinkt.

WATTE Was denkt das Pferd über seinen Reiter?

Ich schreie manchmal laut und will doch meist, daß niemand etwas hört. Ich spiel ihn nur, den Kerl. Und hielte ich das Maul, man könnte mich für einen halten.

Kann man den Austritt aus dem eigenen Geschlecht erklären?

Pause

Ich ramme mir die Stirn, Madame, für Sie, Madame.

Präge Münzen mit der bloßen Hand, Madame, für Sie, Madame.

Pause

Menschen soll es geben,
die beim Weinen

sich die Zähn zermalmen,
die sich blutig beißen jede Nacht.
Im Schlaf zum Wolf gemacht,
der davon träumt,
ein Mensch zu sein.
Mit Tatzen über fremde Rücken.
Und unterm Fell das alte Kind.
Größer nur und nicht viel schlauer.
Das Telefon läutet. Er bleibt sitzen.
Am Arsch lecken. Großkotz!
Denkste. Ohne mich.
Der Schuh, er drückt.
So bleib ich da und zähl mich fort.
Mein Rücken biegt mich klein und krumm.
Pause
Aus der Mutter direkt in die Grube fallen.
Das wär der kürzeste Weg.
*Das Telefon läutet weiter. Schließlich hebt Watte ab, legt den Hörer
aber auf, ohne sich zu melden.*
Klopft Ewigkeit in meiner Brust,
wenn ich in den Himmel seh,
wo schon ein blasser Stern die Flügel schlägt?
Aber was soll ich die Augen im Himmel versenken?
Mir stehn die Sterne ja am eignen Leib.
Die ganze Pracht: Jupiter. Saturn. Merkur.
Ein Furunkel am andern.
So kriech ich unter die Nacht.
*Auftritt der Fremde mit dem Akkordeon. Er geht über den Bahn-
damm, spielt einzelne Töne, eine Melodie will sich aber nicht erge-
ben. Schließlich entdeckt er Watte am Fuß der Böschung. Der
Fremde geht fluchtartig ab. Watte ruft ihm nach.*
Bleib!
Ich schieb heut keinen Haß.
Zwischen meinen Schläfen rauscht die Angst!
Heut dreht die Welt verkehrt!
Die Rüstung aus Blech
schlägt bei jedem Schritt
mir den Puls.

Bleib hier!
Mir träumt,
daß schaurig laut
mein Vater nach mir ruft:
Schön wär's!
Dunkel

7.

Am selben Bahndamm, Tage später.
Abend. Sommer.
Block, Palme und Watte. Ferse hat Papiere in der Hand.

BLOCK Und? Zähln wirste können?
PALME Wieviel?
FERSE Zweiundzwanzig.
BLOCK Zweiundzwanzig?
FERSE Dreiundzwanzig.
BLOCK Ist das'n Anfang oder ist das kein Anfang?
FERSE Und was das für'n Anfang is.
BLOCK Nach'm ersten Treff dreiundzwanzig Eingeschriebene.
WATTE Hopp.
PALME Hopp.
FERSE Rin in Kopp.
　　Sie trinken.
　　Werwolf! Was für'n Name! Wahnsinn!
BLOCK Und wie musses jetzt logischerweise weitergehn? Was denk-
　　ste, Watte?
WATTE Rasch voran.
FERSE Was'n sonst. Wir machn alle platt.
PALME Platt. Wir.
FERSE Bleiben.
PALME Hier. Hier.
FERSE Bleiben.
PALME Wir.
BLOCK Wie's jetzt weitergehn muß, Idioten! Muß ich alles vorbeten
　　oder was!

FERSE Waffen.

BLOCK Später. Ist noch zu früh.

PALME Schritt um Schritt.

BLOCK Richtig.

FERSE Später, später! *Er zieht eine Handgranate aus seiner Jackentasche und hält sie hoch.*

WATTE Ist doch'n Witz, das Ding.

PALME 'ne Kopie.

WATTE Fälschung.

PALME 'n Feuerzeug oder so was.

FERSE Wettn, daß ich dir das Gegenteil beweis?

WATTE Wettn nicht?

FERSE Dann kannste dich im Himmel entschuldigen bei mir.

BLOCK Oder in der Hölle. Das Ding ist echt. Ich kenn mich aus.

FERSE Zähl dich schon mal aus, Arsch.

BLOCK Fünfzehn Sekunden.

FERSE Dann fliegt dir der eigne Darm ums Ohr. Dann is hier 'n Loch, das bis zur Südsee geht.

BLOCK Mach das Ding weg. Alles hat seine Zeit. Waffen kommen später.

WATTE 'ne Uniform.

BLOCK 'ne Uniform. Genau. Und 'n Emblem.

FERSE Was?

WATTE 'n Signet.

PALME 'n Wappen.

FERSE 'n Werwolf natürlich.

BLOCK Flachwichser.

FERSE 'n Hakenkreuz.

BLOCK Vollarsch! Mach mal 'n Lippenstift raus.

PALME Wieso'n?

BLOCK Fressn will ich ihn nicht. Mach schon!

Palme wühlt in ihrer Tasche und gibt ihm ihren Lippenstift. Block malt groß und rot die Odalrune auf die Scheibe der Telefonzelle.
Unser Emblem. Kapiert?

FERSE Kenn ich nich.

BLOCK Hat auch keiner erwartet. Odalrune. So heißt das Ding.

FERSE Was'n der Sinn des Zeichens?

BLOCK Sinn! Sinn! Red nicht. Sauf! Hopp.

FERSE Hopp.

PALME Rin in Kopp.

Sie trinken.

BLOCK Ist das 'n Signet?

FERSE Und was das für'n Signet is! Hammermäßig!

BLOCK Schreib mit, Ferse: Jedes eingeschriebene Mitglied hat ab sofort monatlich zwanzig Eier abzuliefern und...

FERSE Langsam.

BLOCK Und eine Uniform zu kaufen: ein schwarzes Hemd mit zwei Brusttaschen und Schulterstücken. Eine rote Krawatte. Ein Paar schwarze Hosen. Ein Paar schwarze Kampfstiefel. Haste's? Für Ausflüge und Märsche wird Feldgrau oder ein Tarnanzug getragen.

PALME Märsche?

FERSE Was'n sonst.

BLOCK Und im Juli fahr ich nach Flandern. Nach Diksmuide, zum großen Kameradentreff. Dann macht der Werwolf internationale Kontakte.

WATTE Politik wird an der Sonne gemacht.

BLOCK Richtig. Klugscheißer.

WATTE Und wir hocken im Schatten.

BLOCK Wir hocken im Schatten. Stimmt. Aber nicht mehr lange. Nächste Woche wähln wir 'n Vorstand. Kapiert?

WATTE Hopp.

PALME Hopp.

FERSE Rin in Kopp.

Sie trinken.

BLOCK Was'n mit Musik? Habn wir nix zu feiern?

Block legt eine Kassette in Wattes Ghettoblaster und startet brutalen Heavy Metal.

Zeig was her, Palme!

Er reißt sie an sich; sie tanzen. Der Fremde mit dem Akkordeon geht, vorerst unbemerkt, schnell über den Bahndamm. Er trägt eine Tasche mit Einkäufen und hat eine Zigarette im Mund.

Was'n hier los? *Block entdeckt den Fremden mit dem Akkordeon; er schaltet die Musik aus.* Spinn ich? Geht da nicht 'n Kameltreiber?

PALME Laß ihn gehn.

BLOCK Schafft ihn her!

Ferse läuft dem Fremden mit dem Akkordeon nach, kriegt ihn zu fassen und schleppt ihn mit Gewalt über die Böschung, hinab zu den andern.

Rauchen kannste in deiner Moschee, Kamelficker! Hier nicht! Wenn de dem 'n Schädel aufmachst, oben, was siehste dann?

PALME und FERSE *zusammen* Die Füße!

BLOCK Die Füße mit'n Zuluzehn, genau!

DER FREMDE MIT DEM AKKORDEON Abend. Schön. Ich.

BLOCK Hat 'ne breite Lippe. Deine Visage stört enorm.

FERSE Was'n hier drin? Zeig! *Ferse leert die Einkaufstasche des Fremden auf den Boden.*

PALME Klauen unsre Läden leer.

FERSE Fressen sich 'ne Wampe an mit unsrem Geld.

DER FREMDE MIT DEM AKKORDEON Bezahlt.

BLOCK Der stört mich selbst im Schlaf.

WATTE Zieh besser ab.

PALME Schleich dich.

Der Fremde beginnt, seine Einkäufe in die Tasche zu legen.

FERSE Gerade haun, was nich in unsre Ordnung paßt.

BLOCK Red nicht. Schlag zu.

FERSE Planier dir die Frisur.

BLOCK Denk nicht. Hau rein.

Ferse schlägt dem Fremden die Faust ins Gesicht. Der Fremde geht stöhnend zu Boden.

FERSE Glaubste, der tritt zurück?

PALME Frag ihn halt.

FERSE Wehrste dich, wenn ich dir 'n Gesicht schnitze, das du nie vergißt? Dir wohnt gleich Blut im Maul.

BLOCK Will nicht antworten.

PALME Null Ahnung, was sich gehört.

Block tritt den Fremden, der laut aufstöhnt.

BLOCK Noch'n Mucks und ich schlitz ein Kreuz dir innen Bauch. Bei jedem Wehwehchen wandert halb Asien aus. Und wohin?

PALME Zu uns natürlich.

WATTE Neger sind nie weiß.

BLOCK Klugscheißer. Klopf ihm den Atem aus der Brust.

WATTE Laßt ihn. Der hat genug für heut.

PALME Da liegt das faule Pack herum und will nix tun.

FERSE Der Fremde braucht die starke Hand.
Ferse tritt den Fremden. Palme tritt den Fremden.
WATTE Es reicht.
BLOCK Was hilfste 'n da dem Zulu? Leck ihm doch die Hand.
In diesem Moment kommt der Freund über den Bahndamm.
FERSE Kommt einer. Laßt uns abhaun.
Der Freund bleibt stehen.
BLOCK Was gibt's 'n da zu glotzn?
DER FREUND Laßt den Mann in Ruhe.
FERSE Hau ab.
BLOCK Oder willste dich stark machen für'n Zulu hier? Zisch ab.
Sonst zieh ich dir 'n Scheitel neu. Hier wird nich gebetet, Krawatte.
Mach'n Abgang!
Block geht auf den Freund zu, dieser geht rasch ab.
Dunkel

8.

Am selben Bahndamm, am nächsten Tag.
Tag. Sommer.
Die Tochter und der Freund sitzen auf der Böschung.

DER FREUND Vier Tage! Es sind doch nur vier Tage!
DIE TOCHTER Ich kann nicht.
DER FREUND Was soll das heißen: Du kannst nicht.
DIE TOCHTER Weil sie mich brauchen.
DER FREUND Ich brauch dich auch.
DIE TOCHTER Ich kann jetzt einfach nicht weg. Unmöglich. Das mußt
du doch verstehen!
DER FREUND Du wolltest doch unbedingt, daß ich mich um die Arbeit
in England bemühe. Ich möchte, daß du mitkommst und wir da-
nach gemeinsam entscheiden. Immerhin geht es um unsere Zu-
kunft.
DIE TOCHTER Die Lage hat sich eben verschärft.
DER FREUND Verschärft? Wie du redest! Wir sind doch nicht im
Krieg! Sei doch bitte vernünftig. Laß uns fahren, ja?

DIE TOCHTER Und ob das ein Krieg ist, was hier stattfindet.

DER FREUND Du bist ja hysterisch!

DIE TOCHTER Hysterisch! Ich? Gestern hat man jemanden aus unserem Haus fast totgeschlagen.

DER FREUND Ach was! Du übertreibst maßlos!

DIE TOCHTER Natürlich. Weißt du, was seit letzter Nacht auf unserer Hauswand steht?

DER FREUND Das hat doch keinen Sinn. Du bist überspannt.

DIE TOCHTER ›Asylantos go home or die‹. Quer über die Fassade.

DER FREUND In deinem Zustand kannst du doch gar nicht helfen. Du brauchst eine Pause. Vier Tage London werden dir guttun.

DIE TOCHTER Quer über die ganze Wand. Links und rechts eingefaßt von Hakenkreuzen. Hast du eine Ahnung, was ich mir jeden Tag am Telefon anhören muß? Eine Nutte bin ich, die's mit Niggerschweinen treibt! Willst du auch noch wissen, was die Polizei dazu zu sagen hat?

DER FREUND Anna. Bitte.

DIE TOCHTER Nix haben die Bullen dazu zu sagen. Gar nix.

DER FREUND Laß uns fahren. Ich kann den Termin nicht verschieben. Unmöglich.

DIE TOCHTER Ich kann jetzt nicht weg.

DER FREUND Ich muß.

DIE TOCHTER Dann fahr ohne mich.

DER FREUND Was soll das heißen? Ich soll London vergessen?

DIE TOCHTER Blödsinn! Ich freu mich doch auch. Ich kann jetzt nur nicht weg. Fahr alleine hin. Kommst du? Bitte. Laß uns an den Kanal, ja?

Schließlich erhebt sich auch der Freund. Sie umarmen sich und gehen dann Hand in Hand ab.

Dunkel

9.

Am selben Bahndamm, Tage später.
Abend. Sommer.
Ferse liegt blutend im Gras, von Palme gepflegt. Watte sitzt auf der Böschung, den Ghettoblaster neben sich.

FERSE Schweine! Fünf Mann!

WATTE Drei!

FERSE Auf welcher Seite stehste eigentlich, Arsch!

PALME Denen is das Miese in die Wiege gelegt.

WATTE Die können gar nicht anders.

FERSE Is wie Salz, mein Blut. Da schwillt mir der Kamm.

PALME Halt still jetzt!

FERSE Auf 'ner Leiter mußte oben stehn.
    Ganz oben!

WATTE Da tritt sich's schön nach unten. Katzen fressen Mäuse.
    Pflanzt euch nicht fort, sondern hinauf.

FERSE Arsch!

WATTE Nietzsche.

PALME Scheißegal.

FERSE Die Schweine mach ich kalt! Rache!

WATTE Ist das dein letztes Wort?

PALME Weißt du 'n besseres?
    Auftritt Block. Er trägt die schwarze Uniform des Bewachungsdienstes.

BLOCK Was'n hier los?

PALME Die Schweine haben uns erwischt.

BLOCK Uns?

PALME Mich und Ferse halt.

BLOCK Wie viele?

FERSE Fünf feige miese Braunköpfe.

BLOCK *zu Palme* Haben dich die Schweine angefaßt?

WATTE Sie waren nur zu dritt. Und Palme haben se auch in Ruhe gelassen.

BLOCK In welcher Mannschaft spielste eigentlich, Watte?

FERSE Ich mach sie kalt. Die Kamelficker! Kalt!

BLOCK Das Blut will aufgeheizt sein. Im Mittelalter hat man Katzen auf'n Brett genagelt. Und dann mit'm Kopf in'n Tod gestoßen.

PALME Was?

Block tritt ein paar Schritte zurück und rammt dann seinen gesenkten Kopf in Wattes Bauch. Dieser sinkt stöhnend zu Boden.

BLOCK Mit'm Kopf in'n Tod stoßen. Zack! Wer gegen uns ist, wird in den Grund gestoßen. Entscheid dich, Watte.

WATTE Katzen habn mehr als ein Leben.

BLOCK Idiot! Bring mir so'n Vieh, und ich mach's hin! Ein Leben und das hab ich in der Hand. Ich! Bring mir den Kater, los!

WATTE Ich?

BLOCK Du, ja! Her mit dem Tier! Du bringst es her. Und du machst es hin. Das Blut will kochen!

PALME Laß doch!

BLOCK Los, Ferse!

Ferse zieht Watte hoch und geht dann mit ihm ab.

Die Größe ist mir angeborn. Zeig Haut her!

Er küßt Palme und greift ihr in die Bluse.

Dunkel

10.

Am selben Bahndamm, etwas später.
Vor der Telefonzelle steckt ein aus Holzlatten zusammengenageltes Kreuz in der Erde, an dem eine tote Katze festgebunden ist. Leere Flaschen, ein Benzinkanister. Sternenklare Nacht. Sommer.
Block, Ferse, Palme und Watte

BLOCK Müssen härter werden als der Stein hier. Tränen sind die Versuchung, sich nicht in der Gewalt zu haben.

WATTE Winter ist nicht, und ich frier.

BLOCK Dann mach dir selber heiß, Jammerlappen! Heut nacht wird's ernst.

FERSE Todernst. *Er hält seine Handgranate in die Höhe.*

PALME Mach das Ding weg. Idiot!

BLOCK Unsre Geduld hat'n Ende. Die einzige Sprache, die verstanden wird, ist die Gewalt. Heut nacht wird's Zeit für'n Feuerchen!

WATTE Wo'n?

FERSE Wo wohl, Arsch!

PALME Zeichen setzen!

BLOCK Schwächlinge werden abgeschreckt und verlassen unseren Bund. So trennt sich die Spreu vom Weizen. Und unsre fanatische Auslese schließt sich um so gläubiger zusammen.

FERSE Genau! Hopp.

PALME Hopp.

BLOCK Gesoffen wird später. Heut tun wir, was zu tun ist. Brennen soll, was brennen muß. Heut wärm ich mir den Pelz, wenn das Pack in Flammen steht. *Er zerreißt sein blutiges T-Shirt und beginnt dann, einen Molotowcocktail zu basteln.* So macht man das!

WATTE Spinnste? Willste im Knast verschwinden? Schmeißn wir 'n Fenster ein.

FERSE Feiger Hund.

BLOCK So trennt sich die Spreu vom Weizen, wie gesagt. Mach'n Abgang. Du bist raus aus'm Spiel.

WATTE Was?

PALME Raus!

FERSE Raus aus'm Werwolf!

BLOCK Zisch ab! Wer gegen uns ist, ist gegen sich. Ein Wort über uns und du bist fällig!

FERSE Bist tot!

BLOCK Du kennst keinen von uns.

PALME Nie gesehn.

BLOCK Keinen. Für dich gibt's uns nicht. Hat's uns nie gegeben. Komm mir nie mehr unters Aug! Hau ab. Bevor ich mich vergeß! Und denk dran: Wir finden dich. Überall!

Watte geht rasch ab.

'n Stall gehört ausgemistet. Jetzt will ich Flammen sehn! Abmarsch!

Sie gehen ab.

Man hört das Prasseln eines gewaltigen Feuers.

Dunkel

11.

Am selben Bahndamm. Viele Tage später.
Das Holzkreuz und die Bierkästen sind verschwunden. Hinter der
Böschung erkennt man den ausgebrannten Dachstock des Hauses der
Fremden.
Herbst. Tag.
Der Vater schiebt die Tochter in ihrem Rollstuhl über den Bahndamm,
was beschwerlich und kaum möglich ist. Das Gesicht der Tochter ist
von Brandwunden entstellt.

DER VATER Fünf Minuten noch. Höchstens.

Dann ist hier die Hölle los.

Dann steht das Wetter als Mauer vor der Stadt.

Katzen hagelt es dann, Katzen!

Die Tochter schweigt.

Hab dir immer die Haare trockengerieben, wenn du aus dem Regen ins Haus gelaufen kamst.

Bären waren auf deinem Frottiertuch.

Bäume mit dicken Ästen und Wurzeln.

Die Blätter groß wie Kinderhände.

Die Tochter schweigt.

Damals wolltest du, daß ich dir die Namen der Berge aufzähle.

DIE TOCHTER Damals, damals!

DER VATER Einen nach dem andern. Das ganze Panorama.

DIE TOCHTER Einmal hab ich dich gefragt, was denn dahinter sei.

Hinter den Bergen. Weißt du, was du gesagt hast?

DER VATER Wahrscheinlich die Namen der Berge hinter den Bergen.

DIE TOCHTER Dahinter ist nichts, hast du gesagt. Nichts.

Oder höchstens etwas, das sich einer wie ich nicht vorstellen kann.

Das hast du geantwortet.

Pause

DER VATER Du sollst nicht mehr hierherkommen. Nie mehr.

Die Tochter will wegfahren, schafft es aber nicht.

DIE TOCHTER Kalt ist mir und brenne doch wie Feuer.

Asche fällt mir aus der Hose, aus den Schuhn.

Schwarze Asche.

Die Flammen züngeln weiter unter meiner Haut.

Dunkel

12.

Eine aufgelassene Fabrikhalle. Zerschlagene Fensterscheiben, Müll und Schutt. Demontierte Maschinenteile, Werkstücke, Eisenträger. Freibaumelnde Stromkabel. Drei Stühle, ein zerschlissenes Sofa, eine Matratze. Auf dem Tisch steht ein ausgestopfter, lädierter Kolkrabe. Herbst. Nacht. Regen.
Der Sohn zündet verschiedene Kerzen an, trinkt Rotwein aus einer großen Korbflasche.

DER SOHN Zünd ich etwa Häuser an, weil ich keine Arbeit hab?
　　Wo bleibt er bloß?
　　Die Verhandlung ist doch längst zu Ende.
　　Er legt sich auf die Matratze, hört Musik aus einem kleinen Kofferradio. Auftritt der Freund. Er trägt einen Mantel und stellt einen offenen Regenschirm auf den Boden.
DER FREUND Scheißregen! *Der Freund zieht sich den nassen Mantel aus, zündet sich eine Zigarette an und tritt dann an eines der Fenster.*
DER SOHN Und?
DER FREUND Ich versteh die Welt nicht mehr.
DER SOHN Man hat sie freigesprochen. Sag ich doch.
DER FREUND Die Kerle landen nicht im Gefängnis. Unglaublich!
DER SOHN Mann, was bist du naiv.
DER FREUND Und Anna?
DER SOHN Deine Anna ist für die nicht von Belang.
DER FREUND Und jetzt?
DER SOHN Na, was wohl.
　　Jetzt tun wir das, was wir hundertmal besprochen haben.
DER FREUND Aber das waren doch nur Hirngespinste. Ein Spiel.
DER SOHN Spinnste?
　　Die andern spielen auch nicht rum. Die machen Ernst.
DER FREUND Weiß nicht.
DER SOHN Wenn du kneifst, mach ich's allein.
DER FREUND Aber Anna darf nichts erfahren.
DER SOHN Logisch. Niemand erfährt was. Auch Vater nicht.
　　Erst wenn die Sache gelaufen ist. Und?
DER FREUND Abgemacht. Auge um Auge.
DER SOHN Zahn um Zahn. Genau.
　　Wenn niemand etwas tut, hilft nur die eigne Wut.
　　Dunkel

13.

Dieselbe Fabrikhalle. Wochen später.
Durch die Fenster geht der Blick über öde Industrielandschaft.
Tag. Winter.
Der Raum ist für etliche Momente menschenleer. In der Mitte der
Bühne steht ein hölzerner Stuhl.
Auftritt der Sohn und der Freund: Der Sohn trägt eine wollene Ski-
mütze als Gesichtsmaske und einen Wintermantel.

DER FREUND Na, großartig! Das fängt ja gut an! Wahnsinn! *Schreit*
Nimm die Maske ab!

DER SOHN Halt die Schnauze. Mann! Das spielt doch keine Rolle.

DER FREUND Wie aus dem Bilderbuch, ja? Genau nach Plan, was!

DER SOHN Gar keine Rolle spielt das jetzt. Wir müssen nur ruhig
bleiben.

DER FREUND Von dem Mädchen war keine Rede. Nie.

DER SOHN Hättest du lieber den Muskelschrank hier? Idiot!

DER FREUND *schreit* Jetzt nimm endlich diese Maske ab!

DER SOHN Beruhig dich! Ja, ja! *Er zieht sich die Mütze vom Kopf.* Das
Ding läuft. Wir dürfen jetzt nur nicht die Nerven verlieren. Die
Sache läuft und ist nicht mehr aufzuhalten. Ganz ruhig.

DER FREUND Das Mädchen. Ausgerechnet!

DER SOHN Alles läuft nach Plan. Von nun an läuft alles nach Plan.
Garantiert! Reine Nervensache.

DER FREUND Den Anführer wollten wir. Nicht das Mädchen!
Pause

DER SOHN Ich hätte dich da nicht mit reinziehen dürfen.

DER FREUND Was? Glaubst du, ich bin ein Feigling?
Ist es das, was du mir sagen willst?

DER SOHN Reg dich ab!

DER FREUND Ich und feige!
Lachhaft!
Früher war ich ein...
ein... ein wilder Kerl!
Glaubst du mir nicht, was?

DER SOHN Natürlich glaub ich dir...

DER FREUND Sieh her!

DER SOHN Ich bring sie jetzt rein.

DER FREUND Sieh dir das an! *Er knöpft sein Hemd auf: Auf seine Brust ist ein großes Segelschiff tätowiert.*

Na? Was sagst du?

DER SOHN Na, toll. Wirklich. *Er zieht dem Freund das Hemd über die Tätowierung.* Ich hol sie jetzt rein.

Dann lassen wir sie erst mal warten. 'n paar Stündchen warten. Morsches Holz bricht leicht.

DER FREUND Zack!

Schon liegt der Ast

in zwei Teilen in

die Erde getreten.

Beide gehen ab.

Dunkel

14.

Dieselbe Fabrikhalle. Etwas später. Es schneit.
Tag. Winter.
Palme sitzt auf dem Stuhl in der Mitte der Bühne. Sie ist an Händen und Beinen gefesselt. Aus dem Kofferradio die Reportage einer Eishockey-partie

PALME *leise* An die eigne Kehle. Großfresse, blöde!

Eishockey!

Unter meinen Füßen jammert Eis

Die eignen Knochn weiß wie Schnee. Blankgescheuert.

Gib Zucker, schweig!

Und red.

Schreit

's wird dich keiner hören!

Zeigt euch, Arschlöcher feige!

Dunkel

15.

Dieselbe Fabrikhalle. Etwas später. Eine alte Ständerlampe sorgt für gedämpftes Licht.
Nacht. Winter.
Palme steht vor dem Tisch, die Hände auf den Rücken gefesselt. Der Freund steht dicht neben ihr. Der Sohn sitzt auf dem einzigen Stuhl am Tisch; die anderen hat man weggeräumt.
Der Freund und der Sohn tragen die Wollmützen wie Masken.

DER SOHN Setz dich.
 Palme schüttelt den Kopf.
 Frag du sie.
DER FREUND Willst du dich nicht setzen?
PALME Nee.
DER FREUND Sie will nicht.
DER SOHN Frag sie noch mal.
DER FREUND Willst du dich nicht setzen?
PALME Nee.
DER SOHN Ist doch viel angenehmer. Wirklich.
PALME Wohin 'n?
DER SOHN Ja, wohin denn! Richtig!
DER FREUND Da ist ja gar kein Stuhl.
DER SOHN Auf den Boden vielleicht.
DER FREUND Oder auf den Tisch.
 Palme schüttelt den Kopf.
DER SOHN Auf den Tisch. Genau.
 Brüllt Du sollst dich hinsetzen, verdammt noch mal!
 Palme setzt sich auf den Tisch.
 Na endlich. Ist zweifellos bequemer so.
 Dir geht's doch gut, nicht wahr?
 Du hattest doch einen guten Tag, nein?
 Palme schweigt.
 Steh auf!
 Palme steht auf.
 Setz dich!
 Palme setzt sich wieder hin; nun ein Stück von ihm entfernt. Er rückt dicht neben sie.
 Du weißt, weshalb du hier bist?

PALME Kann's mir denken.

DER FREUND Denken?

PALME Vielleicht.

DER SOHN Vielleicht warum?

PALME Wegen 'm Haus.

DER SOHN Was für ein Haus?

PALME Das gebrannt hat.

DER FREUND Wegen dem Haus nicht, nein.

DER SOHN Steh auf!

Palme steht auf.

Und?

PALME *leise* Das Mädchen.

DER SOHN Was?

PALME *laut* Das Mädchen!

DER FREUND Das Mädchen! Das Mädchen! Anna ist meine Freundin! Wir wollten heiraten, nach London ziehen. Du Schlampe!

DER SOHN Setz dich!

Palme setzt sich. Der Freund nimmt ihre Ledertasche und leert ihren Inhalt auf die Tischplatte.

Alles, was wir wollen, ist ein Geständnis.

DER FREUND Verstanden?

DER SOHN Schriftlich.

PALME Sag nix.

DER SOHN Sagt nichts. Natürlich. *Er wühlt in ihren Sachen, hält ein Adreßbuch in der Hand.*

DER FREUND Schau an, schau an!

DER SOHN Stehn sie da alle drin, deine Faschofreunde?

PALME Sag nix.

DER SOHN Sagen nicht. Aber vielleicht zeigst du uns was?

DER FREUND Wir sind ja schließlich unter uns.

PALME Zeig nix.

DER SOHN Steh auf!

Palme steht auf.

Setz dich!

Palme setzt sich. Der Sohn beginnt, die Seiten des Adreßbuches in lange Streifen zu zerreißen. Der Freund nimmt Palmes Sonnenbrille vom Tisch, läßt sie auf den Fußboden fallen und zertritt sie.

DER FREUND Schade.

DER SOHN Wir können auch anders. Ganz anders.

Wie nennt man das, wenn man einem Gefangenen den Kopf so lange unter Wasser drückt, bis er glaubt, er ersticke?

DER FREUND Spinnste?

DER SOHN Submarino. Richtig.

Wobei das Wasser nicht unbedingt sauber sein muß.

Pisse. Kacke. Petrol.

Gibt auch ›trockenes Submarino‹.

Bei welchem man mit einem Plastiksack arbeitet.

DER FREUND Es reicht!

DER SOHN Der vielleicht mit Kalk gefüllt ist. *Der Sohn steht auf, geht um den Tisch herum und bleibt viel zu dicht vor ihr stehen.*

Küß ihn! Küß ihn, deinen Alten. Auf'n Mund! Und halt die Zunge in Bewegung!

Ihr gottverdammten Schweine!

Küß, küß!

Ksch, ksch!

Er küßt sie. Dann tritt er zurück und schlägt sie ins Gesicht.

Außerdem haben wir Zeit. Hast du Hunger? Durst?

DER FREUND Vielleicht ist sie müde?

DER SOHN Möchtest du mit mir tauschen? Jetzt?

Möchtest du das?

Palme schweigt.

Steh auf!

Palme steht auf.

Sind wir Freunde, was glaubst du?

Palme schüttelt den Kopf.

DER FREUND Ich leg Stift und Papier auf den Tisch, du schreibst auf, wer es war, und spazierst aus dem Zimmer.

PALME Sag nix.

DER SOHN Sagt nix. Natürlich.

Dann wollen wir mal vorwärtsmachen.

Wir fahren nämlich noch weg. Essen.

Gefällt's dir hier?

Die Halle kenn ich besser als mein Kinderzimmer.

Da drüben stand meine Drehbank.

PALME Dann biste also auch am Arsch.

DER SOHN Wo ihr seid, will ich nicht hin.

Der Sohn packt Palme, setzt sie auf den Stuhl und will sie dann fesseln.

Hilf mir.

Sie fesseln sie. Dann setzt ihr der Sohn die Sonnenbrille mit den zerbrochenen Gläsern auf. Beide gehen ab.

Dunkel

16.

Dieselbe Fabrikhalle. Etwas später. Dunkel.
Nacht. Winter.
Palme sitzt in der Mitte der dunklen Bühne. Sie ist noch immer gefesselt. Durch die Fenster fällt Licht von Straßenlampen.

PALME Heiß war's Mensch heiß Und die Pension ein kleiner Bau am Damm Da wo das Kino war und Autos vorn Fenstern Pizzas aß ich groß wie Hüte Eis aus 'ner Diele gleich am Strand Da hab ich ihn gesehn Heiß war's Wahnsinn heiß Küssen konnt ich vorher schon Fährt mir miter Zunge bis ins Herz Stößt mir die Unschuld aus'm Leib Zweimal Viermal Jedn Abend Dort beim Fels Am Wasser Boote und 'n Mann mit Bart am Strand Mitn Händen immer da wo's richtig is Wo's die Sonne löscht Wo's nix mehr gibt Keinen Vater mehr der nach Bier Mitn Händen immer da wo's schön is Was fürn Busen Wahnsinn Mädchen Zeig her Palermo hieß die Pension am Damm Wo das Kino war Rimini Hieß Palermo War aber Rimini Zeign Brand her Wenn Mutter im Bad saß Zeig her Und dann miter Zunge über die Titten Meine Titten Bierzunge Das Schwein Mutter sang doch inner Wanne Schlager Italienische Schlager ›Wenn die Sonne bei Capri‹ Bis Vater 'n Knutschfleck fand vom anderen Vom Eismann mitm langen Dings Heiß war's Mensch Heiß

Pause

Hat gebrannt wie Zunder Das Haus der Zulus Wie'n Tempel aus Pappe Papier Zeign Sonnenbrand her sagte Vater Nee war nix

mehr mit Strand Nie mehr gesehn 'n Mann mit Bart 'n Eismann
Gebrannt wie Zunder Wie'n Zündholz gebrannt.
Pause
Weil das Schwein 'n Knutschfleck fand Idiot Scheißkälte.
Dunkel

17.

Dieselbe Fabrikhalle. Etwas später. Dunkel.
Nacht. Winter.
Palme sitzt in der Mitte der Bühne.
Sie schläft, ist noch immer gefesselt und trägt die Sonnenbrille. Auftritt
der Vater.

DER VATER Diese Idioten! Es ist nicht zu fassen.
   Machen alles noch schlimmer.
   Wie im Wilden Westen.
   Das bricht uns das Genick.
   Palme schreckt hoch.
PALME Was'n los? He! Wer is'n da?
DER VATER Ich bin's.
PALME Ich? Wer ich?
DER VATER Der Vater.
PALME Was'n für'n Vater?
DER VATER Annas Vater. Der Vater von dem Mädchen.
PALME Was'n für'n Mädchen?
DER VATER Du weißt doch ganz genau, weshalb du hier bist! *Er holt*
   sich einen Stuhl und setzt sich dicht vor Palme. Dann nimmt er ihr
   die Sonnenbrille ab.
   Wo sind sie?
PALME Wer'n?
DER VATER Mein Junge. Annas Freund.
PALME Weg. Essen in der Stadt.
DER VATER Haben sie dir etwas getan?
   Palme schweigt.
   Geschlagen?

PALME Vergisses.

Pause. Beherrscht

DER VATER Warum habt ihr das gemacht?

PALME Was'n gemacht?

DER VATER Das Haus angezündet.

PALME Wir wolltn das nich.

DER VATER Was wolltet ihr nicht?

PALME Das mit Ihrer Tochter.

DER VATER Was denn sonst? *Schreit* Was ihr sonst wolltet, will ich
wissen!

PALME Die Fremden solln abhaun!

DER VATER Die Vergangenheit ist nicht tot.

Sie ist nicht einmal vergangen.

Seit ihr wieder da seid, ist alles falsch.

Pause

Anna hatte ein Nachtlicht in ihrem Kinderzimmer.

Das mußte immer brennen.

Die ganze Nacht.

Die Dunkelheit machte ihr angst.

Überhaupt alles Schwarze, Finstere.

PALME Ich frier.

DER VATER Ihr Platz war an der Sonne. Drehte ich das Licht aus,
wurde ihr der Schrank zum Ungeheuer. *Er setzt sich wieder neben
Palme.* Über ihre Wände ritten plötzlich Teufel!

Pause

Du hast das Haus angezündet. Stimmt's?

PALME Ich nich. Nee.

DER VATER Lüg nicht!

PALME Ich nich. Nee. Wir. Ja. Wir habn's angesteckt.

DER VATER Ich nicht. Aber wir. Glaubst du, das ist ein Unterschied?

PALME Logisch is das 'n Unterschied.

Allein gibt's mich nämlich gar nich.

DER VATER Was für ein Quatsch!

PALME Quatsch? Was wissn denn Sie?

's gibt eben Leute, die sind sich selber nich genug.

Mit uns redet doch schon längst keiner mehr.

Abgesehn von 'n Bullen.

DER VATER Reden sollen wir mit euch? Ausgerechnet!

Ja, worüber denn?

Was wärt ihr denn ohne Asylanten? Nichts!

PALME Wär ich auch hier, wenn nich Ihre Tochter im Rollstuhl sitzen würd?

DER VATER Sondern?

PALME Einer von denen. 'n Fremder.

DER VATER Das ist die falsche Frage.

PALME Nee. Isses nich. Ihre Antwort is falsch. Kreuzfalsch.

DER VATER Meine Tochter hat Verantwortung für die Fremden übernommen.

PALME Und Sie? Habense das auch?

Obst kaufen beim Türken!

Im Bus neben Afrikanern sitzen!

Jugoslawisch essen!

Ihr mit eurer Betroffenheitsroutine!

Er will weggehen.

Binden Sie mich los? Die Hände tun mir weh.

DER VATER Damit du abhauen kannst?

PALME Die Schnur schneidet mir ins Fleisch.

DER VATER Du gibst also zu, daß ihr das Haus angezündet habt?

Pause

Ob du das zugibst?

PALME Hab ich ja schon. Logo.

Meine Beine! Tot!

Die Arme! Alles abgestorben.

DER VATER Bleib ganz ruhig, ja. Ich mach dich los. Das haben wir sofort. *Er öffnet einen Metallschrank und durchsucht ihn.* Schere. Schere. Messer. Messer. *Er öffnet weitere Schubladen, durchwühlt sie.* Du solltest mein Mädchen sehen! In ihrem Rollstuhl!

Schließlich findet er ein langes Messer, mit dem er auf Palme zugeht, um sie zu befreien. In diesem Moment Auftritt der Sohn und der Freund. Sie tragen die Gesichtsmasken.

DER SOHN Bist du wahnsinnig!

Er will ihm das Messer abnehmen. Sie kämpfen miteinander.

DER VATER Faß mich nicht an!

DER SOHN Du hast hier nichts zu suchen! Hau ab, Vater!

DER VATER Wem hilft denn das? Ihr Idioten! Faustrecht!

DER SOHN Hilf dir selbst, sonst hilft dir keiner.

DER VATER Laß mich los!

DER SOHN Ich könnte dein Köpfchen knacken wie den Panzer eines Käfers! Chitin! Kalk!

Dein Hirn hat Platz in jedem Fingerhut! *Er will auf Palme los.*

DER VATER Laß sie. Sie hat es zugegeben!

DER FREUND Sie hat was?

PALME Nix hab ich. Gar nix, Alter!

Der Vater gibt Palme eine Ohrfeige.

DER VATER Insekten seid ihr! Ungeziefer!

Ich muß mit euch reden.

DER SOHN Dann red.

DER VATER Nicht hier vor dem Mädchen. Alleine.

Der Sohn sieht ihn an und geht dann voraus; die drei Männer gehen ab. Es schneit sacht.

Dunkel

18.

Dieselbe Fabrikhalle. Etwas später.
Nacht. Winter.
Palme sitzt in der Mitte der Bühne. Sie ist noch immer gefesselt. Es schneit jetzt dichter. Auftritt Watte. Er klettert durch eines der zerbrochenen Fenster.

PALME Watte! Du? Gibt's nich! Wahnsinn! Machste 'n hier?

WATTE Was wohl! Ich hol dich hier raus.

Kannste gehn? Schneit und ist saukalt.

PALME Wo sind 'n die andern?

WATTE Die andern?

PALME Block. Ferse.

WATTE Jedenfalls nicht hier.

PALME Dann kommense bald.

WATTE Nee.

PALME Bestimmt!

WATTE Nee!

PALME Kommen und mischen die Ärsche hier auf.

WATTE Weil de ihnen egal bist.

PALME Spinnste?

WATTE Scheißegal.

PALME Mach mich endlich los. Mann.

Er nimmt das Messer vom Tisch und läßt es ungeschickt fallen.
Leise!

WATTE Sollen se kommen. Blas ich sie nämlich weg. Basta! Weg! *Er*
greift in seine Jackentasche und hält eine Handgranate in die Höhe.

PALME Spinnste! Woher haste 'n das Scheißding!

WATTE Was Ferse kann, kann ich schon lange. Los jetzt.

Er schneidet sie los. Palme bleibt aber sitzen. Er entdeckt den ausge-
stopften Kolkraben, sieht ihn genau an und nimmt ihn dann vom
Tisch.

PALME Machste 'n da?

WATTE Siehste doch.

PALME Laß 'n Vogel stehn.

WATTE Is kein Vogel. Is 'n Rabe. Corvus corax. Los jetzt!

PALME Scheißraben. Bringen Unglück. 'n Tod bringense!

WATTE Blödsinn! Raben kommen immer erst nach'm Tod.
Nicht vorher.
Warn die einzigen, die sich nicht an das Paarungsverbot auf der
Arche gehalten habn.
Kannste gehn? Wir haun ab!
Steh endlich auf!

PALME Ich bleibe.

WATTE Was?

PALME Ich wart auf die andern.

WATTE Die andern? Spinnste? Los jetzt!

PALME Block holt mich hier raus. Todsicher!

Watte packt Palme am Arm und versucht, sie zum Fenster zu zerren.
Sie wehrt sich und bleibt sitzen. Er trägt den ausgestopften Kolk-
raben unter dem Arm.
Dichter Schneefall

WATTE Jetzt komm schon! Spinn nich! Block hat dich vergessen! Der
streichelt doch längst 'ne andre!

PALME *schreit* Arschloch!

WATTE Total vergessen! Die sind doch froh, wenn du hier schlapp-

machst! Wenn du hier den Sündenbock gibst! Komm endlich!
Auftritt der Vater, der Sohn und der Freund. Sie tragen keine Masken mehr.

DER FREUND Hiergeblieben!

DER SOHN Dich leg ich um! *Der Sohn reißt Palme an sich, nimmt das Messer vom Tisch und hält es ihr an den Hals.* Bleib stehn! Ich leg sie um!

DER VATER Laß sie los, Junge!

PALME Hau ab!

WATTE Mach keinen Fehler. Laß sie los.

DER SOHN Packt den Scheißkerl.

Der Freund geht langsam auf Watte zu. Watte hält den ausgestopften Kolkraben drohend in die Höhe. Dann läßt er ihn in einen der Sessel gleiten. Nun streckt er die Handgranate in die Höhe.

DER VATER Mach keinen Blödsinn, Junge!

WATTE Laß sie los. Sofort.

Sonst geh ich hoch! Und ihr mit mir!

DER FREUND Laß sie.

Der Sohn läßt Palme los. Sie bleibt neben ihm stehen.

WATTE Komm schon, Palme. Mach! Wir zischn!

Sie bleibt stehen.

Ihr habt euch die Falsche gekrallt.

Ich war's. Ich.

Hab das Haus.

Abgefackelt. Ich.

PALME Er lügt!

WATTE Ich!

PALME Er lügt! Wir habn ihn rausgeschmissen!

Er war nich mal dabei!

WATTE Alles brenn ich nieder.

PALME Feigling! Block zieht dir 'n Scheitel schräg!

WATTE Alles.

DER VATER Gib das Ding her.

WATTE Stadt! Wald!

Die Luft brennt

die Haut mir von 'n Knochen.

DER VATER Ganz ruhig.

DER SOHN Gib das Ding her. Schwein.

DER FREUND Wir lassen euch laufen.

DER SOHN Alle beide.

DER VATER Gib die Granate her, Junge. Ganz ruhig.

PALME Gleich sind sie da.

Dann wird's ruhig hier.

Ruhig! Totenruhig!

Block macht euch kalt! Eiskalt!

WATTE Keinen Schritt!

Wo ich bin

ist die Luft zu dünn

zum Atmen.

PALME Hau ab!

WATTE Mit dir, genau!

Der Rand der Welt steht nah ums Haus.

Hört ihr, wie die Sterne rauschen?

Singt! Singt!

Beten hilft hier wenig.

Dichtes Schneetreiben.

Er greift nach dem ausgestopften Kolkraben; hält ihn hoch.

»Raben und Krähen

Habe ich ausgesandt,

Und sie stoben im Grauen

Über das ziehende Land.

Aber sie fielen wie Steine

Zur Nacht mit traurigem Laut

Und hielten im eisernen Schnabel

Die Kränze von Stroh und Kraut.«

Er läßt den ausgestopften Kolkraben fallen.

DER VATER Mach dich nicht unglücklich, Junge!

PALME Feigling!

DER SOHN Mach keinen Mist!

WATTE Zur Hölle fahr ich nicht allein.

Rabeneltern!

Ich reiß mir selbst den Himmel auf.

Gewölk hab ich jetzt lang genug gesehn.

Mich läßt man

nicht im

Regen stehn.

Auch ich will Sonne auf der Stirn.

Er zieht die Handgranate ab und hält sie starr in die Höhe. Der Freund stürzt sich auf Watte. Die Handgranate rollt unter den Tisch. Der Freund und Watte kämpfen auf dem Fußboden. Der Vater und der Sohn kriechen unter den Tisch. Schließlich steht Watte in der Mitte der Bühne, die Handgranate in die Höhe haltend.

Das Glück
will nicht
auf unsern Stern.
Mein Herz hält still.
Gebt ihr mir
einen neuen Takt!
Dichtes Schneetreiben

Vorhang

Das Zitat auf Seite 377 stammt aus dem Gedicht ›Mit den fahrenden Schiffen...‹ von Georg Heym.

Florian Felix Weyh

Stirling
Das Glück der Bewegung

Eine Gesellschaftskomödie in 4 Akten

Thanks to:
Eberhard Witt, der das Stück finanzierte.
Katja Wolff, die das Stück zur Uraufführung brachte.
Guido Huonder, der dem Stück die große Bühne gab.

»Die Revolution, einschließlich der
des Wunsches, verzeiht denen noch
weniger, die sie für verwirklicht
halten, als ihren Gegnern.«
Baudrillard

»Hiergeblieben! Keiner verläßt die Wabe.«
B. S.

»There is no true German in the false.«
Teddy Wiesengrund

Personen:

ANGIE, Schaufenstergestalterin, 19
ASTRID, Galerieangestellte, Anfang 40
HEINRICH, Tischler, 32
ILSE, Telefonistin, 26
SIGRID, Physikerin, Anfang 40
OTTO, Zahnarzt, Anfang 40
VOLKER, Pfarrer, Anfang 40

I,1

Heller Vormittag. Durch schadhafte Fensterläden fällt Sonnenlicht auf den ausladenden Salon eines mecklenburgischen Landhauses aus dem 19. Jahrhundert. Ein Mauervorsprung zerschneidet den Raum in zwei Teile, beide zusammen so groß wie ein Schulzimmer. Überall Zeugnisse vergangener Pracht: Stuckdecke, Parkettboden, Kachelofen; je Raumhälfte geht eine Ornament-Tür nach links ab; von den Wänden platzt der Putz. Die Fenster und die Terrassentür an der Stirnseite sind verrottet. Spärliche Möblierung: im hinteren Teil ein wunderschönes, altes Hausharmonium, ein paar Meter davon ein kompletter PC-Arbeitsplatz mit Bürostuhl, Computer und Drucker. Vorne links eine Kredenz, ein Spiegel; rechts ein Stehpult, ein Bücherregal. Neben der Kredenz sind Benzinkanister aufgestapelt; ein kleiner Rucksack lehnt daran.

Im Zentrum des Raumes bedeckt eine große Eisenplatte den Parkettboden. Darauf kringelt sich eine wurmartige Gestalt im olivgrünen Mumienschlafsack: Ilse im Kokon. Sie schläft. Durch die hintere Tür tritt leise Sigrid ein, öffnet behutsam die Fensterläden. Quietschen und Knarren. Ilse wirft sich mit ihrem Kokon hin und her, bis sie quer zur Rampe liegt. Ihr Kopf windet sich aus der Kapuze. Ilse ist entstellt. Mehrere Schnittnarben verwandeln ihr Gesicht in ein unregelmäßiges Patchworkmuster; dazu unstimmige Proportionen durch eine partielle Gesichtslähmung. Ilse öffnet die Augen, blickt nach vorne.

ILSE Ich habe nur einen Satz zu sagen. Aber ... *Lächelt* ... den sag ich nicht!

Sigrid fährt erschrocken herum, starrt auf den olivgrünen Wurm, der sich mit den gleichen Bewegungen wie eben wieder verpuppt. Sie geht vorsichtig ein paar Schritte darauf zu. Durch die vordere Tür tritt Volker ein, stolpert fast über das Bündel am Boden. Sigrid legt den Finger auf den Mund. Flüsternd

SIGRID Weißt du, was komisch ist? Ilse redet im Schlaf.

VOLKER Dann besitzt sie offensichtlich eine Zunge.

SIGRID Das sieht man doch! Aber nach zehn Jahren Schweigsamkeit die Gesichtsmuskeln so in Unordnung zu bringen –

VOLKER Die sind bei Ilse sowieso in Unordnung.

SIGRID Pscht!

VOLKER Ich muß meine Rede fertigstellen.

SIGRID Für die Predigt nimmst du sonst auch nur einen Schmierzettel.

VOLKER Das ist was anderes, da fühl ich mich sicher.

Er durchquert den Raum, setzt sich an den Computer, schaltet das Gerät ein. Nach ein paar Sekunden ertönt in Piepstönen ›Ein feste Burg ist unser Gott‹. Sigrid macht ein wütendes Zeichen; er unterbricht die Musik durch Tastendruck. Sigrid mustert ihn argwöhnisch, geht ab. Volker haut hektisch in die Tastatur, hält aber nach zwei Sätzen bereits inne. Lange schöpferische Pause. Er beginnt zu schnüffeln.

Eigentlich müßte es nach Benzin riechen! Es riecht aber nach Pferd.

Er schaut mißbilligend auf Ilse. Keine Reaktion. Er wendet sich wieder dem Bildschirm zu. Murmelnd

Fundament ... Grundidee ... mh! Treibende Kraft ... Utopie ist zu groß ... Motor! Was da alles drinsteckt! *Tippt rasant weiter, klatscht in die Hände, lacht* Motor! Ja-ha!

Ilse zieht mit einem Ruck den Reißverschluß des Schlafsacks bis zu den Füßen, springt auf, schüttelt sich. Volker unfreundlich

Neun Uhr. Kaffee in der Küche.

Ilse ab. Volker steht auf, schnüffelt, sucht die Geruchsquelle. Es ist der Schlafsack. Er greift in den Fußteil und befördert einen Plastikbeutel zutage, öffnet ihn, schreckt angewidert zurück, ruft.

Sigrid! Sigrid!

Die Türklingel läutet. Er legt den Beutel beiseite, rollt den Schlafsack zusammen, schiebt ihn in eine Ecke. Von draußen hört man Begrüßungslaute. Otto tritt ein.

OTTO Na, wie geht's?

Volker brummt mißmutig.

Ich habe dir immer von IBM abgeraten! *Schnüffelt, entdeckt sofort den Beutel, schaut hinein* Pferdeäpfel. Die klassische Methode! Da will ich nicht stören.

VOLKER Schon passiert. *Schaltet das Gerät ab. Im Moment des Abschaltens fällt ihm ein.* Sichern! Aaach! Erst sichern! Ich denke immer: Drin ist drin!

OTTO Viel?

VOLKER Der wichtigste Satz. Scheiße!

OTTO Es sind immer die wichtigsten Sätze.

VOLKER *sucht* Motor... schade. Eine fabelhafte Analogie! Motor... kollaps! Kreislauf... Motor... säge! Herz...

OTTO *deutet auf den Computer* Wie lange glaubst du schon an deinen Gott?

VOLKER Sechs Wochen.

OTTO Dann solltest du mit der Hand schreiben.

VOLKER In der Broschüre stand aber –

OTTO Unter drei Monaten schaffen das nur Wunderkinder! *Gähnt* Wir sind um halb sieben losgefahren, weil wir dachten, dieser Tag beginnt am besten mit einem opulenten Brunch bei euch.

VOLKER Ja, Sigrid hat schon Häppchen –

OTTO Prompt fällt unserer naturliebenden Heuschnupfenastrid ein, daß sie ein paar Kilometer Mecklenburg zu Fuß erwandern muß! Ich hab sie in Strameuß aus dem Auto gelassen.

VOLKER Strameuß? Dann braucht sie mindestens noch eine Stunde.

OTTO Aber Blumen, Blumen bringt sie mit! Munition für tagelange Anfälle!

VOLKER *leise* Sag mal, Otto, mit meinen Zähnen...

OTTO Heute nicht.

VOLKER Ich trau mich gar nicht mehr auf die Kanzel, seit überall diese Blendax-Werbung gezeigt wird.

OTTO Schlechte Zähne sind kein Naturereignis.

VOLKER Na ja, die Umstände damals –

OTTO Und kein Frühstücksthema!

VOLKER Klar.

Heinrich tritt ein, links und rechts je einen Tischbock aus Holz unter den Arm geklemmt. Er ist deutlich overdressed, trägt einen stahlblauen Seidenanzug, dazu eine rote Fliege.

OTTO Heinrich – immer im Blaumann, nie eine Pause!

HEINRICH Von wegen! Heute sollen sich mal andere die Finger schmutzig machen.

VOLKER Frühstücken wir hier?

HEINRICH Ja. An der Eisenplatte ist genug Platz für alle.

VOLKER Au, ich hab's im Kreuz!

HEINRICH Dann schieb die Böcke unter. *Ruft* Chance zur Selbstverwirklichung! Ilse! Sigrid!

OTTO *zu Volker* Er sieht wunderbar aus, oder?

VOLKER Also ich hätte Angst, ausgelacht zu werden!

HEINRICH *leicht verunsichert* Der Anzug ist toll.

OTTO Schon gut.

Sigrid und Ilse kommen. Heinrich dirigiert die beiden ans obere Ende der Platte, unten packen Otto und er an.

HEINRICH Eins – zwei – hopp!

Die vier stemmen deutlich angestrengt die Eisenplatte hoch. Volker wartet, bis sie sich auf Hüfthöhe befindet. Dann geht er zum Schreibtisch, nimmt den Pferdeapfel aus der Tüte und legt ihn Ilse vor die Nase. Mit tiefer Verachtung

VOLKER Sammelst du auch getrocknete Hundekacke?

Ilse läßt die Platte los. Zu schwer für die anderen, entgleitet sie ihnen ebenfalls. Krach, Hektik, Geschrei. Otto und Heinrich brüllen unverständliches Zeug zu Ilse. Volker verzieht den Mund zu einem schmalen Lächeln.

Ich frühstücke in der Küche.

Ab. Stille

SIGRID Ihr müßt ihn entschuldigen, er hat die ganze Nacht kaum geschlafen.

OTTO Schaut mal, Heinrichs neue Hose hat einen Riß!

HEINRICH Ich... ich...

SIGRID Vielleicht kann man das stopfen.

HEINRICH Mein ganzes...

Er zupft verzweifelt an der Rißkante. Ilse bedeckt mit den Händen ihre Gesichtsnarben und küßt ihn auf die Wange.

OTTO Na, wenigstens kommt die Presse erst morgen.

Dunkel

Eine Stunde später. Die Terrassentür steht weit offen, von draußen dringen Frühsommergeräusche ein. Aus der Eisenplatte ist ein Tisch geworden. Astrid hat den Bürostuhl herangerollt und sitzt mit einer dicken Kaffeetasse allein vor dem leeren Tisch. Nur eine Vase mit Wiesenblumen steht in weiter Entfernung vor ihr. Neben dem Stuhl ein schwarzer Aktenkoffer. Sie rührt mißmutig in der Tasse. Dann seufzt sie, öffnet den Koffer und holt eine Stange Papiertaschentücher hervor. Sie bricht die Stange übers Knie; mehrere Einzelpackungen fallen zu Boden. Mißmutig

ASTRID Das kann doch nicht alles gewesen sein nach so vielen Jahren Desensibilisierung! *Sie entnimmt dem Koffer ein Maßband und mißt ihren Abstand zur Vase.* Siebzig Zentimeter! *Sie verringert vorsichtig den Abstand.* Sechzig... fünfzig...
Ein Niesanfall erschüttert ihren Körper. Noch einer. Noch einer. Mit Taschentüchern beschäftigt, bemerkt sie die eintretende Sigrid nicht.

SIGRID Wir sitzen zusammen im Garten.
Astrid niest.
Keinen Hunger?

ASTRID Doch. Aber ich kann da nicht hin. Pollenflug.

SIGRID So schlimm wird es schon nicht sein.

ASTRID Hast du eine Ahnung!

SIGRID Sonst bring ich dir was zu essen.

ASTRID Ich will keine Sonderbehandlung! Schon gar nicht heute! Ich versteh euer Verhalten auch nicht. Die Gruppe richtet sich nach dem schwächsten Glied. So war es immer.

SIGRID Ilse.

ASTRID Ilse, wieso Ilse? Ilse ist kerngesund! Immer fallt ihr auf Ilse rein!

SIGRID Oder Volker, wie man's nimmt. Die beiden hatten einen kleinen Knatsch, ursprünglich wollten wir schon drinnen frühstücken. *Leise* Weißt du, warum Ilse mit einem Pferdeapfel schläft?

ASTRID Keine Ahnung, interessiert mich auch nicht, ich kann sowieso nichts riechen.

SIGRID *seufzt* Na ja, vielleicht ist heute Generalprobe, da muß alles schiefgehen. *Sie will gehen.*

ASTRID Aber die Besprechung machen wir hier! Ich weigere mich kategorisch, irgendwo zwischen Hühnerscheiße und Brennesseln notarielle Akten auszubreiten!

SIGRID Komm, ja! Seit anderthalb Jahren unterstellst du uns Landkommunenmentalität, obwohl du genau weißt, daß Volker und ich nur wegen der guten Luft hierhergezogen sind. Er hat nicht mal eine reguläre Pfarrstelle gekriegt.

ASTRID Ich bin sauer. *Atmet tief durch* Müsli, Ei, Brot, Schinken, Orangensaft, nichts Süßes! Aber raus komm ich nicht. Und nimm dieses blöde Gestrüpp mit!

Sie deutet auf die Blumenvase. Sigrid greift danach.

SIGRID Wolltest du nicht auf Umwelttaschentücher umsteigen?

ASTRID *schnieft* Hobel.

SIGRID Wenn der ganze Mensch so sensibel wär wie Arsch und Nase, wär die Welt ein Paradies. *Ab*

ASTRID Phh! *Ruft hinterher* Die sind chlorfrei gebleicht!

Sie geht auf die Knie, sammelt Taschentuchpackungen ein und verstaut sie wieder im Koffer. Heinrich tritt mit einem kleinen Frühstückstablett ein. Statt der Anzughose trägt er eine fürchterlich schlabbrige Trainingshose, allerdings auch in Blau. Oberteil wie gehabt. Er stellt das Tablett auf den Tisch, stapelt ein paar Benzinkanister zu einer Sitzgelegenheit.

HEINRICH Ich setze mich zu dir.

ASTRID Wenigstens einer, der mir die Treue hält.

HEINRICH Du bist mein großes Idol.

ASTRID Mhm. *Mustert ihn* So laufe ich aber nie herum!

HEINRICH *errötet* Unten bin ich in Reparatur.

ASTRID Heinrich, das wird ein toller Tag! Je schlechter die Stimmung vorher, desto höher die Konzentration beim Ereignis. Ich hatte mal eine Ausstellung zu betreuen, da brachen nacheinander die gesamten Befestigungen aus der Wand. Trrrack-dakkk-dakkk! Weißt du, was passierte? Die Bilder standen wahllos rum und wurden gekauft wie nix. Keine Ahnung, warum. Einfach so.

HEINRICH Oh, ich hab ein sehr gutes Gefühl.

ASTRID Na, bitte. Das war beschissen von Otto, mich aus dem Auto zu werfen! Beschissen und charakterlos.

HEINRICH Du hast ihn die ganze Zeit gepiesackt.

ASTRID Ach was! Eine kleine Provokation! Warum fährt er Diesel?

Hat als einziger von uns die Fahrerlaubnis, und was kommt dabei raus? Ein Uralt-Diesel. Rußdreckstinker. Krebsrußschleuder. Dabei könnte er sich locker was Umweltfreundliches leisten.

Draußen fährt ein Auto vorüber, bremst quietschend ab, beschleunigt dann wieder.

HEINRICH Das war nicht der Punkt.

ASTRID Das ist immer der Punkt. Immer und ewig. Der einzige Punkt. Wozu rackern wir uns ab?

HEINRICH Du kannst Otto nicht mitten im Überholvorgang dein Gebiß in den Spiegel halten, bloß damit er deine kariösen Stellen bewundert!

ASTRID Schließlich ist er Zahnarzt.

HEINRICH Astrid!

ASTRID Na ja, leichtsinnig von mir. Aber bei meiner Schweineangst vor Zahnärzten muß ich Otto ausnutzen, wann immer ich ihn sehe. Vor Otto hab ich keine Angst.

OTTO *off* Nein? *Taucht in der Terrassentür auf* Wohl aber vor heimtückischen Spionen! Das eben war der rote Mazda, der uns die ganze Zeit verfolgte. Kurz gebremst, um unseren Aufenthalt festzustellen, dann weitergefahren.

HEINRICH Muß ein Zufall sein.

OTTO Auf der Autobahn vielleicht. *Springt hoch, hält sich am Türrahmen fest und macht Klimmzüge* Aber hier auf der Nebenstrecke ein Mazda 121 mit Hamburger Kennzeichen... nein!

ASTRID Mensch, Otto –

OTTO Mann, Astrid –

ASTRID Otto, du spinnst! Man wird nicht von einem roten Auto überwacht. Vielleicht von einem beigen oder gelben, aber nicht von einem roten! Gleich brichst du dir den Hals! Das ganze Zeug ist morsch.

OTTO Ach was. Ich brauche einfach mehr Bewegung als ihr. Wenn man jahrelang Präzisionsarbeit leistet, sehnt man sich nach ganz groben Sachen. Holzhacken... ich verstehe nicht, warum so was nicht im Fitneß-Studio angeboten wird, Holzhacken!

HEINRICH Weil es Dreck macht.

OTTO Wahrscheinlich.

Der morsche Rahmen gibt nach. Otto stürzt ab, bleibt regungslos liegen. Sand rieselt auf ihn herab. Sigrid trägt Astrids Frühstück auf. Sie sieht den rieselnden Sand, dann Otto. Fragender Blick zu Astrid

ASTRID Otto hat ein bißchen Holz gehackt. Macht nichts, Otto ist wahnsinnig reich.

SIGRID *verärgert* Das ist keine Kategorie in meinem Gefühlsleben! *Sie stellt das Frühstück ab.*

HEINRICH Hast du den roten Mazda gesehen?

SIGRID Ja. Bald werden wir auch hier den ganzen Ausflugsverkehr haben.

HEINRICH Wie findet ihr das Auto?

Astrid sieht ihn zweifelnd an. Dann tippt sie sich an die Stirn.

ASTRID Ottomotor!

OTTO *reckt sich* Hundertvierzehn! *Klopft den Dreck ab* Ich zähle mit, seit ich dabei bin! Hundertvierzehn Ottomotorwitze. Jede Variante schon mal dagewesen. Meine Patienten können auch nicht drauf verzichten.

SIGRID Du läßt dich von ihnen mit Vornamen anreden?

OTTO Nein. *Überlegt* Da muß ich wohl gelogen haben. *Er blickt auf sein rechtes Bein. Ein langer Riß geht quer über den Oberschenkel.* Eins zu eins zwischen Heinrich und mir. Hast du noch so ein Beinkleid, Sigrid?

SIGRID Und was ist mit dem Schaden?

OTTO Entschuldigung. Heinrich wollte sowieso Doppelglasscheiben einsetzen. Ich habe schon mal die Vorarbeiten geleistet.

HEINRICH Ich hätte Lust, dieses Haus von Kopf bis Fuß zu renovieren.

OTTO *ehrfürchtig* Handwerker!

HEINRICH Aber allein das Material würde Tausende von Mark –

ASTRID Otto sucht ständig Abschreibeprojekte.

SIGRID Wenn Volker die Umschulung bewältigt, kommt Geld ins Haus. Bis dahin müssen wir mit dem Holzwurm leben.

ASTRID Umschulung für einen Pastor?

SIGRID Jedem seine Wende.

Dunkel

Später. Die Eisenplatte liegt wieder auf dem Boden. Auf Benzinkanistern hat sich die ganze Gruppe im Halbkreis herumgesetzt. Otto trägt jetzt ebenfalls eine schlabbrige Trainingshose, ausgeblichenes Rot. Ilse hat ihren Rucksack angeschnallt. Neben Astrid, die auf dem Schreibtischstuhl allein an der Stirnseite thront, der schwarze Aktenkoffer. Auf der Eisenplatte steht ein Dreifuß, an den ein Besenstiel montiert ist, an dessen oberem Ende ein gemaltes Pappschild haftet: HIER ENTSTEHT / STIRLING / DAS GLÜCK DER BEWEGUNG.

ASTRID Venceremos!
> *Alle murmeln »Venceremos«.*
> Ich weiß wirklich nicht, warum wir immer so lange brauchen, bis wir zur Sache kommen! Bei Greenpeace geht es ruckzuck.

HEINRICH *mosert leise* Kadettenanstalt.

ASTRID Der Stirlingmotor ist fertig. Tusch! Die Sensation! Seit Montag letzter Woche läuft er im Dauerbetrieb, vierundzwanzig Stunden am Tag. Traumhafte Werte! Wirkungsgrad sechsundvierzig Prozent, Abgase fast null. Sensationell! Noch ein paar Korrekturen, und wir überrunden den Schiffsdiesel leistungsmäßig um...

OTTO *unterbricht* Das wissen wir doch!

ASTRID Ja! Ja! Aber darf man sich nicht ein bißchen berauschen? Zehn Jahre Kampf, und ihr seid alle so nüchtern! *Seufzt* Vielleicht bin ich einfach zu euphorisch.

OTTO *ungeduldig* Weiter!

ASTRID Es wartet eine Unmenge an Aufgaben. Presse, TÜV und die Vertreter von Organisationen und Parteien treffen morgen ab elf ein. Offizielle Enthüllung ist vierzehn Uhr. Bis dahin müssen wir untereinander im reinen sein, also den Formalkram erledigt haben. Ganz zu schweigen vom technischen Aufbau, der Dekoration und den Bewirtungsgeschichten.

VOLKER Wo ist Ulrich?

ASTRID Ulrich begleitet die Spedition mit dem Stirling zu uns. *Öffnet den Koffer* Hier! Ich habe beim Notar alles vorbereiten lassen. Die Unterlagen zur Gründung einer Kommanditgesellschaft. Jeder von uns wird gleichberechtigter Teilhaber, unabhängig von der

Höhe der eingelegten Summe. *Schaut Otto durchdringend an* Das haben Ulrich und ich so beschlossen, um nicht in blödsinnige Verteilungskonflikte zu geraten. Gewinne und Verluste gehen zu Lasten aller. Im ungünstigsten Fall haftet jeder mit seinem Privatvermögen.

Volker und Sigrid blicken sich erschrocken an. Heinrich fröhlich

HEINRICH Ich bin einverstanden!

VOLKER Angenommen, wir machen bankrott, muß ich dann... *Er deutet auf seinen Computer.*

OTTO Heiligtümer kann man nicht pfänden.

ASTRID So wie mir der Anwalt das erklärt hat, wird natürlich bei den Kommanditisten mehr geholt, die mehr haben.

OTTO Weiter!

ASTRID Die Gesellschafter berufen Ulrich zum Geschäftsführer, der dann die restlichen Mitarbeiter einstellt, Profis. Den Verein lösen wir auf. Es hat sich ja sowieso nie jemand für ihn stark gemacht. Wenn ich es richtig behalten habe, war Otto Schriftführer und Volker Kassierer. Wir müssen jetzt beide entlasten.

Entlastendes Gemurmel

Ich weiß nicht, ob das okay ist. Hebt doch lieber mal die Hand!

Alle heben die Hand.

Nicht Otto und Volker!

Die beiden lassen die Hand wieder sinken.

Sigrid, Ilse und Heinrich drei, ich vier. Gegenstimmen?

Keine Gegenstimmen

SIGRID Das ist ungültig.

ASTRID Wieso?

SIGRID Weil Ulrich fehlt.

ASTRID Ulrich ist nicht Mitglied. Bei der Vereinsgründung war er noch beim Bund. Wenn sein Kommandeur davon erfahren hätte, wäre er versetzt worden. Damals stand er ziemlich alleine.

HEINRICH Wir wollten keinen Offizier in der Gruppe.

ASTRID Aber dann hat er Material geklaut. Edelmetalle, Legierungen. *Lächelt versonnen* Das war spannend... nachts am Depot, das war spannend! *Gefaßt* Ihr müßt mich jetzt abwählen.

SIGRID Ja. *Sie hebt die Hand.*

VOLKER Warum?

ASTRID Weil ich den Verein nicht in eine Kommanditgesellschaft überführen kann, solange ich ihm vorsitze.

VOLKER Aha!

Er versteht es nicht, hebt aber trotzdem die Hand. Otto steht auf.

OTTO Liebe Vereinsbrüder und -schwestern! *Zieht ein kleines Büchlein hervor* Ich habe soeben erfahren, daß ich Schriftführer bin. Schriftführer! Interessant.

ASTRID *verlegen* Wir nehmen es mit der Bürokratie nicht so genau!

Otto winkt ab, schlägt das Büchlein auf.

OTTO Winter 1814 besuchte der schottische Pfarrer Robert Stirling zwölf seiner Gemeindemitglieder in den Kohlegruben von Lanark... nein, das können wir überspringen... *Blättert...* Reverend Stirling sah die Bergleute in kniehohem Grundwasser arbeiten, berichtet die Legende. So beschloß er, den menschenunwürdigen Zuständen ein Ende zu bereiten. Aber wie? Wasserpumpen auf Dampfmaschinenbasis waren unerschwinglich teuer und alles andere... tja, wir können uns das kaum vorstellen, eine Gesellschaft ohne elektrische Energie und ohne Zahnärzte... ohne Sigrids Physiknachhilfe stünde ich übrigens hilflos da, insofern habt ihr den falschen Schriftführer gewählt... *Blättert* Zwei Jahre darauf meldet Stirling seinen gleichnamigen Motor zum Patent an. Ein Aggregat, das durch Verbrennung primärer Energieträger... *Zu Sigrid* Kuhfladen?... Wärme umweglos in mechanische Arbeit verwandelt. Nie wieder nasse Füße im schottischen Kohlerevier! Generationen später macht dieses Patent unser gutes altes Auto zum Ökomobil. Wer hätte das gedacht? Wir haben die vorindustrielle Technologie wiederentdeckt, sie mit zeitgenössischen Werkstoffen in die Tat umgesetzt und damit ihre Überlegenheit bewiesen. Es kommt schließlich nicht darauf an, wer eine Idee als erster hat, sondern wer ihr zum Durchbruch verhilft.

HEINRICH Otto, mußt du jetzt diesen Stuß reden?

OTTO Ja. *Klappt das Büchlein zu* Der Stirling ist eine Utopie. Vereine kann man auflösen. Utopien nicht.

SIGRID Aber einlösen.

OTTO Wie einen Scheck?

ASTRID Ich verstehe nicht, worauf du hinauswillst. Es geht lediglich darum, die Buchstaben »e.V.« durch »KG« zu ersetzen. Das nimmt weiß Gott genug Zeit in Anspruch! Also setz dich.

OTTO Am Ende einer Entwicklung lohnt sich der Blick auf ihre Anfänge. Deckt sich denn unser Ergebnis überhaupt mit der Utopie, unter der wir angetreten sind? *Unmutslaute von den anderen* Gut. *Setzt sich* Als Schriftführer nehme ich eure Diskussionsunwilligkeit zu den Akten. *Notiert* »Wir sind am Ziel und mögen keine Aufregung«... Punkt.

Ilse formuliert stumm mit den Lippen einen Kommentar: »Am Ende!«

ASTRID Noch jemand mit grundsätzlichen Anmerkungen?

VOLKER Aber es gab doch bestimmt Gründe, einen Verein –

ASTRID Forschungsgelder. Später die Steuervorteile für Otto.

OTTO Die geringen Steuervorteile!

SIGRID *dazwischen* Ilse hat was gesagt!

VOLKER Und das soll nicht mehr nötig sein?

ASTRID Der dritte Weg ist kein gemeinnütziger Verein, sondern eine uneigennützige Form der Marktwirtschaft. Wir waren uns doch einig, daß der dritte Weg... *Zu Sigrid* Was?

SIGRID Ilse! Ilse hat was gesagt!

ASTRID Wann?

SIGRID Gerade eben. Nicht, Otto?

OTTO Keine Ahnung. *Zu Ilse* Hast du was gesagt?

Ilse reagiert nicht.

HEINRICH Ich hab allerdings auch so ein Gefühl.

ASTRID Macht euren Mist doch alleine! *Sie steht auf, geht zur Terrassentür, blickt hinaus.*

SIGRID Sie hat wirklich was gesagt! Ganz kurz, zwei Worte: »Na gut« oder »Tja also«... ich hab's nicht genau verstanden.

VOLKER Das kann man doch überprüfen.

Er geht zum Bücherregal, zieht ein Buch heraus und reicht es mit einer auffordernden Geste Ilse, die es ungelesen an Otto weitergibt. Draußen nähert sich ein Auto dem Haus, stoppt, drosselt den Motor. Otto liest laut einen Satz vor.

OTTO »Der Draht wird in engen Lagen von unten nach oben gewickkelt, wobei man die Drahtenden fest verdrillt«... alle Wetter, klingt nach zahntechnischer Rundschau!

VOLKER Botanik.

OTTO Folterst du deine Pflanzen?

VOLKER Bonsai. Früher stand ein Exemplar im Besucherzimmer. Als Grund für die Verkrüppelung gab ich an: vierzig Jahre Sozialismus.

ASTRID Jetzt parkt er vor der Einfahrt.

SIGRID Wer?

ASTRID Der rote Mazda! Nagelneues Auto.

VOLKER Die Ladas von Horch und Guck waren auch immer neu. Ich habe extra eine Parkbucht angelegt, von der aus man das Haus zwar gut einsehen, aber vom Haus aus alles unter Kontrolle gehalten werden konnte.

ASTRID Nicht zu erkennen, wieviel Leute drinnensitzen. Da! Junges Mädchen mit Sonnenbrille. Die ist ja keine Zwanzig! Läßt den Wagen stehen und geht in Richtung See.

OTTO Bonsai, Bonsai... vielleicht sollten wir uns auch was Symbolisches überlegen. Jeder Kleinkrämer führt ein Signet.

Stille

ASTRID Endlich mal ein praktikabler Vorschlag! *Sie geht zu ihrem Stuhl, entnimmt dem Koffer einen Stapel Papiere, reicht ihn herum. Eifrig* Ulrich hat zwei Grafiker beauftragt, ein Logo für die Firma zu entwerfen. Hier sind die Skizzen.

HEINRICH Und was soll das sein?

ASTRID Harmonische Kraftentfaltung. Im Inneren des Explosionsmotors herrscht ständig Krieg, im Stirling waltet fließender Gezeitenhub.

OTTO Sehr schön! Ich bin für diesen Entwurf. *Er hält sein Blatt hoch.*

ASTRID Den find ich ja nun wieder zu anthroposophisch! *Pause* Heißt das... heißt das, wir können endlich weitermachen?

OTTO Ich wollte nur meine Bedenken zu Protokoll geben.

Astrid sammelt die Entwürfe wieder ein, packt sie in den Aktenkoffer und nimmt eine dicke Dokumentenmappe heraus. Feierlich

ASTRID Wie ich, bevor das Chaos ausbrach, zu erklären versuchte, ist der dritte Weg kein gemeinnütziger Verein, sondern eine uneigennützige Form der Marktwirtschaft! Eingebunden in kapitalistische Strukturen, betreiben wir Verfechter des dritten Wegs unsere Unternehmen nach ethischen Grundsätzen. Wenn wir Gewinne machen, so nicht auf Kosten anderer. Der dritte Weg versöhnt Ökonomie mit Ökologie und den Gewerkschaften. *Überlegt* Möglicherweise wird man die Eigenständigkeit unserer Motorenproduktion torpedieren. Aber wir sind schmiegsam wie Wasser, elastisch wie Kautschuk, wir verlieren unser Profil nie! Jetzt kriegt jeder eine

Urkunde. *Sie schüttelt reihum jedem die Hand, zieht pro Person eine Urkunde aus der Dokumentenmappe und überreicht sie.*

OTTO Danke, Frau Generaldirektor!

SIGRID Ich finde es schön, daß Astrid eine würdige Form gewählt hat.

VOLKER Ich auch.

HEINRICH Ja.

VOLKER Wollen wir beten?

SIGRID und HEINRICH *zusammen* Nein!

ASTRID Und nun die Handzeichen zur Vereinsauflösung.

Heinrich, Sigrid, Volker heben die Hand. Otto. Astrid

Gegenprobe.

Ilse hebt die Hand.

Schlafmütze, du hast nicht aufgepaßt! Noch mal: Dafür?

Astrid, Otto, Heinrich, Sigrid, Volker

Gegenprobe.

Ilse hebt die Hand. Astrid giftig

Ich kann den Abstimmungsmodus auch so festlegen, daß wir uns alle laut und deutlich artikulieren müssen! Gegenstimmen?

Keiner hebt die Hand.

OTTO *melancholisch* Never change a winning team!

VOLKER Sind wir jetzt eine Firma?

ASTRID Jetzt sind wir eine Firma.

Volker preßt die Hände vors Gesicht und beginnt zu zucken.

Was hat er denn?

SIGRID *leise* Er ist glücklich.

Volker weint lauthals los.

Dunkel

II

Im Garten. Linker Hand das Haus mit der offenen Tür zum Salon, rechts eine halbhohe Mauer, hinter der sich die Parkbucht mit dem Mazda verbirgt. Rückwärtig steigt das Gelände zunächst etwas an, um dann steil zu einem See hin abzufallen. Der Garten ist verwildert; vereinzelte rostige Schrottstücke werden von Pflanzen überwuchert. An der Hausmauer aufgeschichtetes Brennholz; ein Trampelpfad führt parallel dazu nach hinten. Ein schmales Areal in der Mitte wirkt gepflegter; dort steht die verlassene Frühstückstafel, umgeben von einem Sammelsurium verschiedener Stühle. Essensreste und schmutziges Geschirr auf dem Tisch. Astrid, Sigrid, Otto und Ilse haben sich versammelt, schauen erwartungsvoll auf die offene Terrassentür. Heinrich erscheint in der Tür, schweigt einen Moment. Dann schließt er behutsam die Tür.

HEINRICH Er heult noch immer.

ASTRID Schlimm?

HEINRICH Leise. Aber es sieht so aus, als könne er in den nächsten Stunden nicht aufhören. Es ist ziemlich ... na ja, es kommt von tief drinnen.

SIGRID Weil er glücklich ist. Glücklich. Er ist glücklich.

ASTRID Irgendwas müssen wir machen. Was soll Ulrich denken, wenn er auf dieses Häufchen Elend stößt? Ulrich ist viel nervöser als wir.

SIGRID Ich zum Beispiel kann mich nicht auf Anhieb freuen. Ich brauche immer Anlauf.

OTTO Weichgewebe formt Hartgewebe.

ASTRID Was?

OTTO Eine Sentenz aus dem kieferorthopädischen Praktikum ... Weichgewebe formt Hartgewebe ... das läßt sich sinngemäß auf alle Wissenschaften übertragen. Eine außerordentlich welthaltige Erkenntnis! Wenn Volker lange genug heult, wird er unseren gemeinsamen Willen zum Frohsinn brechen.

ASTRID Jeder hat ein Recht auf Traurigkeit.

Lautes, herzzerreißendes Schluchzen aus dem Haus. Astrid entnervt

Das halte ich nicht aus! Das ist... ich hasse es, wenn Orgasmus-
schreie aus der Nachbarwohnung dringen! Ich laß mich nicht in
eine Gefühlswelt hineinziehen, die meiner Stimmung widerspricht!

Pause

SIGRID Wir haben ein Boot.

ASTRID *irritiert* Ja?

SIGRID Unten am See. Der ist nur unglücklich.

ASTRID Segelboot?

SIGRID Ach wo, ein alter Kahn zum Rudern. Der See ist ja auch ganz
klein. Und auf der Enteninsel brüten jetzt Schwäne.

ASTRID Hm.

SIGRID Sobald man den Hang hinunter ist, hört man keinen Ton mehr
aus dem Haus.

ASTRID Und die Sicht auf die Straße?

SIGRID Ausgezeichnet.

ASTRID Na gut! *Hakt sich bei Sigrid ein* Sigrid und ich gehen jetzt Boot
fahren! Ihr könnt schon mal die Kisten aus dem Kofferraum holen.
Die beiden in Richtung See ab

OTTO Können wir. Aber ob wir das wollen? *Er öffnet die Terrassentür
einen Spalt, späht hinein.* Paß mit den Tränen auf! Nachher rostet
die Platte und versaut uns die Präsentation.

HEINRICH Weinst du nie?

OTTO Ich? *Überlegt* Ich bin noch nie durch eine Prüfung gefallen,
noch nie. Aber dann würde ich auch nicht weinen, sondern mich
besaufen.

*Ab über den Trampelpfad an der Hauswand. Heinrich sieht Ilse an,
seufzt.*

HEINRICH Jetzt könnten wir über diese Arschlöcher fluchen, aber du
fluchst ja nicht.

Ilse schüttelt den Kopf.

Ich hab in der Psychiatrie gearbeitet, Zivildienst. Da lernt man
einiges vom bloßen Zuschauen. Einiges läßt sich auch sofort anwenden. Nur darf man es nicht anwenden, weil wenn es Freunde
trifft, werden die zu Irren. Verstehst du?

Ilse schüttelt den Kopf.

Es kommt ja darauf an, wie ich jemanden seh, als Freund oder als
Irren. Volker zum Beispiel hat einen Heulkrampf. Bei einem Irren

wüßt ich schon, was ich tun muß! Wo bist du eigentlich krankenversichert?

Ilse schüttelt den Kopf.

Ich hab was gelesen, das würde dir vielleicht helfen. So eine neue
Therapie. Zahlt aber nicht jede Kasse. Du bist überhaupt nicht
krankenversichert?

Ilse schüttelt den Kopf.

Auweia. *Pause* Das finde ich ganz schön mutig! Aber du kriegst
eine Rente von deinem Unfall, oder?

Ilse nickt.

Viel?

Ilse schüttelt den Kopf.

Wieso bist du nicht krankenversichert? Das gibt's doch gar nicht,
daß jemand nicht krankenversichert ist! Ich hab auch ein Jahr von
der Stütze gelebt, aber dann zahlt der Staat die Beiträge.

*Otto kehrt auf dem gleichen Weg mit einer Flasche Champagner und
drei Gläsern zurück. Heinrich zu Otto*

Ilse ist nicht krankenversichert!

OTTO Das wundert mich überhaupt nicht.

*Er gruppiert drei Stühle im Halbkreis, bietet Heinrich und Ilse Platz
an. Sie setzen sich. Er schenkt Champagner ein, reicht jedem ein
Glas, prostet den beiden zu.*

Auf den Stirling, Ilses Verweigerung und Volkers elendes Glück!

*Ilse setzt ihren Rucksack ab, fischt mit einer schnellen Handbewe-
gung ein Glas heraus und bietet den Inhalt an.*

Ui, russischer Kaviar! Wo hast du den denn gemopst?

*Er entnimmt eine satte Portion. Heinrich balanciert umständlich
zwei, drei Kügelchen auf der Zeigefingerspitze zum Mund.*

In schätzungsweise vier Stunden sind wir komplett andere Menschen, so was kann sich nicht schmerzlos vollziehen. Was meint ihr,
wie Henry Ford aussah, als das erste Fließband lief!

HEINRICH Ich will kein anderer Mensch werden. *Er spuckt den Kaviar
aus.*

OTTO Du stehst jetzt auf der Kapitalseite. Altmodischer Begriff, aber
er verändert die Perspektive.

HEINRICH Ich hab ja nicht mal Realschulabschluß.

OTTO Das schränkt deine Möglichkeiten als Arbeitnehmer ein, nicht
als Arbeitgeber.

HEINRICH Von mir aus könnte das auch Cola sein! *Er hält das Glas hoch.*

OTTO Champagner schadet dem Zahnschmelz weniger. *Pause* Habt ihr schon mal darüber nachgedacht, ob es nicht vernünftiger wäre, die Kommanditistenanteile zusammenzulegen?

HEINRICH Davon versteh ich nichts.

OTTO So ein Wirtschaftsunternehmen unterliegt Höhen und Tiefen. Und in den Kurven lauert der Tod.

Er schaut Ilse schamlos auf die Brüste. Die schraubt blitzschnell den Deckel aufs Kaviarglas und läßt es im Rucksack verschwinden.

HEINRICH *schnell* Hast du schon mal mit Patientinnen geschlafen?

OTTO Natürlich. Aber zunächst sind da die Sprechstundenhilfen, jung, knackig, frisch. In appetitlichem Weiß. *Nachdenklich* Appetitten...

HEINRICH *errötet* Ich weiß auch nicht sehr viel davon.

OTTO Dann bilde mit Ilse eine Forschungszelle. Wie alt bist du?

HEINRICH Einund... zweiunddreißig!

OTTO Mit zweiunddreißig war ich Oberarzt im AK Barmbek... *Zu Ilse* Große Klasse! Haftpflicht-, Kranken-, Rentenversicherung – alles weg! Weg! Allein die »Haftpflicht« jagt mir kalte Schauer über den Rücken! Zwei der unangenehmsten deutschen Worte zu einem Begriff verschmolzen. Und keiner muckt auf, im Gegenteil! Kleinliche Betrugsmanöver, um die Prämie zurückzuholen. Aber du! Beherrschst du diese... *Wirbelt mit den Händen herum...* Zeichensprache?

Ilse zögert, nickt dann. Er legt die Hand mit ausgestrecktem Zeigefinger an die Stirn, so daß ihm eine Art Horn erwächst.

Was ist das?

Ilse beginnt zu lachen.

Aha, aha!

HEINRICH Was ist das?

OTTO Deutschland! Der Witz daran: Das gleiche Zeichen steht für »Polizei«. Man kann also gar kein ungezwungenes Verhältnis zu Deutschland ausdrücken, ohne sich gleichzeitig mit der Polizei zu verbrüdern. Stammt aus dem Kaiserreich, Pickelhaube. *Zu Ilse* Stimmt's?

Ilse nickt.

HEINRICH Du verletzt die Leute.

OTTO Eben gerade?

HEINRICH Und dann machst du ganz schnell einen Witz oder erzählst etwas Spannendes, so daß die Leute gar nicht recht wissen, ob sie verletzt worden sind. Aber innen drin –

OTTO Vielleicht macht das die Behandlungsroutine.

HEINRICH Und wie verletzt man dich?

OTTO Drei! Eine Farbige, eine Vietnamesin und eine Glasmalerin aus Luzern.

HEINRICH Da, schon wieder!

OTTO Du mußt schon mir überlassen, wie lange eine Frage braucht... also drei! In knapp zehn Jahren ist das nicht viel. Meine Praxis lag in einem ungünstigen sozialen Umfeld. Hausfrauen. *Zu Ilse* En detail?

Ilse nickt tapfer.

Aber nicht erschrecken!

Ilse schüttelt den Kopf. Er flüstert ihr etwas ins Ohr. Sie streckt ihm die Zunge heraus.

HEINRICH Ich will auch was hören!

OTTO Erste Enttäuschung: nie im Stuhl. Zweite Enttäuschung: Ich bin kein Sadist. Dritte Enttäuschung: Aus meinem Privatleben erzähle ich nichts.

HEINRICH Aber wie... wie sprichst du sie an? Während sie vor dir liegen?

OTTO Das Geräusch... schrecklich! Ich kenne Kollegen, die nach über zwanzig Jahren abends noch immer schwer einschlafen, weil sie das Sirren im Kopf nicht loswerden.

HEINRICH Deswegen hast du deine Praxis aufgegeben?

OTTO Nein! *Zu Ilse* Was ich dir immer schon sagen wollte: Glückwunsch zu deinem Kieferchirurgen! Die ganze Mundpartie – Klasse! Wie alt warst du bei dem Unfall?

Ilse hebt vier Finger in die Höhe.

Große Klasse. Dazu gehört mehr als handwerkliches Geschick. So eine Art Sinn für... Bildhauerei. Entschuldige, wenn dich das jetzt kränkt. Das kränkt dich doch nicht, oder?

Ilse schüttelt den Kopf.

HEINRICH Die Praxis!

OTTO Verkauft. Schon deswegen ist es vollkommen sinnlos, mir ständig mit euren Wehwehchen auf den Pelz zu rücken! Ich kann bestenfalls Diagnosen stellen. Beispiel: Volker. Einmal mit den Zähnen blecken, zeigt Sanierungsbedarf für mindestens drei Jahre... was muß hier nicht saniert werden! Ihr kennt meine Vollbarttheorie?

Ilse nickt, Heinrich schüttelt den Kopf.

Schneidet Volker den Bart ab, und er wird wie Ilse!

HEINRICH Wieso?

OTTO Nur aus der Deckung wagt er sich ins offene Gespräch. *Pause* Einmal hab ich doch geheult. Vor Wut! Da hat mir eine eifersüchtige Sprechstundenhilfe die ganze Einrichtung zerkratzt. Instrumente und Möbel, beides im Eimer. Jaja...

Heinrich ist aufgestanden und späht durch die Terrassentür in den Salon. Otto leise zu Ilse

Heinrich bewundert mich maßlos! Das verrät seine Fragetechnik.

HEINRICH Volker ist weg.

Er verschwindet ins Haus. Otto betrachtet Ilse.

OTTO Nervus facialis! *Fährt ihr mit dem Finger entlang der Nervenader zärtlich durchs Gesicht* Die Haut bleibt weich, doch der Impuls pflanzt sich nicht fort. Wenn man lange schweigt, Ilse, wird man den anderen so vertraut wie eine alte Liebe.

Heinrich steckt den Kopf durch die Tür.

HEINRICH Von wegen Heulkrampf! Der hat am Computer gespielt. Aber nix Pazifistisches!

Otto läßt Ilse sitzen, geht in den Salon. Ilse fährt die Spur nach, die Otto in ihrem Gesicht gezogen hat. Plötzlich wirkt sie todunglücklich. Otto steckt den Kopf durch die Tür.

OTTO Komm, Ilse! Abreagieren. The shooting gallery has opened now.

Ilse folgt seinem Wink ins Haus. Leere Bühne. Durch die offene Terrassentür hört man Satzfetzen der beiden Männer: »Warum läuft denn das ohne Ton?« – »Probier mal F1 bis F10!« – »Hier?« Plötzlich lauter elektronischer Krach: Schießgeräusche, simulierte Todesschreie aus dem Chip. Volker erscheint auf dem Trampelpfad. Erneute Satzfetzen: »Paß auf, der Feind kommt von links!« – »Sei kein Weichei, Ilse!« – »Totengräber, Totengräber!« Ein Marche Funèbre ertönt. Ilse tritt ins Freie, erblickt Volker, der sich verschämt abwendet. Ilse geht zum Tisch, nimmt ihren Rucksack hoch, zieht einen Briefumschlag daraus hervor, präsentiert ihn Volker. Der schüttelt den Kopf. Plötzlich Otto in der Türfüllung

Einmal kurz ins Minenfeld getreten, wutsch, das Bein weg, MG als Krücke, was einer Entwaffnung gleichkommt, schon bist du mausetot! Scheißspiel. Ilse?

Volker erschrickt, will durchs Gebüsch flüchten. Ilse folgt ihm, mit dem Brief winkend, hinterher. Otto tritt in den Garten, sieht sich suchend um. Heinrich in der Terrassentür

HEINRICH Weißt du, wie man das Ding abstellt?

OTTO Das bringt sich selbst noch um. Weiowei! Man könnte glatt Angst vor Volker kriegen! Was für eine Aggressivität.

HEINRICH Der hat neulich was Komisches zu mir gesagt. Der hat gesagt, daß er sich um einen Bürgerkrieg betrogen fühlt.

OTTO Na, ich danke! Mir setzt die Simulation schon zu.

HEINRICH Wie meint er das?

OTTO Schwer zu sagen. Wahrscheinlich vermißt er nur die Plünderungen.

HEINRICH Dem ist doch alles Materielle gleich.

OTTO Hoho! Neulich unterzog er mich einem regelrechten Verhör: Was eine Praxisausstattung koste, Miete, Leasingraten, Pipapo. Der Mann ist angestrengt dabei, das kleine Einmaleins zu lernen. Hoffentlich hab ich ihn ordentlich verschreckt!

HEINRICH Otto, ich möchte ebenfalls an deinen Erfahrungen partizipieren.

Otto zieht mißtrauisch die Augenbrauen hoch.

Vor einiger Zeit hat Astrid erkennen lassen, daß sie nach Beendigung des Projekts auf mich zugehen wird. Sie hatte einen Schwips, aber ich nehme das sehr ernst. *Pause* Ich mag Astrid.

OTTO Das wissen wir doch alle. Ein zehnjähriger Flirt, reif fürs Guinness-Buch der Gefühle.

HEINRICH Was rätst du mir aus der Sicht desjenigen, der schon Frauen wie Astrid in Behandlung hatte?

OTTO Sei vorsichtig und zartfühlend. Und lege an Bestimmtheit zu.

HEINRICH Ja... ja. *Pause* Die Bestimmtheit macht mir Sorgen.

OTTO Heinrich... *Legt ihm den Arm auf die Schulter* ...in den Vereinigten Staaten hat sich ein internationaler Keuschheitsbund gebildet. Willst du nicht Filialleiter für Deutschland werden?

HEINRICH *erregt* Ich bin keine Seltenheit! Wahrscheinlich innerhalb einer bestimmten Bevölkerungsgruppe sogar die Mehrzahl! Das erfährt man bloß nicht, weil, weil... Scheißreklame!

OTTO Weißt du, mit Astrid könntest du dir eine blutige Nase holen. Ulrich ist schwul.

Heinrich sieht ihn entgeistert an.

Finger weg von Astrid! Du stößt auf einen Energiestau unbekannter Größe.

HEINRICH Wieso weiß ich das nicht?

OTTO Es gibt Dinge, über die redet man nur mit Gleichaltrigen.

Pause

HEINRICH Ich glaube nicht, daß du so viele Erfahrungen hast.

OTTO Oh, welch aparte Normvariante: Die Trichterbrust! Bei jeder Umarmung entweicht Luft aus dem Hohlraum zwischen beiden Rippenflügeln. Pfff... Zwei makellose Höcker, hübsch anzusehen, thronen auf den Steilklippen. Hübsche Höcker, wirklich! Der Hintern verläppert sich in Beliebigkeit. Dafür besitzt die Unbekannte außerordentlich interessante Schamlippen: die rechte zweieinhalbmal so groß wie die linke. Wenn man nicht aufpaßt, rutscht sie beim Verkehr mit in die –

Er hält inne. Heinrich ist kreidebleich geworden und hat aus der Hosentasche ein seltsames Stück Holz gezogen, mit dem er nervös herumspielt.

Was ist das?

HEINRICH Eukalyptus.

OTTO Und die Form?

HEINRICH Ich hab schon gemerkt, daß du von Astrid redest. Ich bin ja nicht blöd! Natürlich hat sie Erfahrungen, die ich erst machen muß. Aber so redet man nicht darüber!

OTTO Nein. *Pause* Du mußt sie im Nacken erwischen, okay? Wenn du sie im Nacken erwischst, hast du gewonnen.

HEINRICH Okay. *Steckt das Stück Holz wieder ein, fängt sich* Was ist eine Normvariante?

OTTO Medizinischer Begriff.

HEINRICH Ich würde nie mit einer Frau schlafen, die ich nicht maßlos liebe. Da macht ein Schönheitsfehler nichts aus.

OTTO Ich habe noch nie eine Frau so geliebt, daß ich nicht mit ihr hätte schlafen können. *Pause* Und dann mit Astrid über alle Berge, mh?

HEINRICH *errötend* Schon.

OTTO Den Hinterbliebenen trauert man nicht nach, und der Stirling... ach, was verrät man nicht für eine Liebesnacht!

HEINRICH Nein, ich... *Betretenes Schweigen. Will es wieder gutmachen* Kannst du meine Hose stopfen?

OTTO Ich?

HEINRICH Du nähst doch manchmal Wunden zusammen.

OTTO Das ist was anderes. Da geht Zweckmäßigkeit vor Eleganz. Laß mal sehen!

Heinrich schlüpft aus der Trainingshose. Darunter trägt er die zerrissene Anzughose. Er zieht sie aus und reicht sie Otto.

Na ja, die Rißkante läßt sich nicht verbergen. Weißt du, wo Sigrid ihr Nähzeug aufbewahrt?

HEINRICH Die haben bloß die nötigsten Dinge hier. Im ersten Stock stehen drei Zimmer leer. Komisch, was?

OTTO Das korrespondiert mit ihrer übrigen Ausstattung.

Fragender Blick von Heinrich. Otto pocht sich an den Schädel.

Hier oben! Ich brauche einen Fünfer-Faden, Nadel und einen Fingerhut. Schau mal in den Küchenschubladen nach.

HEINRICH Ja.

Er verschwindet ins Haus. Otto hält die Hose von sich gestreckt, mustert sie, murmelt.

OTTO Astrid ist doch überhaupt keine Partie! *Ahmt sie nach* Streichle die Brust, nicht so doll, jetzt an der Lust, fester, pack meine Schultern, aua... *Normal* Wenn der sein Schicksal ahnen würde.

Man hört die Stimmen von Sigrid und Astrid näher kommen. Otto faltet die Hose zusammen, setzt sich darauf. Auftritt der beiden Frauen

ASTRID Durch die Natur lauf ich wie durch Feindesland. *Sie zieht lautstark den Rotz hoch.*

SIGRID Ist am Wasser aber schon viel besser geworden.

ASTRID Antihistamine. Gegen verschiedene Wirkstoffgruppen bin ich auch allergisch. Paracetamol. Praktisch in jedem Grippemittel enthalten.

SIGRID Wie blöd!

ASTRID *zu Otto, mit Blick auf den Salon* Und?

OTTO Keine Besserung.

SIGRID Wenn er wieder ansprechbar ist, nehm ich ihn ins Gebet. Der kriegt manchmal solche Ungereimtheiten.

ASTRID Scheiße!

Sie zieht eine Pillenpackung hervor, drückt zwei Dragées aus,

*schluckt sie. Sigrid beginnt, das Geschirr aufeinanderzustapeln.
Astrid gereizt*

Laß das! Ich bitte dich, laß das jetzt!

*Sigrid hält sofort inne. Astrid nimmt einen Stuhl, sucht sich einen
kargen Flecken in der Nähe der Mauer, wo absolut nichts wächst.
Versöhnlicher* Als ihr noch Fremde wart, fand man euch viel sympathischer... ein bißchen geheimnisvoll, ein bißchen verdächtig,
aber nicht die blasse Markenfälschung von heute. Generell gesprochen. Das war ein Vorgang der Entzauberung. Gut, als Volker
während des Kirchentags '85 in unserer Wohnung stand, begrüßten
wir ihn nicht gerade mit offenen Armen. Evangelische Synode,
DDR und Stirling in einem Atemzug... bis es da Klick machte, bis
sich Vertrauen einstellte, verging eine Zeit! Schließlich waren unsere Ideen damals schon Hunderttausende wert! Er hatte Charme,
keine Frage. Aber ab Datum Zutritt, in den Verein meine ich jetzt,
entpuppte er sich als jammervoller Linkstheologe. Kannst du mir
das erklären?

SIGRID Er hat in die falsche Richtung gedacht. *Weiß nicht genau, zu
wem sie sprechen soll* Er ging davon aus, daß sich die Kirche auflöst
und zur politischen Kraft wird. Statt dessen hat sich der Staat aufgelöst, und er muß Gottesdienste abhalten.

ASTRID Das beantwortet meine Frage überhaupt nicht!

SIGRID Wie war noch mal die Frage?

*Otto gähnt gelangweilt, steht auf, vertritt sich die Füße. Sie spricht
nun laut und überdeutlich, um ihm seine Unerwünschtheit zu signalisieren.*

Du darfst Volker nicht verurteilen! Wahrscheinlich steht er unter
der größten inneren Anspannung von uns allen. Er hat zum Beispiel die Sowjetarmee beherbergt und ihr eine Fahrkarte nach Amsterdam spendiert. Oder Ilse: Ilse schreibt ihm seitenlange Briefe
mit wirren –

ASTRID Aha! Sein pastoraler Habitus macht also nicht nur mich verrückt. Früher war die Atmosphäre weniger verbissen.

SIGRID Die Verbissenheit kommt doch von dir!

*Plötzlich ertönt Heinrichs Stimme aus dem Haus: »Otto, Otto!« Der
Gerufene nimmt die zusammengefaltete Hose, nickt den Frauen zu
und geht. Vor der Terrassentür fällt ihm ein, daß er nicht durch den
Salon kann. Über den Trampelpfad ab. Sigrid beschämt*
Entschuldige, das hätte ich nicht sagen dürfen.

ASTRID Nein, das ist eine interessante Bemerkung. Findest du also!
Ulrich nennt mich manchmal »die Jutta Ditfurth des einundzwan-
zigsten Jahrhunderts«. Er behauptet sogar, meine Allergien rühr-
ten daher. Autoimmunreaktion... die Leukozyten fallen überein-
ander her.
Sigrid wartet, bis Otto nicht mehr zu sehen ist.
SIGRID Die Sachen fürs Büfett haben vierhundert Mark gekostet.
ASTRID Billiger darf man es nicht machen. Die Fresserei ist Teil unse-
rer PR.
SIGRID Gibst du mir einen Scheck?
ASTRID Nein. *Überlegt* Nein! Ich finde, daß wir die Verschuldung
ruhig solidarisch verteilen können! Immer muß Otto für die großen
Sachen herhalten, immer ich für den laufenden Betrieb!
SIGRID Aber –
ASTRID Das wäre einfach eine schöne Geste.
Sie klopft herrisch an die Stuhlkante, als Aufforderung, sich zu ihr
zu setzen. Sigrid ignoriert das Signal. Astrid ungehalten
Was heißt, die Sowjetarmee beherbergt? Individuell ins Rad der
Geschichte eingreifen, davon halte ich gar nichts! Man muß Struk-
turen ändern.
SIGRID Jewgenij stand plötzlich vor der Tür und bat um ein Stück
Brot. Das konnten wir ihm nicht abschlagen. Er sah so kläglich aus
in seiner Rotgardistenkluft.
ASTRID Rumms, schon läuft die Kettenreaktion! Wahrscheinlich kur-
siert eure Adresse jetzt durch halb Turkmenistan. Ulrich, der
Idiot, hat ein Budget für Penner angelegt, fünf Mark täglich, wenn
er keinen trifft, wandert die Summe in den Jackpot. Die sind ja
nicht blöd! Die wittern sofort Gesetzmäßigkeiten zu ihren Gun-
sten!
SIGRID Ulrich ist ein guter Mensch.
ASTRID Die Händewaschgesellschaft auf Gegenseitigkeit hat doch nie
richtig funktioniert. Siehe Ostblock. *Atmet tief durch* Jetzt rieche
ich wieder was. Flieder? Wer jahrelang mit verstopfter Nase her-
umläuft, wird geruchsblind.
SIGRID Es ist alles so meschant hier!
ASTRID Ach nein, nein, ein wunderbarer Ort für Kinder! Eine Villa
Kunterbunt...
Aus dem Haus ertönt eine schwermütige Melodie am Harmonium.

Habt ihr nie die Absicht gehabt?

Sigrid schüttelt den Kopf.

Na ja, die Offenheit ist nicht jedem gegeben.

SIGRID Offenheit, was haben Kinder mit Offenheit zu tun!

ASTRID Vergiß es, unsere Denkungsart. *Lauscht der Musik* Musikalisch klingt Volker gar nicht übel! Jedenfalls besser als in freier Rede. Aber Fernstudium zum Programmierer? Das reimt sich nicht zusammen.

SIGRID Systemanalytiker.

ASTRID *verächtlich* Phhh! *Pause* Er spekuliert auf einen Stirling-Job, was?

SIGRID Jeder von uns hätte gern einen unkonventionellen Arbeitsplatz.

ASTRID Ich glaube, du kannst ihn gar nicht leiden! Volker gehört zu den Männern, die von allen Frauen verabscheut werden. So ein Eigelb-am-Bart-Prophet! Weiß der Himmel, warum ihr geheiratet habt, Wohnungsnot oder... *Kichert* ...oder einer von euch ist nicht enttarnter RAF-Altkader, der andere sein Führungsoffizier.

SIGRID In bestimmten Dingen kann man sich auf ihn verlassen.

ASTRID Daß er ißt, was du kochst, daß er anzieht, was du wäschst... Seit ich euch kenne, weiß ich, was wirklich patriarchale Verhältnisse sind.

SIGRID Nein, du irrst. Er –

ASTRID Schlägt er dich?

SIGRID Du hast ja einen Knall! *Sie beginnt erneut, das Geschirr abzuräumen.*

ASTRID He, warte mal! Ich will nicht an deine Wunden rühren! Ich will nur sagen... du lädst mich doch nicht grundlos zur Kahnpartie ein! Wir umschleichen uns wie zwei... soll ich glauben, es war Andacht oder Naturempfindung, daß du auf dem See kein Sterbenswörtchen mit mir sprachst?

SIGRID Du bist ja nicht empfänglich für –

ASTRID Doch, doch! Deine Signale, meilenweit, aber wie darauf eingehen? Das ist ja eine heikle Geschichte unter fremden Leuten. Gefühlsbefragt, müßte ich antworten: zum Kotzen! Zum Kotzen ihr alle, gattungsmäßig gesehen. Tante-Klementine-Parodien!

Sigrid zerbricht einen Teller.

Da! Wehleidig bis zum Gehtnichtmehr! Wie ein Igel, dem man alle

Stacheln abschneidet, der nicht begreift, daß es keinen Sinn mehr macht, sich einzurollen!

SIGRID Ja, ich wollte dir etwas anvertrauen! Aber damit behellige ich keine D-Mark-Faschistin!

ASTRID Ooch, och, die ganz ollen Kamellen!

Unmerklich hat sich die Musik am Harmonium verändert, wirkt fröhlicher. Astrid entschuldigend

Ich komme aus einer Umgebung, in der alles ausdiskutiert wird.

SIGRID Siehst du: Wir sprechen nur miteinander.

ASTRID Wenn ich dich bei der Vereinsauflösung nicht richtig gewürdigt habe, tut es mir leid. Ohne deinen Sachverstand wären wir längst nicht soweit.

SIGRID Darum geht es nicht.

ASTRID Ich verstehe, daß es ein ziemlicher Schock sein muß, wie schnell sich ein abstrakter Gedanke in konkreten Geschäften niederschlägt. *Stolz* So pocht der Takt der Marktwirtschaft auf gnadenlose Durchsetzung des Neuen.

SIGRID Damit können wir leben.

ASTRID Und im stillen denkt ihr: D-Mark-Faschisten! Wenn man euch reizt, kommt es ans Licht.

SIGRID Sinnlos, darüber zu streiten.

ASTRID Streit kann unglaublich produktiv sein.

SIGRID Nicht, wenn es bloß um Verletzungen geht.

Sie läßt Astrid stehen, geht nach hinten ab. Astrid sieht ihr mit offenem Mund nach. Stille. Dann schlecht gelaunt

ASTRID Hätte ich bloß . . . hätte ich bloß Ulrichs Mobiltelefon mitgenommen! Man weiß gar nicht, mit wem man sich hier die Zeit vertreiben soll.

Die Musik am Harmonium wird plötzlich ganz traurig. Sie horcht.

Volker? Sigrid hat sich eben bei mir beklagt, daß du das Fenster auf dem Klo nie öffnest! Im Vertrauen, das –

Keine Reaktion. Sie geht zur Terrassentür. Die Musik bricht ab. Erstaunt Heinrich? *Verschwindet in den Salon: Off* Das war wunder-wunder-wundervoll! Ich wußte gar nicht, daß du so musikalisch bist.

HEINRICH *off* Ein paar Sachen kann ich auswendig. Nur gleichzeitig die Pedale zu bedienen, fällt mir schwer.

ASTRID *off* Laß mich mal machen.

HEINRICH *off* Nein, bitte... das wird mir zu eng hier.

ASTRID *off* Ach was! Zwei schlanke Menschen und ein Harmonium.

Heinrich spielt eine Tonleiter. Jaulende Schwankungen durch Astrids ungleichmäßigen Tretrhythmus. Otto kommt ums Haus herum, die blaue Anzughose sorgsam über den Arm gelegt.

HEINRICH *off* Gleichmäßiger! Du mußt gleichmäßiger treten.

ASTRID *off* Sagt sich so dahin! Das ist wie Hometrainer bergauf.

HEINRICH *off* Was hörst du am liebsten?

ASTRID *off* Kennst du nicht.

HEINRICH *off* Dann spiel ich was Klassisches.

ASTRID *off* ›Tränen lügen nicht‹. Ja, lach nur! Das enthält eine tiefe musikalische Weisheit!

HEINRICH *off* Ich lach gar nicht.

Er spielt ›Tränen lügen nicht‹. Die beiden fangen an zu singen. In Ermangelung des Textes intonieren sie die Silben »Hah-hah-hah«. Otto bleibt entsetzt stehen. Die Musik bricht ab, Gelächter aus dem Haus.

ASTRID *off* Wie hieß denn dieser Schlagersänger... es gab dann noch: ›Es fährt ein Zug nach nirgendwo‹. Obwohl es korrekt heißen müßte: nirgendwohin. Ich bin eigentlich Lehrerin, Deutsch und Geschichte. Stört dich das?

HEINRICH *off* Na ja, ich –

ASTRID *off* Man kann davon loskommen. Ich habe gerade mal zwei Jahre Referendariat auf dem Buckel. Übernahme in den Staatsdienst war sowieso ausgeschlossen – bei meiner bedingungslosen Radikalität.

Otto pocht kurzentschlossen an den Türrahmen. Laut

OTTO Post vom Oberschulamt!

Er legt die Hose in den Türrahmen und geht ab. Heinrich erscheint, hebt die Hose auf, verschwindet damit im Salon. Astrid tritt in den Garten, geht ein paar Schritte. Ihre schlechte Laune ist sofort wieder da.

ASTRID Verbissen... verbissen ist doch ganz anders! Verbissen ist, wenn man schmale Lippen kriegt. *Schürzt die Lippen zum Schmollmund* Ich bin vielleicht ein bißchen impulsiv... das bin ich sicherlich! *Sie legt sich auf den Boden. Yogaübung »Kerze«. Dann flach, Hände über den Augen. Murmelt* Astrid, versuche dich zu

410

konzentrieren: Seit wann bist du so impulsiv? Was facht deinen Unmut an?

Auftritt Heinrich im Anzug. Sofort hat er eine andere Statur. Er sieht Astrid am Boden liegen.

HEINRICH Wenn Ulrich da ist, geht es dir nie so schlecht.

ASTRID Weil das psychisch ist und von der Windrichtung abhängt. Außerdem bin ich mit Ulrich verheiratet.

HEINRICH Ulrich ist mit was anderem verheiratet.

ASTRID Ich bin auch nicht sehr mit ihm verheiratet.

HEINRICH Warum bist du dann überhaupt mit ihm verheiratet?

ASTRID Weil ich das Wort liebe.

HEINRICH Ich hab ein Geschenk für dich.

Er zieht ein kleines Päckchen aus der Anzugtasche. Astrid blinzelt durch die Finger, richtet sich auf, öffnet das Päckchen. Darin eine Staubmaske. Sie hält sie ratlos in die Höhe.

Die benutze ich beim Schmirgeln.

ASTRID Und ich soll die aufsetzen?

HEINRICH Ausprobieren. Läßt bestimmt keinen Blütenstaub durch.

Astrid hält die Maske probeweise vors Gesicht.

ASTRID Ich weiß nicht... Heinrich, das ist doch eine Clownsnummer, oder? Ich seh damit aus wie eine OP-Schwester. Nett gemeint, aber... die Medikamente tun ja ihre Pflicht.

HEINRICH Genau das will ich nicht. Das macht zwergwüchsig.

ASTRID Cortison? *Lacht* Aber doch nur, wenn man es von klein auf schluckt.

HEINRICH Trotzdem. Du bist so schön groß. Du hast so schöne... *Stockt*

ASTRID *selbstverliebt* ...schöne, schlanke Fesseln.

HEINRICH Ich hab auch einen Spiegel dabei.

Er kramt einen kleinen Taschenspiegel hervor. Astrid hält erneut die Maske vors Gesicht. Sie gibt die Maske Heinrich zurück. Sachlich

ASTRID Danke. Das sieht aus wie die Biene Maja. Bssss!

Sie schüttelt den Kopf. Heinrich steckt die Maske wieder ein.

HEINRICH Was du da nimmst, geht auf den Kreislauf.

ASTRID Iwo. Ich meditiere nur. Fühlst du auch so eine Leere im Kopf?

HEINRICH Ja, ja!

Er legt sich neben Astrid, Hände über die Augen. Sie schaut ihn verdutzt an. Dann läßt sie sich ebenfalls wieder nieder. Stille
Erinnerst du dich an unser Gartenfest nach Tschernobyl?

ASTRID Furchtbar. Weltuntergangsstimmung. Ich war furchtbar besoffen.

HEINRICH Daran muß ich jetzt öfter denken.

ASTRID Jemine. *Stille* Ist ja noch mal gutgegangen.

HEINRICH Was?

ASTRID Tschernobyl.

HEINRICH Ja. Na ja –

ASTRID Was man von der Neunundachtziger-Geschichte nicht sagen kann. Nervt dich ihre Larmoyanz auch so?

HEINRICH Ein bißchen kann ich Volker verstehen.

ASTRID Na, hör mal! Wir sind am Ziel, und er fängt an zu heulen. Freudentränen? Daß ich nicht lache!

HEINRICH Damals auf dem Gartenfest –

ASTRID Knapp an einer Alkoholvergiftung vorbeigeschrammt.

HEINRICH Ach so.

Stille

ASTRID Danke, Heinrich! Du bist ein sonniges Gemüt! Neben dir verfliegt schlechte Laune in Nullkommanix. *Plötzlich* Wenn uns jemand sieht! Du mit deinem prachtvollen Anzug im Dreck! *Richtet sich auf*

HEINRICH Gefällt er dir?

ASTRID Also mein persönlicher Geschmack ist das nicht. Aber ich honoriere die Absicht.

HEINRICH *getroffen* Was gefällt dir denn nicht daran?

ASTRID Heinrich... *Klopft ihm den Schmutz ab* ...um wieviel war das Teil reduziert? Fünfzig Prozent?

Heinrich nickt. Sie schüttelt den Kopf.

Kein Mensch trägt solche Farben! Nicht in dieser Sättigung! Überhaupt ist Blau eine energetisch hochgefährliche Sache. Gott, mach nicht so ein Gesicht! Das tut deinem Wesen ja keinen Abbruch! Du bist eine... kleidungsneutrale Erscheinung.

HEINRICH Ja. *Zieht das seltsame Stückchen Holz aus der Tasche, reibt es* Astrid, stimmt es, daß Ulrich... Otto...

ASTRID Otto ist ein Schwätzer.

HEINRICH *erleichtert* Magst du den Geruch? *Er hält Astrid das Holzstück hin, die daran schnuppert.*

ASTRID Äh, Hustenbonbons!

HEINRICH Wenn man es in den Nacken preßt, hat es eine heilende Wirkung.

ASTRID Worauf?

HEINRICH Ich weiß nicht, alles, es kommt aus Tasmanien.

ASTRID Mummenschanz! *Senkt den Kopf, hält ihn Heinrich hin* Als Allergiker kann man nicht wählerisch sein.

Heinrich streift ihre Haare aus dem Nacken, pustet ihn frei. Er ist sehr aufgeregt und tut Astrid deshalb weh. Sie zuckt zusammen.

HEINRICH Du hast da einen Pickel.

Er drückt ihn blitzschnell aus. Sie schreit vor Schmerz und Überraschung auf.

ASTRID Bist du wahnsinnig! Mit deinen Dreckfingern! Bestimmt entzündet sich die Stelle!

HEINRICH Ich wollte nur –

ASTRID Natürlich! In allerbester Absicht!

Er zieht ein Papiertaschentuch hervor, legt es auf die Stelle. Ilse taucht plötzlich zwischen den Büschen auf. Sie trägt zwei Federballschläger unterm Arm, von denen sie einen Astrid anbietet. Die wehrt ab.

Ilse, keiner von uns will jetzt Federball spielen. *Murmelt* Wahrscheinlich eine Blutvergiftung!

Ilse reicht den Federballschläger Heinrich. Der schüttelt den Kopf. Astrid mit aufgesetzter Ironie

Wo steckt denn unser fanatisierter Bewegungsmensch? Schau mal vorm Haus! Hier ist sowieso kein Platz für albernes Herumgehüpfe.

Ilse zuckt mit den Schultern, geht ab. Stille

HEINRICH Astrid... ich hab was ziemlich Schlimmes angestellt.

ASTRID So, noch was.

HEINRICH Ich... ich hab mich nicht an die Vereinbarung gehalten!

ASTRID *spitz* Du brauchst dich nicht zu entschuldigen.

HEINRICH Ich hab das große Los gezogen.

ASTRID Du bist verliebt.

HEINRICH Meine kleine Schwester hat es hierhergefahren, Angie, die uns früher beim Transparentbemalen geholfen hat! Inzwischen ist sie neunzehn und macht eine Lehre als Schaufenstergestalterin. Die Frontpartie, na ja, wie alle Autos, damit muß ich leben, daß ich ein Gesicht hab wie der Mittelklassespießer persönlich. Hinten, Astrid, hinten ist der Mazda eine Frau, ganz rund, und seine Form paßt ideal zu meinem aggressiven Stil. Außerdem... *Holt tief Luft* ...außerdem liebe ich ihn.

Stille

ASTRID Ich glaube, es fängt an zu regnen. Ja, ich glaube, eben fiel ein Tropfen auf mein Gesicht.

Sie erhebt sich wie in Trance, geht auf das Haus zu. Im Hintergrund setzt das Ploppen des Federballmatches ein. In der Tür taucht Volker mit einem Schuhkarton auf. Astrid rempelt ihn so rücksichtslos an, daß der Karton zu Boden fällt. Ungeöffnete Briefumschläge quellen heraus. Astrid ab. Volker sammelt die Umschläge ein. Heinrich sieht ihm zu, dann nestelt er an seiner Anzugtasche, reicht Volker ein Taschentuch.

VOLKER Danke. *Pause* Warm, was? *Er tupft sich die Stirn ab, obwohl er nicht schwitzt.*

HEINRICH Ja, warm. *Pause* Bist du gerne Mann?

VOLKER Bist du gerne Tischler?

HEINRICH Ich bin gerne Heinrich.

VOLKER Na, siehst du.

HEINRICH Allerdings wär ich jetzt lieber du.

VOLKER Was für ein schlechter Tausch.

Er stellt den Schuhkarton auf den Tisch und sortiert alle Umschläge neu ein. Heinrich beobachtet ihn aus sicherem Abstand, holt tief Luft.

HEINRICH Ich hab sie im Nacken erwischt. Vermutlich war es nicht die richtige Stelle.

Ehe Volker überhaupt aufsehen kann, hat Heinrich zur Beschwichtigung schon die Hände gehoben. Plötzlich taucht Sigrid vom See her auf. Volker springt auf, schließt sie in die Arme. Sigrid zärtlich, als sei Heinrich nicht anwesend

SIGRID Jetzt ist dein Druck gewichen.

VOLKER Tut mir leid, daß du dich schämen mußtest.

SIGRID Ich mußte mich nicht schämen.

Sie drückt ihn fest an sich. Heinrich steht linkisch daneben. In freundlichem Befehlston

Ach, Heinrich... in der Küche fiel heute morgen das Gewürzregal von der Wand!

HEINRICH Ja. *Dankbar* Arbeit ist wahrscheinlich eine Lösung.

Ab. Stille

SIGRID Die alte Frau Liesegang war am See und läßt fragen, ob du die Zitate für den Bibelkreis schon ausgesucht hast. Außerdem bittet sie dich, mal selbst den Kreis zu leiten.

VOLKER *erschrocken* Unmöglich! Diesen Ansprüchen bin ich theologisch nicht gewachsen.

SIGRID Spring über deinen Schatten, ja? Ein bißchen Aufmerksamkeit und deine Schäfchen sind getröstet.

VOLKER Ja... *Gefaßt* Ich werde ihnen eine Lektüre empfehlen. Brentano. Meinst du, das geht?

SIGRID Bestimmt. Und zur Aufmunterung ein paar persönliche Worte.

VOLKER *murmelt* Lieder aus des Knaben Wunderhorn. Später vielleicht ein Nachmittag mit den Mahler-Vertonungen. Dazu wär ich bereit. Novalis. Die Gottesbeweise aus den philosophischen Fragmenten. Es ist schon eine Zitterpartie.

Ein verirrter Federball saust quer über die Szene, bleibt im Gebüsch hängen. Otto kommt schwer atmend angetrabt.

OTTO Kurze Bildstörung! *Er hangelt nach dem Federball, kriegt ihn zu fassen. Im Umdrehen fällt sein Blick auf den Schuhkarton. Interessiert* Sind das die berühmten Episteln der Jungfrau Ilse an die Völker der Welt? *Korrigiert* Volkers.

Er will ein paar Briefe aus dem Karton ziehen. Volker löst sich aus Sigrids Umarmung.

VOLKER Finger weg!

OTTO Ich wüßte nicht, was Ilse für Geheimnisse vor mir hat. Wir mögen uns und planen eine längerfristige Verbindung.

SIGRID Laß gut sein, Otto! *Deckt den Karton zu* Keiner kennt den Inhalt dieser Briefe. Wir heben sie nur auf, um sie Ilse eines Tages zurückzugeben. Weil wir glauben, daß es ihr sehr leid tun wird, wenn jemand ihre Selbstentblößungen liest.

OTTO Hm, hm-hm-hm!

SIGRID Nur die allerersten Sendungen haben wir geöffnet. Aus Unkenntnis. Volker bekommt ja irrsinnig viele Anfragen seelsorgerischer Art.

OTTO Hm-hm-hm.

VOLKER Spielt sie gut Federball?

OTTO Geht so. *Obwohl er seine Unerwünschtheit spürt, legt er den Federballschläger ab, rückt sich einen Korbstuhl zurecht und läßt sich hineinplumpsen.* Aaahhhh! *Sieht auf die Uhr* Halb zwei. Ich habe das Gefühl, gegen eine ablaufende Uhr anzurennen. Ihr nicht?

Die beiden schütteln den Kopf.

Merkwürdig. *Präsentiert die Uhr* Da! In meinem natürlichen Geiz erwarb ich vor sechs Jahren diesen bunten Plastikkitsch für neun-undsechzig Mark. Jetzt ist er vierzehntausend wert. Sammlerstück.

VOLKER Ist das eine... Swotsch?

OTTO Nein, ein echter Keith Haring. *Schließt die Augen* Manchmal glaube ich, ihr wißt euer Glück überhaupt nicht zu schätzen. Ein Hauch von Salzwasser in der Luft, Wind, Sonne, Besiedlungs-dichte wie im Mittelalter... ich bin kein Flachlandenthusiast, aber die Landschaft hier stimmt mich fast schon milde. *Pause* Das Haus gehört nicht euch?

SIGRID Doch.

OTTO *lauernd* Erbschaft, oder –

SIGRID Wir konnten es billig kaufen.

OTTO *befriedigt* Na also! Der Schleier eurer Unbeflecktheit zerreißt! Das kleine, peinliche Geheimnis tritt zutage.

SIGRID Was meinst du damit?

OTTO Ein guter Deal zieht immer schmutzige Finger nach sich. Wer seid ihr denn, daß ihr eine solche Villa erwerben konntet? Viel-mehr: Dann müßt ihr wer gewesen sein!

VOLKER Ich hole den Kaufvertrag.

SIGRID Unsinn! Wir brauchen uns nicht zu verteidigen! Otto macht nur Spaß! Warum bist du so, Otto?

OTTO So was?

SIGRID Unsicher. So unsicher.

OTTO Ich bin erschöpft.

Ilse taucht an der Hausecke auf. Otto hocherfreut

Ilse! Wir legen eine halbe Stunde Pause ein, bis sich die Mittags-hitze verzogen hat. Setz dich und trink einen Schluck... einen Schluck... tja, kalter Kaffee! Nichts mehr da. *Zu Sigrid* Butter-milch?

416

Sigrid verneint. Ilse zerrt an ihm. Er wehrt sich.

Ich bin fix und fertig! Das siehst du doch! Wir haben keine Abmachung getroffen, ohne Pause durchzuspielen! Stell dich nicht so an! *Ilse läßt von ihm ab, setzt sich an den Tisch und beginnt, etwas niederzuschreiben. Von ferne hört man leise das monotone Brummen eines LKW-Motors. Sehr langsam nähert sich das Geräusch.* Es ist nämlich so, daß Ilse gern mal nach Schottland fliegen würde. Die Kohlegruben von Lanark... also habe ich im Spaß gesagt, im Spaß!, daß ich sie dazu einlade, wenn sie mich besiegt.

SIGRID Schottland ist ganz schön weit.

OTTO Vor allem nur auf Hochpreisflügen zu erreichen!

Ilse faltet das Blatt zusammen, wirft es Otto vor die Füße. Das Brummen des LKWs kommt näher. Er überfliegt die Zeilen. Belehrend Aber, Ilse! Wenn ich gewußt hätte, daß du wettkampfmäßig Badminton spielst, hätte ich meine Zunge gehütet! Nicht gerade fair von dir... Vorschlag zur Güte: Wir nennen unser erstes Produktionsziel Ilse. Mit einem bißchen Glück steht dein Name bald für Wohlstand und Behaglichkeit. *Zu den anderen* Wie Mercedes.

Ilse entreißt ihm das Blatt. Das Brummen des LKWs kommt näher. Sie zerfetzt das Blatt.

VOLKER Pscht! Seid mal ruhig!

Er horcht. Aus dem Haus tritt Heinrich mit einem Holzregal in den Händen. Auch er horcht.

Das klingt wie –

HEINRICH Das muß –

VOLKER Ulrich!

HEINRICH Das ist Ulrich!

VOLKER *ruft* Astrid! Ulrich... Ulrich ist da!

SIGRID Hoffentlich kein hiesiger –

HEINRICH Nein, eindeutig –

SIGRID Hier fährt viel landwirtschaftlicher –

VOLKER Die LPGs sind längst –

SIGRID Damit ist es wirklich –

Das Brummen ganz nah. Astrid erscheint in der Terrassentür. Gespannte Atmosphäre. Der LKW hält vor dem Haus, sein Motor erstirbt. Stille

OTTO Da wir gerade vollzählig sind... ich weiß einen umwerfenden politischen Witz! Treffen sich ein Ossi und ein Wessi auf dem SPD-Parteitag. Großes Mißtrauen, aber beim Bier kommt man sich näher. Flüstert der eine dem anderen ins Ohr: »Ich war mal in einer Partei, die hat ihre Ideale dem Eigennutz geopfert.« – »SED?«... »Nee...

Der LKW springt an, wendet und entfernt sich langsam wieder vom Haus. Unbeschreibliche Enttäuschung spiegelt sich auf den Gesichtern. Lahm

...Grüne!«

Keiner lacht. Astrid geht langsam die Terrassenstufen herunter, bleibt im Garten stehen, schneuzt sich.

ASTRID Also das... Ulrich und ich... Montag... vielmehr Sonntagabend... kurz gesagt: Vor fünf Tagen hat Ulrich mich... futsch! Letztlich... verlassen. Bitte ja: mitsamt Stirling. Ich wollte es schon heute vormittag berichten... aber mir... die Angst vor... ja.

Sigrid begreift plötzlich den Witz und prustet los. Volker, Otto, Heinrich stimmen ein. Nur Ilse senkt den Kopf. Sigrid japsend

SIGRID Weg, weg, weg!

VOLKER Ab durch die Mitte!

OTTO Das Glück der Bewegung...

SIGRID ...in Gegenrichtung!

Schallendes Gelächter. Ilse stößt einen wütenden Schrei aus, rennt weg. Verdutzte Gesichter bei den anderen.
Dunkel

III

In der langgestreckten Kurve einer mecklenburgischen Allee. Auf beiden Seiten hohe Buchen, die links mit frischer roter Farbe markiert und z. T. bereits der geplanten Straßenverbreiterung zum Opfer gefallen sind; an ihrer Stelle ragen kniehohe Stubben aus dem Boden. Zwischen den Bäumen mannshohes Gebüsch. Die Allee besteht aus schwerem Wackersteinpflaster und ist so schmal, daß zwei Fahrzeuge kaum aneinander vorbeipassen. Es ist eine halbe Stunde später. Ilse hat sich des stehengelassenen Farbeimers bemächtigt und malt etwas aufs Pflaster. Von weitem nähert sich ein Fahrzeug. Es hupt, bremst ab, hupt erneut, bis das Motorengeräusch erstirbt. Ilse läßt sich nicht aus der Ruhe bringen. Einen Moment später erscheint Angie in der Kurve.

ANGIE Ich hab fünfmal gehupt. *Keine Reaktion* He! Das ist kein Spielplatz oder so, das ist ein öffentlicher Verkehrsweg, sind Sie taub? *Keine Reaktion* Also, ich könnt Sie über den Haufen fahren, das könnt ich ohne Probleme! Was machen Sie überhaupt? Ist das erlaubt oder so? *Keine Reaktion* Ich weiß nicht, wenn Sie Picasso malen oder Dalí oder so, ist mir doch schnuppe, verdammte Sackgasse, die endet ohne Warnung am Teich, ich wär fast ersoffen. *Keine Reaktion, erbost* Ich laß mich doch nicht hochgradig verarschen von Ihnen!
Sie macht kehrt, verschwindet in der Kurve. Der Motor springt an, wird im Stand auf hohe Drehzahl gejagt. Dann erfolgt ein Kavalierstart mit gleichzeitiger Vollbremsung. Der Motor säuft ab, dafür drückt Angie lang anhaltend auf die Hupe. Ilse ist bei der Vollbremsung schlagartig umgekippt, liegt regungslos auf dem Pflaster. Das Hupen bricht ab, Angie taucht wieder in der Kurve auf.
Das war nur'n Vorgeschmack! Ihr Zonis geht mir total auf den Nerv, geht ihr mir! Soll das 'ne Demo sein oder so, da kichern ja die Bullen! Bahn frei für meine Funtour, sag ich nur, die Alleen gehören mir, weil ich den Führerschein hab seit sieben Wochen. Das ist ja halber Mord, die Steine zu beschmieren, da könnte ich mir

Achse oder Beine brechen. Scheiße, liegen Sie nicht so abgespaced rum, machen Sie endlich die Fliege! *Geht näher auf Ilse zu, bemerkt deren Ohnmacht. Hektisch* Oh, weh! Oh, was mach ich jetzt? Stabile Seitenlage oder so? Und wenn die kotzt, die Brocken aus dem Mund. Uuääh! *Richtet Ilse auf* Aufwachen! Ich finde das... ich weiß gar nicht, wie ich das finde, mir so ein Ding aufzuhalsen, hier gibt's nicht mal Einseinsnull, die trommeln hier doch noch!

Sie wendet einen umständlichen Rettungsgriff an, schleift Ilse von der Straße und lehnt sie an einen Stubben. Ilse schlägt die Augen auf, starrt Angie an, zieht sie zu sich herunter, lächelt ihr ins Gesicht.

ILSE Sie haben ja ganz schlimme Akne!

ANGIE Ich glaub, ich hör nicht recht! Ist das hier 'ne Gesichtskontrolle oder so? Da sitzt die Richtige in der Jury!

ILSE Haben Sie! Ganz ganz schlimm!

ANGIE Ich befinde mich momentan in einer hormonellen Orientierungsphase. Das ist völlig gewöhnlich für mein Alter.

ILSE Wischen Sie das blöde Make-up runter!

ANGIE Ich stell mich doch nicht auf eine Stufe mit Ihnen!

Ilse überwältigt Angie mit einem Griff, entfernt ihr das Make-up. Darunter kommt eine schwere Akne zum Vorschein. Angie kleinlaut

Scheiße oder so.

ILSE Niemand braucht sich zu verstecken!

Sie läßt von Angie ab; beide erheben sich, klopfen den Staub aus der Kleidung.

ANGIE Sie haben gut reden, bei Ihnen ist ja alles futsch, aber ich bin nur vorübergehend beschädigt, was ich mir jetzt kaputtmache, krieg ich nie wieder eingerenkt, vorurteilsmäßig und so. Da heißt es dann jahrelang »pickeliges Monster«, auch wenn ich längst auf Pfirsichhaut umgestiegen bin. *Dem Heulen nah* Das ist der überaus mächtigste Scheißtag im Leben der Schaufenstergestalterin Angie B.! Seit sechs Uhr früh lauter Irre im Quadrat! Am Ende der Straße eine Versammlung von ausgeklinkten Grufties und hier –

ILSE Sie können jetzt passieren.

ANGIE Kann ich? Ist ja kolossal nett von Ihnen! Und was mach ich mit dem Gesicht? Glauben Sie, ich pack das, zweimal am Tag in den Spiegel zu sehen? Derbe komisch! Als wenn die Probleme mit dem männlichen Geschlecht so an mir vorbeihuschten... was Sie eigentlich aus eigener Erfahrung wissen müßten!

ILSE Ich bin eine Unberührbare.

ANGIE *stöhnt* Religiös, auch das noch, als hätt ich nicht genug Probleme mit der Figur, und dann noch innerlich – nee, fuck it! *Sie wendet sich ab, holt einen kleinen, aufklappbaren Taschenspiegel hervor und hantiert damit herum, ohne sich gänzlich ihrem Spiegelbild auszusetzen.*

ILSE Hier glauben nicht mal mehr die Pfarrer an Gott.

ANGIE Wenn ich Gott wär, würde ich auch nicht an die Ostpfarrer glauben. *Gewinnt ihre Sicherheit zurück* Hab ich Sie eigentlich bei Sachbeschädigung erwischt? Das bringt doch was, Belohnung oder so. Kosmetik kostet Irrsinnssummen, weshalb ich auch kein superteures Auto fahr, sondern was für den schmalen Geldbeutel, was gleichzeitig den Eindruck von ungeheurem Luxus erweckt. Wolln Sie mal sehen? Steht um die Kurve.

ILSE Nein.

Angie klappt den Taschenspiegel nun ganz auf und versucht, das verbliebene Make-up übers Gesicht zu verteilen; mit geringem Erfolg. Entwaffnet

ANGIE Ist sowieso aus dem Kostümverleih. *Pause* Aber ich meine, das war ja nicht meine Idee, ich bin bloß die Chauffeuse, da färbt halt Image ab, okay, ich nehm die mackerhaften Züge zurück, ist doch genehmigt, wie sorgfältig ich gebremst hab vor dem Hindernis, oder? *Keine Reaktion, sie klappt resigniert den Spiegel zu.* Mein Bruder wollte den Wagen haben, um seine Mieze zu beeindrucken, aber irgendwas lief da gravierend falsch, ich warte und warte, und statt daß mir mal einer 'ne Cola rausbringt, hab ich unter Anfeindungen der Eingeborenen zu leiden. So ein langhaariger Dorfdepp wollte z. B. die ganze Zeit eine Led-Zeppelin-Kassette auf meiner Anlage hören. Led Zeppelin! Das muß man sich mal reintun, was ungefähr vierhundert Jahre alt ist, da war ich noch nicht mal geboren! *Pause* Okay, ich schleich mich schon vom Acker.

ILSE Und wenn Sie ein Kind totfahren?

ANGIE Das ist keine Prüfungsfrage, soweit ich mich erinnre.

ILSE Nein.

ANGIE Wenn ich ein Kind totfahre?

ILSE Ja.

ANGIE *schlägt sich gegen die Stirn* Jetzt fällt der Groschen! Ich denk und denk, die kennst du doch, so was Schiefgewickeltes hast du schon gesehen, circa Pershing-Zwo-Periode, da war ich allerdings reine Mitläuferin, hab ich Bettlaken beschmiert mit einer Gruppe Ganzweitvornmarschierer! Ilse ... Ilse hieß die, Sie sind Ilse, korrekt?

Ilse nickt.

Au, tut mir leid, daß ich Sie als Zoni tituliert hab! Die konnte allerdings nicht mal piep sagen, die war von Kopf bis Fuß in Schweigen eingehüllt, kam mir mächtig mahatmamäßig vor, damals. Dabei ist Reden echt easy! Formulieren Sie einfach mal was mit heftiger Muskulaturteilnahme, wie ... *Sucht* Multivitamintablette. Auch einen Kaugummi?

Sie wurstelt eine Packung Wrigley's hervor, bietet Ilse davon an. Die lehnt ab. Sie schiebt sich mehrere Streifen in die Backe.

ILSE Kann ich mir mal den Spiegel leihen?

ANGIE Klar.

Sie reicht Ilse den Taschenspiegel, die sich darin betrachtet. Dann dreht sie sich zur Seite, spricht leise mehrmals »Multivitamintablette« aus. Angie tritt ein paar Schritte zurück und betrachtet die angefangene Pflastermalerei.

ILSE Nehmen Sie Clerasil?

ANGIE Ich hab die zweitgrößte zeitgenössische Gesichtswassersammlung nach Madonna. Malen Sie als Hobby oder mit Hintergedanken?

ILSE Bloß ein Gruppenbild.

ANGIE Mhm ... gut getroffen. Der Hubbel da, ist das Heinrich?

ILSE Otto.

ANGIE Otto, Otto ... kenn ich nicht. Ich hab auch einen Spitznamen, Moppelchen, ich meine, wir müssen uns nicht penetrant als Bankbeamte ausgeben, ich kann auch Moppelchen genannt werden statt Sie.

ILSE *läßt den Spiegel sinken* Angie, bist du mein rettender Engel? Hat man dich geschickt, um mir die Qualen zu erleichtern?

ANGIE Puuhh! *Macht einen Satz zur Seite* Wohl besser, wenn ich mich verabschiede, bevor das zur Therapie ausartet. Den Spiegel können Sie behalten. Sorry für den Gefühlsverschleiß!

Sie will abgehen, aber Ilse packt sie am Arm, dirigiert sie auf die linke Seite und plaziert sie unsanft auf einen Stubben.

ILSE Jeder ist für seinen Kopf verantwortlich! Man kann von einer Vierjährigen soviel Verstand erwarten, daß sie die allerdümmsten Sachen unterläßt! Ich wußte ganz genau: Es ist verboten, den Hof zu verlassen! Mit vier konnte ich beinahe lesen und schreiben, ich war viel aufgeweckter als andere Kinder.

Angie hört mißtrauisch zu.

Aber nein, Ilse mußte ihren Willen haben! Ilse, der Kettcar-King! Ich war selbst schuld. Ja, das war ich! Der Autofahrer konnte nichts dafür... wenn er gerast wäre, okay! Aber mit sechzig km/h? Man kann doch von einer Vierjährigen verlangen, daß sie Geschwindigkeiten richtig einschätzt! Verstehst du das, Angie?

ANGIE *schüttelt den Kopf* Logo.

ILSE Und hilfst du mir jetzt?

ANGIE *schüttelt den Kopf* Den Kerl kriegen wir.

ILSE Ich wünsche mir eine starke Verbündete, die den Menschen eine Erleuchtung ins Herz brennt. Die –

ANGIE Schon wieder so'n religiöser Quatsch! *Springt auf, läuft herum* Heinrich hat mir von euren Plänen erzählt, ihr wollt eine Revolution starten, und du bist daran beteiligt mit soundsoviel Prozent, du bist gewissermaßen Teilhaberin an einer Gewinngemeinschaft, totale Millionärin, wenn alles klappt. Davon zehn Prozent, und ich steh auf deiner Seite.

ILSE Meinetwegen.

ANGIE So kann man doch nicht verhandeln, dann sag ich fünfzehn! *Ilse zuckt mit den Schultern. Angie jammernd* Auweiauwei, was für eine Herausforderung an den inneren Schweinehund!

ILSE Fünfzehn wovon?

ANGIE Von deinem Anteil.

ILSE Geht in Ordnung.

ANGIE Uff. *Sie läßt sich auf einen Stubben fallen, überwältigt von den sich auftuenden Möglichkeiten.* Da kann ich mir den Einszweins geradezu selber kaufen, als wäre nix dabei. Ach was, ich steig gleich auf MX-5 um, Sportcabrio vom Feinsten, ich hab da keine Berührungsängste... MX-3, auch geil! Und über die Autobahnen, bis die Tachonadel tilt! Rot oder blau? English Racing Green mit hellen Ledersitzen wär auch nicht schlecht, andrerseits ist pink mehr ladylike.

ILSE Hast du überhaupt begriffen, worum es geht?

ANGIE Surely! Nenn mir meine Aufgabe.

ILSE Reden.

ANGIE Gebongt. Als Oberquatschtante der alten Schule –

ILSE Aber der Gegner redet auch.

ANGIE *großspurig* Ich halte alle Diplome! *Mißtrauisch* Warum machst du das nicht selbst?

ILSE Weil ich stumm bin.

ANGIE Hört man ja!

ILSE Ich kann telefonieren, vielleicht, Brockman und Sperzel Guten Tag, das kann ich, die Versandabteilung Bitte warten, da schaut mir keiner zu, aber reden, reden –

ANGIE Siehste? Haargenau das gleiche Problem mit mir! Ohne Make-up trau ich mich vor 'ner Versammlung nicht mal zu pupsen. *Ernüchtert* Wieder eine Benachteiligung mehr. Eines Tages zeig ich's den Pickelmachern... Terminator, zwoff doing!
Sie wirft imaginäre Handgranaten. Ilse zerrt sie in die Mitte der Straße.

ILSE Stillhalten! *Sie nimmt den Farbeimer, rahmt Angie mit einer roten Raute ein und schreibt in die Ecken die Buchstaben A-U-T-O.*

ANGIE *liest* A-u-t-o... was soll denn das heißen?

ILSE Ich bin eine Hexe.

ANGIE Geil!

ILSE Gesicht gen Osten!

ANGIE Wohin?
Ilse überlegt, schnüffelt in der Luft und weist dann in eine Richtung. Angie dreht sich um. Ilse schreibt die gleichen Buchstaben, um eine Position versetzt, abermals in die Ecken der Raute. Dann murmelt sie.

ILSE A-lle U-nreinheiten t-riften o-stwärts. *Versetzt die Buchstaben ein zweites Mal, murmelt* A-ngie u-nterpfändet t-ausend O-pfergänge.

ANGIE *zweifelnd* Ja?
Ilse versetzt die Buchstaben ein drittes Mal, murmelt.

ILSE A-braxas u-mschlingt t-örichte O-pponenten. Ich würde meiner Tochter schon die Gesetze der Straße beibringen, ganz brutal würde ich ihr das beibringen! Autos sind ja keine Marshmellows, die drücken einen ganz schön tief ins Pflaster, ich kann mir vorstellen, wie ein Brummi so einen Menschen eingraviert, regelrecht eingraviert!

Angie will die Raute verlassen, aber Ilse hindert sie daran.

Vorsicht! Ich lag im Stupor acht Wochen lang, weil ich nicht zurückwollte in die Welt der Blechschäden, aber dann kehrte ich als Racheengel heim, der viele, viele Jahre schweigt und erst am Tage X seine wahren Pläne offenbart! Wir haben den tötungsfreien Motor erfunden. Hah! Wir geben jetzt die Straße frei fürs allerletzte Gefecht. Hah! Der lackierte Kampfhund beißt sich den Weg durch unsre Reihen, das liegt in seiner Natur. Aber in unsrer Natur liegt es, den Kampfhund zu besiegen. Das wirst du können, weil du eine starke Stimme hast. Du wirst ihn zähmen, notfalls mit Gewalt.

ANGIE Hör mal –

Ilse übermalt die Buchstaben zu roten Kreisen.

ILSE Jetzt hast du keine Pickel mehr.

Angie fährt vorsichtig mit der Hand übers Gesicht. In einer Mischung aus Wut, Angst und Enttäuschung

ANGIE Von wegen! Du bist 'ne hundertprozent revolutionsgeschädigte DDR-Tusse mit Totalabsturz in die Esoterikabteilung! Und was für'n mieses Karma! *Will aus der Raute austreten, traut sich aber nicht* Ist das gefährlich?

ILSE Ja.

ANGIE *flehentlich* Dann mach was!

ILSE Erst muß die Farbe trocknen.

Plötzlich taucht Otto hinten in der Kurve auf. Er hat die linke Hand zur Faust geballt, winkt damit und ruft von weitem.

OTTO Huhu! *Kommt heran* Ratet mal, was ich gefunden habe! Einen Haifischzahn aus dem Mesozoikum! *Öffnet die Faust, präsentiert stolz den winzigen Zahn* Einen Haifischzahn, mitten in der Landschaft! Sonst bin ich der notorische Nichtfinder, ich kann zehn Kilometer Strand abwandern und stoße auf keine Muschel! Warum? Weil alle unter meinen Schuhen kleben. *Zu Ilse* Du kleine Ausreißerin! *Er zieht einen Plan aus der Gesäßtasche, entfaltet ihn. Sehr vertraulich* Oberkiefer... Unterkiefer... vorne... hinten! Hier: Die Backenmolare... schon angeschlagen, aber die lassen wir stehen. Den Umbau der Kaugesellschaft in eine Lutschgemeinde, wie ich zu sagen pflege, erledigt Mutter Natur von selbst. Das, das und das ist okay, aber an der Stellung deiner Schneidezähne ließe sich

manches verbessern. Und zwar indem wir hier... *Zieht einen Stift hervor, malt in dem Plan herum*... den Eckzahn ziehen und die obere Reihe mit sanfter Gewalt ins Glied zurückdrängen. Kapiert? *Ilse sieht sich hilfesuchend nach Angie um. Die deutet mit einer Handbewegung an, daß sie sich aus allem heraushält. Otto streift sie mit einem kurzen Blick. Eindringlich*
Mit einer falschen Zahnstellung kann man keine gesunden Laute produzieren! Du leidest unter leichtem Überbiß, das führt zu Problemen im Labialbereich. *Er schiebt Ilses Oberlippe hoch, betrachtet ihre Schneidezähne.* Ja. Hattest du als Säugling eine Hasenscharte? Ich bin ein bißchen aus der Übung, aber das kriegen wir hin. *Er massiert mit dem Zeigefinger leicht ihr Zahnfleisch.*

ANGIE He, Pfoten weg! Sonst kommt die Frauenpower über Sie und Ihre Nachfahren!

OTTO Wie? Wer sind Sie überhaupt? Stellen Sie sich erst mal vor.

ANGIE Ich bin die beste Freundin und außerdem Schwarzgürtelchampion, gnadenlos.

OTTO Haha! Das ist meine Tochter, die hat keine Freundinnen.
Ilse faucht. Otto beschwichtigend
Na, na! Ilse-Anita, die Minusrhetorikerin. Das schwarze Loch, in dem jede Annäherung versinkt. Versuchen Sie mal, mit der zu reden!
Ilse faucht stärker, schnappt mit den Zähnen. Otto weicht zurück. Plötzlich ist sie im Gebüsch verschwunden. Pause. Angie verlegen

ANGIE Danke. Die wollte mich als Geisel nehmen oder so.

OTTO Imbezill. Haben Sie eine Krankenversicherung?

ANGIE AOK.

OTTO Dr. Otto. Alle Kassen. *Er verbeugt sich, bleibt gebeugt über Ilses Gemälde hängen.*

ANGIE Das sollen Sie sein.

OTTO Tatsächlich?

ANGIE Der mit dem Hubbel.
Otto überlegt einen Moment, dann fischt er den Haifischzahn aus der Hosentasche, legt ihn aufs Bild. Befriedigt

OTTO Jetzt erkenne ich mich auch wieder.
Dunkel

IV,1

Im Salon. Alles wie zuvor, nur Ilses Briefkarton steht nun auf dem Schreibtisch, und der Kartenhalter mit dem Schild HIER ENT-STEHT / STIRLING / DAS GLÜCK DER BEWEGUNG liegt quer über der Eisenplatte. Astrid sitzt ein paar Meter davon entfernt im Trenchcoat auf dem Schreibtischstuhl, trommelt mit den Fingern auf ihrem Aktenkoffer herum. Offensichtlich will sie aufbrechen. Die Terrassentür ist geöffnet, man hört scheppernde Geräusche. Plötzlich erscheint Sigrid mit einem überladenen Tablett in der Tür, durchquert den Raum in Richtung Küche.

ASTRID Wie lebst du mit Volker? Auch körperlich.

SIGRID Gut.

Sie verschwindet. Geschirrklirren. Astrid ist nicht zufrieden. Laut

ASTRID Und mit Ulrich? Ich meine, ihr habt doch eng zusammenge-arbeitet in den letzten Jahren!

SIGRID *off* Mit Ulrich nicht körperlich.

ASTRID Jaja! Das ist mir schon klar! *Pause* Ich hasse diesen Haltestel-lenzustand! Hat Otto gesagt, wie lange er ungefähr braucht?

Sigrid kehrt mit dem leeren Tablett zurück.

SIGRID Bleib doch einfach hier.

ASTRID Unmöglich! Ich könnte euch keinen Moment länger ertra-gen! Ich lese ja jetzt schon Abgründe an Verachtung in euren Ge-sichtern und... Mitleid und... Schadenfreude. Komödie vorge-spielt, damit untragbar geworden, Schluß. *Pause* Danke noch mal, daß du die Abwicklung übernimmst.

SIGRID Keine Ursache.

Sie geht in den Garten, räumt die zweite Ladung Geschirr ab. Astrid laut

ASTRID Wo bleibt er nur? So weit kann Ilse wirklich nicht gekommen sein! Überhaupt: seine unerklärliche Vorliebe für alle Arten von Krüppelchen. Er hatte mal eine Sprechstundenhilfe, der fehlte das linke Bein. Margaretha Motorradmonster. *Zu sich* Die war viel-leicht häßlich!

SIGRID *off* Ulrich ist der zuverlässigste Mensch, den ich kenne.

ASTRID Ja?

Sigrid taucht erneut mit einem überladenen Tablett auf.

SIGRID Ein Elefantengedächtnis! Schon sechsundachtzig versprach er mir ein bestimmtes Krümmungsrohr für unsere Waschmaschine. Das kam dann pünktlich mit der Wende.

ASTRID Buchführung! Da geht nichts verloren. Pedanteriegenie. Deshalb ist er so knochentrocken.

SIGRID Ich weiß nicht... wie du über ihn redest... kein Wunder, daß er leidet.

ASTRID Ulrich? Der hat ein dickes Fell. Der Langweiler! Totalausfall ab Hemdknopf drei. Von oben her gesehen.

Sigrid stellt das Tablett ab.

SIGRID Das ist doch kein Zufall, daß er ausgerechnet jetzt davonläuft! Mal ehrlich: Dein ewiges Flunschgesicht erträgt doch kein Mensch! Warum lächelst du nicht mal?

ASTRID Ich komme aus Pirna.

SIGRID Bitte?

ASTRID Pirna. Muß in Sachsen liegen. Bis 1954 dort gelebt. Ich bin Halbsächsin. Hört man das?

Sigrid schüttelt den Kopf.

Irgendwann kommt es ja doch raus. Ein Blick in den Paß, und jeder weiß Bescheid. Aber Heinrich erst! Der war sogar bei den Jungen Pionieren! Der kam erst mit neun Jahren in den Westen. Otto stammt vom Prenzlauer Berg, und Ilse wurde auf Rügen geboren – maulfaul, wie sie ist.

SIGRID Was willst du damit sagen?

ASTRID Die kritische Intelligenz stammt alle aus dem Osten. Vorbei, vorbei! Jetzt sitzen die Ulrichs am Steuer. *Verächtlich* Schwabe. Heidenheim. *Pause* Eigentlich ist es Ilses Schuld. Die liest jede Cornflakespackung rauf und runter, bis sie die Zutatenliste auswendig kann. So hat sie den Stirling angeschleppt.

SIGRID Von einer Cornflakespackung?

ASTRID *kichert* Ja, die Rückseite mit den »vergessenen Wegen in die industrielle Revolution«, ab acht Jahren.

SIGRID Und ich renn mir die Hacken ab nach Fachliteratur.

Astrid steht auf, vertritt sich die Füße. Wieder mürrisch

ASTRID Wenn Otto nicht kommt, geh ich eben zu Fuß! Ich will hier weg, weg! Ich hab die Schnauze voll, übernimm du ruhig die Führung, vielleicht ist ja noch was zu retten, trotz deiner Unbelecktheit, wir sind ja nicht zufällig auf die Cornflakespackung gestoßen, wir – Heinrich, Ilse, ich – waren Cetaceen-Spezialisten bei Greenpeace, rettet die Wale, da kriegt man ein ganz anderes Fundament. *Hält inne* Du verachtest mich, nicht wahr? Weil ich meine Wurzeltreue aufrechterhalte, Herkunft, Standort, Perspektive – dafür wird man doch heute ausgelacht!

SIGRID Wurzeltreue. *Nimmt das Tablett auf* Wo habt ihr Otto eigentlich aufgegabelt? Der ist so... ungrün.

ASTRID Aber schillernd!

Sigrid geht ab. Scheppern aus der Küche. Astrid laut

Otto ist der einzige Weltverbesserer per Gerichtsbeschluß! Eine durch und durch denkwürdige Gestalt! Also, das war... er hat die Nerven verloren im Berufsverkehr. Im dicksten innerstädtischen Stau plötzlich den Koller gekriegt, eine Art Klaustrophobie, sagte der Gutachter im Prozeß, und Otto springt aus dem Auto, läßt es einfach auf der Kreuzung stehen, rennt brüllend weg. Das kann man sich gar nicht vorstellen, wenn man ihn so sieht! Jedenfalls entsteht eine Massenkarambolage, die Versicherung will nicht zahlen, Otto gibt seine Praxis auf und landet bei uns. Warum? Fünfzig Tagessätze zugunsten eines verkehrskritischen Vereins. Manchmal denken sogar deutsche Richter –

SIGRID *off* Aber Autofahren darf er weiterhin?

ASTRID Die Todesstrafe ist abgeschafft. *Pause* Ich sage dir auf den Kopf zu, daß du mit Ulrich geschlafen hast!

Sigrid erscheint in der Tür.

SIGRID Nein.

ASTRID Mit Otto.

SIGRID *genervt* Nein!

ASTRID Aber ich! Das holst du nie mehr auf! Du kannst mich meiner Funktionen berauben, aber nicht meiner Biographie. *Pause* Was wolltest du von mir am See?

SIGRID Das hat sich erledigt.

ASTRID Was war es denn?

SIGRID Ein Versuch.

ASTRID Ein Versuch, inwiefern?

SIGRID *bestimmt* Das hat sich erledigt!

Pause

ASTRID Gut, überzeugt! So kurz vor dem Ziel aufzugeben, wäre tö-
richt. Ulrich erscheint schon zur verabredeten Zeit. Preußischer
Untertan! *Zieht ihren Mantel aus* Bleibt die Frage: Wie ihn empfangen? Gleichgültig? Verzeihend? Kühl? Persönlich bin ich nicht
nachtragend. Aber den ganzen Apparat durch seine Eskapaden
lahmzulegen, geht natürlich nicht! *Weich* Du glaubst doch auch,
daß er sich in allernächster Nähe aufhält?
Sigrid nickt zögernd.
Ich spüre schon etwas! Eine anziehende Kraft, positive Ener-
gien... und zwar hier im Raum! *Sie macht eine weit ausholende
Armbewegung, schließt die Augen. Stille*

SIGRID Du spürst was?

ASTRID Ja, ganz deutlich.

SIGRID Geräusche?

ASTRID *entrüstet* Nein! Mit physikalisch wahrnehmbaren Schwingun-
gen hat das nichts zu tun! Man muß sein inneres Empfindungspo-
tential ausloten.

SIGRID Und wo?

ASTRID Aha! *Triumphiert* Da wird die Schulphysik neugierig! Ständig
über uns Idiosynkratiker spotten, weil wir zu sensibel sind für diese
Welt, aber sich unsereiner bedienen, wenn die eigene Erkenntnis-
grenze erreicht ist! *Leutselig* Na, dann stellen wir mal unsere Fähigkeiten unter Beweis.
*Sie breitet die Arme aus und durchschreitet langsam den Raum. Si-
grid folgt ihr mit ungläubigen Blicken. Im vorderen Drittel des Salons bleibt Astrid plötzlich stehen und deutet auf den Boden.*
Hier ist was! *Sie kniet sich nieder, legt ihr Ohr aufs Parkett, lauscht.*
Was befindet sich darunter? *Sie klopft aufs Parkett.*

SIGRID Nichts.

ASTRID Es muß was darunter sein. Ulrich?

SIGRID *lacht verlegen* Unsinn!

ASTRID Hm. *Blickt sich kritisch um* Die Täfelung sieht nicht erneuert
aus. Das scheidet schon mal aus.

SIGRID Wie kommst du ausgerechnet auf diese Stelle? Man kann
überhaupt nichts Ungewöhnliches sehen.

ASTRID Blutflecken! *Sie kratzt daran herum.*

SIGRID Entschuldige, das ist Wein, nun werde nicht kindisch!

ASTRID Irgendwas geht hier vor! Sonst würde ich die Signale nicht so deutlich empfangen. *Steht auf, stampft prüfend mit dem Fuß auf* Keller! Natürlich! Ihr habt einen Keller.

SIGRID Den wir so gut wie nie betreten.

ASTRID Dann hole ich jetzt eine Taschenlampe, und wir gehen gemeinsam hinunter.

SIGRID Versprichst du mir, die Nerven zu behalten? Ja? *Deutet auf den Boden* Unmittelbar zu deinen Füßen entfernt Volker die Transportverpackung des Stirlings. Aber –
Astrid schnappt nach Luft, japst. Sigrid laut
Aber –

ASTRID Oh-oh-oh! Oh! Oh! Oh! Hohoho! *Sie rast in den Gang hinaus, die Kellertreppen hinunter.*

SIGRID Aber du ziehst die falschen Schlüsse daraus.
Sie hebt den umgestürzten Kartenhalter auf, nimmt das zerknitterte Schild ab, streicht es glatt. Aus dem Keller ertönen dumpfe Axtschläge; Astrid bricht gewalttätig die Transportkiste auf. Sigrid legt das Schild auf die Kredenz, entnimmt ihr zwei Sektgläser, schließt die Tür und stellt die Gläser dicht nebeneinander auf Astrids magische Stelle. Durch die Axtschläge beginnen sie zu klirren. Sigrid befriedigt
Na also! Mit Grenzwissenschaft hat das nichts zu tun!
Sie geht ab. Leere Bühne. Die Terrassentür wird von einem verrosteten, merkwürdig geschwungenen Fahrradlenker aufgeschoben. Heinrich off

HEINRICH Astrid? Rate mal, was ich auf dem Kompost gefunden habe!
Er schwenkt den Lenker hin und her, dann tritt er ein. Obwohl keine Axtschläge zu hören sind, klirren die Gläser vor sich hin. Heinrich hält das physikalische Experiment für ein wartendes Zweiergedeck. Enttäuscht
Darauf falle ich nicht rein! Ein bißchen Sekt, und alles soll wie früher werden... nein, nein! Mir stinkt deine Ködermöse gewaltig. *Erschrickt über die eigenen Worte* Masche! Deine Masche, mich... mit der du Männer... manipulierst und... *Wütend* Hier weiß doch jeder, daß du seit Jahren hinter mir herläufst, du bist... total verklemmt und fickscheu! *Findet Spaß daran* Fickscheue Ködermöse! Mit schwanzhoher Angst vor dem richtigen Griff. Schwanzscheue Köderfickmöse mit Griffangst! Ich geb's dir, na, warte, dir geb ich's!

Er holt mit dem Lenker aus und zertrümmert die beiden Gläser.
Sigrid stürzt ins Zimmer.

SIGRID Um Himmels willen! Was machst du da?

HEINRICH Ich feiere das Begräbnis meiner Mutter.

SIGRID Und deswegen schlägst du alles kurz und klein?

HEINRICH Ja. *Hält inne* Darf ich den Lenker behalten?

SIGRID Meinetwegen. Aber wehe, du verschenkst ihn! Dann landet
er nämlich zwei Wochen später wieder hier. *Zählt auf* Die Floh-
markt-Nähmaschine, der scheußliche Volksempfänger, die »anti-
ken« Blumenkübel aus Bakelit, das abgewrackte Karussellpferd... Astrid bringt den ganzen Krempel zu uns. Schönberg zwo.
Pause. Heinrich ist erschüttert.

HEINRICH Und die Fußbank aus Nußbaum, die ich –

SIGRID Fußbank! Du solltest deine unselige Spendierfreude brem-
sen, wirklich! Oder vorher zumindest rauskriegen, was Astrid gefällt. *Schiebt die Scherben mit dem Fuß zusammen* Warum schau-
kelt ihr euch bloß immer so hoch? Kaum schnellt der eine auf Hun-
dertachtzig –

HEINRICH *hoffend* Sie ist nicht gut drauf?

SIGRID Doch! Gleich wird sie mit einem Freudengeheul ins Zimmer
stürzen, dir um den Hals fallen und den nächsten Fünfjahresplan
verabschieden.

HEINRICH Ist was passiert?

SIGRID Der Stirling ist da.

HEINRICH *nicht überzeugt* Super.

SIGRID Aber er gehört nicht mehr uns.

HEINRICH *versteht nicht* Nein?

SIGRID Nein. Er ist Eigentum der Volkswagen-AG, und wir besitzen
nur Minderheitsanteile wie hunderttausend Kleinaktionäre auch.

HEINRICH Bei VW?

SIGRID Ja. *Sie beobachtet interessiert die Auswirkung der Mitteilung
auf Heinrich.*

HEINRICH Ich weiß nicht... das kommt jetzt... dazu müßte ich alle
Fahrzeugtypen seit 1945... Käfer, Käfer, Golf... vielleicht
noch... vielleicht...

SIGRID Würdest du jetzt bitte die Scherben wegräumen?
Dunkel

IV,2

Im Salon. Auf der Eisenplatte steht, von einem weißen Laken verhüllt, der Stirling-Motor. Im Kartenhalter hängt ein neues Schild, diesmal nicht von Hand gemalt, sondern wie eine Anzeige gestaltet: OHNE AUTO IST DER MENSCH EIN INVALIDE. Bis auf Ilse sind alle versammelt. Feierliche Stimmung. Auf ein Nicken Sigrids hin nehmen Volker und Heinrich das Laken ab. Ein kleiner, wenig futuristischer Motor kommt zum Vorschein. Applaus. Volker betankt den Motor aus einem der herumstehenden Kanister, fingert an dessen Rückseite herum. Erwartungsvolle Stille. Nach kurzem Vorglühen beginnt der Kolben des Motors, lautlos auf und ab zu gleiten. Alle lauschen dem Betriebsgeräusch, doch besitzt der Motor nichts dergleichen. Otto räuspert sich.

OTTO Auch auf die Gefahr hin, daß ihr mich auslacht... In mir sucht ein großes Gefühl nach dem passenden Ausdruck, eine Woge von pathetischer Wucht nach einer angemessenen Weise, den Moment würdig zu begehen – kurz und gut: Ich möchte etwas singen.

ASTRID Kannst du überhaupt singen?

OTTO *rezitiert* No milk today / my love has gone away / the bottle stands alone / as symbol of the dawn. No milk today –

VOLKER Das ist Englisch.

OTTO Leider gibt es keine deutsche Übersetzung.

HEINRICH Einigkeit und Recht und Freiheit.

ASTRID Ach nee, nee!

VOLKER Jedenfalls besser als die Internationale.

SIGRID Hat irgendwer von der Internationalen geredet?

VOLKER Wir sind doch einig, daß jedes andere Lied –

ASTRID Degoutant finde ich das! Draußen werden Türken erschlagen, und wir stimmen in nationalistische Gesänge ein.

Heinrich geht zum Harmonium, spielt die ersten Akkorde der Hymne. Volker und Sigrid beginnen zu singen, dann setzen Otto und Heinrich ein, schließlich auch Astrid. Nach einer Zeile verlieren Astrid, Otto und Heinrich nacheinander den Text, summen nur noch mit, bis schließlich wieder Volker und Sigrid alleine zu hören sind. Otto wischt sich eine Träne der Rührung aus den Augen.

OTTO Hach ja, ja… wer hätte gedacht, daß dieser Tag so harmonisch ausklingt?

SIGRID Astrids Verdienst. Es gibt sicher nicht viele Menschen, die so über ihren Schatten zu springen bereit sind.

VOLKER Ehrlich gesagt, wir hatten furchtbare Angst, sie könnte einen Tobsuchtsanfall erleiden.

ASTRID *geschmeichelt* Lernfähigkeit gehört zu meinen besten Eigenschaften, das wißt ihr doch! Außerdem bin ich über euren Schritt absolut erleichtert. Auf dem freien Markt ohne Milliardenkapital – da muß nur ein kleiner Hauch an der New Yorker Börse aufkommen, schon klappt das Kartenhaus zusammen! *Streng* Obwohl ich Heimlichtuerei nicht leiden kann! *Pause* Andererseits arbeitet in Wolfsburg ein unglaublich fortschrittlicher Mensch, der plädiert allen Ernstes für die Abschaffung des Autos. Als VW-Manager! Gott, ich hätte hellhörig werden müssen, als Ulrich ständig von ihm sprach. Studierter Literaturwissenschaftler, liest sogar die jährlichen Amnesty-Berichte. Also jemand mit kantianischem Verantwortungsgefühl! Ich wasche meine Hände in Unschuld, picobello! Mehr als Überzeugungsarbeit kann man nicht leisten.

SIGRID Du hast alles Menschenmögliche getan.

ASTRID Seht ihr? Selbst Sigrid räumt das ein! Ich bin fein raus, nicht ein Hauch von Verrat haftet an mir! Heinrich?

Heinrich dreht den Kopf zur Seite. Sigrid leise zu Astrid

SIGRID Er fühlt sich vernachlässigt.

ASTRID Dazu besteht doch überhaupt kein Grund.

Sie geht auf Heinrich zu, drückt ihm lange die Hand. Wie unter Magie entkrampft er sich. Otto deutet auf den Motor.

OTTO So ähnlich hab ich mir als Kind die Dampfmaschine vorgestellt, die ich nie zum Geburtstag bekam.

VOLKER Du auch nicht?

OTTO Nein. Man wollte mir partout die Kesselexplosion vorenthalten. Welches Zubehör gefiel dir am besten?

VOLKER Die Kreissäge.

OTTO Kreissäge, natürlich! Deswegen hat man uns die Maschine nicht geschenkt.

ASTRID *leise zu Heinrich* Vielleicht werde ich bald schwanger.

HEINRICH Ja?

ASTRID Jetzt gibt es kein Entrinnen mehr. Die Verhütung ist abgeschafft! Ich werde zweiundvierzig und –

HEINRICH Brauchst du dann eine Wickelkommode?

ASTRID Natürlich. Und eine Wiege und Holzspielzeug.

HEINRICH Ich liebe dich. *Er schlägt ein paar traurige Akkorde am Harmonium an. Zu allen* Bitte, bitte ... es ist ganz und gar zwecklos, davon zu singen, weil keiner von euch Gefühle mag, aber ich liebe Astrid, und sie behandelt mich wie eine Blume. Ihr müßt wissen, daß sie Blumen gar nicht leiden kann, sie glaubt, die Blumen fressen ihre Nasenwand entzwei. Dabei ist sie selbst das schönste Gewächs aus Gottes Paradies, o ja! Ich liebe sie, o ja! So einfach bin ich. Ich bin so einfach, daß ihr mich auslacht, obwohl ihr selber gar nicht wißt, warum. Ich nehm euch nämlich ernst. *Schlägt aufsteigende Akkorde an* Otto ernst, Volker ernst, Sigrid ernst, Astrid ernst. *Belegte Stimme* Entschuldigung. Mein Herz ist klein und schwappt bei Stürmen über. *Singt* Oh, Astrid! Oh, Astrid! Du bist eine schreckliche Zicke. Oh, Astrid! Oh, Astrid! Aber dir liebe icke!

Stille

OTTO Da wird jemand vom Teufel geritten.

ASTRID Gemein so was, hundsgemein, vor all den Leuten!

SIGRID Bei der Gelegenheit ... was wir für den Stirling kriegen, besteht aus vinkulierten Namensaktien. Das heißt, unsere Anteile sind passive Genußscheine! Hohe Dividende, kein Stimmrecht. Ich finde das in Ordnung. Wir sind jahrelang ohne Stimmrecht glücklich gewesen. Aber auch: ohne Dividende.

VOLKER Sigrid und Ulrich haben sich den Mund fusselig geredet bei der Suche nach Geldgebern. Banken, Versicherungen, Konzerne, überall das gleiche Argument: Selbst wenn der Motor millionenmal besser ist als jedes vorhandene Patent, hat er keine Chance auf Produktion! Weil volkswirtschaftlich niemand davon profitiert. Manche Gesprächspartner gaben sogar offen zu, daß sie die Pläne nur kaufen würden, um sie im Tresor verschwinden zu lassen.

SIGRID Ja, und die Presse kommt auch nicht. Wolfsburg will den Stirling zu einem späteren Zeitpunkt vorstellen, im Rahmen einer Umweltkampagne. Dann natürlich mit großem Tamtam, Kinowerbung und Talkshowauftritten.

VOLKER Wir sind keine Sieger. Wir sind einfach nur Träumer, die ein Antriebsmittel für die Besuchskultur entwickelt haben. Natürlich ist das bei euch anders. Ihr wollt wegfahren, wir wollen ankommen. Ihr rast aus eurer sozialen Kälte ins Mittelmeer und bemerkt nicht, daß euch die Kälte auch da umgibt.

Pause

HEINRICH Was ist soziale Kälte?

SIGRID Daß du Astrid seit zehn Jahren liebst ohne Gegenleistung. Zum Beispiel.

ASTRID Der eigentliche Drahtzieher heißt also gar nicht Ulrich.

SIGRID Nein.

ASTRID Und womit habt ihr ihn dazu gebracht, seine Gesinnung zu verkaufen?

VOLKER Er hatte gar keine.

ASTRID Aha. *Sie sackt in sich zusammen.*

VOLKER Nach so vielen Jahren schlechtem Leben kann die Entscheidung für ein besseres nicht schlecht sein.

ASTRID *kraftlos* Huuuhhh.

SIGRID Ulrich ist in erster Linie Techniker. Ich kann das gut verstehen! Jahrein, jahraus Improvisationen in der Waschküche, Arbeit unter unzumutbaren Bedingungen... Wolfsburg muß sich zwar eine Strategie überlegen, die den eigenen Markt nicht gefährdet, aber der Stein ist zumindest ins Rollen gebracht.

OTTO Klingt vernünftig. Vernunft ist auch gefragt...

ASTRID Ich will ja vernünftig sein, aber ich habe einen Traum! Einen so großartigen Traum, daß zehn Jahre Arbeit daran verschwindend wenig bedeuten. Und der Traum hat keine Räder, er heißt auch nicht VW, der Traum ist ein Beziehungsparadies.

OTTO ...wenn es um große Zahlen geht. Wieviel Dividende jährlich?

SIGRID Genug, uns allen ein Auskommen zu sichern! Zwischen zweihundertfünfzig- und dreihunderttausend pro Jahr.

OTTO Dann gehört die erste Zahlung mir. *Zieht sein kleines Notizbüchlein hervor, schlägt es auf* Ich habe zweihundertfünfundachtzigtausend Mark in den Stirling investiert. Außerdem sind noch verschiedene andere Beträge aufgelaufen. *Blättert* Viertausendachthundert Mark Kilometergeld, über vierhundert Mark Telefon, zweitausendsiebenhundert Mark Kneipen- und Restaurantbesuche... summa summarum geht ihr zunächst leer aus. Ich bin allerdings bereit, euch die Kleinigkeiten zu erlassen. Wenn ihr meinem Vorschlag folgt: Wir bleiben um Ilses willen zusammen.

ASTRID Bitte?

OTTO Ich habe Anteilsscheine auf Ilse vorbereitet. Jeder kauft ein Siebtel Ilse mit dem mir geschuldeten Dividendenanteil. Ein Siebtel Ilse, vom Scheitel bis zur Sohle. Ziel der Eigentümergemeinschaft sind Erhalt, Förderung und Erforschung von Ilse.

ASTRID Das verstehe ich nicht.

OTTO Wer sich so lange einem toten Motor hingegeben hat, wird sich wohl einem Menschen widmen können. Ich sage nicht zuviel, wenn ich behaupte, daß unsere Gruppe ganz andere Aufgaben bewältigen würde. *Im Brustton der Überzeugung* Ihrer Form nach ist sie einmalig.

HEINRICH Aber Ilse... *Lacht*

ASTRID Was lachst du da!

HEINRICH Ilse haßt uns wie die Pest.

Dunkel

IV,3

Im Salon. Draußen ist die Dämmerung hereingebrochen, auch im Raum herrscht schummriges Licht vor. Inmitten verlassener Partyreste leistet der Stirling seinen geräuschlosen Dienst. Man hört die Stimmen der Gruppe, offensichtlich findet gerade vor der Tür die Verabschiedung statt. Volker steht vor dem Spiegel und nimmt seinen Bart ab. Sigrid kommt herein. Er dreht sich um.

VOLKER Warum hast du zugestimmt? Jetzt geht es jahrelang so weiter.

SIGRID Weil es zu uns paßt. *Betrachtet ihn* Das wurde auch Zeit, mein Lieber! Ich sehne mich seit Monaten nach einem ehrlichen Gesicht.

VOLKER Ich habe mir den Bart nicht ausgesucht!

SIGRID Nein. *Lauscht* Da ist noch jemand im Haus. *Laut* Hallo?

Heinrich kommt herein, Volker hält mit dem Rasieren inne. Heinrich trägt ein Karussellpferd, eine Nähmaschine, einen Volksempfänger und einen Bakelitblumenkübel im Arm. Stolz

HEINRICH Astrid will in Zukunft besser auf meine Sachen aufpassen!

SIGRID Ihr vertragt euch wieder?

HEINRICH Klar! Sie braucht einfach nur ein bißchen Trost. *Raunt vertraulich* Eventuell realisieren wir den Kinderwunsch zusammen.

SIGRID Holla!

HEINRICH Ich bin sowieso der bessere Vater. *Pause* Schwer, euch zu umarmen.

SIGRID Laß mal. Paßt das alles noch in den Wagen?

HEINRICH Meine kleine Schwester holt mich ab. Mazda einszwoeins. *Schüttelt sich plötzlich vor stummem Gelächter* Könnt ihr Ilse sagen, daß Otto im Hof wartet?

VOLKER Jaja.

HEINRICH Ich fühle mich bei euch viel wohler als zu Hause.

SIGRID Dann mach, daß du wegkommst!

Er stutzt, lächelt gequält über den Scherz und geht scheppernd ab. Volker nimmt die Rasur wieder auf. Sigrid sieht hinaus.
Es wird dunkel.

VOLKER Wir haben uns gut gehalten.

SIGRID Findest du? Manchmal sind wir bedrohlich nah an die Grenze gekommen.

VOLKER Zur Karikatur?

SIGRID Zu ihrer Lebenswelt.

VOLKER Die kennen sich selbst so wenig, daß sie jedes Gegenüber als fremd wahrnehmen müssen.

Draußen hupt Otto. Sigrid winkt ein paarmal. Man hört das Auto wegfahren. Sigrid dreht sich um, sieht den Stapel mit Ilses Briefen liegen.

SIGRID Eigentlich möchte ich einen davon lesen.

VOLKER Wozu?

SIGRID Neugier. Ganz private Neugier. *Sie reißt einen Brief auf, liest, macht ein ungläubiges Gesicht und läßt sich auf einen Stuhl fallen.* Sie weiß Bescheid! Da! *Reicht ihm einen Brief*

VOLKER *liest* »Ihr seid so östlich wie der Rhein.« Wenigstens schön ausgedrückt... *Greift nach weiteren Briefen* Ihr seid so östlich wie der Rhein. *Lacht*

SIGRID Sie wird uns verraten.

VOLKER An wen? Von der Bande sehen wir keinen mehr. *Seufzt erleichtert* Wenn man sich überlegt: Unser Jahrhunderteinfall mit der

DDR-Tarnung – ratsch! ein Riß durch die Weltgeschichte, und jedes Wort wird überprüfbar. Mecklenburg kein Märchenland, sondern zwei Autostunden entfernt. *Atmet durch* Daß ich das ausgehalten habe!

SIGRID Laß uns verschwinden.

VOLKER *deutet auf den Stirling* Und was machen wir mit ihm?

SIGRID Michael, ich will weg! Wir haben den Stirling nach Wolfsburg gelotst, das war unsere Aufgabe, die Ökotruppe außer Gefecht gesetzt, das war unser Ziel. Jetzt hält uns nichts mehr hier.

VOLKER Glaubst du, er geht in Serie?

SIGRID Nein.

VOLKER Ich auch nicht.

Die beiden gehen ab. Leere Bühne. Ilse huscht von der Terrasse in den Salon, schaut sich verstohlen um, öffnet einen Benzinkanister, leert ihn über dem Motor aus. Das wiederholt sie, bis der Stirling ölig trieft.

ILSE Haben sie dich hier vergessen, haben sie dich einfach im Stich gelassen, als seist du nicht ihr bestes Stück, als seist du nicht der Grund für alles Unglück. Aber das macht nichts, gleich ist es vorbei, gleich fahren sie über meine Raute, gleich kommen sie unter die Räder, gleich ist es aus, aus.

Man hört lautes Krachen, klirrendes Glas, knirschendes Blech. Ganz leise erhebt sich aus der Ferne ein Martinshorn. Fade out. Dunkel

Über die Autoren
und ihre Theaterstücke

Herbert Achternbusch

Geboren 1938 in München; wuchs bei seiner Großmutter im Bayerischen Wald auf; nach dem Abitur studierte er Malerei an der Kunstakademie Nürnberg; verschiedene Tätigkeiten, z. B. Zigarettenverkäufer auf dem Oktoberfest; zahlreiche Veröffentlichungen und Filme; mehrere Preise, darunter die Ludwig-Thoma-Medaille der Stadt München und der Petrarca-Preis (1977; abgelehnt). Herbert Achternbusch lebt abwechselnd in München und bei Zwettl/Niederösterreich.

Die Uraufführung von *Der Stiefel und sein Socken* in der Regie von Anselm Wetzer am Deutschen Schauspielhaus in Hamburg ist für die Spielzeit 1993/94 geplant.

›Der Stiefel und sein Socken‹

Endlich in München kann ich mir irgendeine suchen, aber ich war kein angenehmer Gast. Immer wenn ich aus dem Werkzeugschrank einen Nagel nahm, fragte ich mich, daß sie mich noch ertragen?! Als ich die letzten Bilder gemalt hatte, ging ich. Als meine Tante Ella im Sterben lag, malte ich, und nach dem Selbstmordversuch einer meiner Töchter, malte ich. Und jetzt, da ich Susn verlieren will, male ich: Affen besteigen meinen Tisch. Mit jedem Bild, das abgeholt wird, verliert dieses Haus ein Stück Deiner Seele, schreibt mir Susn in ihrer runden Schrift. Wieder hat es mir weder Herz noch Kopf zerrissen, flüsterte ich ihr, als sie das letzte Mal da war, aufgeregt ins Gesicht. Aber wenn man schreibt, das ist ja viel leiser als flüstern. Verschwiegen schiebt man jemand eine Aussage zu, weshalb Literatur nur Verständigung zwischen Eingeweihten sein kann. Am Telefon meinte Susn, das sei ein Stück über uns zwei und wieder diese billige Seelenlosigkeit. Ich schrieb es in 5 Tagen hintereinander und kann mir wie immer nicht vorstellen, je wieder ein Stück zu schreiben. Die Zerrissenheit könnte nicht ausgeglichener sein: Breitenbach, die Grundsituation, wird nichts mehr, schon ebenso wie Arizona. Aber daß der Orchideenstrauch blüht, kann ich mir selber nicht erklären. Geht auf eins meiner letzten Bilder zurück, das heißt Wies kommt.

Herbert Achternbusch

Wolfgang Maria Bauer

Geboren 1963 in München, studierte zunächst Philosophie, Germanistik und Theaterwissenschaft in München und besuchte ab 1987 die Staatliche Schauspielschule in Stuttgart. Seit Februar 1990 ist er als Schauspieler am Bayerischen Staatsschauspiel engagiert. Dort wurde auch sein erstes Stück *Der Zikadenzüchter* am 21.7.1992 im Marstall uraufgeführt.

Die Uraufführung seines neuen Stückes *In den Augen eines Fremden* in der Regie von Leander Haußmann ist für das Frühjahr 1994 geplant.

›In den Augen eines Fremden‹

Eine Stimmung wie in einem Bild von Edward Hopper.
In den Augen eines Fremden erzählt von Menschen, die in einem verlassenen Badeort übriggeblieben, gestrandet sind. Sie werden umhergetrieben von ihrer Sehnsucht nach dem anderen, nach Liebe. Doch ihre Chancen können sie nicht nutzen. Und dennoch leuchtet am Ende ein Hoffnungsschimmer.

»Theater ist für mich Geheimnis. Theater muß Geheimnisse haben, bewahren. In den sogenannten Zeitstücken ist doch von vornherein alles preisgegeben. Poesie ist am Theater immer stärker als die Realität.«

Wolfgang Maria Bauer

Oliver Czeslik

Geboren 1964 in Hamburg. Studium der Theaterwissenschaft, Philosophie und Germanistik in Gießen und München. Danach als Beleuchter, Schauspieler und Regisseur an verschiedenen Theatern tätig. Oliver Czeslik schreibt Theaterstücke und Prosa. Für das Buch zu einem Film über den Vagantendichter Jakob Haringer, *Das Schnarchen Gottes*, das er zusammen mit Uwe Janson verfaßte, erhielt er kürzlich eine Drehbuchförderung der LFA München. Zur Zeit arbeitet Oliver Czeslik an einem Roman mit dem Titel *Das letzte Jahr der Jugend*.
Oliver Czesliks Theaterstück *Heilige Kühe*, das am 30.4.1992 an der Schaubühne in Berlin in der Regie von Klaus Metzger uraufgeführt wurde, ist abgedruckt in: ›Theater Theater. Aktuelle Stücke 2‹, Fischer Taschenbuch Verlag, Frankfurt am Main, 1992, Bd. 11178.

›Cravan‹

»Czesliks Fähigkeit, einen Stoff zum Tanzen zu bringen, indem er mit dramatischen Strukturen so lange jongliert, bis die Wahrnehmungssicherheit verwirbelt ist, dieses treffliche Talent ist in allen Texten mehr oder minder zu spüren.«
Theater heute 4/92

»Oliver Czeslik... hat dieses zwischen Traum und Wirklichkeit changierende Stück als ein Lustspiel angelegt, dem er einige derbe, schwankhafte Elemente beigemischt hat. Es blitzt von Pointen und ist dramaturgisch routiniert aufgebaut. Sein ironischer, manchmal süffisanter, dabei nie effektheischender Ton bürgt für intelligente Unterhaltung...«
Tagesspiegel, Berlin, 19.5.1992

Gundi Ellert

Geboren 1951 in Lengenfeld bei Regensburg, war nach ihrer Schauspiel-
ausbildung in München ab 1976 am Bayerischen Staatsschauspiel, an den
Münchner Kammerspielen, am Staatstheater Stuttgart, Theater Bochum
und Theater Basel als Schauspielerin engagiert. Mit der Spielzeit 1993/94
wechselt sie an das Deutsche Schauspielhaus in Hamburg.
Gundi Ellert schreibt seit 1987 Theaterstücke *(Elena und Robert* (1987),
Uraufführung: Staatstheater München; *Lenas Schwester* (1989), Uraufführung: Staatstheater Kassel). Für das Theater Basel hat sie Arthur
Schnitzlers *Fräulein Else* dramatisiert und 1991 inszeniert. *Josephs Töchter* ist ihr neuestes Stück, ein weiteres, *Die Fremden*, bereits in Arbeit.
1990 erhielt sie den Literaturpreis BDI für *Lenas Schwester*.

›Josephs Töchter‹

Das dritte Stück von Gundi Ellert verbindet sich mit den zwei vorher-
gehenden Dramen gleichsam zu einer Trilogie. *Josephs Töchter* ist eine
Familiengeschichte, eine biblische, eine archaische Geschichte, eine
über die Zeit hinausreichende Vision des Krieges zwischen den Generationen.
Der Vater kämpft einen unerbittlichen Kampf. Er ist ein Mordbrenner,
der Feuer an die Heime legt, um die Alten zu befreien. Einer, der Stimmen hört, ein Wahnsinniger, ein Schrecklicher, ein Befreier und ein Erlö-
ser. Er ist Joseph und Moses zugleich: »Ich habe sie alle weggeführt/Wie
Moses die Seinen«.
In der Vaterfigur zeigt sich ebenso eine Gestalt des Lear. Er hat seine
Töchter zum Mahl geladen, zum Abendmahl, zu einem letzten Ma(h)l.
Da sitzen sie, die Gonerils und Reagans: Josephs Töchter Rita, Hanna,
Christa, Magda. Sie streiten und befehden sich, erzählen Geschichten
und Lügengeschichten. Sie wollen das Erbe, das Geld und das Gold und
zerhacken sich dabei. Nur eine, Judith, die nicht geliebte Tochter, steht
draußen, fragt, staunt, warnt, erkennt die Katastrophe: »Ein Riß ist in
der Welt / Spaziert von Land zu Land / Von Familie zu Familie / Sternenweit haben sie sich voneinander entfernt / Sternenweit.« Sie ist todge-
zeichnet. Neben Judith gibt es eine andere, Außenstehende, Susanna, die

Fremde. Sie wird Josephs »Engel«, seine mystische Braut. Sie tanzt mit ihm einen letzten Tanz, bis er fällt.

Joseph stirbt in wildem Aufbegehren. Die Töchter umgekehrt erstarren zu aschgrauen Greisinnen. Der Kreis schließt sich. Nur einer, ein Junge, ein stummes Kind überlebt: ein magisches Wesen, das Alter ego des Joseph. Er tanzt einen Freudentanz, den toten Körper der Judith im Arm.

In vier großen Bildern entwirft die Autorin eine Welt-, Kriegs-, Familien- und Liebesgeschichte. Die Szenen steigern sich zu einem gespenstischen Totentanz, in denen erlebte und erdachte Wirklichkeit zusammenschmelzen, Realität in Überrealität umschlägt. Die Sprache, konkret und metaphorisch zugleich, verdichtet sich zu einer rhythmischen Verssprache, die sich am Ende in einen hohen Gesang der Todesliebe zerlöst.

Anke Roeder

Jan Fabre

Geboren 1958 in Antwerpen. Studium am Städtischen Institut für dekorative Kunst und Gewerbe (Stedelijk Instituut voor Sierkunst en Ambachten) sowie an der Königlichen Akademie der Schönen Künste (Koninklijke Akademie voor Schone Kunsten) in Antwerpen. Jan Fabre ist Zeichner und bildender Künstler mit Einzel- und Gruppenausstellungen u. a. in Antwerpen, Florenz, Amsterdam, New York, Berlin, Tokio, Kassel und Basel, zugleich aber auch Autor, Regisseur (Theater und Oper) und Choreograph. Annähernd zwanzig Stücke hat er bislang geschrieben (bei S. Fischer: *Das Interview, das stirbt...*; *Der Palast um vier Uhr morgens...*, *A. G.*; *Die Reinkarnation Gottes*; *Sweet Temptations*; *Eine Familientragödie...*, *ein Theatertext*; *Fälschung wie sie ist, unverfälscht; Wer spricht meine Gedanken...*).

Sie war und sie ist, sogar wurde in der Regie von Jan Fabre mit Els Deceukelier im September 1991 im Felix Meritis, Amsterdam, uraufgeführt.

›Sie war und sie ist, sogar‹

»Am Anfang des Theaterwerks von Jan Fabre steht eine Allegorie der Liebe, die zugleich eine der Kunst ist. ›Genuß, Freude, Gelächter‹ heißen die ersten Worte, die ihren Auftritt vorbereiten, Szenenanmerkung zu *Sie war und sie ist, sogar*. Wie ein zum Tönen gebrachtes Sprachband von allegorischen Stichen flattert der jungen Frau ihre Parole aus dem Mund: ›Meine einzige Funktion besteht darin, / Liebe zu machen / noch mal / und noch mal / und noch mal, und noch mal, und noch mal / in vielerlei Gestalten‹. Das folgende ›Solo für eine junge (Maria Himmelfahrt) Frau‹ präsentiert sich als Auffahrt des Fleisches in Permanenz: ›ewig auf dem Weg vom Begehren zur Erfüllung‹.

Selbstinterpretation einer jungfräulichen Liebesmaschine, deren Magnet den unendlichen Kolbenrhythmus des langsamen Hin und Her sich stetig erneuernden Begehrens erzeugt; die Männer, Soldaten auf Schlitten – ›Lebensmüll / Billige Konstruktion / Blech / Fäden und Eisendraht‹, in einem anderen Bild ›Milchschokolade, allenfalls angeleckt und nie genossen – gleiten in strenger Disziplin auf ewig demselben Schienenstrang auf und ab. Der monologische Text folgt dieser Bewegung, indem er sie zu einem endlosen Rapport kopiert.«

Aus: Gert Mattenklott, Identität oder Ähnlichkeit? Ein Motiv in der Dramatik Jan Fabres, in: Jan Fabre. Texts on his theatre-work, Kaaitheater, Brüssel, 1993.

Alexander Müller-Elmau

Geboren 1961, besuchte die Schule bis 1982 und studierte anschließend für zwei Semester an der Kunsthochschule in Köln Bühnen- und Kostümbild. Danach arbeitete er zwei Jahre als Bühnen- und Kostümbildassistent an verschiedenen Opernhäusern in Europa. Seit 1985 ist er als freier Bühnen- und Kostümbildner, u. a. an der Bayerischen Staatsoper, am Residenztheater München, an der Oper Bonn und am Stadttheater Heidelberg, tätig.

Alexander Müller-Elmau schreibt seit zehn Jahren; *Foraminifere* ist sein erstes Theaterstück. Die Uraufführung in der Regie von Hans-Ulrich Becker am Staatstheater Stuttgart ist für die Spielzeit 1993/94 geplant.

›Foraminifere‹

Graubünden, das Jahr 1812. Ein schummriger Raum, ein Loch in seiner Mitte, tote Krähen liegen herum. Menschen sitzen dort, gekleidet in verfaulende Gewänder. Sie schwitzen, haben geschwollene Bäuche.

Endzeit, die Gewißheit des Untergangs. Gespräche über den Zustand der Welt, reduziert, verknappt, verdichtet, wie der Raum, in den immer wieder tote Krähen stürzen. Den Menschen bleibt der Furz: Die Blähung schafft für Momente das Identisch-sein mit sich selbst.

Vorübergehend, gerade so lange, bis die nächste Krähe fällt: Dann ist es wieder, wie es ist. Erwartet wird nichts mehr, erfahren wird nichts mehr. Was bleibt, ist die Gewißheit der Endzeit.

Foraminifere ist eine sehr theatralische, teilweise sehr komische Endzeitvision, die ihre Vorbilder nicht leugnet, jedoch ihre Eigenständigkeit bewahrt hat. Der Text beschwört eine klaustrophobische Enge und eine Atmosphäre (Zeit und Ortsangabe sind willkürlich), der man sich nur schwer entziehen kann. Auch die Sprache erinnert in ihrer Begrenztheit an die Enge der Situation, einer Litanei ähnlich, die sich bis zur sakralen Repetition steigert.

Michael Ondaatje

Geboren 1943 in Sri Lanka, ist holländisch-tamilisch-singhalesischer Abstammung. Nach seiner Ausbildung in England ging er 1962 nach Kanada. Er schrieb mehrere Gedichtbände und Novellen. Heute unterrichtet er am Glendon College in Toronto. Er glaubt, daß er seine poetische Einbildungskraft und seine Begabung fürs surrealistische Geschichtenerzählen seinem exotischen Geburtsland verdankt. »Ich bin in den Tropen aufgewachsen«, sagt er, »wo all das auf schreckliche Weise glaubwürdig war.«

Was ›The Washington Times‹ über Michael Ondaatjes wohl bekanntesten Roman *In der Haut eines Löwen* schreibt, gilt auch für sein Stück *Die Gesammelten Werke von Billy the Kid*, denn auch im Stück ist die Lebensgeschichte Billy the Kids nicht linear erzählt und werden die Erzählperspektiven permanent gewechselt. »Obwohl dieses Buch dank seiner wechselnden Perspektive, seiner nicht-linearen Handlung und seiner souveränen Gestaltung der Erzählzeiten zu akademischen Ehren gelangen könnte, ist es keineswegs ein Buch nur für die literaturkritische Elite.«

›Die Gesammelten Werke von Billy the Kid‹

»Das Bürschchen aus der Kloake stieg zu einem Mann der Grenze empor. Er wurde ein Reiter; er lernte kerzengrade zu Pferde zu sitzen wie die Reiter von Wyoming und Texas, nicht zurückgelehnt wie die von Oregon und Kalifornien. Er lernte die schweifende Kunst des Herdentreibers; er lernte die andere, schwierigere Kunst, Männern zu befehlen. Beide Künste verhalfen ihm dazu, daß ein guter Viehräuber aus ihm wurde... Mit der grausamen Klarsicht der Schlaflosigkeit veranstaltete er menschenwimmelnde Orgien, die vier Tage und vier Nächte währten. Zum Schluß beglich er angeekelt die Rechnung mit Pistolenschüssen. Solange ihm der Abzughahn treu blieb, war er der gefürchtetste Mann (und vielleicht der größte Niemand und Einzelgänger) an dieser Grenze.

Garrett, sein Freund, der Sheriff, der ihn später tötete, sagte einmal zu ihm: ›Ich habe sehr gut treffen gelernt beim Abschießen von Büffeln.‹ – ›Und ich noch besser beim Abschießen von Menschen‹, entgegnete Billy sanftmütig.

Die einzelnen Umstände sind unwiderbringlich dahin, aber wir wissen, daß er einundzwanzig Tote auf dem Gewissen hatte – ›Mexikaner nicht eingerechnet‹. Sieben lebensgefährliche Jahre hindurch betrieb er diesen Luxus: den Mut.«

Jorge Luis Borges

Hansjörg Schertenleib

Geboren 1957 in Zürich. Ausbildung zum Schriftsetzer/Typographen. Besuch der Gestalterischen Berufsmittelschule an der Kunstgewerbeschule Zürich. Seit 1981 freier Autor und Publizist. Für die Spielzeit 1991 Hausautor am Theater Basel. Lebte in Norwegen und Wien, seit 1992 in London und Schmerikon/Schweiz.
Hansjörg Schertenleib schreibt Prosa (z. B. *Die Ferienlandschaft*. Roman; *Die Geschwister*. Roman; *Der Antiquar*. Erzählung), Hörspiele (z. B. *Hotel Memory; In meinem Kopf schreit einer*), Gedichte *(Der stumme Gast)* und Theaterstücke *(Stoffmann und Herz; Schilten*, nach dem Roman von Hermann Burger; *Mars*, nach dem Roman von Fritz Zorn; Regie: Johann Kresnik). Der Autor hat zahlreiche Preise und Auszeichnungen erhalten.
Rabenland wurde am 26. 3. 1993 im Bayerischen Staatsschauspiel, Marstall, uraufgeführt; Regie: Wolfram Apprich.

›Rabenland‹

Zwei Welten, ein Bahndamm.
Treffpunkt der einsamen Jugendlichen Block, Ferse, Watte und des Mädchens Palme. Dagegen die Familie: Vater, Sohn, Tochter, der Freund. Im Hintergrund kaum zu sehen das Heim für Asylsuchende. Block, Ferse, Watte und Palme stehen den Neonazis nah. Fremdenfeinde. Aggressiv gegen jeden, der ihnen vermeintlich zu nahe tritt. Sie schließen sich zu einer Gruppe zusammen, mit Block als Führer. Ihre anfangs nur verbalen Attacken gegen die Ausländer gipfeln schließlich in einem Anschlag auf das Heim der Asylsuchenden, wo die Tochter arbeitet. Die Tochter ist das einzige Opfer; sie sitzt nach dem Anschlag im Rollstuhl. Die Täter aber werden freigesprochen. Die Familie schwört Rache, und es gelingt den drei Männern, Palme in ihre Gewalt zu bringen, die sie zu einem Geständnis zwingen wollen. Von den Kumpels im Stich gelassen, unternimmt Watte, der Außenseiter der Gruppe und in Palme verliebt, den Versuch, das Mädchen zu befreien.

Florian Felix Weyh

Geboren 1963 in Düren/Rheinland, aufgewachsen in Ulm an der Donau; lebt seit 1988 als Theater-, Hörspiel- und Drehbuchautor in Hamburg. Nach seinem Theaterstück *Massbach* machte Florian Felix Weyh gleich mit seinem zweiten Theaterstück *Fondue* Furore. *Ludwigslust* entstand 1990, sein neuestes Stück *Stirling*, das mit *Fondue* und *Ludwigslust* eine Trilogie bildet, wurde am 5. 12. 1992 am Hans-Otto-Theater in Potsdam in der Regie von Katja Wolff uraufgeführt.

Ludwigslust ist erschienen in: ›Theater Theater. Aktuelle Stücke 1‹, Fischer Taschenbuch Verlag, Frankfurt am Main, 1991, Bd. 10717.

›Stirling. Das Glück der Bewegung‹

»Die Zeit verlangt, wenn die Wirklichkeit die wahren Tragödien offeriert, vom Theater das Satyrspiel. Florian Felix Weyhs *Stirling. Das Glück der Bewegung* ist der komische Bocksprung übers Blutopfer hinweg. ›There is no true German in the false‹ – dieses frei nach Teddy Wiesengrund verkalauerte Motto steht der Komödie voran. Es gibt keinen richtigen Deutschen im falschen. Abschreibungstüchtige Zahnärzte, Greenpeace-Aktivisten, tränenreiche Pastoren, schüchterne Müsli-Esser und arrogante Yoga-Ladies basteln an einem Mecklenburger See in einer alten Villa den Motor der Zukunft. Es ist der mit Rüben und Kartoffeln lautlos-grün laufende Stirling. Sie gründen einen gemeinnützigen Konzern, zerreißen sich die Hosen, bringen sich in Affären ein und pflegen den Gesundschlaf mit Pferdeäpfelpackungen. Aber die Grünen sind nicht grün, Pfarrer nicht sentimental, Frauen nicht meditativ, die Stummen nicht stumm. Die Eisenplatte, die ihnen als gemeinsamer Tisch dient, um den herum sie das Brot brechen, den Kaffee verschütten und den Champagner süffeln, kracht dauernd zusammen. Auch der Motor ist nicht der Motor, den alle sich erträumen, weil die Ost-Pfarrer West-Perspektivagenten des VW-Konzerns sind, die in die grün-alternative Zukunftsplanung eingedrungen sind. Das scheinbar unselige deutsch-deutsche Nichtzueinanderfinden entpuppt sich als gefinkelte Wirtschaftsposse. Und nur in der Ökonomie kann in Deutschland Trost sein. Erst kommt das Fressen, dann die Qual. Deutschland, ein Küchenmärchen.«

Frankfurter Allgemeine Zeitung, 20. 8. 1992

Quellenhinweise